國家重點檔案專題保護開發項目

中俄（蘇）交往天津檔案史料選編

天津市檔案館　編

天津出版傳媒集團
天津古籍出版社

圖書在版編目（CIP）數據

中俄（蘇）交往天津檔案史料選編 / 天津市檔案館編. -- 天津 : 天津古籍出版社, 2023.12（2024.10 重印）
ISBN 978-7-5528-1435-4

Ⅰ. ①中… Ⅱ. ①天… Ⅲ. ①中俄關係－國際關係史－史料－天津②中蘇關係－國際關係史－史料－天津
Ⅳ. ① D829.512

中國國家版本館 CIP 數據核字（2023）第 239720 號

中俄（蘇）交往天津檔案史料選編

ZHONG E SU JIAOWANG TIANJIN DANG'AN SHILIAO XUANBIAN

策　　劃：唐　艦
責任編輯：金　達
特約編輯：鄭　偉
俄語審校：羅曉霞
責任校對：王彥剛　温　泉
裝幀設計：天津市天辨行通數碼印刷有限公司

出版發行：天津古籍出版社
天津市和平區西康路 35 號　300051
印　　制：天津中圖印刷科技有限公司
經　　銷：全國新華書店
版　　次：2023 年 12 月第 1 版　2024 年 10 月第 2 次印刷
開　　本：787 毫米 ×1092 毫米　1/16
印　　張：98
字　　數：1333 千字
定　　價：980.00 元（上下册）

ISBN 978-7-5528-1435-4

編委會

前言

中俄兩國都是具有重要影響的大國和聯合國安理會常任理事國，有着綿延四千三百多千米的共同邊界，互爲最大鄰國，共同走過了極不平凡的歷程，經受了歷史風雲和各自國内變化的種種考驗，雙邊關係日益成熟、穩定、堅韌。兩國的直接交往大致可以追溯至明末清初。一六八九年九月七日簽訂的《尼布楚條約》，是中俄兩國正式締結的第一個邊界條約，它明確規定了中俄東段邊界。近代西方列强以武力打開了中國大門，隨着近代化進程的推進，受時代背景影響，以租界爲載體，中俄兩國在政治、經濟、文化、貿易等各方面均有了密切往來。新中國成立後，蘇聯是第一個與新中國建立外交關係的國家。一九四九年十月二十日，由中華人民共和國中央人民政府主席毛澤東和外交部長周恩來簽署的、同年十一月三日由中國首任駐蘇聯大使王稼祥遞交給蘇聯最高蘇維埃主席團主席的信是新中國第一號國書。一九五〇年二月十四日，周恩來與蘇聯外交部長維辛斯基在克里姆林宫簽署的《中蘇友好同盟互助條約》，揭開了兩國關係新的篇章。一九九一年十二月，蘇聯宣布解體，中蘇關係演變成中俄關係。二〇一九年是中俄建交七十周年，中俄全面戰略協作夥伴關係進入新時代。可以説，中國與俄羅斯（蘇聯）的關係關乎中國的外交全局，是十九、二十世紀中國對外關係中最值得研究的内容之一。整理出版專題檔案、深入研究探討中俄（蘇）關係可以爲當前協調中國外交與内政提供重要的歷史借鑒。

以檔案解史是回顧和縷析中俄（蘇）關係發展史的一個比較客觀的方法。天津作爲近代以來較早開放的口岸城市，工商業發展和國際交流均走在前列，由於地緣關係，也是較早與蘇聯産生交流的城市。天津市檔案館保存了一定數量的記載中俄（蘇）關係的檔案，這些檔案可厘清當年那些重大歷史事件的發展脉絡，真實反映了中俄（蘇）不同時期與天津交往的歷史特點。

《中俄（蘇）交往天津檔案史料選編》依托天津市檔案館館藏資源編纂而成，所選檔案時間跨度從一八六二年到一九六五年。内容包括政治、經濟、文化交往等方面的館藏檔案，共計三六四件、一一三二幅，分上、下兩卷，上卷時限爲一八六二年到一九四六年，下卷時限爲一九四七年到一九六五年。主要内容包括：天津俄租界内管理規定；俄租界購地章程；民間的商業往來、客貨運輸情况；俄資洋行、銀行、商鋪的設立、生産經營情况；俄僑民出入境管理。新中國成立後，蘇聯專家在津工作、生活相關文件；各類促進中蘇兩國友好關係和文化交流在津重要機構的設立，如『蘇聯公民協會』『蘇聯僑民信用社』『中蘇友好協會』等；中俄間在津進出口貿易情况；文化藝術在津交流傳播，如引進電影、畫報、展覽等；在津設立學校，專家講學、來津參觀，中蘇友好協會合作計劃等。其中，一些組織機構，如『中蘇友好協會』，作爲民間組織在很大程度體現了國家意志和兩國交往中的外交策略，在中蘇關係發展中發揮了重要的輔助作用，深入挖掘這些組織機構的檔案對中蘇關係史的研究具有重要價值。這些珍貴、翔實的檔案史料是兩國關係不斷發展、兩國人民友誼不斷加强的歷史見證，再現了兩國交往史上的重要歷史性時刻和重大事件，值得珍視和銘記。編纂出版《中俄（蘇）交往天津檔案史料選編》，可以從中俄（蘇）繁複衆多的聯繫中提綱挈領地把握其變化的規律，同時展現隱藏在歷史洪流背後的因素與事件，爲中俄（蘇）關係發展脉絡提供更多鮮活的實例，添加更多的歷史細節，爲中俄（蘇）關係研究提供更多第一手史料。鑒古知今，繼往開來，助力兩國關係全面發展，共創友好合作新未來。

由於館藏中俄（蘇）檔案内容龐雜、保存分散、語種多樣，開發難度較大，水平局限，編纂不當或疏漏之處在所難免，敬請批評指正。

天津市檔案館

二〇二三年十月

編輯説明

一、本書選自天津市檔案館館藏中俄（蘇）兩國在政治、經濟、文化等方面交往的檔案，主要包括俄租界内管理規定；俄租界購地章程；中俄（蘇）貿易往來；俄資洋行、銀行、商鋪的設立、生産經營情况；中俄（蘇）友好合作、文化交流等相關檔案共計三六四件、一一三二幅。所選檔案時間跨度從一八六二年到一九六五年。全書分上、下兩卷，上卷時限從一八六二年到一九四六年，下卷時限從一九四七年到一九六五年。

二、本書所輯檔案以時間順序排序，時間以具文和發文時間爲準，無具文和發文時間的以收文時間爲準，一般直接采用公元紀年，清代歷史紀年括注公元紀年。有年份、月份無日期的，列於當月末；衹有年份的列於當年末。檔案所載時間不完整或不準確的，進行補充或訂正并加注説明。

三、本書所選檔案標題爲編者撰擬，檔案中原標題完整或基本符合要求的，使用原標題；原標題有明顯缺陷的，進行修改或重擬；無標題的加擬標題。標題中人名使用通用姓名，不可考證者使用檔案中稱謂。機構名稱使用機構全稱或規範簡稱，歷史地名沿用當時名稱。

四、因檔案影印，原樣呈現，如個別文檔中的『剿匪』『防共』，這是蔣介石及國民政府對中共及其領導的軍隊的蔑稱；又，個別文檔中有『新疆省』一稱，這是『新疆維吾爾自治區』的舊稱，一九五五年十月一日新疆維吾爾自治區成立後廢止此稱謂。上述内容，檔案一仍其舊，請讀者閱讀引用時明察。

五、全書所用檔案均爲館藏原件全文影印，由於檔案自身原因，個別檔案存在字迹殘缺、内容不連貫的情況。

六、原件序號有顛倒情況，此次出版依正確順序作以調整。

總目録

上卷目録

一、俄國續增稅則　同治元年二月十六日（一八六二年三月十六日）……〇〇二
二、三口通商大臣崇厚爲議定俄國續增稅則事致稅務司札　同治元年三月初五日（一八六二年四月三日）……〇〇一六
三、爲俄商運土貨經天津回國納稅事照會（一八六三年）（推算）……〇〇二〇
四、照録關於俄國商船交納船鈔問題給俄國照會　同治四年十一月初六日（一八六五年十二月二十三日）……〇〇二三
五、三口通商大臣崇厚爲俄國商船交納船鈔問題事致天津稅務司札　同治四年十一月十八日（一八六六年一月四日）……〇〇二五
六、三口通商大臣崇厚爲俄國酌改船鈔章程事致天津稅務司札　同治四年十二月十一日（一八六六年一月二十七日）……〇〇三〇

七、三口通商大臣崇厚爲俄商販貨運津回國免徵複進口税事致天津税務司札　同治五年二月二十八日（一八六六年四月十三日）…………〇〇三四
八、三口通商大臣崇厚爲陳明俄商由他口運津回國之貨免徵税事致天津税務司札　同治五年三月初四日（一八六六年四月十八日）…………〇〇四〇
九、三口通商大臣崇厚爲俄國公使派員暫理天津領事官事務事致天津税務司札　同治五年九月十一日（一八六六年十月十九日）…………〇〇四六
一〇、三口通商大臣崇厚爲俄商轉買英商土貨應照章完税事致天津税務司札　同治六年三月十九日（一八六七年四月二十三日）…………〇〇五〇
一一、照録關於茶末納税章程問題俄國照會　同治七年十月二十三日（一八六八年十二月六日）（推算）…………〇〇六〇
一二、照録給俄國照會　同治八年八月十七日（一八六九年九月二十二日）…………〇〇六二
一三、三口通商大臣崇厚爲開辦新改俄國陸路通商章程二十二款除第二款事致天津税務司札　同治八年九月十七日（一八六九年十月二十一日）…………〇〇六五
一四、照録議改俄國陸路通商章程二十二款　（一八六九年）（推算）…〇〇七二

一五、道勝銀行爲俄國設立租界請俄法所管各鹽商主讓歸坨地事致候補道錢鑅函　光緒二十七年二月二十四日（一九〇一年四月十二日）（推算）……〇〇七九
一六、直隸總督李鴻章爲在天津增設俄國通商市場并查勘界址事致直隸候補道錢鑅札　光緒二十七年三月初七日（一九〇一年四月二十五日）……〇〇八四
一七、直隸候補道錢鑅爲俄租界内各等地段劃分及給發地價事稟直隸總督文　光緒二十八年二月二十五日（一九〇二年四月三日）（推算）……〇〇八九
一八、北洋大臣袁世凱爲俄租界内各等級地價事的批文　光緒二十八年三月二十九日（一九〇二年五月六日）……〇一〇〇
一九、津海關監督唐紹儀爲俄租界各等地價劃分及給發地價事致天津道、直隸候補道咨　光緒二十八年四月十二日（一九〇二年五月十九日）……〇一〇三
二〇、候補道錢鑅爲俄租界頭二等地界内房地已查清事致天津河間道咨　光緒二十八年四月二十二日（一九〇二年五月二十九日）……〇一一〇
二一、道勝銀行孔義爲俄租界頭二等地已定期開工事致候補道錢鑅函　光緒二十八年六月初五日（一九〇二年七月九日）……〇一一三
二二、直隸候補道錢鑅爲俄租界頭二等地開工注意事項事復道勝銀行孔義函　光緒二十八年六月初五日（一九〇二年七月九日）……〇一一六

二三、津海關道爲俄租界灾民遷移安置事致辦理天津租界事宜候補道錢鑅咨　光緒二十八年七月初十日（一九〇二年八月十三日）……○一一八

二四、北洋善後總局爲俄租界居民房産定價事致辦理天津租界總局咨　光緒二十八年八月十七日（一九〇二年九月十八日）……○一二六

二五、津海關道唐紹儀爲俄商販運貨物暫不納税、華商販運洋貨一律納税事致新關税務司德大人函　光緒二十八年八月十九日（一九〇二年九月二十日）（推算）……○一三二

二六、辦理天津租界總局爲俄租界内居民房産地價應憑契據丈量事致北洋善後總局咨　光緒二十八年八月二十三日（一九〇二年九月二十四日）……○一四〇

二七、北洋善後總局爲俄租界内居民遷移困難及酌給價值事致辦理天津租界總局咨　光緒二十八年八月二十四日（一九〇二年九月二十五日）……○一四三

二八、俄國領事來覺福爲派差走取李中堂原札文事致津海關道函　光緒二十八年八月二十六日（一九〇二年九月二十七日）（推算）……○一五〇

二九、津海關道唐紹儀爲速查明俄商運貨由駐津俄領事發照以爲完税之據事致新關税務司德大人函　光緒二十八年八月二十七日（一九〇二年九月二十八日）（推算）……○一五三

三〇、津海關道爲俄租界内居民遷移不予再行給價及補丈房基事致北洋善後總局咨　光緒二十八年九月初三日（一九〇二年十月四日）……○一五七
三一、津海關道唐紹儀爲俄國工部局總辦派員赴口外買馬請轉核發護照事復新關税務司德大人函　光緒二十九年九月初五日（一九〇三年十月二十四日）……○一六〇
三二、津海關道唐紹儀爲俄商運貨回國三聯執照辦理及收費事致新關税務司德大人函　光緒二十九年十月二十四日（一九〇三年十二月十二日）……○一六二
三三、俄領事關於俄租界管理七條規定　（一九〇三年）（推算）……○一六七
三四、津海關道唐紹儀爲俄商道勝銀行派馬夫采買馬匹發給護照事致新關税務司德大人函（一九〇三年）（推算）……○一七〇
三五、海關總税務司赫德爲俄國紅十字會輪船對待辦法事致各口海關税務司第一一五七號通令（第二輯）（一九〇四年五月四日）……○一七二
三六、津海關道唐紹儀爲俄商運恰貨物由何處徵税事致新關税務司德大人函　光緒三十年四月初十日（一九〇四年五月二十四日）……○一八〇
三七、津海關道唐紹儀爲俄商販運洋貨是否爲複進口土貨免徵税事致新關税務司德大人函　光緒三十年八月初一日（一九〇四年九月十日）（推算）……○一八六

三八、海關總税務司赫德爲日俄戰争期間中國口岸出口煤斤須繕立中立保結事致各口海關税務司第一二五〇號通令（第二輯）　光緒三十一年四月二十二日（一九〇五年五月二十五日）……………………………………〇一八九

三九、海關總税務司赫德爲日俄議和中立限制取消事致各口海關税務司第一二九〇號通令（第二輯）　光緒三十一年九月二十一日（一九〇五年十月十九日）……………………………………〇一九三

四〇、津海關道梁敦彦爲俄商道勝銀行駐滬值事派員購買賽馬運津核發護照事致新關税務司墨大人函　光緒三十二年十一月初三日（一九〇六年十二月十八日）……………………………………〇一九七

四一、津海關道梁如浩爲俄商和信行羚羊角過津運滬納税及繳還多收税款事致新關税務司墨大人函　光緒三十三年六月初七日（一九〇七年七月十六日）……………………………………〇二〇〇

四二、津海關道梁如浩爲查明俄商由陸路運貨物到津運入内地是否需補税事致新關税務司墨大人函　光緒三十三年七月初一日（一九〇七年八月九日）……………………………………〇二〇六

四三、津海關道蔡紹基爲報暫先放行俄商運津皮毛以備自行投税事致新關税務司墨大人函　光緒三十三年十一月初九日（一九〇七年十二月十三日）…………〇二〇八
四四、津海關道蔡紹基爲給俄商領發運貨執照事復新關税務司墨大人函　光緒三十三年十一月十五日（一九〇七年十二月十九日）…………〇二一二
四五、津海關道蔡紹基爲俄商和信行所持執照過期作廢所徵税銀不應發還事致新關税務司墨大人函　光緒三十三年十二月二十一日（一九〇八年一月二十四日）…………〇二一四
四六、關於中俄間郵件郵遞安排事的第二二一號郵政通令　宣統元年二月初四日（一九〇九年二月二十三日）…………〇二一八
四七、農工商部爲傳知華商不可携貨往俄免受虧損事致天津商務總會札　宣統元年三月二十一日（一九〇九年五月十日）…………〇二三二
四八、農工商部爲俄人徵收貨税事致天津商務總會札　宣統元年五月初九日（一九〇九年六月二十六日）…………〇二三八
四九、津海關道蔡紹基爲駐津俄國珀領事調任事致新關税務司義大人函　宣統元年八月初八日（一九〇九年九月二十一日）…………〇二四三

五〇、俄幣一〇〇元盧布　（一九一〇年）……………………………………………〇二四六
五一、天津縣正堂爲阿穆爾省禁止華工入境事照會天津商務總會　宣統三年二月二十九日（一九一一年三月二十九日）……………………………〇二四九
五二、津海關道錢明訓爲批准俄商運二百頭牛出口并照章赴關報驗事致俄領事函　宣統三年四月二十五日（一九一一年五月二十三日）………〇二五四
五三、直隸馮都督爲携貨入俄境放行須有地方官執照證及俄領簽字等事致天津商務總會札　（一九一二年十月二十八日）……………………〇二五六
五四、天津商務總會、津海關道爲華商販運土貨赴俄應遵新例辦法事致各商户布告、致勸業道咨、致各府等札　（一九一二年十月）…………〇二六三
五五、俄幣五〇〇元盧布　（一九一二年）……………………………………………〇二七〇
五六、俄國駐海參崴總領事陸是元爲賽會租用地基、抽收地基費及運輸賽品徵收運費事稟工商部文（一九一二年）（推算）………………〇二七三
五七、俄工部局爲拆除太古公司電話綫事致天津中國電話局函　（一九一四年十二月三十一日）………………………………………………〇三二四
五八、天津電話局局長蔡琦爲俄國工部局要求撤除河東太古地產公司電話綫應否准允事呈交通部總長文　（一九一四年十二月三十一日）………〇三三〇

五九、交通部爲詳查俄國工部局要求撤除河東太古地產公司電話綫案事批天津電話局文（一九一五年一月十二日）……○三三七
六〇、天津電話局局長蔡琦爲俄國工部局要求撤除河東太古地產公司電話綫案調查情形事呈交通部總長文（一九一五年一月二十一日）……○三四二
六一、交通部爲准予俄國工部局撤除河東太古地產公司電話綫事批（一九一五年一月二十九日）……○三四八
六二、北洋保商銀行爲送俄領事署應守租界規則請證明簽字有效事呈直隸交涉公署文（一九一五年七月二十九日）……○三五三
六三、外交部特派員直隸交涉公署爲送加蓋圖章證明之俄領事署租界規則事致北洋保商銀行公函（一九一五年七月二十九日）……○三五七
六四、農商部爲俄關外國貨品國產證明章程已如期實行事飭天津商務總會文（一九一五年七月三十日）……○三六〇
六五、俄租界工部局主席爲建造冬季浮橋事致海河工程委員會主席函（一九一五年十月六日）……○三六七
六六、海河工程委員會總工程師爲俄租界設立冬季浮橋事致海河工程委員會函（一九一五年十月七日）……○三六九

六七、海河工程委員會秘書爲設立跨河浮橋事復俄租界工部局主席函（一九一五年一〇月十三日）……〇三七一
六八、俄國駐津總領事官體德滿爲請派員赴俄工部局兑領民國四年地租事致外交部特派直隸交涉公署函（一九一五年十二月十四日）……〇三七三
六九、俄租界工部局主席爲協助俄領事館附近渡船工作事致海河工程委員會主席函（一九一五年十二月二十日）……〇三七五
七〇、海河工程委員會主席爲協助俄領事館附近渡船工作事復俄租界工部局主席函（一九一五年十二月二十一日）……〇三七七
七一、駐俄劉公使爲招募華工等事致天津商會電 附華工赴外工作章程（一九一六年四月一日）……〇三七九
七二、直隸省長兼署直隸督軍爲拒駁俄國由津招工及福通公司代理招工事訓令津海關監督（一九一六年九月二十二日）……〇三九四
七三、庫倫中國銀行爲俄商運來新幣流通事致津行函（一九一七年七月二十四日）……〇三九七
七四、農商部總長張國淦爲准商人運入俄境貨物名目事訓令天津商務總會（一九一七年九月二十八日）……〇四〇〇

上卷

一、俄國續增税則　同治元年二月十六日（一八六二年三月十六日）

W1-O-DA-111-534

TARIFF OF DUTIES, APPENDED TO THE CONVENTION OF 1862, FOR THE LAND TRADE BETWEEN RUSSIA AND CHINA.

俄國續增稅則

進口貨物

布疋花幔類

布 原色 白色 如南哈科進廊耳等 照各國稅則第二種布	每拾碼貳分
色布 如南哈等	每丈壹分五釐
印花布	每丈玖釐肆毫
回絨	每丈貳分叁釐
雨過天晴布	每丈叁分捌釐
碎花錦布	每丈叁分柒釐
絨棉布 柯西聶特 米立挪思 六色特儐 忒耳納	每丈貳分柒釐

綢緞類

哈喇 寬不過柒拾因制	每丈壹錢叁分貳釐
哈喇 寬不過陸拾肆因制	每丈壹錢貳分
大呢 寬不過柒拾因制	每丈壹錢貳分
哈喇大呢 寬不過伍拾陸因制	每丈壹錢

140

皮張類

羊皮板	每百張貳兩柒錢伍分
色香羊皮	每百張貳兩貳錢伍分
香羊皮	每百張貳兩
牛皮	每拾張柒錢伍分
駱駝絨	每拾張壹兩貳錢伍分
狼皮	每拾張叁錢
香鼠皮	照各國稅則灰鼠銀鼠例 每百張伍錢
沙狐皮科爾薩共	每拾張貳錢伍分
太平貂皮	每拾張壹兩貳錢伍分
猫皮	每百張伍錢
野猫皮	每百張柒錢伍分
公達什狐皮	每拾張叁錢
白狐皮別斯此	每拾張貳錢伍分
月兒熊皮	每拾張叁錢
猞猁猻皮額里西	每拾張壹兩伍錢
灰羖羢羊皮	每拾張肆錢
黑羖羢羊皮	每拾張貳錢

141

黑白哈喇羊皮	每拾張黑壹錢捌分 白壹錢
貂腿 掃雪腿皮	每百對伍錢
白狐腿皮	每百對貳錢伍分
黑狐腿皮	每拾對叁錢伍分
紅狐腿皮	每拾對柒分伍釐
海龍尾	每個壹錢貳分
生羊 山羊皮	每百張陸錢
藥材類	
羚羊角	每百斤壹兩

出口貨物

油臘類	
黃油	每百斤叁錢
椒茶類	
磚茶 別種茶葉另有稅則不得援照此例	每百斤陸錢

右所載碼因制丈尺斤兩均照各國稅則第四條款為準

同治元年二月十一日

142

CONVENTION OF PEKING FOR THE LAND TRADE BETWEEN RUSSIA AND CHINA, 1862.

Правила для сухопутной торговли съ Китаемъ, заключенныя въ Пекинѣ 20 февраля 1862 года.

Принимая во вниманіе, что въ Пекинскомъ дополнительномъ договорѣ не было постановлено правилъ и тарифа для Русской сухопутной торговли, Великаго Россійскаго Государства Уполномоченный Министръ-Президентъ, Флигель-Адъютантъ Его Императорскаго Величества Левъ Баллюзекъ и Дайцинскаго Государства Главноуправляющіе Министерствомъ Иностранныхъ Дѣлъ, по обоюдному согласію, заключили нижеслѣдующія торговыя и пошлинныя правила:

I. По границѣ обоихъ Государствъ, на разстояніи 100 китайскихъ ли, въ ту и другую сторону, производится торговля безпошлинно; при чемъ, относительно правилъ надзора, предоставляется каждой сторонѣ сообразоваться съ своими пограничными постановленіями.

II. Русскіе купцы, ведущіе торговлю съ мелкими капиталами, имѣютъ право торговать также безпошлинно по всей подчиненной Китаю Монголіи, гдѣ есть Китайскіе чиновники (учреждено Китайское Управленіе), и по всѣмъ Аймакамъ, находящимся въ вѣдѣніи этихъ чиновниковъ.

Если же они пожелаютъ отправляться и въ тѣ мѣста, гдѣ не учреждено Китайскаго Управленія, то Китайское Правительство отнюдь не препятствуетъ этому. При семъ купцы должны имѣть отъ своего пограничнаго Начальства свидѣтельства на русскомъ, китайскомъ и монгольскомъ языкахъ, въ которыхъ обозначается: имя купца, количество и качество товаровъ, число тюковъ, верблюдовъ, воловъ и лошадей.

Ежели окажется, что купцы не будутъ имѣть вышеозначеннаго свидѣтельства, то товары ихъ конфискуются въ пользу Китайскаго Правительства, а съ ними будетъ поступлено, какъ съ бѣглецами, согласно 10-й статьѣ Пекинскаго договора.

Русскій Консулъ въ Монголіи строго наблюдаетъ за тѣмъ, чтобы купцы не торговали безъ свидѣтельствъ.

143.

III. Русскіе купцы, отправляющіеся съ русскими товарами въ Тянь-цзинь, должны быть снабжены отъ своего пограничнаго Начальства билетами, засвидѣтельствованными (приложеніемъ печати) Маймаченскимъ Дзаргучеемъ и написанными на языкахъ обоихъ Государствъ. Въ билетахъ обозначается: имя караваннаго старшины, имена купцовъ, количество и родъ товаромъ и число тюковъ. Караваны эти должны слѣдовать чрезъ Калганъ, Дунъ-ба и Тунъ-чжоу, прямо въ Тянь-цзинь.

Во всѣхъ таможняхъ на этомъ пути Китайскимъ чиновникамъ предоставляется право въ теченіи самаго короткаго срока повѣрять число тюковъ, вынимая ихъ по выбору, и осматривать; за тѣмъ, по осмотрѣ свидѣтельства, къ нему прикладывается таможенная печать и товары отпускаются. Въ теченіи шестимѣсячнаго срока свидѣтельство должно быть представлено въ Тянь-цзиньскую таможню для уничтоженія. Если во время осмотра въ какой нибудь таможнѣ тюкъ будетъ разбитъ, то таможня сама укупориваетъ его и въ удостовѣреніе произведеннаго осмотра, отмѣчаетъ въ свидѣтельствѣ число тюковъ, которые были разбиты. Осмотръ долженъ продолжаться не болѣе двухъ часовъ. Если бы случилось, что купцы потеряли выданные имъ свидѣтельства, то товары прекращаютъ дальнѣйшее слѣдованіе и купцы немедленно даютъ знать тому начальству, которое выдало свидѣтельство объ этой пропажѣ, обозначая въ своей просьбѣ день выдачи и нумеръ свидѣтельства. Начальство немедленно высылаетъ имъ новое, прописывая въ ономъ, для удобства осмотра и пропуска, что оно выдано во второй разъ.

IV. Проходя чрезъ Калганъ, русскіе купцы имѣютъ право оставлять тамъ, для продажи, пятую часть всего количества товаровъ, отправляемыхъ ими въ Тянь-цзинь. Въ теченіи трехъ дней они предъявляютъ о томъ Директору таможни, которой дѣлаетъ въ свидѣтельствѣ отмѣтку, и, по осмотрѣ, выдаетъ позволительное на продажу товаровъ свидѣтельство, послѣ чего имъ позволяется распродавать ихъ. Только въ Калганѣ купцы не должны открывать большихъ складовъ (т. е. оптовой продажи).

V. По прибытіи въ Тянь-цзинь съ русскихъ товаровъ взимается одна ввозная пошлина на одну треть меньше сравнительно съ общеевропейскимъ тарифомъ; а за пятую часть товаровъ, оставленныхъ въ Калганѣ, вносится такая же пошлина въ Калганѣ.

VI. Если оставленная въ Калганѣ $\frac{1}{5}$ часть товаровъ, по уплатѣ за нее тамъ пошлины и по полученіи въ томъ росииски, не будетъ продана, то русскимъ купцамъ дозволяется везти тѣ товары, для продажи, въ Тунъ-чжоу или въ Тянь-цзинь, при чемъ никакой другой пошлины съ нихъ не взимается.

VII. Если по прибытіи товаровъ въ Тянь-цзинь и по осмотрѣ ихъ Китайскими чиновниками, окажется, что ящики съ какими бы то ни было товарами разбиты и товары подмѣнены, или что по дорогѣ оставлено болѣе одной пятой части, равнымъ образомъ, если товары слѣдовали не по дорогѣ, означенной въ 3-емъ пунктѣ, а по другой, то товары виновныхъ купцовъ конфискуются въ пользу казны.

144

VIII. Если русскіе купцы повезутъ свои товары изъ Тянь-цзина моремъ въ другіе, открытые иностранцамъ, порты, то доплачиваютъ въ Тянь-цзинѣ недостающую третью часть пошлины до общеевропейскаго тарифа. Въ другихъ портахъ, въ этомъ случаѣ, они никакимъ пошлинамъ болѣе не подвергаются. Если же изъ Тянь-цзина или другаго порта повезутъ товары во внутрь страны, то должны внести еще согласно съ европейскимъ тарифомъ транзитную пошлину.

Примѣчаніе. Вышеизложенныя правила касаются ввоза.

IX. Во всѣхъ портахъ, открытыхъ иностранцамъ, русскіе купцы, при вывозѣ и ввозѣ, какъ китайскихъ, такъ и европейскихъ товаровъ, руководствуются общими правилами для иностранной морской торговли.

X. При отправленіи китайскихъ произведеній, купленныхъ въ одномъ изъ открытыхъ портовъ, въ Россію чрезъ Тянь-цзинь, кромѣ уплаты пошлины по общеевропейскому тарифу въ первомъ портѣ, въ Тянь-цзинѣ вносится еще половинная обратно-ввозная пошлина.

На вывозъ этихъ товаровъ въ Кяхту Русскій Консулъ выдаетъ билеты, писанные на языкахъ обоихъ Государствъ и засвидѣтельствованные приложеніемъ печати Тянь-цзиньской таможни, въ которыхъ прописываются: имена купцовъ, количество и качество товаровъ, и число тюковъ. Послѣ этого товары могутъ быть вывезены въ Кяхту, не подвергаясь болѣе никакимъ пошлинамъ, но съ условіемъ, чтобы они слѣдовали по дорогѣ, означенной въ 3-мъ пунктѣ. На пути товары не должны быть продаваемы и за нарушеніе сего правила товары виновныхъ конфискуются въ казну.

Въ отношеніи осмотра при проходѣ чрезъ Тунъ-чжоу, Дунъ-ба и Калганъ, поступать согласно 3-му пункту.

XI. Съ китайскихъ товаровъ, купленныхъ русскими купцами въ Тянь-цзинѣ и Тунъ-чжоу, взимается при вывозѣ ихъ сухимъ путемъ (означеннымъ въ 3-мъ пунктѣ) въ Россію одна вывозная пошлина по общеевропейскому тарифу. Купцамъ выдается свидѣтельство и за тѣмъ съ товаровъ болѣе пошлинъ не взимается, но по дорогѣ они не должны быть продаваемы и въ случаѣ нарушенія сего виновныя подвергаются штрафу.

XII. Съ китайскихъ товаровъ, купленныхъ русскими купцами въ Калганѣ, при вывозѣ въ Россію, взимается одна вывозная пошлина, въ размѣрѣ, половинномъ противъ общеевропейскаго тарифа, и за тѣмъ таможня выдаетъ купцамъ свидѣтельства, а товары болѣе никакимъ пошлинамъ не подвергаются, но по дорогѣ не должны быть продаваемы; въ случаѣ нарушенія сего виновные подвергаются штрафу.

XIII. При вывозѣ товаровъ русскими купцами изъ Тунъ-чжоу, они предварительно обязаны дать знать таможнѣ въ Дунъ-ба, которая, по полученіи требуемой пошлины, выдастъ свидѣтельство съ обозначеніемъ качества и количества товаровъ и числа тюковъ. По дорогѣ купцы не должны продавать товары, и за нарушеніе сего подвергаются штрафу.

XIV. При отправленіи въ Россію сухимъ путемъ европейскихъ товаровъ, купленныхъ въ Тянь-цзинѣ или въ другихъ портахъ, не требуются пошлины, если есть свидѣтельство (росписка), удостовѣряющее, что купецъ другаго Государства внесъ за эти товары ввозную и транзитную пошлины; если же иностранный купецъ внесъ лишь одну ввозную пошлину, то русскій купецъ обязанъ, согласно общеевропейскому тарифу, внести еще пошлину транзитную.

XV. При слѣдованіи товаровъ, отправляемыхъ русскими купцами изъ Тянь-цзина, Тунъ-чжоу и Калгана въ Россію, кромѣ свидѣтельства, должна быть накладная для повѣрки товаровъ при осмотрѣ.

До истеченія шести мѣсяцевъ со дня отправленія товаровъ, выданное купцамъ свидѣтельство должно быть представлено въ Кяхту для уничтоженія. Если же къ этому встрѣтится препятствіе, то до истеченія срока купецъ долженъ заявить о томъ Русскому Консулу и мѣстнымъ Китайскимъ властямъ; въ противномъ случаѣ онъ подвергается штрафу.

Въ случаѣ потери свидѣтельства товары останавливаются и купецъ немедленно долженъ дать знать о томъ въ ту таможню, которая выдала оное, обозначивъ въ своемъ прошеніи день выдачи и № свидѣтельства, а таможня обязывается, какъ можно скорѣе, выдать новое, съ прописаніемъ для удобства осмотра и пропуска, что оно выдано во второй разъ.

Примѣчаніе. Вышеизложенныя правила касаются вывоза.

XVI. Что касается до предметовъ, поименованныхъ во 2-й статьѣ правилъ, приложенныхъ къ общеевропейскому тарифу, то русскіе купцы, везя товары сухимъ путемъ, сообразуются также съ этими правилами.

XVII. Товары, привозимые контробандою, равно какъ предметы, подлежащіе запрещенію и поименованные въ 3-й и 5-й статьяхъ правилъ, приложенныхъ къ общеевропейскому тарифу, конфискуются въ казну.

Впрочемъ, если купцы пожелаютъ имѣть оружіе для собственной защиты, то въ Кяхтѣ слѣдуетъ предъявить о томъ и прописать въ свидѣтельствѣ. Каждое лицо въ караванѣ можетъ взять по одному экземпляру оружія.

XVIII. При взиманіи пошлины съ товаровъ, какъ русскихъ, такъ и китайскихъ, не поименованныхъ въ общеевропейскомъ тарифѣ, должно руководствоваться общимъ правиломъ, т. е. брать 5% съ цѣнности товаровъ.

Во избѣжаніе же на будущее время недоразумѣній между русскими купцами и китайскими таможнями при исчисленіи 5% пошлины съ вышесказанныхъ товаровъ, нынѣ же долженъ быть составленъ въ Тянь-цзинѣ дополнительный тарифъ для русскихъ товаровъ, привозимыхъ въ Китай, не поименованныхъ въ общеевропейскомъ тарифѣ, или не подходящихъ къ заключающимся въ ономъ, а также и на кирпичный чай. Опредѣленный такимъ образомъ тарифъ составитъ приложеніе къ настоящимъ правиламъ и дополненіе къ общеевропейскому тарифу.

XIX. Русскіе купцы не должны, подъ видомъ собственныхъ товаровъ, возить отъ мѣста до мѣста товары купцовъ китайскихъ.

146

XX. Настоящія вновь установленныя правила утверждаются въ видѣ опыта на три года, съ тѣмъ, что если по истеченіи этого срока, которая нибудь изъ договаривающихся сторонъ пожелаетъ сдѣлать въ нихъ измѣненія, то должна заявить о томъ другой сторонѣ, въ теченіи шести мѣсяцевъ. Ежели ни одна сторона не сдѣлаетъ такого заявленія, то правила эти утверждаются снова на пять лѣтъ, по прошествіи которыхъ опять предоставляется въ теченіи шести мѣсяцевъ войти въ соглашеніе.

Въ случаѣ же какихъ либо важныхъ неудобствъ предоставляется обѣимъ сторонамъ войти во взаимное соглашеніе объ измѣненіи правилъ, даже до истеченія трехлѣтняго срока.

XXI. Что касается до мѣръ противъ контробанды, то по общимъ правиламъ предоставляется китайскимъ чиновникамъ принимать таковыя, смотря по обстоятельствамъ.

XXII. Настоящія правила, по утвержденіи ихъ подписомъ и приложеніемъ печатей Уполномоченныхъ двухъ Государствъ, имѣютъ быть разосланы, для надлежащаго руководства, во всѣ мѣста, коимъ вѣдать о томъ надлежитъ.

Заключены и подписаны въ городѣ Пекинѣ, въ лѣто отъ Рождества Христова тысяча восемьсотъ шестьдесятъ второе, Февраля въ двадцатый день (Тунъ-чжи I года, 2-й луны, 4-е число).

(Подписалъ) Л. Баллюзекъ. (М. П.) (Подписалъ) Гунъ.

Подписи шести другихъ Китайскихъ Полномоченныхъ.

(М. П.)

TARIFF OF DUTIES APPENDED TO THE CONVENTION OF 1862 FOR THE LAND TRADE BETWEEN RUSSIA AND CHINA.

Дополнительный тарифъ пошлинъ съ предметовъ торговли Россіи съ Китаемъ.

	Пошлина.				
1) Съ предметовъ ввоза:	Ланы.	Чины.	Фыны.	Ли.	Хао.
Хлопчато-бумажныя издѣлія:					
Холстъ бѣлый, неокрашенный, какъ-то: нанка, коленкоръ и проч., согласно общеевропейскому тарифу, съ 10 ярдъ.	—	—	2	—	—
Холстъ окрашенный, какъ-то: нанка, коленкоръ и проч. съ 1-го чжанъ	—	—	1	5	—
Ситецъ » » »	—	—	—	9	4
Верверетъ » » »	—	—	2	3	—
Льняныя издѣлія:					
Тикъ » » »	—	—	3	8	—
Чешуйка » » »	—	—	3	7	—
Полушерстяныя издѣлія:					
Казинетъ, мериносъ, люстринъ, потерно, съ 1-го чжанъ.	—	—	2	7	—
Шерстяныя издѣлія:					
Сукно, не шире 70-ти дюймовъ » » »	—	1	3	2	—
Сукно, не шире 64-хъ дюймовъ » » »	—	1	2	—	—
Драдедамъ, не шире 70-ти дюймовъ » » »	—	1	2	—	—
Сукно и драдедамъ, нешире 56-ти дюймовъ » » »	—	1	—	—	—

148

	Пошлина.				
	Ланы.	Чины.	Фины.	Ли.	Хао.
Кожи выдѣланныя и мѣха:					
Бараны, со 100 кожъ.	2	7	5	—	—
Сафьяны » » »	2	2	5	—	—
Козлы, » » »	2	—	—	—	—
Юфтовыя кожи, съ 10 кожъ.	—	7	5	—	—
Бобры рѣчные, съ 10 штукъ.	1	2	5	—	—
Волки, съ 10 штукъ	—	3	—	—	—
Выхухоль, одинаково съ бѣлкою и горнастаемъ, по общеевропейскому тарифу, со 100 штукъ	—	5	—	—	—
Корсаки, съ 10 штукъ	—	2	5	—	—
Коты морскіе, съ 10 штукъ	1	2	5	—	—
Кошка домовая, со 100 штукъ	—	5	—	—	—
Кошка степная » » »	—	7	5	—	—
Лисица караганка, съ 10 штукъ	—	3	—	—	—
Песцы, съ 10 штукъ	—	2	5	—	—
Россомаха » » »	—	3	—	—	—
Рыси » » »	1	5	—	—	—
Мерлушка бухарская, сѣрая, съ 10 штукъ	—	4	—	—	—
Мерлушка бухарская, черная » » »	—	2	—	—	—
Мерлушка забайкальская, черная, съ 10 штукъ	—	1	8	—	—
Мерлушка забайкальская, бѣлая » » »	—	1	—	—	—
Лапы собольи, куньи, со 100 паръ	—	5	—	—	—
Лапы песцовыя, со 100 паръ	—	2	5	—	—
Лапы лисьи, темныя, съ 10 паръ.	—	3	5	—	—
Лапы лисьи, красныя » » »	—	—	7	5	—
Хвости бобровые, съ каждаго	—	1	2	—	—
Кожи невыдѣланныя: козловыя и бараньи, со 100 штукъ.	—	6	—	—	—
Лекарства:					
Рога сайгачьи, со 100 гиновъ	1	—	—	—	—
2) Съ предметовъ вывоза:					
Масло коровье, съ 100 гиновъ	—	3	—	—	—
Кирпичный чай (всѣ другіе сорты чая должны быть оплачиваемы пошлиною по общеевропейскому тарифу).	—	6	—	—	—

Примѣчаніе. Вышепоказанныя мѣры длины и вѣса должны быть принимаемы согласно четвертому правилу общеевропейскаго тарифа.

Тысяча восемьсотъ шестьдесятъ втораго года, Февраля двадцать седьмаго дня.

Подписалъ: Дмитрій Пещуровъ. (М. П.)

Подписалъ: Чунъ Хоу. (М. П.)

Вышеозначенный тарифъ съ общаго согласія утверждаемъ, тысяча восемьсотъ шестьдесятъ втораго года, Марта четвертаго дня, Тунъ-чжи перваго года, второй дуны, шестнадцатаго дня.

Подписалъ: Л. Баллюзекъ. (М. П.)

Подписи семи членовъ Китайскаго Министерства Иностранныхъ Дѣлъ.

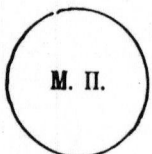

М. П.

150

以上續增稅則彼此允定後畫押蓋印爲憑

Подписалъ:
Л. Баллюзекъ.
(М. П.)

Подписи
семи членовъ
Китайскаго
Министерства
Иностранныхъ
Дѣлъ.
(М. П.)

一千八百六十二年瑪爾特月初四日

同治元年二月十六日

二、三口通商大臣崇厚爲議定俄國續增税則事致税務司札　同治元年三月初五日（一八六二年四月三日）

W1-I-4-3-3095

No. 3d April '62. from H. E.
Concerning the Russian Tariff and forwarding a printed vol. of the same.

札

欽命內閣部堂辦理三口通商大臣兼管天津等關崇　札

税務司知悉同治元年二月二十九准

總理各國事務衙門咨開所有本衙門

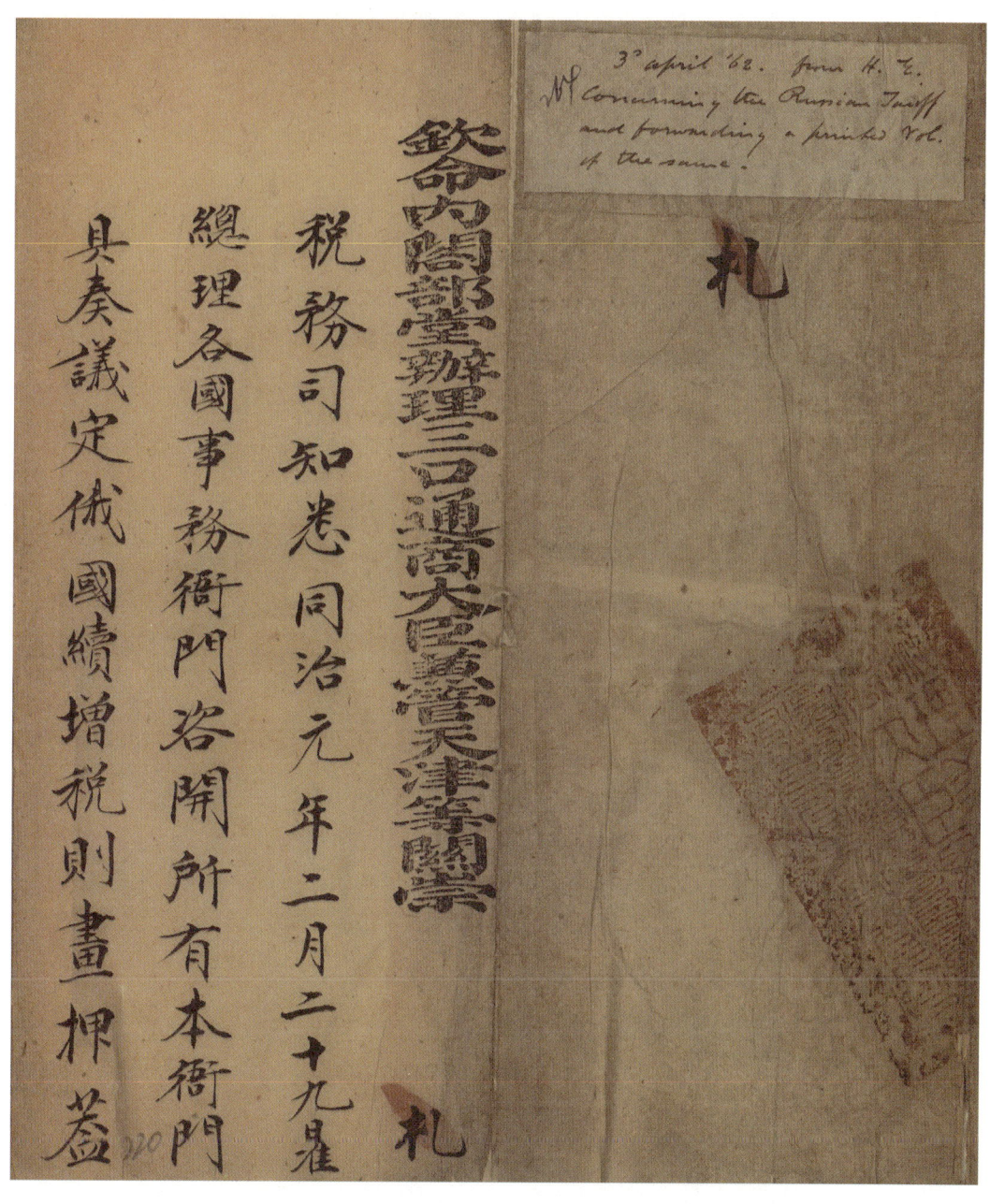

具奏議定俄國續增税則畫押蓋

印一片於同治元年二月二十日奉
旨依議欽此相應抄録原奏咨行貴大臣
欽遵辦理并轉飭所屬遵照可也等
因到本大臣准此除分别咨行外合

亟札飭札到該稅司即便遵照辦
理可也切切特札

計粘抄

奏片一紙　俄國續增稅則一本

右札稅務司准此

同治元年三月　日

三、爲俄商運土貨經天津回國納税事照會（一八六三年）（推算）

W1-I-4-3-3095

112

為照覆事茲據
貴王大臣照會內載查所擬條款內載擬照陸路通商章程第十條凡
俄商運土貨經過天津回國在天津應交納復進口半稅是以凡有俄商
在他口已經交納正半兩稅俟運貨出口赴津時該關亦應將所交土稅發
還存票等語係將長江章程與陸路章程相涉之處預為分晰清楚以
免日後啟誤原可照辦惟此條款刊入長江章程之後轉覺眉目不清現擬
將送來此條抄錄行知各海關作為貴國商人由漢江等處運土貨回國
專條俾與各章程一律遵照似可無庸續行混入此長江章程之內
等因前來本大臣查
貴王大臣與本大臣彼此意見頗屬相符現在
貴王大臣如此辦理本大臣理合將長江通商統共章程七款並上所
載凡俄商經過天津回國之條款一併行知各口領事官遵照辦
理為此照覆

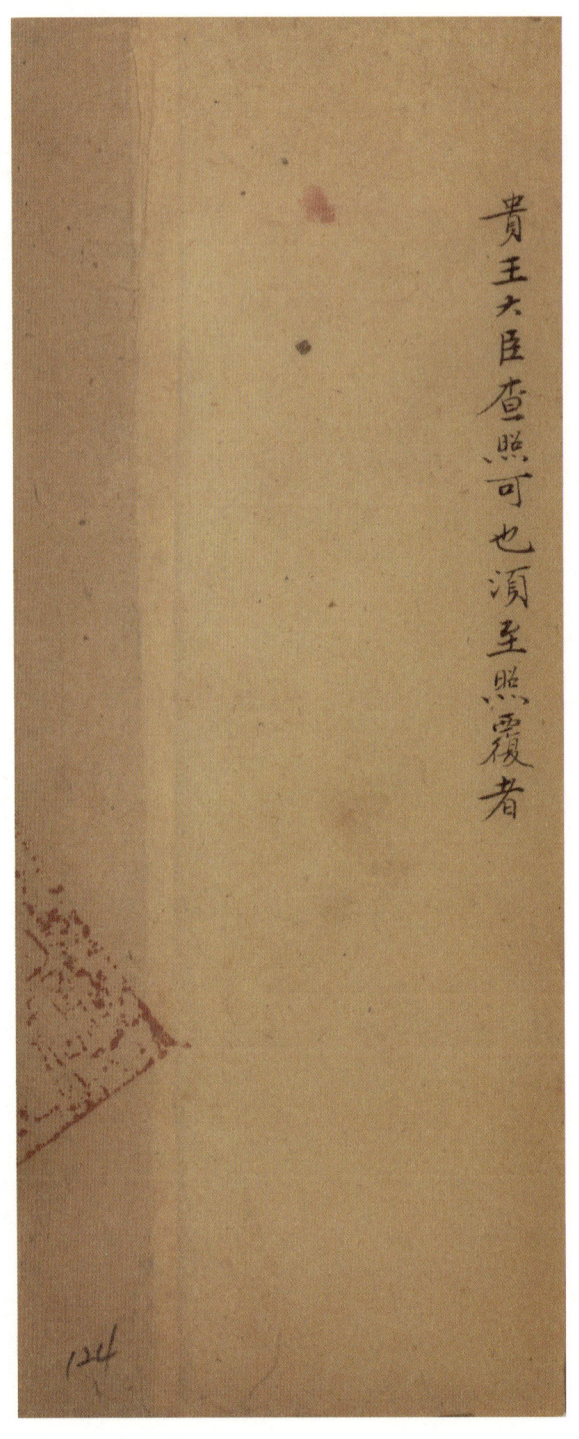

貴王大臣查照可也須至照覆者

124

四、照録關於俄國商船交納船鈔問題給俄國照會　同治四年十一月初六日（一八六五年十二月二十三日）

W1-I-2-18-3096

為照覆事同治四年九月二十九日准法國酌改船鈔章程凡
有船隻出口欲往中國議定通商各口並往來安南日本各碼頭及往
賃中國船艇均按四個月納鈔一次查本國各海口離議定通商各口視
法國所轄之安南日本各碼頭道里相差不遠亦欲將俄國船隻前往
本國海口按法國一律辦理且與天津和約第十二款相符等因前來
本王大臣查天津和約第十二條內載若有重待外國通商凡有利益
之處俄國一律辦理等語係指凡有通商利益之處與某國此件益
處亦應與別國此件益處並非以此件與某國復以另件與別國也
茲因法國將舊款不輸船鈔等字樣作為廢紙均照新章輸
鈔是以中國允其赴安南日本兩處碼頭四個月納鈔一次若
貴國商船亦欲於安南日本兩處四個月納鈔一次自可謂之一律辦
理誠然與天津和約第十二條相符本大臣斷無不允之理今來文
之意不欲於安南日本照辦而另議
貴國海口此則但可謂之比照不可謂之一律惟文內既有相差不遠
之說所有呢廓來業福斯克海口至圖們江海口商船由該處至
中國原定通商海口即允照
貴大臣之意每四個月納鈔一次如在四個月之外再行納鈔一次本
王大臣既經格外奉讓仍希照覆以便定期開辦可也須至照會者
十一月初六日
236

中俄（蘇）交往天津檔案史料選編

五、三口通商大臣崇厚爲俄國商船交納船鈔問題事致天津税務司札　同治四年十一月十八日（一八六六年一月四日）

W1-I-2-18-3096

札

[illegible]三口通商大臣[illegible]

札

天津稅務司知悉同治四年十一月十七日准

總理各國事務衙門咨開同治四年九月二十九日

准俄國照會內稱現准法國酌改船鈔章程欲將俄

國船隻前往本國海口亦按法國一律辦理等因當

經本衙門詳加酌核所有呢廓來業福斯克海口至

圖門江海口商船由該處至中國原定通商海口免照

每四個月納鈔一次等因照覆去後茲於十一月初

八日據俄國公使以允改納鈔一節即希定日期

開辦照會前來本衙門當即照會俄國公使定於同治

五年正月初一日開辦相應抄錄往來照會四件知照

貴大臣轉飭北洋各口一律辦理可也等因准此除

分行外合行札知札到該稅司立即遵照辦理

可也特札

計粘抄單一紙

同治四年十一月十八日

240

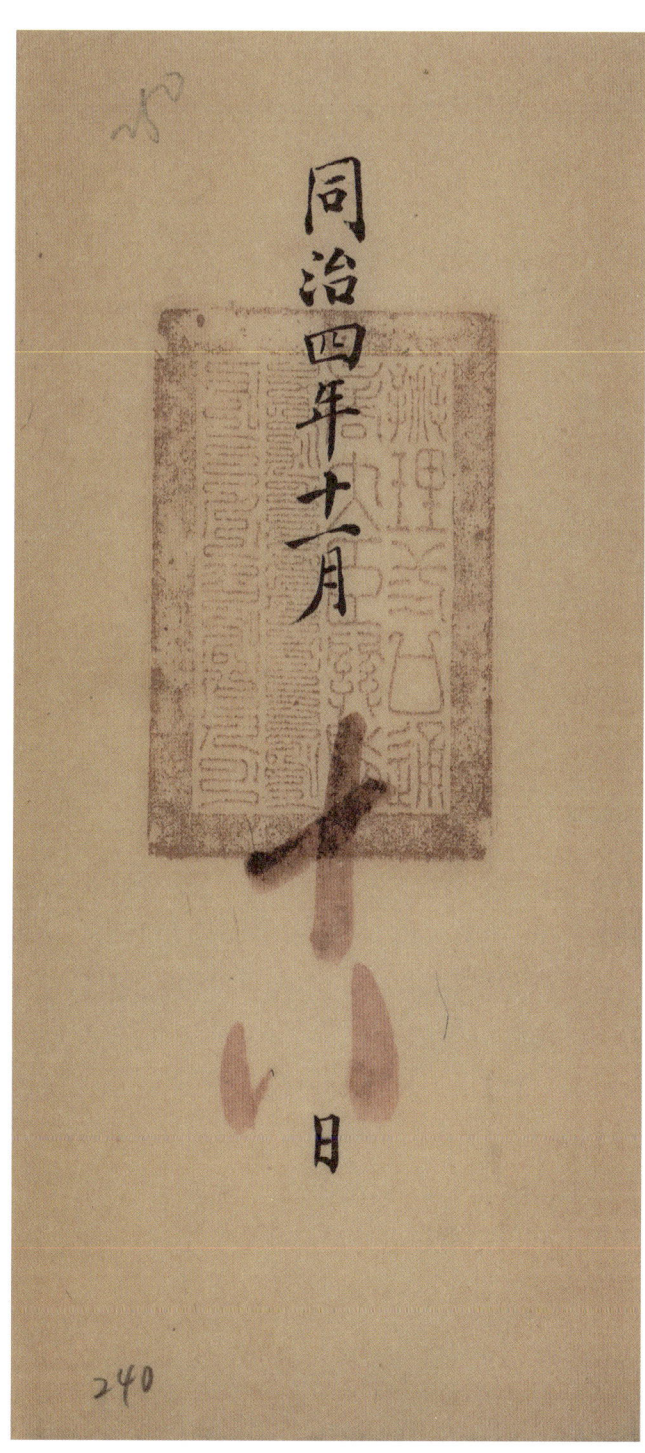

六、三口通商大臣崇厚爲俄國酌改船鈔章程事致天津税務司札　同治四年十二月十一日（一八六六年一月二十七日）

W1-I-2-18-3096

札
Received

為

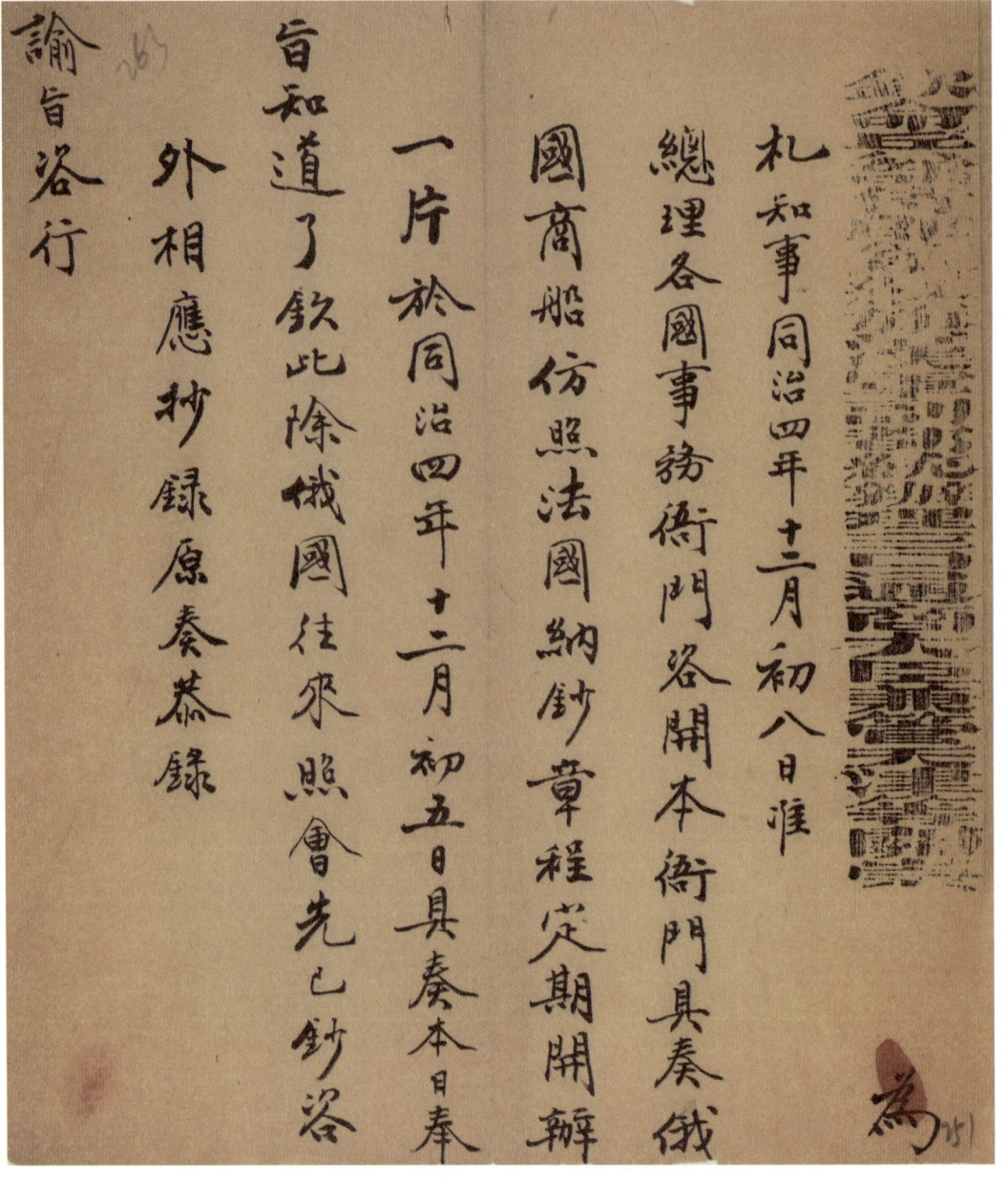

札知事同治四年十二月初八日准

總理各國事務衙門咨開本衙門具奏俄

國商船仿照法國納鈔章程定期開辦

一片於同治四年十二月初五日具奏本日奉

旨知道了欽此除俄國往來照會先已鈔咨

外相應抄錄原奏恭錄

諭旨咨行

貴大臣查照轉飭各關一體遵照可也

計粘抄單一紙等因准此除行外合行

札知札到該税司立即遵照辦理可

也此札

計粘抄單一紙

右札仰天津税務司准此

同治四年十二月十一日

七、三口通商大臣崇厚爲俄商販貨運津回國免徵複進口税事致天津税務司札　同治五年二月二十八日（一八六六年四月十三日）

W1-I-2-18-3096

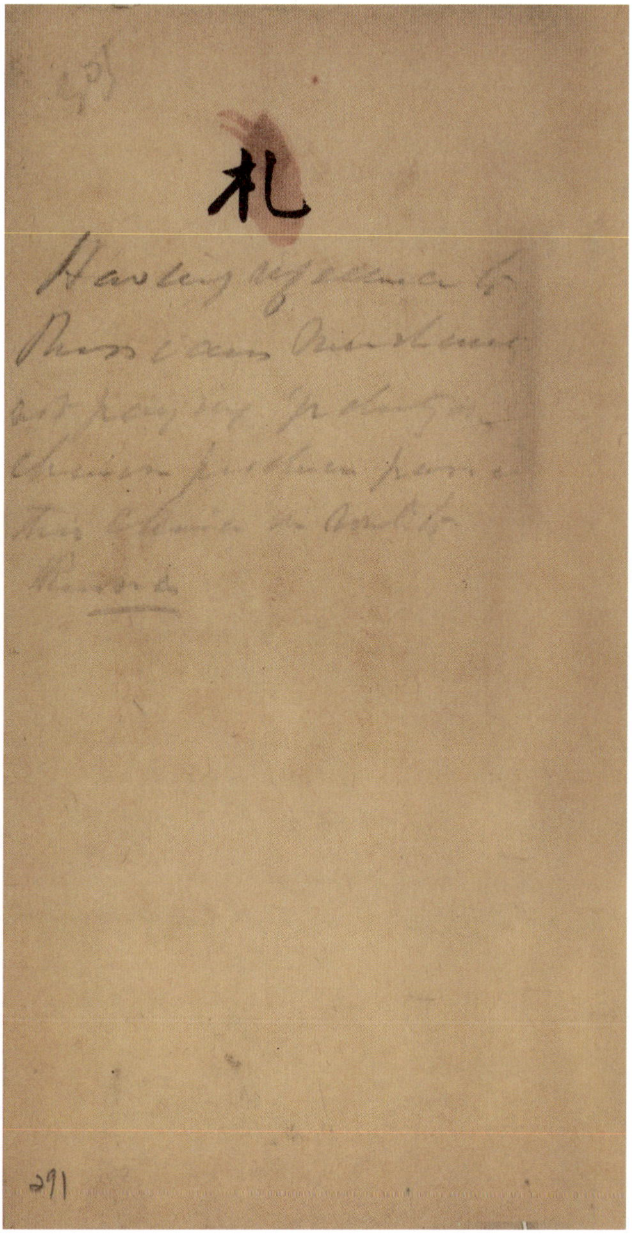
札
291

[illegible]為

札知事同治五年二月二十六日准

總理各國事務衙門咨開查俄國陸路通商章程試行三年前屆應行

會議年分迭據

俄國公使照會以他國販買土貨由水路出口僅納一正稅並不重征今

俄商由陸路販買土貨出口應納正

子稅各一是同一出口而俄商納稅獨重未免向隅該商如將全貨回國復有全到憑據應將所交復進口稅給還方為平允并開列多款會商經本衙門往來照會現經議准將第十款內俄商在他口販買土貨運津回國復進口稅免其交納相應咨行貴大臣查照將陸路章程第十款俄

商販貨回國赴天津應納一復進口稅
自三月初一日起即行停止征收其餘
仍照舊辦理可也等因准此除行
俄國領事官知照外合行札知札到
該稅司立即遵照辦理可也此札
右札仰天津稅務司准此

同治五年二月　日

295

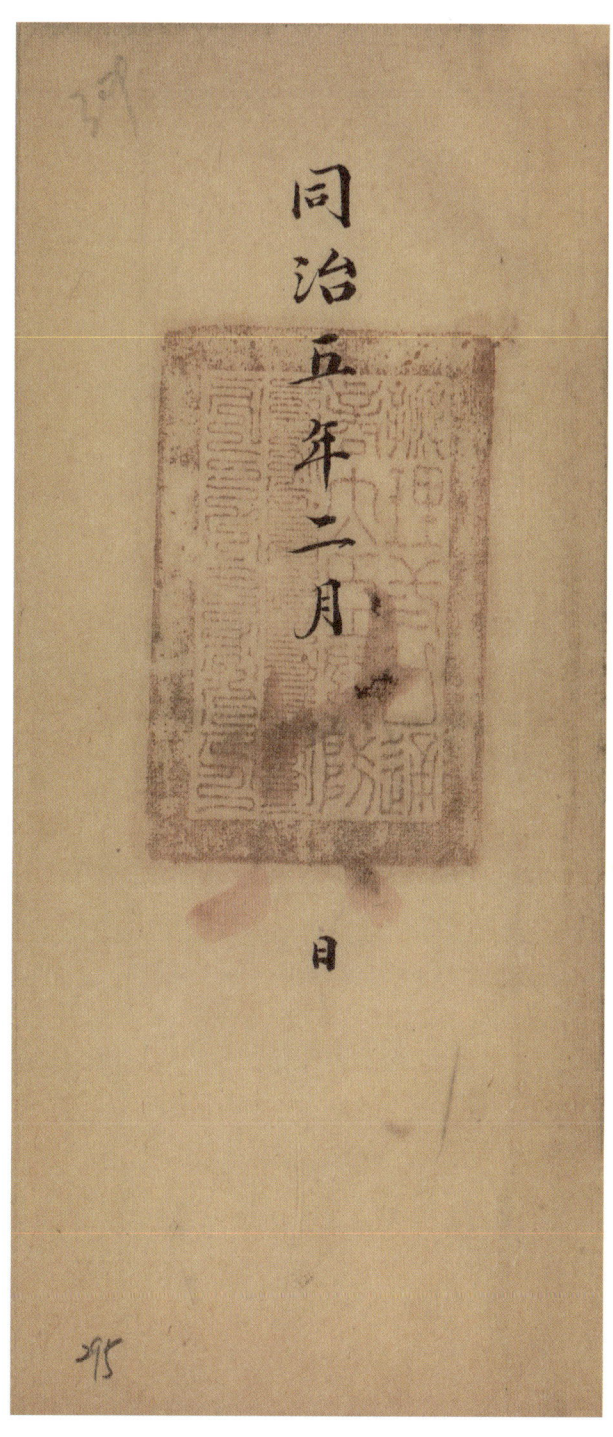

八、三口通商大臣崇厚爲陳明俄商由他口運津回國之貨免徵税事致天津税務司札　同治五年三月初四日（一八六六年四月十八日）

W1-I-2-18-3096

札

Having agreement to Russian merchants not paying ½ duty on Brick Tea going to Russia

Recd 20th April 1866

296

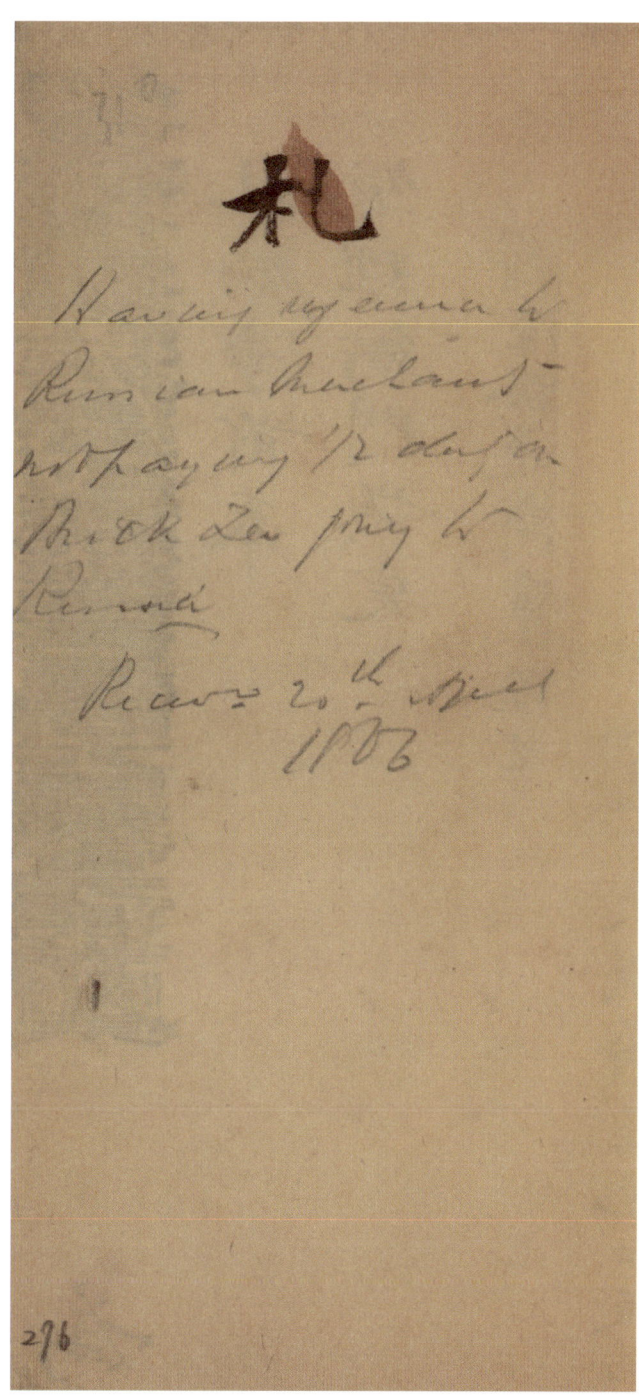

[illegible] 為

札知事前奉

總理衙門議定

俄國陸路通商章程第十款俄商在他口販土貨運津回國其在津應納之復進口半稅免其交納一節已於二月二十八日札行該稅司照辦在案此事內有應行詳細陳明之處不得不先行知照以免將來辦理錯悞查

總理衙門與
俄國
欽差所議免交之半稅係專指由他口運津由津回
國之貨而言若非回國之貨或在津售賣
或在別口售賣均應照舊例辦理不能免稅
倘該商人有貨物若干到津原擬全數回國
已報明免稅後又留下若干在津售賣或全
數在津售賣則應令隨時將從前原免之

復進口半稅補交方與
總理衙門並
俄國
欽差原議相符以昭公允為此札行該稅司查照飭
知商人照辦可也此札
右札天津稅務司准此

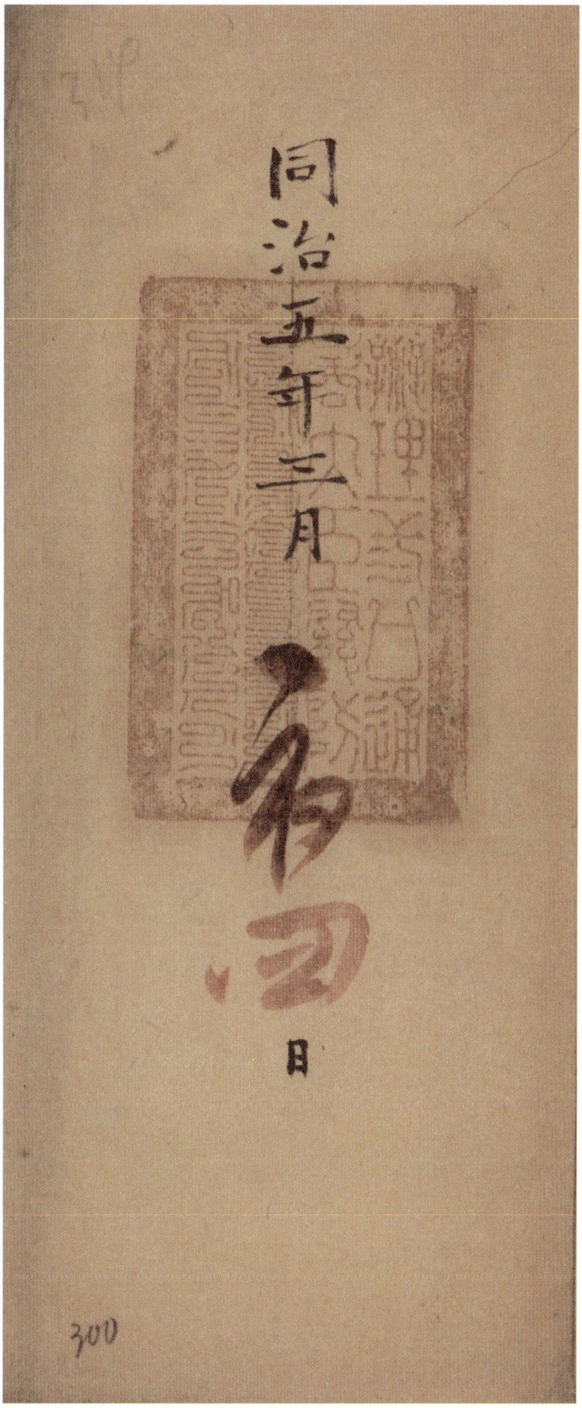
同治五年三月初[illegible]日

300

九、三口通商大臣崇厚爲俄國公使派員暫理天津領事官事務事致天津税務司札　同治五年九月十一日（一八六六年十月十九日）

W1-I-2-18-3096

札

札

天津稅務司知悉同治五年九月

初九日准

總理各國事務衙門咨開同治五

年九月初六日接據俄國公使函稱

本衙門文士阿拉羅福斯齊現因

天津領事官瑪　染病在牀勢甚

沉重經本大臣派赴該署護理一切

公事等因前來相應知照貴大臣
查照可也等因准此合行札知札到
該稅司立即知照可也此札

同治五年九月十八日

一〇、三口通商大臣崇厚爲俄商轉買英商土貨應照章完税事致天津税務司札　同治六年三月十九日（一八六七年四月二十三日）

W1-I-2-19-3097

3rd Moon 19th day: April 23rd 1867

Imported Chinese produce purchased by one foreigner from another at Tientsin not entitled 劄 to the exemption from Coast trade when cleared for Kiachta, as if it had not changed hands.

欽命頭品頂戴兵部右侍郎辦理三口通商大臣崇　為 12

札知事同治六年正月二十五日准

總理各國事務衙門咨開同治六年正月十八日准貴大臣咨稱准俄國領事官阿拉羅福斯啟照會內開照得

案查陸路章程俄商販運土貨運津回國除在他口完交稅餉外不再重征並將復進口稅免交甚為公允茲查

12

英商運津土貨間有茶葉或在津轉售與俄商由俄商運恰銷售自係洋商與洋商交易雖係土貨由英商之手買出究亦與洋貨無異俄商在津轉買英貨較之自到該口辦運自然多增本銀若在津再行徵餉一定到恰難售俄商代英商運貨到恰即作為英商自販似亦無分畛域

者英商在他口買貨業交税餉中途無論兑與何外國商人代運即沿途不在重征於各國税例何嘗或背可否將俄商轉買英商土貨無庸重征一則即於陸路章程十一款下接註此款無庸另添以歸簡便之處即希貴大臣查照辦理示覆以便遵循可也等因准此本大臣查陸路章

程十一款內載俄國商人在天津通州販買土貨照第三款之路由陸路回國均按照各國稅則完一正稅須取執照不再重征等語自應照章辦理如別國商人由南洋販來茶葉報完正半稅者現欲自運茶葉赴恰克圖陸路回國者原准援照俄國陸路章程辦理今俄國商人在津欲買土

16.

貨運送回國與第十一款章程相符

所買無論華商洋商之貨均應照

章完納正稅況俄國商人歷年在

津購買冰糖等貨由津運恰均係內

地土貨業已照章完納正稅所有俄

國商人在津兑買英商運津茶葉亦與

在津購買冰糖等貨事同一律且內地

土貨係逢關納稅之項核與外國洋貨 16

不同並無不再重征之例今欲將俄 17
國商人轉買英商土貨無庸在津征
税之處礙難照辦轉請總理衙門核覆
亦知等因前來本衙門查土貨復進
口章程載明無論洋商華商一經離
口販運均應逢關納税等語非同洋貨
可比亦不與陸路章程相涉是土貨
洋貨辦理大有分別萬難牽混且

18

别國商人販運土貨到津如自入内

地或售與華商則逢關納税如賣

與俄商而無分毫之税厚此薄彼何

以對各國商人亦何以服中國商人

總之土貨之不能混同於洋貨猶洋

貨之不能混同於土貨條約載明萬

無可以更動之理今俄領事所請於陸

路章程十一款下接註等語應無庸

18

19

議即希貴大臣轉飭各關務須遵照
條約照章納稅毋得任意紛更是為
至要等因准此合行札知札到該
稅司立即遵照可也此札

右札仰天津稅務司准此

同治六年三月九日

19

一一、照録關於茶末納税章程問題俄國照會　同治七年十月二十三日（一八六八年十二月六日）（推算）

W1-I-2-19-3097

照錄俄國照會

為照覆事本年十月十四日接准

貴王大臣照会附錄茶末納稅章程前來查閱未見另有難允之處即

請將開办之期先行知会以便轉飭各口領事官遵照惟查

貴國每逢擬改稅則或變通章程等事皆應預定開办日期方妥其增

稅一事定期宜從寬展以免商人照舊則謀算經營致虧資本其更改抽

章或限期少從亦無甚損似此办理則商人預知改則庶不至因罢然更直又紛紛

置办矣相應照覆須至照会者

十月二十三日

336

一三、照録給俄國照會　同治八年八月十七日（一八六九年九月二十二日）

W1-I-2-19-3098

186

照錄給俄國照會

為照会事同治八年八月初七日准

貴大臣照会内称陸路通商章程蓋印後已賫發各口領事庫倫領事

及恰還廓米薩尔照办並請即行發交中國官一律办理其酌定边卡一

層必行本國酌办惜不能逕行自催貴國边界官会办等因前来本王大

臣查新定陸路通商章程本衙门於盖印後業已發交刊刻一俟完竣

自當刷印齎全函送

貴大臣查收轉發所有章程二十二款内除第二款外其餘二十一款均已開

办本王大臣已行文三口通商大臣及張家口監督等處將應行事宜迅速籌

備即為開办惟第二款边卡酌定行走處所一節因關係蒙古地面前經係

大臣議明俟回

貴國後即令边界官查明商貨應行出入第一卡倫其有幾處酌量商定以

便本王大臣行文蒙古地方遵照緣商人帶貨入边必須令其由議定應行之卡

倫行走方無歧误而蒙古地面各處亦各有所遵守不致阻滞也今本王大臣再

134

四與商若必俟倭大臣到

貴國後行令邊界官約定處所尚恐道路遙遠耽擱時日有誤商人買賣本王

大臣現擬即由中國行文庫倫大臣派委妥員將俄商入邊之路除恰克圖一處係向

來出入大路應照舊行走即令該處部員遵照新定章程辦理外此外西北沿邊一

帶俄商貨物出入便宜之處共有幾處可以作為第一卡倫迅即會同庫倫領事

官查明會商現時出入之正路與恰克圖相輔而行庶乎

貴國商貨不致耽延而第二款章程亦即開辦矣除行文庫倫大臣查照飭辦

外相應照會

貴大臣轉行

貴國飭知邊界官員一體遵照可也

八月十七日

一三、三口通商大臣崇厚爲開辦新改俄國陸路通商章程二十二款除第二款事致天津税務司札　同治八年九月十七日
（一八六九年十月二十一日）

W1-I-2-19-3098

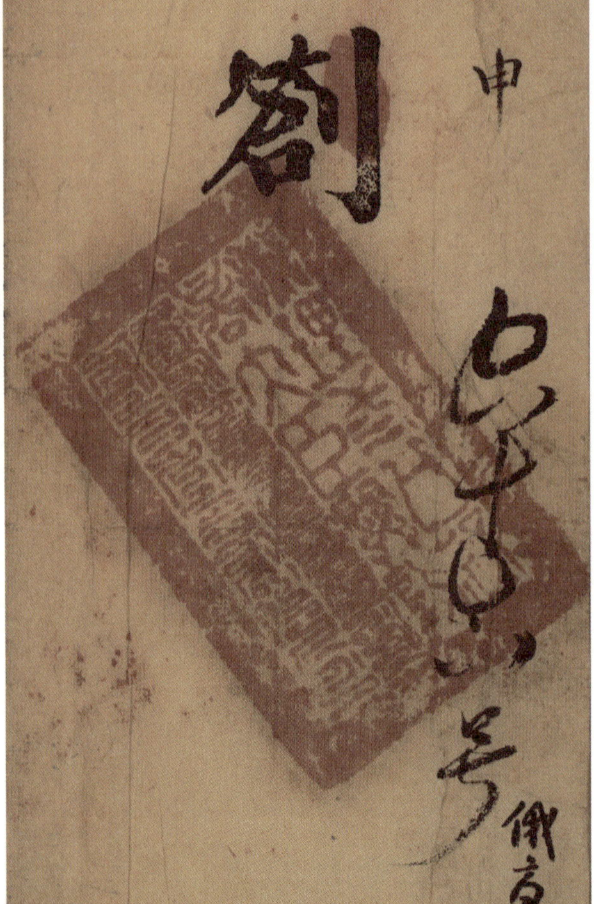
中
劉[illegible]號
俄商陸[illegible]拜

爲

札行事案查同治八年八月初八日准

總理各國事務衙門咨開同治八年

七月二十九日本衙門具奏俄國新

改陸路通商章程一摺軍機大臣奉

旨依議欽此相應恭録

諭旨抄録奏單行知貴大臣欽遵查

照辦理可也計粘章程單一紙

嗣又准
總理衙門抄送給俄國照會以陸路
通商章程第二款俄商入邊之路何處可
以作爲第一卡倫正路俟庫倫大臣會同庫倫領
事官查明後再行開辦其餘二十一
款行令本大臣轉行俄國領事官查
照辦理等因查新改俄國陸路通商
章程現經

總理衙門議定二十一款先行開辦本大臣即於八月十一日行文俄國孔領事將新改陸路通商章程二十二款除第二款應俟庫倫大臣會同庫倫領事官查明議定後再行開辦外其餘二十一款於何日開辦定期照覆以便報明

總理衙門並轉行各處一體遵辦去後茲於九月十五日據俄國孔領事來文內開八月

十一日准貴大臣來文將新改陸路通商章程二十二款除第二款應俟庫倫大臣會同庫倫領事官查明議定後再行開辦外其餘二十一款於何日開辦令本領事即爲定期照覆本領事現定於本月十五日起即行開辦爲此照覆貴大臣以便轉行各處一體遵辦可也等情據此除分别咨行外合行札知札到該税司即便查照辦理可也此札

計粘抄章程單一紙並照錄

總理衙門給俄國照會一件

右札天津稅務司准此

同治八年九月十六日

一四、照録議改俄國陸路通商章程二十二款（一八六九年）（推算）

W1-I-2-19-3098

照錄議改俄國陸路通商章程二十二款

前於同治元年二月初四日兩國彼此擬定陸路通商章程試行三年為限今屆限滿復經詳查商定擬改如左

第一款

兩國邊界貿易在百里內均不納稅其稽查章程任便兩國各按本國邊界限制辦理

第二款

俄商准許前往中國所屬設官之蒙古各處及該官所屬之各盟貿易亦不納稅其不設官之蒙古地方如該商欲前往貿易中國亦斷不攔阻惟該商應有本國邊界官執照內用俄字漢字蒙古字鈐印並註商人姓名貨色包件駝牛馬匹數目若干行抵中國第一邊卡應將執照呈官查驗或用戳記或以畫標為憑如無執照前往查明除貨入官外將該商按照北京和約以第十條被逃獲送之法辦理該領事官嚴查不准未領執照商民前往貿易

128

第三款

俄商運俄國貨物前往天津應有俄國邊界官並恰克圖部員蓋印執照內用兩國文字註商人或隨人姓名貨色包件數目此項貨物止准由張家口東壩通州直抵天津任憑沿途各關口中國官員迅速點數抽查驗照蓋戳放行如各口有抽查拆動之處查畢後仍由各口加封其拆動件數並于照內註明以憑查核該關查驗不得逾一個時辰其照限六個月至天津關繳銷倘有商人遺失執照該商即行報明原給執照之官並呈明日期號頭妥速補給執照註明補給字樣以便查驗放行一面至就近之關口報明查驗相符暫給憑據准其執此前往以免耽誤如在張家口報明請領憑據應由在口之俄商代出保結方給字據副抵天津如所報貨色件數與補給之原照不符即按第七款辦理准該行呈閱其所失之照作為廢紙

第四款

俄商由恰運俄國貨物路經張家口按照運津之貨總數任聽酌留若干於口銷售限三日內稟明監督驗發准單將酌留之貨交納稅項後方准銷售惟該口無庸設立領事官以及行棧

第五款

俄商運俄國貨物至天津應納進口正稅按照各國稅則三分減一在津交納其酌留張家口之貨仍按各國稅則在張家口交一正稅

第六款

如在張家口酌留俄國貨物已在該口納稅領有稅單之貨物有未經銷售者准該商運赴通州或天津銷售不再納稅並將在張家口多交之一分補還俄商即由該口發給執照內註明

第七款

俄商所運俄國貨物至天津除指明留張家口之貨件外查有原貨抽換或與張家口酌留之貨數目不符某商違例其貨全行入官但沿途實係包箱損壞必應改換包裝準行報就近關口報明以查驗原貨色相符即於單內註明方可免其議罰倘或繞越他處不按第三款之路而行將原貨私行售賣一經查出某商違例即將其貨全行入官如僅繞越他處並未將貨銷售即罰令完交一正稅其罰令入官之貨如果商人情願將原貨變價令交自應與中國官妥商按照原貨從公估價令交亦可

第八款

俄商如由天津運俄國貨物由水路赴議定南北各口則應按照各國稅則在津補呈原免三分之一稅銀俟抵他口不再納稅如由天津及他口運入內地均應按照各國稅則納一子稅（即正稅之半 以上進口事例）

第九款

俄商在議定南北各口販買土貨由水路出口進口及由俄國販洋貨由水路進口出口仍照各國稅例一律辦理

第十款

俄商在他口販買土貨經津回國不留在彼銷售以在他口全稅交完有單可憑至此不再納稅以免重征該領事官發給兩國文字執照天津關蓋印註明商人姓名貨色件若干方准起運赴恰克圖不再重征並飭令遵照第三款之路而行沿途不得銷賣如違即按第七款辦理如有經過通州東壩時在口查驗之例按照第三款章程辦理其照自起程日為始限六箇月內到恰克圖繳銷如遇耽延應于限期前報明領事官及地方官其如違罰辦倘有商人遺失執照按第三款辦理

第十一款

俄商在天津通州者處販買從內地運來土貨以第三款之路由陸路回國均按照各國稅則完一正稅領取執照不再重征沿途不得銷賣

第十二款

俄商在津販買後進口土貨由陸路回國所在原口完清全稅于一年限內出津運往俄國一切與章相符不再重征並將暫存天津後進口半稅給還存票沿途不得銷售領取執照一切按照第十款办理嗣後天津後進口納稅章程中國與各國一行擬改俄國亦一律改定

第十三款

俄商在通州買土貨回國應預先報明東壩按各國稅則完一正稅由東壩收稅發給執照註明貨色包件若干沿途亦不准銷賣

第十四款

俄商在張家口一處販買土貨回國應交出口稅銀按照各國稅則交一半稅（即正稅之半）在張家口交納該口發給執照以後不再重征沿途不得銷賣

第十五款

俄商在天津或他口販買別國洋貨由陸路回國所別國已交正稅子稅有單可憑不再重征如別國只交正稅未交子稅該商應按照各國條例在該關補交子稅

131

第十六款

俄商由天津通州將京口販貨回國務須單貨相隨以憑查驗放行其銷照限期及遺失執照一切按照第十款辦理 以上出口各例

第十七款

所有各國稅則第二款所載俄商由陸路販貨亦按照一律辦理

第十八款

俄商如有偷漏及挾帶違禁之物照各國稅則第三第五兩條所載各物件均應將貨入官如該商自備軍器護身應在本國報明填入執照每人各帶兵器一件

第十九款

凡有洋貨土貨為各國稅則未載者按照俄國天津所定議續則辦理如續則及各國稅則亦未載再照各國值百抽五總例辦理

第二十款

俄商不得包庇華商貨物運往各口

第二十一款

凡有嚴防偷漏諸法按照各國總例任憑中國官隨時設法辦理

第二十二款

此次议定章程试行五年为限俟限满或俄国或中国有欲行更改之處应于限前六個月内照会以限满未经照覆仍应展至五年後六個月内会议酌改如有紧要防碍之处尚未满限立即会议酌改

以上各款议定两国

钦命王大臣

钦差大臣

画押盖印後行知各该处遵照办理

一五、道勝銀行爲俄國設立租界請俄法所管各鹽商主讓歸坨地事致候補道錢鑅函　光緒二十七年二月二十四日（一九〇一年四月十二日）（推算）

W1-A-2-2-1190

407 397

逕啓者前日在津暢談為快所議租界房價
業已訂明現已知照敝國駐津領事已承允許
並無異詞刻擬即行開辦將全價二萬八千兩
備齊候撥惟查該房所以收買騰清者並[illegible]
別故緣該處應分清段落以便撥賣但應分段之
處尚存法鹽數堆昨乞 楊都轉協力相助經
允於七箇月後一律運完惟尚須訂明所有法
鹽坨地亦應照俄鹽坨例令本主或賣或換臨

時均使此層昨亦照會　運司協助仍請
閣下善導俄法所管各盐商主將坨地讓歸俄
國租界或願領價或願換土圍子外之地暫為
借用統憑
鼎力贊成決不使各商受虧也專候
示復一俟復到即據以為憑將此事清結立即飭
知津行將二萬八千兩房價如数撥付決不有誤

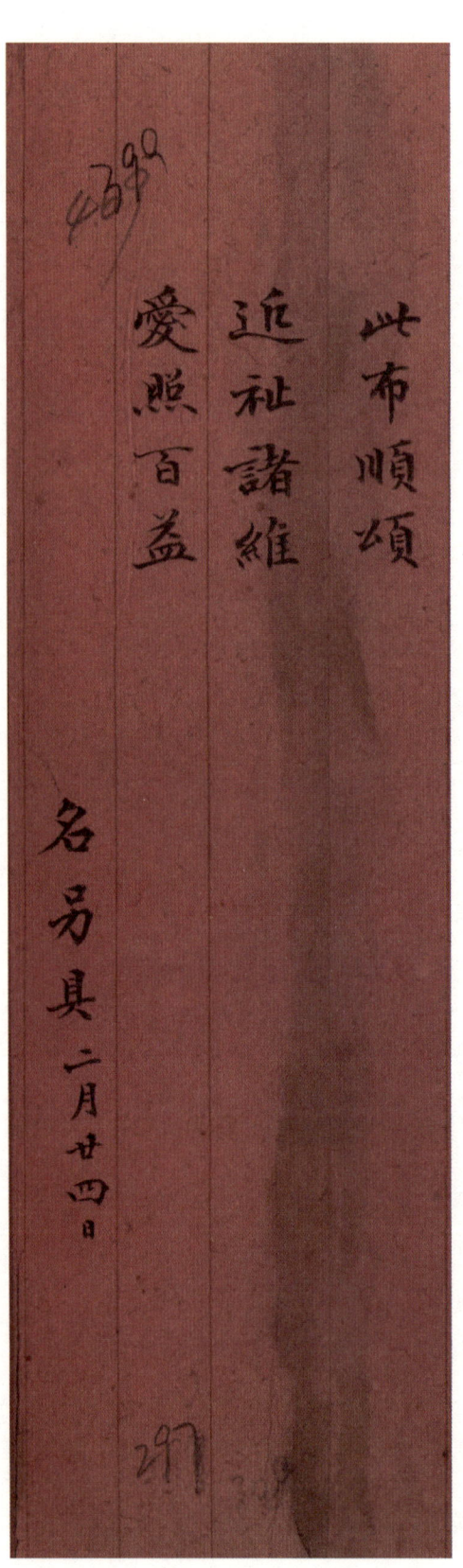

此布，順頌
近祉，諸維
愛照，百益

名另具 二月廿四日

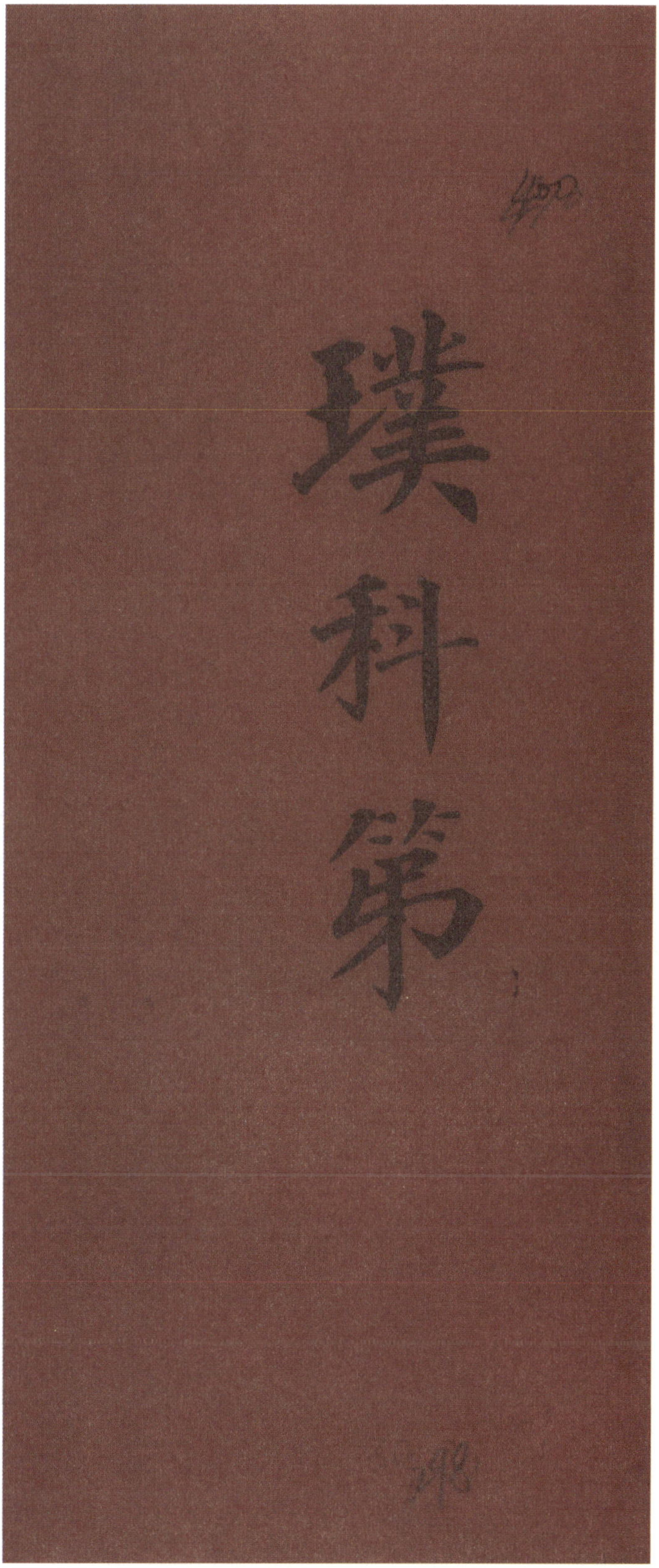
璞科第

一六、直隸總督李鴻章爲在天津增設俄國通商市場并查勘界址事致直隸候補道錢鑅札　光緒二十七年三月初七日（一九〇一年四月二十五日）

W1-A-2-2-1190

札
直隸候補道錢鑅
欽差全權大臣太子太傅文華殿大學士商務大臣一等肅毅侯
[illegible]北洋大臣直隸總督部堂[illegible]為
札委事照得天津河東地方增設俄國通
商市場經本閣爵大臣部堂擬訂合同奏奉
硃批允准在案茲准

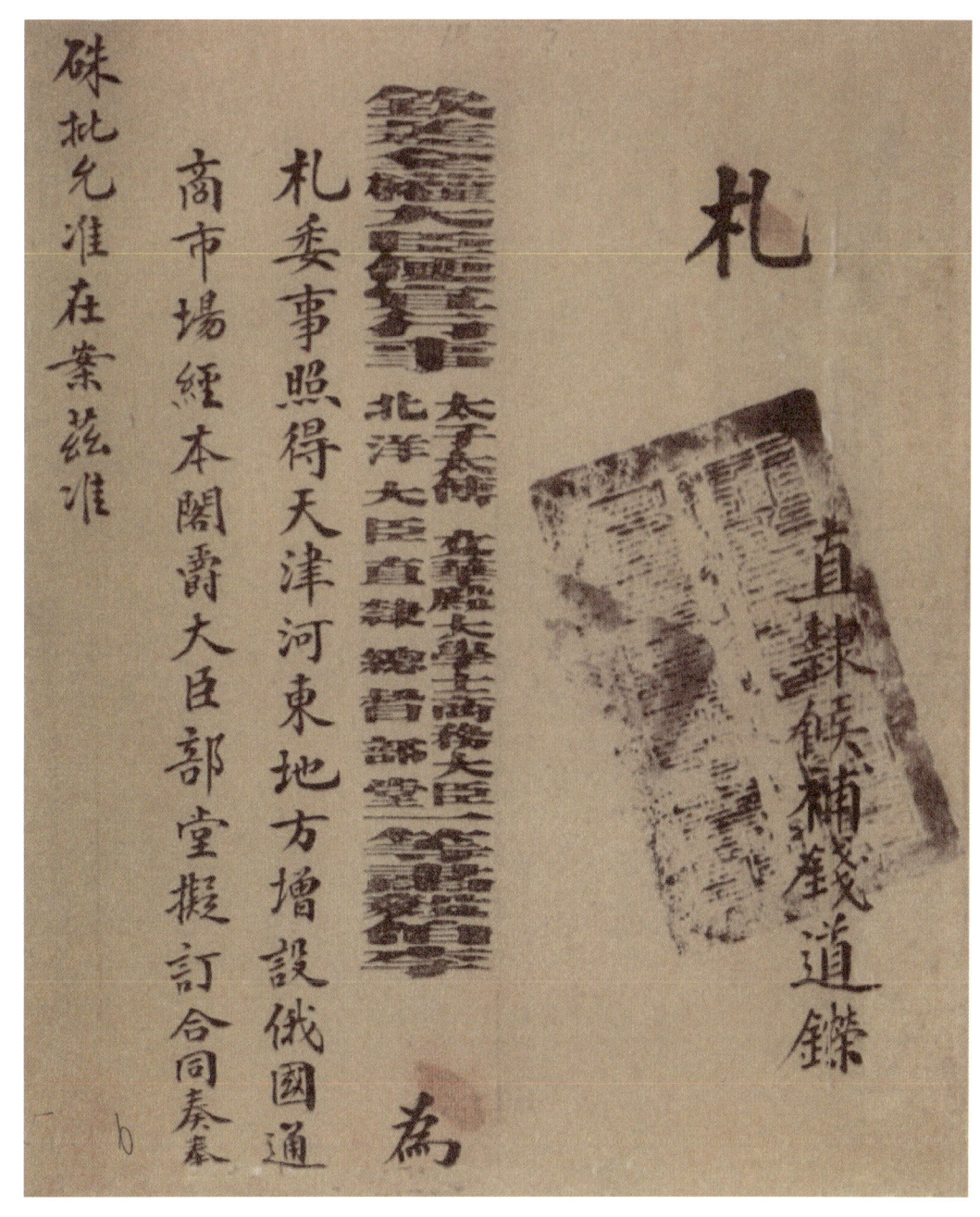

俄國全權大臣格　照會內開光緒二十六年十
一月初十日簽押和約第二款內載派委員
地勘定天津俄國租界并明定界限等情係
無防碍貴中堂若揀派委員以辦此事前来
照會本大臣甚為感情而本大臣即當隨派
委員該委員並能察明山海關之鐵路各地
段蓋鐵路係中國政府不可辯駁之產業而各

地段係何所屬之處應由本大臣與中國政府定斷可也等因准此除行天津道會同商辦外應即札委札到該道即便遵照將鈔發合同摺稿英使照會致俄使照會各一件查收詳閱尅日馳赴天津會同俄國派出之員查照合同界址逐一查勘秉公劃定其英俄互爭地段務令彼此讓出遷改以弭爭端並隨時將勘議情形稟候察核自三月分起每月准支薪水銀一百兩仍將辦理情形隨時具報毋違

此札

計鈔發合同稿一件摺稿一件英使照會一件致俄使照會一件

光緒二十七年三月初七日

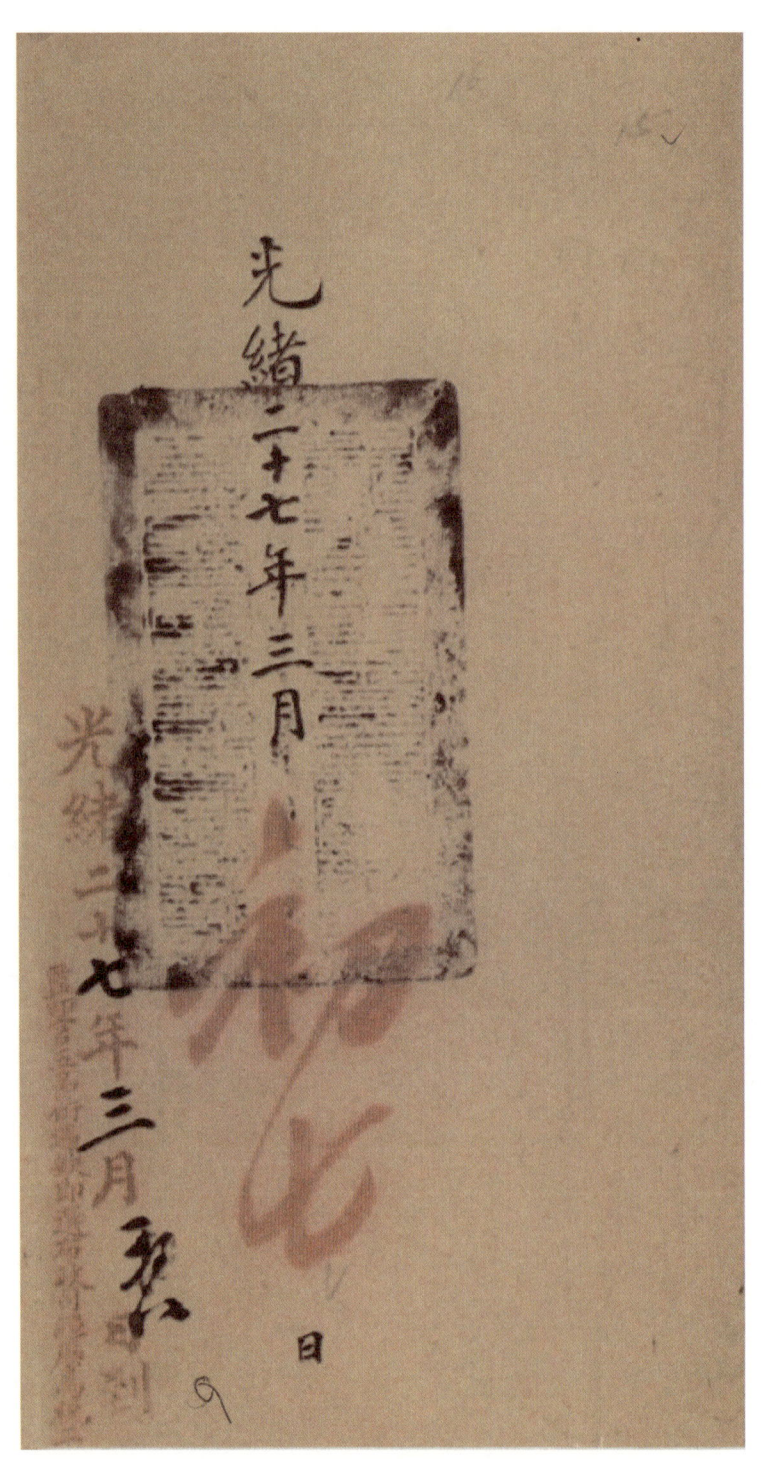

光緒二十七年三月

一七、直隸候補道錢鑅爲俄租界内各等地段劃分及給發地價事禀直隸總督文　光緒二十八年二月二十五日（一九〇二年四月三日）（推算）

W1-A-2-2-1190

川
敬稟者竊查俄國所劃租界地段最長除鹽坨
不計外地分三等與鐵路車站最近者為頭等
每畝定價　兩在鐵路兩旁以上者為次等每畝
定價　兩在鐵路兩旁以下者為三等每畝定價
兩其難辦之處有兩層一則與鐵路處處毗連
彼此頗存意見絲毫不讓一則頭二等地原為隸
貝子府祖產日久失迷為莊頭魏姓盜賣後經
隸貝子府於光緒十四年賣給鄭錫忠吉勒通阿

執業以界限不符確指纏訟多年未能清結 職道鐸
查驗儀府大田所撥地畝底冊儀府實有地七百
多畝在李家樓前後辛莊等處 職道 曾經議
擬經蘇致遠賣於孫岳兩姓復經轉賣與和
出地價三成此地在孫岳二姓未經出賣者擬出地
價七成作為歸補鄭吉兩姓所費地價曾經稟明
前北洋大臣李　批准照辦然地畝總以紅契為准
自從去年夏間開局出示限於六月初一日將紅契繳

局呈驗，聽候丈量給價。計收繳契不過數張，後因俄領事催地甚急，即飭地保查傳花戶，無論有契無契，但願認領價者，即到局報明，眼同丈量註冊。歷數月之久，其投到者類皆地戶不過五六十家之譜。地戶不過一百二十餘家，其餘抗傳不到。職道以其情節可惡，特將其地條示充公，冀其或有悔悟，早來報到。飭知該花戶等毋信匪人煽惑，即多方開導，總久置之不問，事關交涉，不能因此久為延擱。職道當飭員司將不到花戶之地亦分出段落丈量繪圖註冊存案該花三等語以為不呈契據不肯丈量不領地價人時無可奈何不意俄國於九月間將老龍頭以西頭等之等之地一律劃界竟欲分段修築馬路天津地未交還各國亦有工作何能攔阻十月十三日奉前護督憲閣　札飭據天津縣河東鹽坨老龍頭迤西商民王聘三等聯名具稟以俄國租界地界限不清臚列十二條請逢提訊等情據此除

批新劃俄國租界沉經

前蒙閣爵部堂

奏明蓋印畫諾無可更易惟旅民地價沉有轇轕

不清自應將所收俄國地價悉數提存局庫

暫緩立即分給一面諭飭各花戶檢齎印契呈

驗註冊其中有無旅地交涉爭執者即揀派廉

正明允之員傳集花戶及鄰右兩造覆事之人逐

一勘明秉公訊斷或給半或給領或攤全數給領總

482

以契據為憑，不得空言冒認混爭。其無主之地，着即查提充公，統限二個月內繳契呈明，三個月內一律完結，不得藉詞閣延，致撓劃界要務等因，榜示外，合將原稟粘單一併抄發，札到，即便查照辦理等因。蒙此，職道等當即遵照出示曉諭，飭令頭二等內各地戶，凡有契據，趕於限期以內送局呈驗執業。迄今三月有餘，並無一張紅契呈驗。職道等詳查俄界頭二等之地，從前本係蒙漢雜處之區，自中西互市以後，稍有人烟，迨火車設立車站

其地逐漸興旺總計住户約有四五百家而所呈
紅契不滿十張多云兵燹遺失無存其年月
多在道咸以後今頭等地量見一百零八畝每畝
價銀　兩合銀　參二等地量見一百四
多畝每畝　兩合銀　兩共銀　兩參
職道等復查　前北洋大臣李
札交積府地畝清單內載李家樓地四頃三十七
畝零樓連芦辛莊一頃九十三畝後辛莊九十三

484

畝，是李家樓以西德府應有地七百多畝，據部
錫忠吉勒通河西稱德府賣給之地，李家樓前
後並房之地直達一片，其地告非東為李家樓後地
百餘畝，現英俄尚在爭執，又西為俄路佔用一百
九十多畝，又西即為俄界，頭等二等之地皆載在
租契，以西鐵道以地畝總數核計其方向數目與
鄰吉所稱不合，從前經禀明應頭等當賣與孫委之
地，李家樓地及三義廟地不足百畝，又俄路佔地

362

約二百畝，在頭等地內歸岳姓者祗三十多畝，是曹姓庄頭盜賣之地不足四百畝，是俄界頭等二等之地二百數十畝，其為標府之地無疑，但其地更迭之久，輾轉售賣，不能再歸原主，況經兵燹以後，小民困苦頗甚，能收得地價若干，亦可藉資貼補。職道等愚見，所有標府之地，其為庄頭盜賣與卜岳兩姓者，查照前次稟明，以三七成分領；未經盜賣而在俄界頭等二等者，遵章核丈，此為順民，仍照章全數給領，以示體恤；其撫遠不到之區，其地本已完

485

公出地價給發未領收以一半仍賞還原戶如此則儲備之地既有着落而民之戶之順從者得全價抗違者得半價於體恤之中仍寓勸懲之意如蒙

憲裁先准照條奉批後出示遵照辦理又頭二等界內尚有之房屋一百二十餘間磚房每間給價八十兩瓦之房五十兩草之房二十六兩住之戶二百九十餘家每戶給搬家費銀十兩之譜俄領事論定共給銀二萬八千兩應與地價一并給發以便分別給領

此案於六月二十三日發出當即奉批

一八、北洋大臣袁世凱爲俄租界内各等級地價事的批文 光緒二十八年三月二十九日（一九〇二年五月六日）

W1-A-2-2-1190

418

北洋大臣袁批 三月廿日

據稟俄國租界上年與俄領事勘定界址議明地分三等與錢站東站相近者為頭等每畝價銀一百八十兩在開平礦務局以上者為上段每畝價銀八十兩在礦務局以下者為下段每畝價銀四十兩嗣因旂民地價分劃不清諭飭各色戶檢齊印契呈驗注冊限日完結不得藉詞圖延陡攪界務乃逾期仍無一契呈驗實屬不知大體應照所擬將俄界老龍頭迤西查理清楚頭二等房

409

地但閲局送所有善邇示報丈者地價全數給發其抗違不出業
已係示充公之地應分一半地價給與鄭吉二姓支領其一半地
價暫行存儲如該花户等能知悛悔仍准給領仰即曉諭一體
善邇稟已俄界下段之地俟該局查丈明晰辦理新繪圖報查核此
繳

385

一九、津海關監督唐紹儀爲俄租界各等地價劃分及給發地價事致天津道、直隸候補道咨 光緒二十八年四月十二日（一九〇二年五月十九日）

W1-A-2-2-1190

411

抄批發天津道

咨

光緒拾八年四月十五日到

307

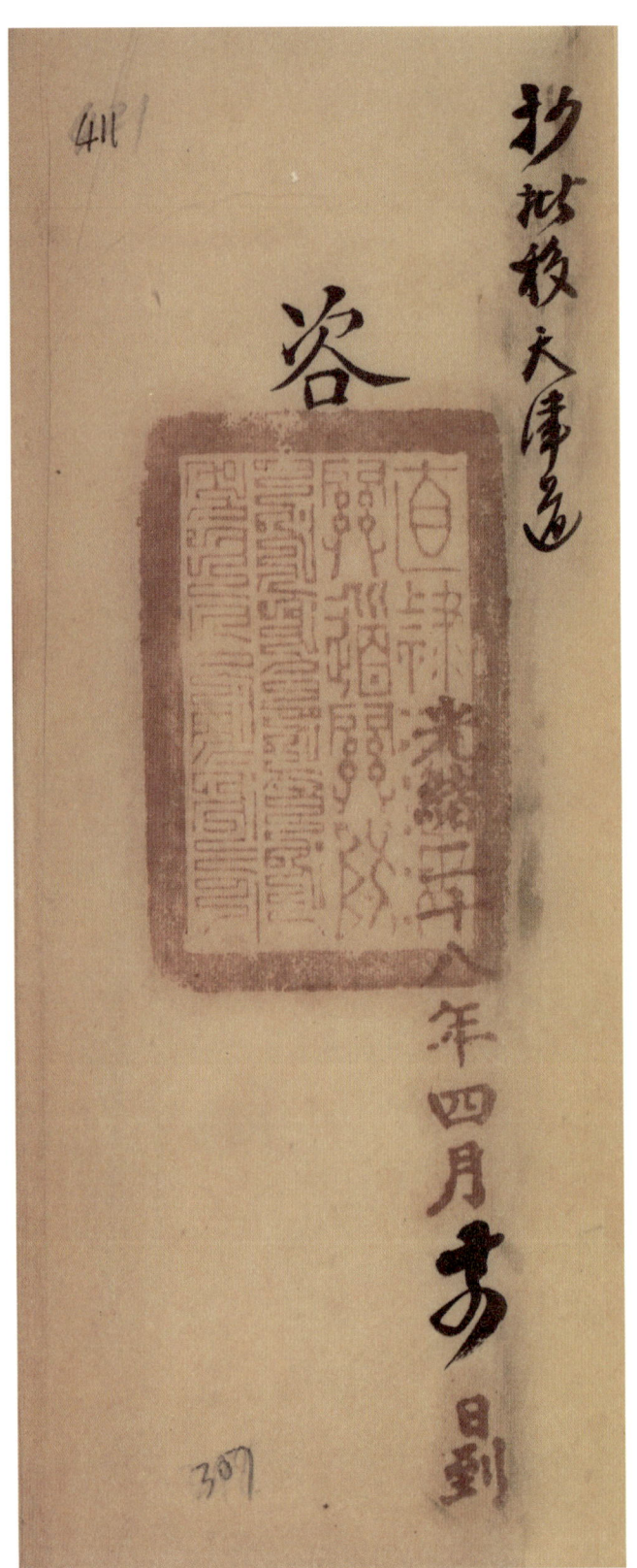

欽命二品銜　賞戴花翎監督天津新鈔兩關北洋行營翼長辦理直隸通商事務兼管海防兵備道唐　為

咨會事光緒二十八年三月二十九日蒙

署理北洋大臣袁　批據

貴道會同敝道稟為俄租界頭二等界內房地現已查理清楚並旗民

交涉地畝酌擬辦法請批示祇遵緣由蒙批據稟俄國租界上年與俄

413

領事勘定界址議明地分三等與鉄路車站相近者為頭等每畝價
銀一百八十兩在開平礦務局以上者為上段每畝價銀八十兩在礦務局以
下者為下段每畝價銀四十兩嗣因旗民地價交割不清諭飭各花戶
檢齎印契呈驗注冊限日完結不得藉詞圖延致撓界務乃逾期仍無
一契呈驗實屬不知大體應照所擬將俄界老龍頭迤西查理清楚頭

309

二等房地自開局後所有遵示報丈者地價全數給發其抗違不到業
已條示充公之地應分一半地價給與鄭吉二姓支領其一半地價暫行存
儲如該花戶等能知悛悔仍准給領仰即曉諭一體遵辦至俄界下段之
地俟員司查丈明晰辦理就緒稟報查核此繳等因蒙此相應錄批咨
會為此合咨

4415

貴道請煩查照施行須至咨者

右　　咨

辦理天津租界事務天津道張
直隸候補道錢

311

416

光緒二十八年四月十二日

312

二〇、候補道錢鑅爲俄租界頭二等地界内房地已查清事致天津河間道咨　光緒二十八年四月二十二日（一九〇二年五月二十九日）

W1-A-2-2-1190

為咨會事。光緒二十八年四月十四日，准

津海關道唐 咨開：光緒二十八年三月二十九日，蒙

署理北洋大臣袁 批據

貴道會同津海關道 敝道 稟：為俄租界頭、二等界內房地，現已查理清楚，云云。此繳。等因。蒙此。行咨到局。准此。相應

備文咨會。為此合咨

貴道，請煩查照施行。須至咨者。

一 咨

天津河間道張

438

437

光緒二十八年四月廿二日

候補道錢 行

317

二一、道勝銀行孔義爲俄租界頭二等地已定期開工事致候補道錢鑅函　光緒二十八年六月初五日（一九〇二年七月九日）

W1-A-2-2-1190

498 08

敬啓者所有敝國租界頭二等地現已定期即擬開工築造

為此專函奉達

台端仰祈迅

賜复示盼甚禱甚專此敬請

升安

名正肅 六月初五日

499
孔義

二二、直隸候補道錢鑅爲俄租界頭二等地開工注意事項事復道勝銀行孔義函　光緒二十八年六月初五日（一九〇二年七月九日）

W1-A-2-2-1190

復道勝銀行孔義

逕啟者刻接

來信以租界內頭二等地現擬定期開工築造本道查

空閑之處即可動工其有房屋之處須俟本月底限滿

騰讓再行起築可也復頌

台祺

名正具 六月初六

二三、津海關道爲俄租界災民遷移安置事致辦理天津租界事宜候補道錢鑅咨　光緒二十八年七月初十日（一九〇二年八月十三日）

W1-A-2-1-1190

咨

光緒二十八年五月初十日到

27

欽命二品銜　賞戴花翎監督天津新鈔兩關北洋行營翼長辦理直隸通商事務兼管海防兵備道唐　為

咨會事光緒二十八年六月二十九日據河東俄界居民王家禮陳善陸容王恩貴張起劉珍等稟為失所災黎懇恩安置事竊民等世居鹽坨或作生意靠鐵路養生或作鹽務靠鹽坨養生已有年所自遭兵燹而後廬舍既焚地基又劃入

28

俄租界内經總理租界務錢大人訂以按地給價頭等地每畝一百八十兩二等地每畝八十兩伏念就中人之産而論有房十餘間者其地不過幾分按所領地價非徒難置房間即買此房身地基亦不敷用惟是明示煌煌不領則盡数充公領則棲身何地居民等晝夜進思十分無奈不得不於萬死之中求一線可生之路查鐵路東大道外

禅臣洋行所置地之後郭家莊迤西舊有閤鄉公置義地一段約
計二頃有餘以為閤鄉中無墳地者葬埋之所近年間曾歸於
義阡局管理此處加以平治頗可遷徙曾經面禀錢大人查驗二次
且坨地將來遷移地後須有居民以築運等事今如將來界內
災民遷徙兩處於理既無不順其事亦屬易行為此叩乞道憲大
30

人恩准安置俾失所者皆能得所則感鴻慈無既矣等情據此

除批示外相應咨會

貴道請煩查照核奪辦理施行須至咨者

右　　　　　　咨

31

辦理天津租界事宜候補道錢

32

光緒二十八年七月初十日

33

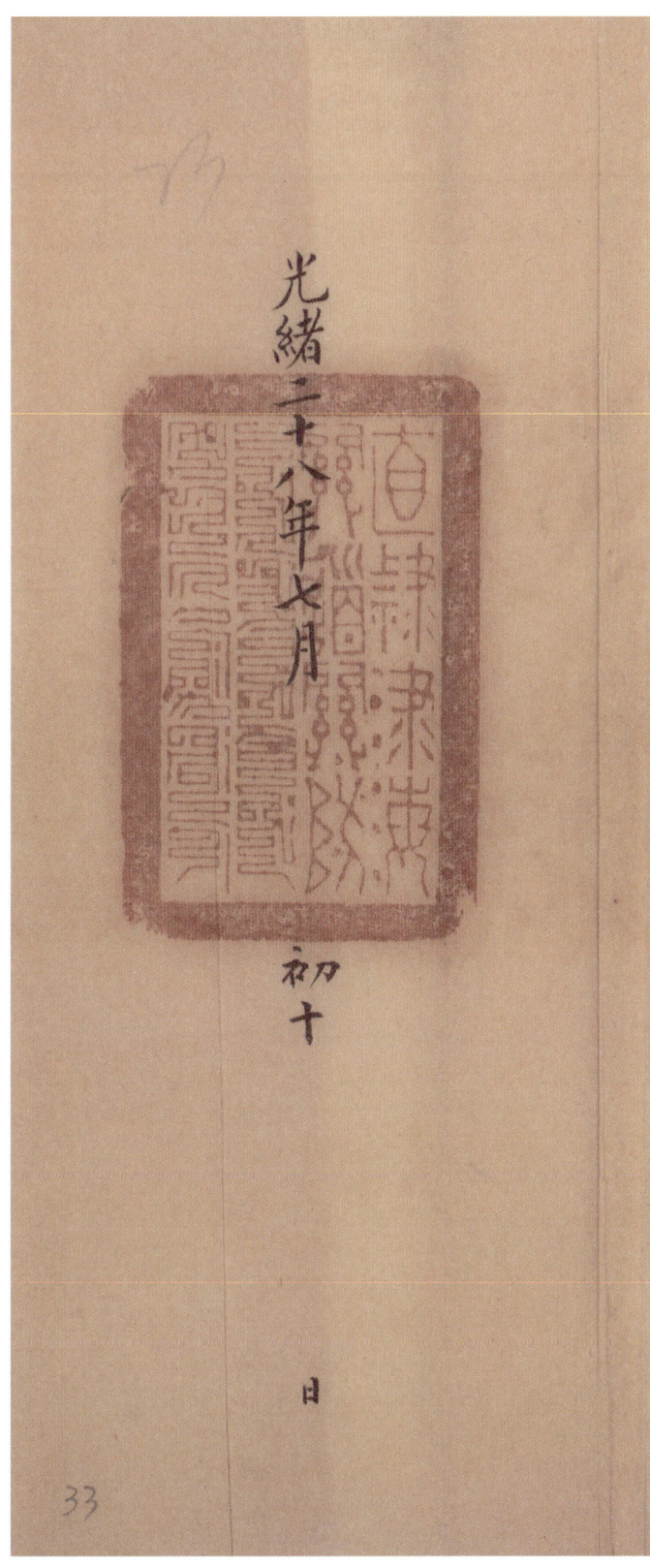

二四、北洋善後總局爲俄租界居民房産定價事致辦理天津租界總局咨　光緒二十八年八月十七日（一九〇二年九月十八日）

W1-A-2-1-1190

咨

北洋善後總局關防

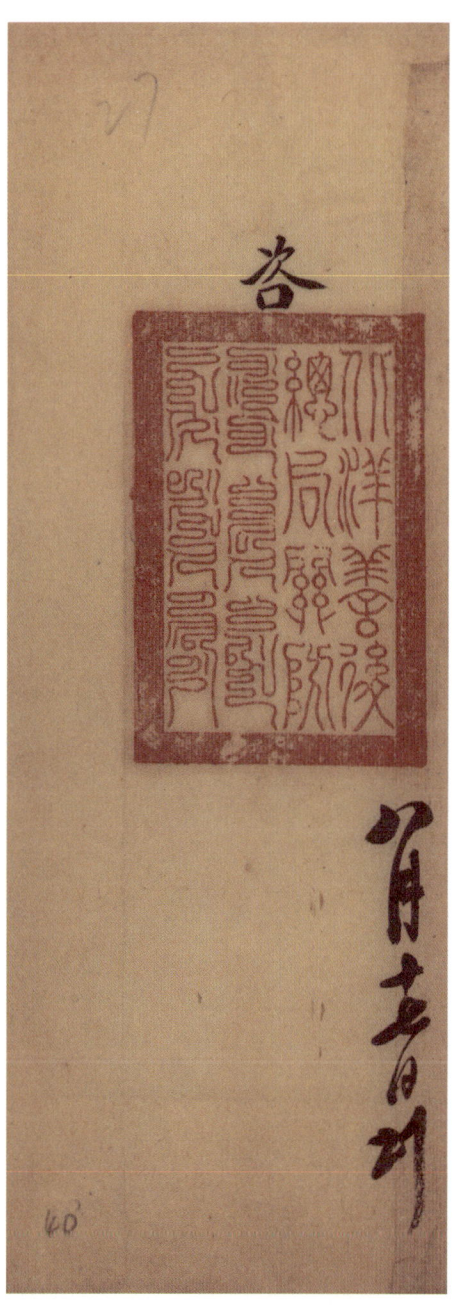

月十二日到

北洋善後總局　為

咨查事案據天津縣民人劉貴三等稟稱竊身等自遭兵燹房間衣物俱被
焚燒所幸四壁屹立正欲搭以頂蓋居住旋奉　錢道憲告示鹽坨一帶大俄國劃
歸租界飭令身等交契領價分作頭二等頭等每畝一百八十兩計房十數間站
地不過幾分而房租騰貴則此一百八十兩實不夠賃房之用查大俄國告示由
老龍頭東起至田莊止劃歸租界而界石又立在老龍頭西賀家胡同所以
改立之故殊不可解去年春間身等實因無處居住未敢遵示辦理曾經
赴京在
李傅相台下稟懇蒙批仰錢道會同張道妥為調停勿任失所等因奈身等數十
户之牆壁地基磚瓦石料俱被工頭趙二等拆賣墊平身等不敢過問萬不得已
仍求　錢道憲設法賞還原地如寔礙難即懇以地換地身等查出郭家莊迤西
有合鄉公議義地兩頃有餘以之易換若將地內無主棺木遷葬即可墊好蓋房

業蒙　錢道憲親勘二次無如至今水未施行又查被燒數千户中已有一百餘户業

領地價但此領價之户多有以少報多則未領之户受害匪淺非幸地面交還曷勝雀

躍當經稟懇海關道憲大人或准原地蓋房或准以地換地蒙批候咨租界局核辦迄今

無信現時沈王郭莊四莊房間均准起蓋身等無奈於七月二十四日又在本縣案下稟懇

堂諭飭候轉詳批示亦未蒙批深秋將屆無地棲身萬出情急不得不叩懇恩

准作主或原地蓋房或以地換地俾免失所而救民命等情據此除批爾等基地

既已劃歸俄國租界自應按照等級請領地價別謀棲止何以事隔多時迄未具領

候咨

租界局查明復奪所稱以地換地一節地畝劃歸各國租界者不知凡幾何獨於

爾等基地即應換給斷難准行此批等因榜示外相應備文咨查

貴局請煩查照迅將該民人等地基劃歸俄國租界原係如何定價何以迄未

具領查明見覆望速施行須至咨者

42

計粘抄具稟人名住址單

右

咨

辦理天津租界總局

43

光緒二十八年八月十七日

北洋善後總局關防

二五、津海關道唐紹儀爲俄商販運貨物暫不納税、華商販運洋貨一律納税事致新關税務司德大人函　光緒二十八年八月十九日（一九〇二年九月二十日）（推算）

W1-I-DA-82-2448

敬啟者現奉
北洋大臣袁　札開七月二十四日准
甘肅新疆巡撫部院饒　咨開案據新疆全省税務總局詳
稱光緒二十八年四月二十二日據本總局總查委員徐興銓查報
有在省多年貿易之津商公聚成永裕德兩號由京販運貨
物計裝箱包七十二件查驗係各色洋布及哈喇等項執有
天津税務司運洋貨入内地之税单一紙内有經過張家口居庸
關歸化關各處均蓋用查驗戳記惟票内載明德國商人禪臣
販運各貨赴新疆迪化府銷售字樣與現在販貨係屬華商顯
有不符等情前來本總局當經督飭查驗現到各貨與单載

數目尚屬相符除開单存記外惟查通商約章洋貨到口之後
如欲運入内地完納子口税領有税单經過之處應免徵税是指
洋商自運之貨而言茲該津商所執单内載明係德國商
人禅臣而運貨則又係在新多年貿易之華商其单是否
購買頂名而來抑係假冒洋商希圖減税均難懸揣復查
新疆地處邊遠商賈無多除本省土産外其餘内地來貨以津
商所販之綢緞布疋為第一大宗若盡如該商避重就輕朦領
税单必致税務無從着手現因賠款無出復收貨税開辦之始
不容不加意整頓本總局徧查通商約章及歷辦成案並無華

商販買洋貨准領稅单經過各處免再徵收之條且查新疆現在稅務辦法凡係俄商販運貨物暫不納稅其華商販運洋貨則一律徵收並經鎮迪道照會駐省俄總領事請飭各俄商遵照以後不准包庇華商貨稅華商亦不得假託俄商希圖免稅均經復准嚴禁等因在案伏思新疆為俄國通商口岸訂有約章此外各國並無准在新疆通商明文是各國商人斷無販運来新之貨其華商販貨來新自應照章納稅不得假託洋商朦領稅单圖減新疆之稅所有此次津商販運洋布等項既稅单商名與運貨之人兩不相符擬令仍照

新疆章程完納起落兩稅並此後凡有此等津商在京津販
運洋貨來新者再不准朦領稅串以杜取巧而重稅務是否
有當相應具文詳請俯賜批示並咨
外務部暨直隸督部堂北洋大臣飭行津海關稅務司轉飭
華洋各商一體遵照實為公便等情到本部院據此查新疆
復收貨稅係因賠款起見各商民假託洋商朦領稅串弊混
取巧稅務殊多窒碍津商公聚成永裕德由京販運洋布

等項到新執持德商禅臣税单顯係求庇洋商希圖減
免大干禁令本應懲辦姑從寬准如該總局所擬照章
完納起落兩税此後津商在津京販運洋貨來新不准朦
領税单除批示並分咨外相應咨請爲此合咨請煩查照
轉飭施行等因到本大臣准此合行札飭札到該道即便查
照辦理此札等因奉此相應函致即希
貴税司查照辦理爲荷順頌
升祺
唐紹儀啟
八月十九日
津字第二百九號

129

新關稅務司
德大人升啟

22 9 1902
131

二六、辦理天津租界總局爲俄租界内居民房産地價應憑契據丈量事致北洋善後總局咨　光緒二十八年八月二十三日（一九〇二年九月二十四日）

W1-A-2-1-1190

为照复事。光绪二十八年八月十七日准
贵局照称：天津县在籍职员东民人出贵三等，
俄国租界内立界石、墙垒地基，被工头拆卖，或准
原地盖房，或准以地换地等情一案，嘱即查复等
因。准此，查俄国租界四至界牌，系联军到津
时俄国所收所定，上年二月经两道与俄领事会
勘界址，上自贺家胡同起，下至田庄止，外至铁路，
南至海河，即依原立界牌勘定，并未将地
内立界内房屋、兵燹被焚、均经教堂所领，将
石、原有住地户拆迁，因地户抗延，并不指文，作由俄领
事派人[illegible]年，并饬工头私拆，幸经查出，（将来经指文之地）谕
给图，如原有租地之人，尚可换图，据索出领地价
之户，或照契据文单，或照四邻佐保（未有契据者）以为
据，又至郭家庄西义地，并以前民具呈，均经
勘地查明，所葬坟墓均[illegible]，（未经迁移）断不致被动，所有各
项办理情形，均已随时会同[illegible]案，相应抄录条
地图文照复，为此合照
贵局，请烦查照转饬，须至照会者。

45

計咨送章程三件。

右　咨

善後總局。

光緒二十八年八月廿三日

海關道唐

候補道錢

行

46

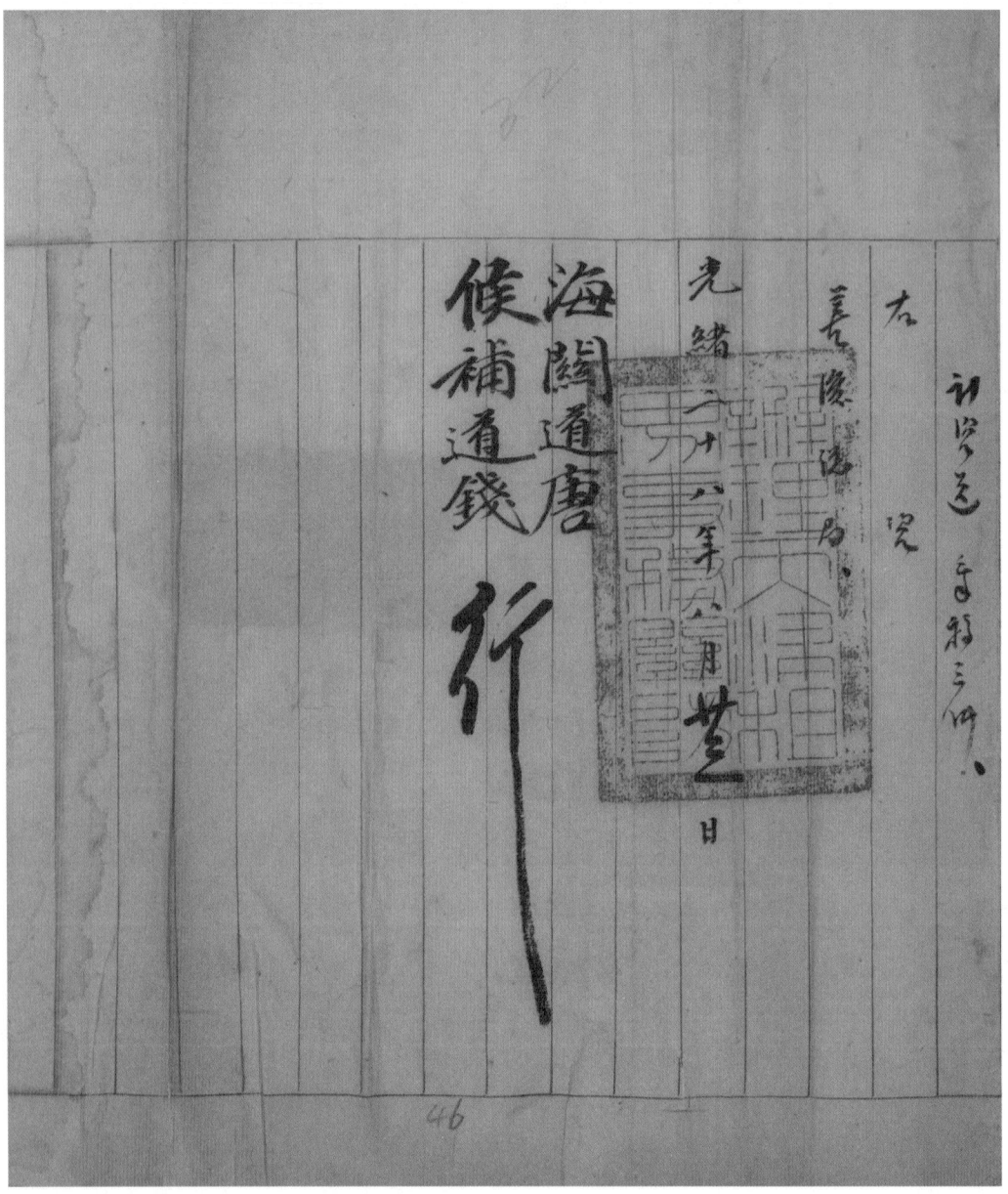

二七、北洋善後總局爲俄租界内居民遷移困難及酌給價值事致辦理天津租界總局咨　光緒二十八年八月二十四日（一九〇二年九月二十五日）

W1-A-2-1-1190

咨

八月[illegible]日

52

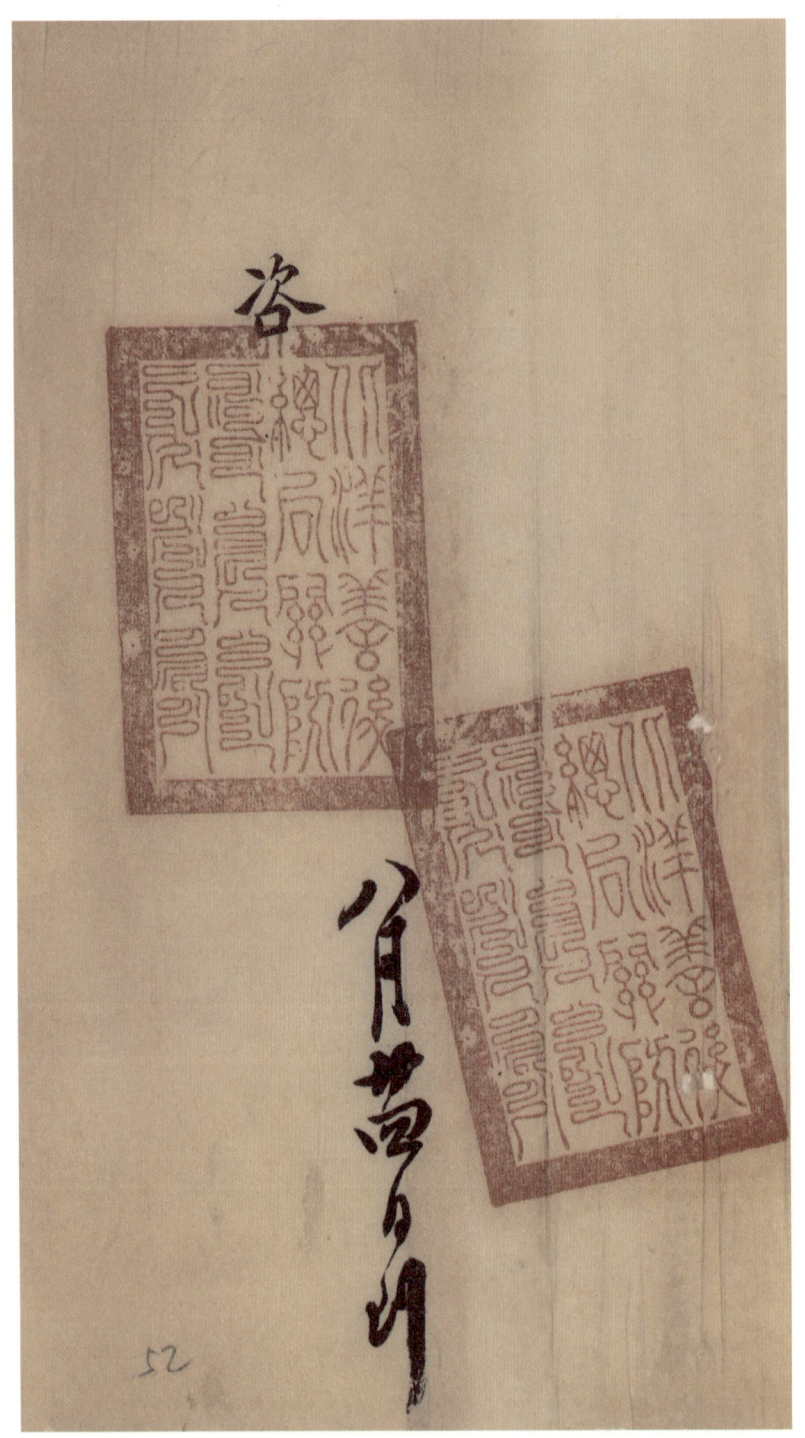

北洋善後總局　為

咨商事案據天津縣民人張雲霈等稟稱竊民等因産盡家亡流離失所前經張雲霈等以磚石物料請咨俄國給價王聘三等以遷就義地稟求海關道憲均蒙批仰候據情咨請租務局查明核辦又經劉貴等以無地棲身在案下稟求垂憫蒙批爾等地基既劃歸俄國租界自應按照等級請領地價別謀棲止何以事隔多時迄今未領候咨租務局查明復奪所稱以地換地一節地畝劃歸各國租界者不知凡幾何獨於爾等地基即應換給斷難准行等因民等理宜靜候何敢再瀆惟念民等自遭兵燹而後膏血已竭實無力復自營謀使如日本租界章程每畝價七百兩足敷別謀棲止之用民等亦甚願及時具領以免流離無如俄國訂章較各國為獨瘠頭等地一百八十兩二等則八十兩界内二等之地居多其中又貧寒之户居多有房七八間者其地不過三四分准以八十兩之例不過領二三十兩津邑地窄人稠兵燹

後房地倍形騰貴持此二三十兩付一年房租將有不足查俄界之章所餘房屋
未燒者給以價銀外更給搬家費銀十兩意甚厚也惟是搬家尚需銀十兩而乃
以二三十兩買地建房相形之下其理甚明不待智者而始辨此民等欲別謀棲止
而無力別謀之實情也且民等房基已平毫無礙俄國營造初非住房不騰
迹近要求可比由去歲以來所為不免稽遲者實以領此地價祗足付半季房
租而事已完結誰復繫念此災庶留此地價縱使不免露宿而情堪憫惻猶
冀援手於仁人此民等忍死待救非有干阻撓之咎也若遷就義地一節因地
價不敢求增又不敢仰求官地以開各處換給之例思議俱窮始設一以闔鄉
葬死之地易為闔鄉養生之地究之惻隱之心人皆有之小民雖愚倘他處有
地可棲初非萬不得已而亦何樂出此惟求仁憲大人施不費之惠俾民等得
所安身則造福一方者匪淺矣至磚石物料皆係小民脂膏俄國訂價買地且
訂付房價用昭待民公允之道而獨於房頂被燒四壁猶存者其物料不准自用而

折運淨盡不給分文查物價遠過於地價燒者實多於未燒而乃厚彼薄此
是沾公允之名殊乖公允之實揆諸情理豈可謂平
朝廷設賑撫諸局無非憫此災庶欲使實惠均沾今民等被災雖深初不敢為意
外邀求惟即分所應得者懇乞仁憲大人秉公一言咨請俄國酌給物價以為
別謀棲止之用等情據此除批此案前經劉貴三等以棲身無地等詞稟經本
局咨會
租界局查明復奪批示在案一俟復到自應核辦毋庸該民人等一再瑣瀆所
稱俄國租界地價獨輕殘破磚料物請酌給價值等情地畝有高下之不同地
價自有貴賤之各異此係一定辦法斷無厚薄之分居民房屋劃歸租界者有
瓦房灰房土房三等亦由
租界局分別等差稟明辦理該民人等殘破磚瓦能否酌給價值姑候咨商
租界局復奪至義地專為無主及無力買地或無家可歸者葬棺之所且係

公中善產該民人等妄生希冀不問此等棺木誰爲遷葬遷至何處一味
無賴之辭直欲殃及枯骨於心何忍不准等因榜示外相應備文咨商
貴局請煩查核該民人等殘磚物料可否咨商俄領事酌給價值希即
酌奪見覆望速施行須至咨者

右

計粘抄具稟人名住址單

咨

辦理天津租界總局

56

光緒二十八年八月二十四日

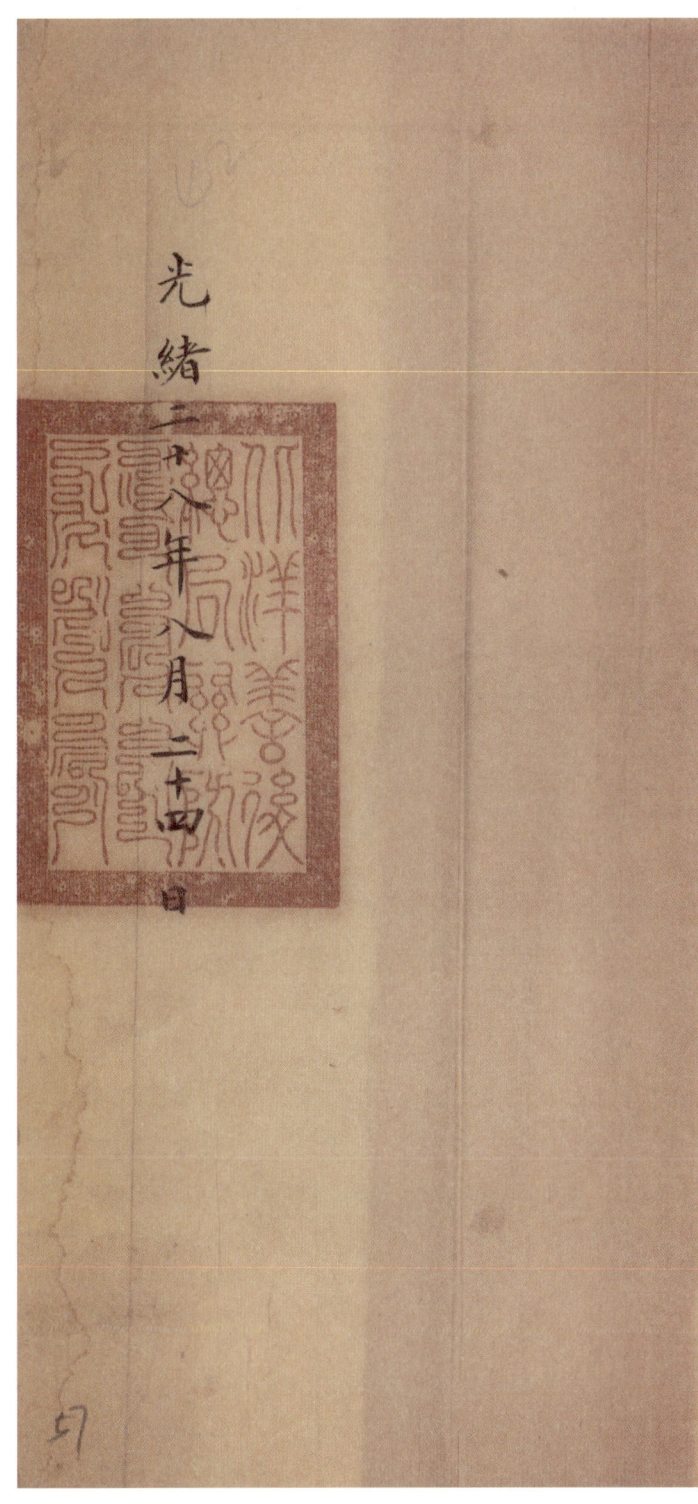

二八、俄國領事來覺福爲派差走取李中堂原札文事致津海關道函　光緒二十八年八月二十六日（一九〇二年九月二十七日）（推算）

W1-A-2-1-1190

啓者本領事前於本月二十一日曾佈一械旋在街路遇蒙
示允將
李中堂前次札行原文函送來署等因惟迄又經數日仍
未送到用特再專泐函派差走取即請
貴道查照立將原來印文加封撿交去差持回以便查閱
爲荷耑此即頌
升祉
名正具 八月二十六日

36

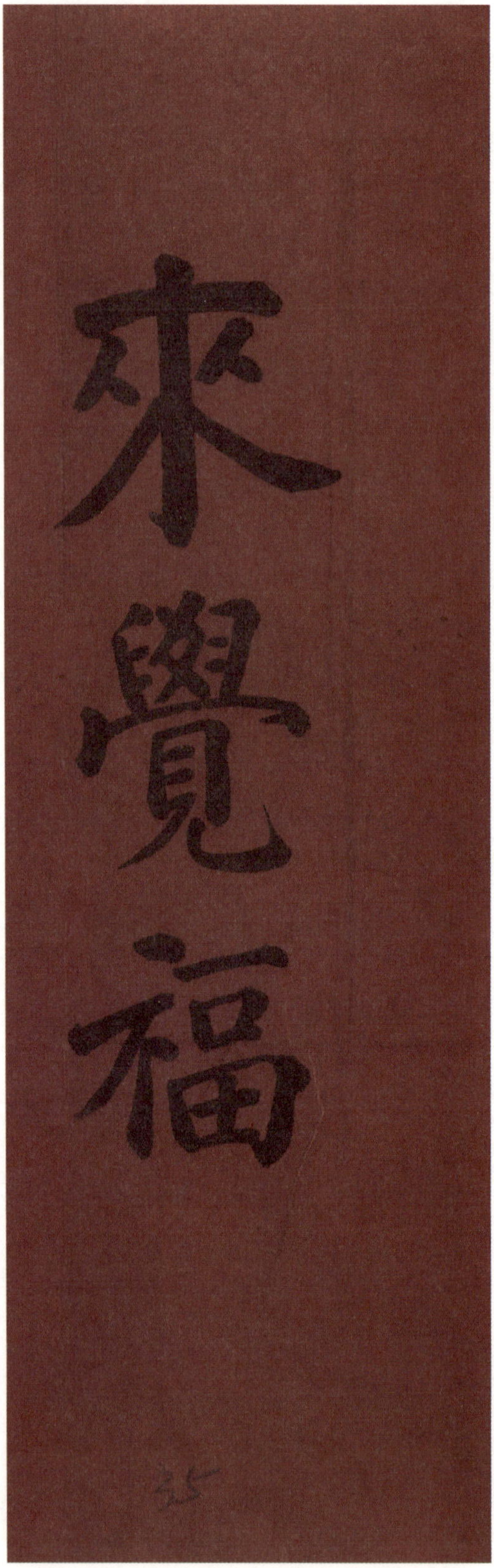
來覺福

二九、津海關道唐紹儀爲速查明俄商運貨由駐津俄領事發照以爲完税之據事致新關税務司德大人函　光緒二十八年八月二十七日（一九〇二年九月二十八日）（推算）

W1-I-DA-84-2452

敬啓者頃奉

外務部來電天津未交以前俄商運貨暫由駐津俄領事發照加蓋津關稅司戳記爲完清子口稅之據現交還年餘如何辦法希電復等因奉此相應函致即希

貴稅司迅速查明見復立待電復是爲至要順頌

升祺

津海關道唐紹儀敬啓 八月二十七日

津字第七百三十號

浙關税務司
德
大人升啟
正文

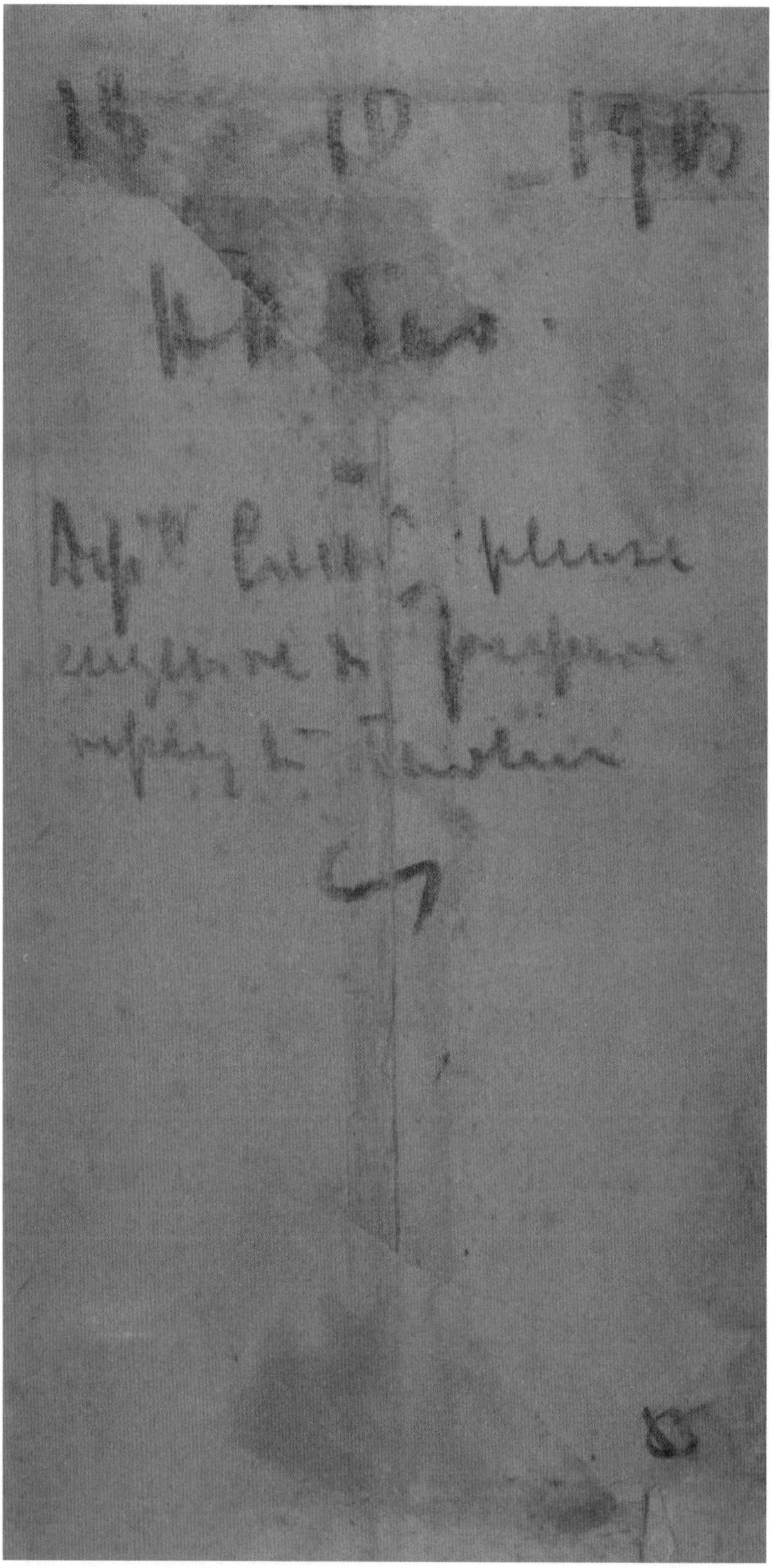

三〇、津海關道爲俄租界内居民遷移不予再行給價及補丈房基事致北洋善後總局咨　光緒二十八年九月初三日（一九〇二年十月四日）

W1-A-2-1-1190

為咨復事。光緒二十八年八月二十四日，准

貴局咨：據天津縣民人張雲浦等稟告，產盡家亡，流離失

所，籌措無策，以該民人等殘磚物料可否咨商俄領事酌給

價值，俾即酌復等因。准此，查俄界有損之處，前已查明擬照議

定章程，無業給價。其被焚之屋，初勘時牆腳猶存，原可由業主

自行拆用。上年開辦俄界，諭令各花戶來局驗契，聽候三面丈

量。乃該花戶等延遲不到，屢傳不至，亦以限期，仍復觀望，以致

全界未能辦理。俄領事疊次來文催促，當即隨時飭諭各花戶

私意以為匿契不交，便可不歸租界，詎俄領事催地甚急，不能

再待，於九月間僱工頭將該等地內已燒房基一律剷平，（老龍頭車站以上）

殘磚破瓦自必隨時撿拾。維時津地尚未議交洋人工作，不能但

以其磚瓦既無數目可查，又非俄人有意侵奪，此係各該花戶

可謂自悞，無從再行給價。至於剷平房基，敝道先已備辦繪圖，

各花戶如知悔悟，呈請補丈，尚可查辦辦理，地價不致無着。除

由敝局再行出示，催令補報補丈外，相應備文咨復，為此合咨

貴局，請煩查照施行，須至咨者。

右　咨

北洋善後總局

58

光绪二十八年九月初三日

59

三一、津海關道唐紹儀爲俄國工部局總辦派員赴口外買馬請轉核發護照事復新關税務司德大人函　光緒二十九年九月初五日（一九〇三年十月二十四日）

W1-I-DA-84-2452

敬復者接展
來函以俄國工部局總辦安德生現派馬夫李三赴口外
喇嘛廟一帶買馬十匹運津以備跑賽之用請轉詳核
發護照等因除詳請
北洋大臣核發護照一俟奉到再行函達外合先函復
貴稅司查照為荷順頌
升祺

津海關道唐紹儀敬啟 九月初五日
津字第七百五十九號

三二、津海關道唐紹儀爲俄商運貨回國三聯執照辦理及收費事致新關税務司德大人函　光緒二十九年十月二十四日（一九〇三年十二月十二日）

W1-I-PZ-37-2459

敬啟者現奉

北洋大臣袁 札准

外務部咨以俄商運貨由陸路回國向由北洋大臣咨請總署印發

聯執照交關填明貨色稅數加蓋印信粘於領事所發原照之

每過一關截留一聯併照根送署稽核庚子亂後僅由領事發照

司蓋戳原係權宜辦法現天津交還已久自應規復舊制等因

道查照核辦等因奉此查俄商運貨由陸路回國向由

領事函請核發三聯執照歷經照辦在案茲奉前因自應仍照

向章辦理茲擬每照一張交費洋四元以資辦公除函致
戒國領事官來　查照辦理外相應函致即希
貴稅司查照辦理爲荷順頌
祺
津海關道唐紹儀敬啟十月二十四日
津字第一千三號
再送上致
國來領事函一件即希
閱就近封送爲要又及
51-2
88

附函一件

[illegible]州稅務司

大人升啟

Guards for Russian
Passes to be posted
for. Gl. officer note
D.

90

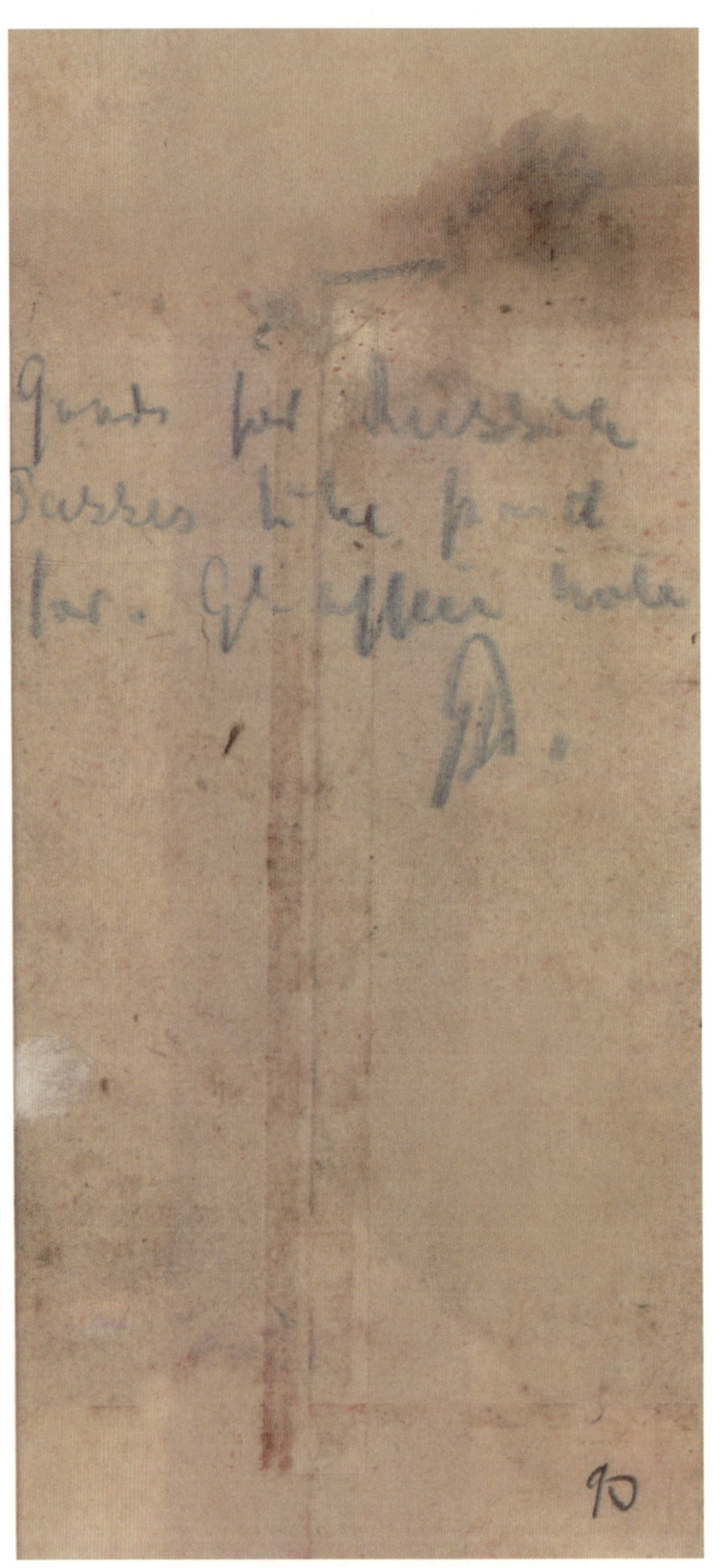

三三、俄領事關於俄租界管理七條規定（一九〇三年）（推算）

W1-A-2-1-1190

99

俄領事荅復照條

136

18

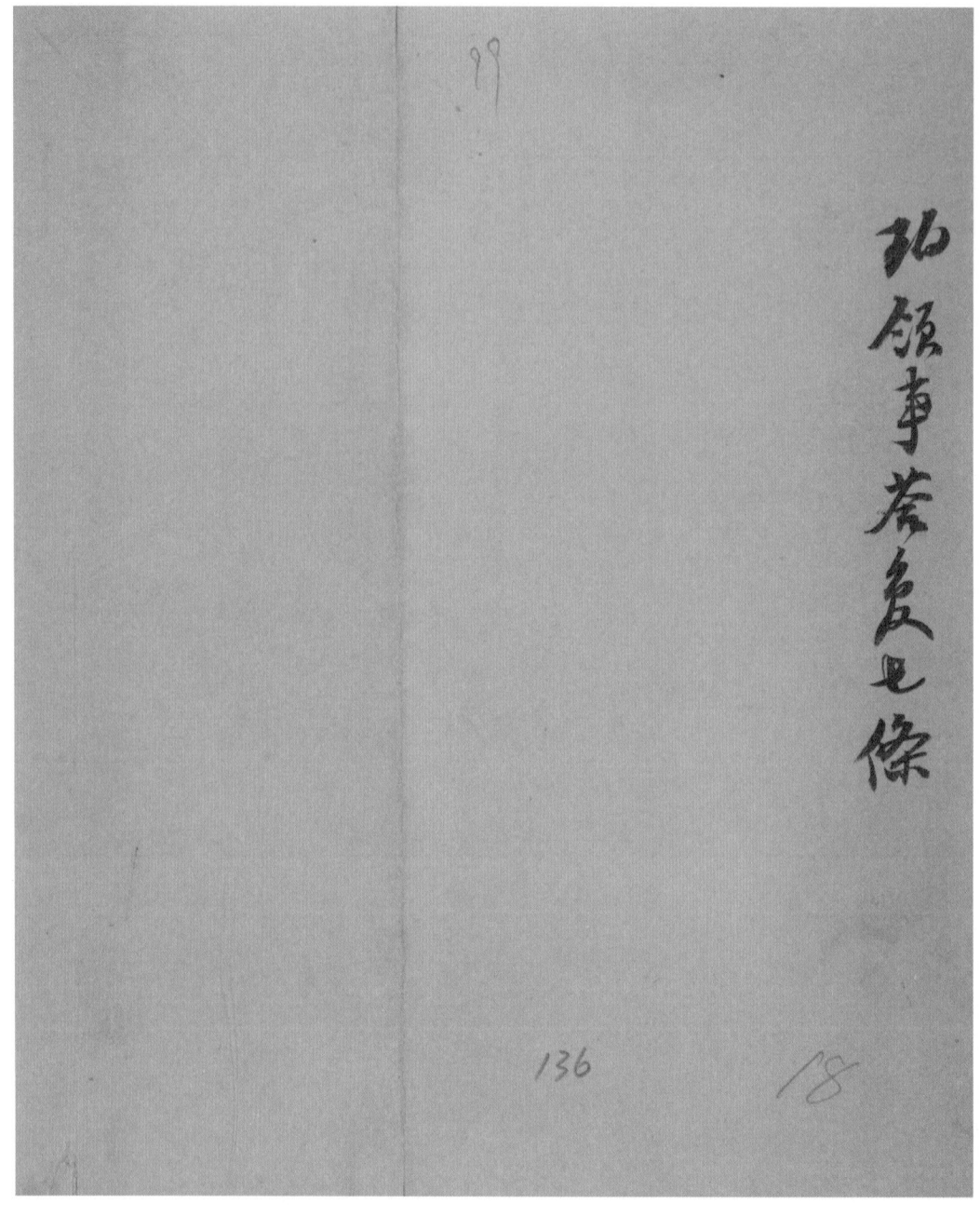

俄助領事

答復七條

一查中國鐵路現在情形與天津地面之有都統衙門一樣均係外國武官管理是以辦之甚難現須有從前辦鐵路明白此事之人勘查仍有一種刁狡者自充明白此事之人不得與議其間

二李家樓地段須請欽差示奪但現在仍有一要緊之事錫聿二姓業經投交此事紅契票辦究自不得先任其刁佃私賣其地

三租界內之沿河大道以及各街道路自然均歸俄國管理至臨河道路更不能截斷租界隔為兩斷矣

四鐵路碼頭一事須請欽差示奪但據鄙意若准鐵路自修泊船碼頭俄國概不收費恐有許多不便

五礦務局地

六洋商之地 由本領事自行辦理

七界內土圍牆一段俟頭二三等地辦完再議開通此處

三四、津海關道唐紹儀爲俄商道勝銀行派馬夫采買馬匹發給護照事致新關税務司德大人函（一九〇三年）（推算）

W1-I-QW-4-2456

敬啓者兩接
來函以俄商道勝銀行並
比國嘎領事均派馬夫前往喇嘛廟採買馬匹請轉詳給
照等因現經詳奉
北洋大臣繕給護照三紙批發到道相應函送即希
貴稅司查收分別轉給為荷順頌
升祺
津海關道唐紹儀敬啓
閏五月十七日
津字第三百九十八號
附護照三紙

三五、海關總税務司赫德爲俄國紅十字會輪船對待辦法事致各口海關税務司第一一五七號通令（第二輯）（一九〇四年五月四日）

W1-O-PZ-26-226

CIRCULAR NO. 1,157.

SECOND SERIES.

INSPECTORATE GENERAL OF CUSTOMS,

PEKING, *4th May* 1904.

SIR,

1.—IN continuation of Circulars Nos. 1,132, 1,135, 1,136, 1,139, 1,140, 1,141, 1,143, 1,144, 1,146, 1,149, 1,152, 1,153, and 1,154:

Concerning neutrality:

copy of despatch from Wai-wu Pu is appended instructing the Customs to treat the Russian Red Cross steamer *Mongolia* and all Red Cross vessels which may put into Chinese ports to procure provisions, coals, etc., or for shelter, as provided for at the Peace Conference in the Convention regarding recognition of the Geneva Red Cross Society when operating afloat. The original Geneva Convention of 22nd August 1864 referred only to the wounded in land warfare, but the second, drawn up at The Hague the 29th July 1899, extended the first and obtained acceptance for articles having special reference to marine warfare: it was signed by China's Delegate, YANG YÜ, then Minister at St. Petersburg.

2.—Enclosure 2 is the French version of nine Articles of the Convention of 1899: these ought to be read with the Chinese version. The only additional point to call attention to is that such Red Cross vessels are to be painted white, with a band of either green (official vessels) or red (vessels fitted out by private philanthropists) and are to carry the Geneva flag (white ground and red cross).

I am,

SIR,

Your obedient Servant,

ROBERT HART,
Inspector General.

THE COMMISSIONERS OF CUSTOMS.

H.B. Morse.

Statistical Secretary.

191

ENCLOSURE I.

外務部劄行總稅務司

爲劄行事本年三月十一日准俄雷使照稱刻有本國紅十字會蒙古哩雅號輪船一隻在旅順口或將來仍有紅十字會船隻倘迫近中國口岸煤斤不敷用及有偶買食用與避難他故等情爲免各項誤會之處請飭中國各口岸地方官遇有俄國紅十字會輪船來時照以上所言各事請按照荷蘭一千八百九十九年七月十七日所定養病院船隻在中立口岸條約合理助以方便之益利等因前來本部查光緒二十五年荷蘭保和會內所定推廣紅十字會行之於水戰條約中國業經畫押現値日俄事起戰國與中國均應一律遵守茲准俄使照稱前因相應譯錄原章十條劄行總稅務司轉飭各關稅司遇有俄國紅十字會船隻進口時隨時查明如與會章不背按約妥爲辦理可也須至劄者 附件

光緒叁拾年叁月拾陸日

保和會內推廣紅十字會行之於水戰條款

第一條

凡由國家製造或改造之施醫船只作援救遭險疾病受傷軍士之用者開戰之時不得傷損拏獲惟於其船未經使用之先或値開戰之始或在開戰之時均應將船名報明戰國如遇此項船隻停泊局外海口亦不得視如戰船

第二條

凡戰國所用之施醫船無論其船係全由官善會或民間集資所辦或半由官善會及民間集

194

資所辦一經本國奉官允准行事而該國已於未經使用之先値開戰之始或値已戰之時將船名報明敵國者亦不得損傷拏獲此項船隻須帶有本國該管官執照載明其船裝載起程之時曾經該管官監視

第三條

凡局外國之施醫船無論其船係全由奉官善會民間集資所辦或半由官善會民間集資所辦亦不得傷損拏獲而該局外國須於用船之先無論戰事已開與否將船名通報開戰之國

第四條

第一第二第三各條所載之船遇有遭險受傷疾病軍士不論爲何國人一律醫治

國家絕不得以此項船艦作有關戰事之用

此項船艦亦絕不得有妨碍戰事之舉

其船於開戰之時或旣戰之後冒險行事由其自便開戰之國有查驗此項船隻之權並可禁其行事或使之遠離或指以應往之處或遣派委員於其船上如遇重大之事情形逼迫並可將船拘留

凡戰國有諭令此項醫船如何行事之時須將詳細情形載於開船日記

第五條

凡施醫船艦外面須用白色橫塗約一邁半寬之綠色一道以示區別二三各條所載之船並用此色又凡有一切施醫船艦均須升掛國旗及支乃沃公約所載之紅十字白旗以便認識

第六條

凡遇局外商船民船駁船有接載戰國遭險受傷疾病軍士者不得因此拿獲惟有犯局外之例者仍可捕拿

第七條

凡遇教士醫士救濟善士等船隻被捕之時均不得有所凌虐亦不得監禁視同俘虜至該教士人等於離船時應携其自置之外科傢具以去遇有應行醫治之人即照常辦事倘經管帶酌度情形以爲可以任其他往者該教士即可自便戰國獲有此項人等仍應保其享用全分薪俸

第八條

被拏船隻上水手人等有受傷疾病者應由捕拏之人保護醫治

第九條

凡甲乙戰國中如甲國軍士有遭險受傷疾病而被乙國所得者均爲俘虜其應否拘留或遞送本國海口或送入局外海口或即逕送敵國海口均由乙國斟酌情形自行定奪惟送交敵國口內之軍士於戰事未畢之時不得復用

第十條

凡遇遭險疾病受傷軍士業經局外國地方官允許而送往該國海口者倘此局外國與戰國則無與此約相反之辦法則該軍士等應由該國嚴加防護禁其復預戰事此項守護醫治之資由軍士等之本國付給

192

ENCLOSURE 2.

FRENCH VERSION OF ARTICLES OF 1899. RED CROSS CONVENTION RELATING TO MARINE WARFARE.

ARTICLE 1.

Les bâtiments-hôpitaux militaires, c'est-à-dire les bâtiments construits ou aménagés par les États spécialement et uniquement en vue de porter secours aux blessés, malades et naufragés, et dont les noms auront été communiqués, à l'ouverture ou au cours des hostilités, en tout cas avant toute mise en usage, aux Puissances belligérantes, sont respectés et ne peuvent être capturés pendant la durée des hostilités.

Ces bâtiments ne sont pas non plus assimilés aux navires de guerre au point de vue de leur séjour dans un port neutre.

ARTICLE 2.

Les bâtiments hospitaliers, équipés en totalité ou en partie aux frais des particuliers ou des sociétés de secours officiellement reconnues, sont également respectés et exempts de capture, si la Puissance belligérante dont ils dépendent leur a donné une commission officielle et en a notifié les noms à la Puissance adverse à l'ouverture ou au cours des hostilités, en tout cas avant toute mise en usage. Ces navires doivent être porteurs d'un document de l'autorité compétente déclarant qu'ils ont été soumis à son contrôle pendant leur armement et à leur départ final.

ARTICLE 3.

Les bâtiments hospitaliers, équipés en totalité ou en partie aux frais des particuliers ou des sociétés officiellement reconnues de pays neutres, sont respectés et exempts de capture, si la Puissance neutre dont ils dépendent leur a donné une commission officielle et en a notifié les noms aux Puissances belligérantes à l'ouverture ou au cours des hostilités, en tout cas avant toute mise en usage.

ARTICLE 4.

Les bâtiments qui sont mentionnés dans les Articles 1, 2 et 3, porteront secours et assistance aux blessés, malades et naufragés des belligérants sans distinction de nationalité.

Les Gouvernements s'engagent à n'utiliser ces bâtiments pour aucun but militaire.

Ces bâtiments ne devront gêner en aucune manière les mouvements des combattants.

Pendant et après le combat, ils agiront à leurs risques et périls.

Les belligérants auront sur eux le droit de contrôle et de visite; ils pourront refuser leur concours, leur enjoindre de s'éloigner, leur imposer une direction déterminée et mettre à bord un commissaire, même les détenir, si la gravité des circonstances l'exigeait.

Autant que possible, les belligérants inscriront sur le journal de bord des bâtiments hospitaliers les ordres qu'ils leur donneront.

ARTICLE 5

Les bâtiments-hôpitaux militaires seront distingués par une peinture extérieure blanche avec une bande horizontale verte d'un mètre et demi de largeur environ.

Les bâtiments qui sont mentionnés dans les Articles 2 et 3 seront distingués par une peinture extérieure blanche avec une bande horizontale rouge d'un mètre et demi de largeur environ.

Les embarcations des bâtiments qui viennent d'être mentionnés, comme les petits bâtiments qui pourront être affectés au service hospitalier, se distingueront par une peinture analogue.

Tous les bâtiments hospitaliers se feront reconnaître en hissant, avec leur pavillon national, le pavillon blanc à croix rouge prévu par la Convention de Genève.

ARTICLE 6.

Les bâtiments de commerce, yachts ou embarcations neutres, portant ou recueillant des blessés, des malades ou des naufragés des belligérants, ne peuvent être capturés pour le fait de ce transport, mais ils restent exposés à la capture pour les violations de neutralité qu'ils pourraient avoir commises.

ARTICLE 7.

Le personnel religieux, médical et hospitalier de tout bâtiment capturé est inviolable et ne peut être fait prisonnier de guerre. Il emporte, en quittant le navire, les objets et les instruments de chirurgie qui sont sa propriété particulière.

Ce personnel continuera à remplir ses fonctions tant que cela sera nécessaire et il pourra ensuite se retirer lorsque le commandant en chef le jugera possible.

Les belligérants doivent assurer à ce personnel tombé entre leurs mains la jouissance intégrale de son traitement.

ARTICLE 8.

Les marins et les militaires embarqués blessés ou malades, à quelque nation qu'ils appartiennent, seront protégés et soignés par les capteurs.

ARTICLE 9.

Sont prisonniers de guerre les naufragés, blessés ou malades, d'un belligérant qui tombent au pouvoir de l'autre. Il appartient à celui-ci de décider, suivant les circonstances, s'il convient de les garder, de les diriger sur un port de sa nation, sur un port neutre ou même sur un port de l'adversaire. Dans ce dernier cas, les prisonniers ainsi rendus à leur pays ne pourront servir pendant la durée de la guerre.

ARTICLE 10.

(*Vide* Chinese Enclosure.)

196

Peking, 4th May 1904.

I. G.

Circular No. 1,157.

SECOND SERIES.

2 *Enclosures.*

Neutrality: Russian Red Cross steamers to be treated in accordance with 1899 Convention; instructions.

Received ....

157

三六、津海關道唐紹儀爲俄商運恰貨物由何處徵税事致新關税務司德大人函 光緒三十年四月初十日（一九〇四年五月二十四日）

W1-I-PZ-36-2463

104

敬復者接准

復函並送到和信行所完稅銀號收二張均已收悉查俄商運恰貨物向

由本署派員驗明如係由外洋運來洋貨飭在本署完納半稅若係復進

口之土貨照章免征在津購買之土貨飭在本署完納正稅按結所收稅銀若

干報明

外務部
戶　部查核另行造册報銷且於俄商所請三聯執照內隨時將免稅者註

明照章免征完稅者註明稅銀數目所有照根按月呈繳

外務部稽核此本署征收俄商陸路稅發給三聯執照之辦法也自津即

138

肇亂後係由
貴稅司經收列入子口稅內現奉
外務部飭令規復舊制自應遵照向章辦理惟俄商陸路稅迥與洋貨
子口稅不同如在通州張家口買貨運恰即在各該處納稅給照明明是由
何處發照即由何處征稅至
貴稅司所謂此項稅銀應歸新關征收係誤將俄商陸路稅作為洋貨子
口稅似此辦法殊與
外務部飭令規復舊制不符本署所發執照寔屬無憑辦理此次和信行

所完洋貨稅銀號收二張應由本署收存作爲該商完清稅項以便發給

三聯執照本道監督榷務既奉

外務部飭令規復舊制未便遽行更章相應函復即希

貴稅司查照見復以憑核辦爲荷順頌

升祺

津海關道唐紹儀敬啟 四月初十日

津字第二百四十一號

德新關稅務司

大人升啟

238
9.0.

107

141

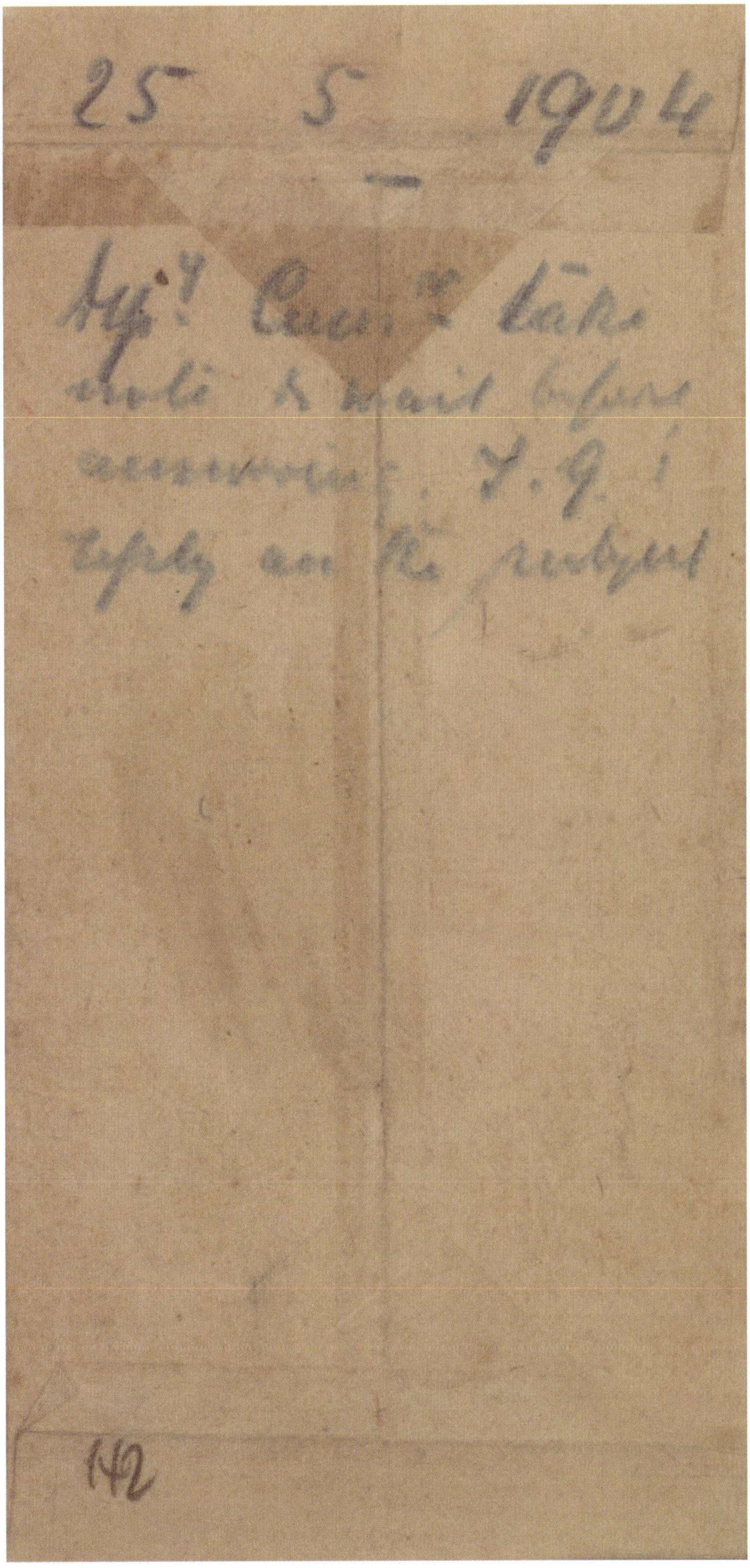

25 5 1904

—

Ackd. Recd. take note & wait before answering. I.G. reply on the subject

142

三七、津海關道唐紹儀爲俄商販運洋貨是否爲複進口土貨免徵税事致新關税務司德大人函　光緒三十年八月初一日（一九〇四年九月十日）（推算）

W1-I-DA-85-2466

16

敬啟者昨接
俄國來領事函稱阜昌行運恰古漆器一件重三十斤
又一件重二十五斤古銅器一件重二十五斤古木器一件重二
十斤綢子一件重十斤細磁器三件十九斤半銅器一件重
二十四斤細磁器二件重七斤半請發三聯執照一紙等因
准此當經飭知該行赴關報驗納稅去後旋據聲稱前項
貨物新關業已給付放行单並無尚稅之說等語本道查
俄商販運洋貨赴恰回國完過正稅後再納一半稅若係在

18

17

津購買土貨運恰應完一正稅如係由他口販運土貨復進口
往恰銷售自應照章免征稅項此次該行所運前項貨
物既稱並不納稅是否係復進口土貨本署無憑核辦相
應函致即希
貴稅司查明見復以憑給照為荷順頌
升祺

津海關道唐紹儀敬啟 八月初一日
津字第五百卌八號

19

三八、海關總税務司赫德爲日俄戰争期間中國口岸出口煤斤須繕立中立保結事致各口海關税務司第一二五〇號通令（第二輯）　光緒三十一年四月二十二日（一九〇五年五月二十五日）

W2-A-PZ-52-26

136

Circular No. 1,250.

Second Series.

Inspectorate General of Customs,

Peking, 25*th May* 1905.

SIR,

In continuation of Circulars Nos. 1,132, 1,135, 1,136, 1,139, 1,140, 1,141, 1,143, 1,144, 1,146, 1,149, 1,152, 1,153, 1,154, 1,157, 1,186, and 1,228, concerning neutrality, I enclose copy of correspondence with the Wai-wu Pu regarding the export of Coal at this juncture.

The Chinese authorities desire to avoid all and every possible violation, and to this end propose to treat Coal temporarily in much the same way as Rice, etc., carried coastwise. It is not considered advisable to prohibit export, but simply to require from all exporters a bond, with the condition that if proof of arrival at reported destination is not forthcoming within 40 days, a sum equal to five times the value shall be forfeited.

This temporary measure need in no way interfere with commercial freedom except in so far as delivery to belligerents is concerned, but as all the Legation replies have not yet been received it is possible that Consuls and merchants may at first refuse to deposit the required bonds; meantime you are to call for bonds, and if the parties refuse to present them, telegraph at once to me for instructions, stating nationality, shipper, vessel, destination, and quantity. The Superintendent should also at once be communicated with and requested to report to the Nan-yang / Pei-yang Ta-ch'ên for the information of the Wai-wu Pu.

I am,

Sir,

Your obedient Servant,

ROBERT HART,

Inspector General.

The Commissioners of Customs.

H.B. Morse.

Statistical Secretary.

245

Circular 1,250.

(2)

Enclosure.

外務部函致總稅務司

逕復者禁運煤觔一事本月十二日接准

函稱近日上海有船運煤質性既佳起卸尤便亟宜嚴行查察俾不致破壞中立今擬令按照米穀辦法由該商在領事官署繕立保結結內註明限四十日滬關須接到前往之口收到之據倘逾期未接此據按該煤原價加五倍議罰凡煤船一律照辦既無碍商民日用之需並可防奸商接濟戰國之用等語本部查所擬辦法甚爲周妥除電行南洋大臣江海關道並照會各國駐京大臣外相應函復

閣下查照即行轉飭各關稅司一律遵辦可也此復順頌

時祉 光緒叁拾壹年肆月拾玖日

天字第伍拾壹號

總稅務司函復 外務部

敬復者上海運煤船擬照米穀章程通行辦理一事奉到本月十九日

鈞函以除照會各國大臣外函復查照即行轉飭各關稅務司一律遵辦等因奉此總稅務司當即通飭各關稅務司設法照辦以期保全中立之義務俟各國如何答復

貴部時希即詳爲

示下俾可曉諭周知以煤斤暫按米穀辦法繕立保結係經各國認可之舉除通飭外理合函復

鑒查可也專是佈泐順頌

升祺 光緒叁拾壹年肆月貳拾壹日

稅字第捌拾壹號

246

PEKING, 25th *May* 1905.

I. G.

Circular No. 1,250.

SECOND SERIES.

Enclosure.

Neutrality: bonds to be required for Coal shipped from Chinese ports; instruction.

Received 天津 TIENTSIN 2

Coal shipped during Russo-Japanese war: bonds to be required	1,250
Neutrality: bonds to be required for coal shipped from Chinese ports; instruction	1,250

247

三九、海關總税務司赫德爲日俄議和中立限制取消事致各口海關税務司第一二九〇號通令（第二輯） 光緒三十一年九月二十一日（一九〇五年十月十九日）

W1-O-PZ-25-227

212

294

210

292

CIRCULAR 1,290.

Circular No. 1,290.

SECOND SERIES.

INSPECTORATE GENERAL OF CUSTOMS,

PEKING, 19th *October* 1905.

SIR,

Russo-Japanese war: peace re-established; neutrality restrictions withdrawn.

I AM instructed by the Wai-wu Pu to inform you that, peace having been re-established, all restrictions and prohibitions introduced and enforced for the preservation of neutrality during the Russo-Japanese war are withdrawn from the 17th instant: *vide* Circulars Nos. 1,132, 1,135, 1,136, 1,139, 1,140, 1,141, 1,143, 1,144, 1,146, 1,149, 1,152, 1,153, 1,154, 1,157, 1,186, 1,228, 1,250, 1,251, and 1,254.

I am,

SIR,

Your obedient Servant,

ROBERT HART,

Inspector General.

To

THE COMMISSIONERS OF CUSTOMS.

H.B. Morse.

Statistical Secretary.

402

中俄（蘇）交往天津檔案史料選編

CIRCULAR 1,290.

ENCLOSURE.

外務部劄行總稅務司

為劄行事本月二十日據總稅務司函稱聞兩戰國業經議和所有向辦之中立各事應否開弛希速備文示知以便通飭遵行等因本部查日俄和約已經批准所有前頒中立條規及一切禁令自本月十九日後一律開弛相應劄行總稅務司轉飭各關稅務司遵照辦理可也須至劄者光緒叁拾壹年玖月貳拾壹日

總字第壹百叁拾肆號

403

Peking, 10th October 1905.

I. G.

Circular No. 1,290.

SECOND SERIES.

Enclosure.

Russo-Japanese war: peace re-established; neutrality restrictions withdrawn.

Received..

Neutrality (Russo-Japanese war) restrictions withdrawn	1,290	292	IX
War, Russo-Japanese: peace re-established; neutrality restrictions withdrawn . . .	1,290	292	IX

404

四〇、津海關道梁敦彦爲俄商道勝銀行駐滬值事派員購買賽馬運津核發護照事致新關税務司墨大人函　光緒三十二年十一月初三日（一九〇六年十二月十八日）

W1-I-PZ-35-2489

敬復者接展
來函以俄商道勝銀行駐滬值事人派華人胡阿生赴
喇嘛廟買賽馬十五匹運津請轉詳給照等因准此除詳請
北洋大臣袁　核發護照一紙俟奉發到道再行轉送外相應
函復即希
貴稅司查照爲荷順頌
升祺
津海關道梁敦彥敬啟
十一月初三日
津字第九百七十九號

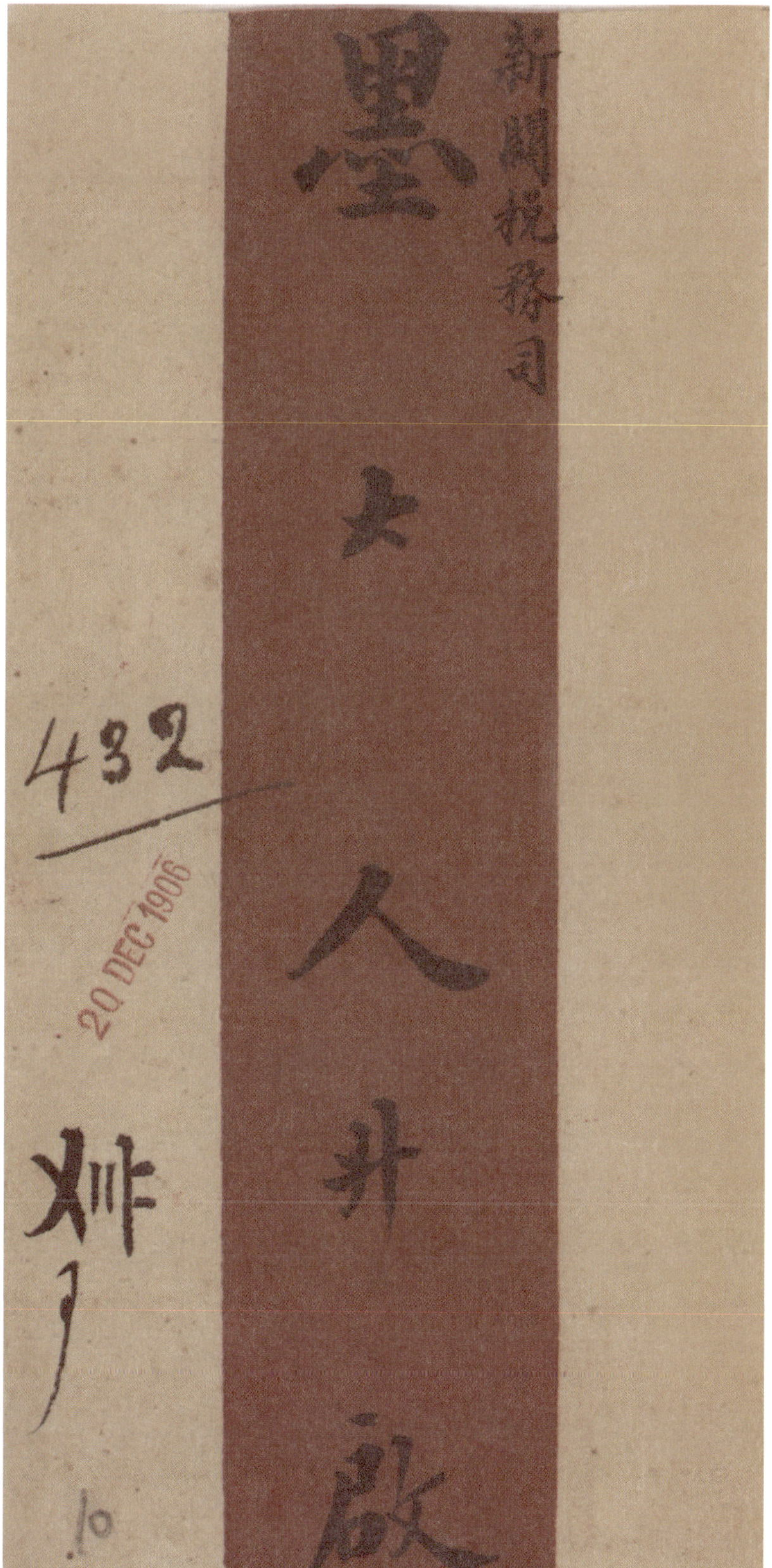
新關稅務司
墨大人升啟
432
20 DEC 1906
10

四一、津海關道梁如浩爲俄商和信行羚羊角過津運滬納税及繳還多收税款事致新關税務司墨大人函　光緒三十三年六月初七日（一九〇七年七月十六日）

W1-I-DA-91-2498

敬啓者現准
駐津俄國珀領事函稱茲據恰克圖和信行哈立布星來稟內稱去年俄歷臘月間伊奉其行東之命有羚羊角七百六十對重四百零四斤裝四箱送張家口過天津去上海并隨該貨有俄國邊界官請恰克圖部員給有蓋印執照於臘月二十四日該貨到津經鐵路鈔關驗其貨并所持執照當退還其執照即云該貨計重四百零四斤按每斤十二兩估價計值四千八百四十八兩每百兩完半

二

税銀二兩五錢共税銀一百二十一兩二錢又完出口去上海税銀每百兩五兩上税銀二百四十二兩四錢先後共上過税銀三百六十三兩六錢按照陸路通商章程税則羚羊角每百斤税銀一兩應完税銀四兩零四分應請轉行該關退還税銀三百五十九兩五錢六分等情請辦前來本領事查核此事并詳閱陸路通商章程内載俄商運俄國貨物前往天津應有俄國邊界官幷恰克圖部員蓋印執照又俄商運俄國貨物至天津應納進口正税按照各國税則三分減一又

俄商如由天津運俄國貨物由水路赴議定南北各口則應按照各國稅則在天津補足原免三分之一稅銀俟抵他口不再納稅又俄商販運貨物進口出口應照各國稅則及同治元年所定俄國續則納稅如各國稅則及續則均未備載再照值百抽五之例納稅其元年所定條凡有洋貨土貨為各國稅則未載者應照各國值百抽五總例一律辦理惟值百抽五總例定稅數目以後俄商與中國各關恐有爭端即將所有俄國貨物於各國稅則未載者應於

四

天津定議續則補於此款以及各國稅則之內各等語查該
俄商所稟情節詳核中俄約章并無不符之處羚羊角
確有每百斤完稅銀一兩專係自應照章完納稅銀四兩零
四分其該關多收之三百五十九兩五錢六分應請貴道查照
轉致繳還俾符約款而順商情等因准此查函內所稱各
節核與俄國陸路章程相符究竟是何情形應請查
明核辦以免饒舌除分函外相應函致即布
貴稅司查照辦理迅速見復以憑轉致是為至要順頌

6

7

7

升祺

津海關道梁如浩敬啓 六月初七日

津字第一百八號

8

四二、津海關道梁如浩爲查明俄商由陸路運貨物到津運入內地是否需補税事致新關税務司墨大人函　光緒三十三年七月初一日（一九〇七年八月九日）

W1-I-DA-91-2498

敬启者現奉
外務部電開俄商由陸路運俄國貨物到津如
由津運入内地是否先補足原免三分之一之税再
納一子税速查明電復等因奉此相應函致即希
貴税司查明俄商由俄國陸運貨物到津運入
内地是否補交原免三分之一再納子税迅速查明
見復立待電禀是爲至要順頌
升祺
津海關道祺如敬启 六月初一日
津字第一百八十二號

161

四三、津海關道蔡紹基爲報暫先放行俄商運津皮毛以備自行投税事致新關税務司墨大人函　光緒三十三年十一月初九日（一九〇七年十二月十三日）

W1-I-DA-93-2503

敬啟者現准
張家口監督移開光緒三十三年十月二十七日據俄商璧
光洋行呈稱今因俄商路什泥克福自庫倫發往
張家口由口轉運天津交俄商八徒月福洋行獺皮一
百三十四件共數七萬六千六百張照約到津納稅領有
駐庫俄領事執照二紙原照未蓋中國官印信仰祈
監督衙門查驗並懇發給印文以備自行赴津海關
道衙門投稅如有沿途拆賣及私漏等弊惟璧光

洋行是問等情據此查該俄商璧光洋行所呈僅有隨帶駐札庫倫俄領事執照二紙並無俄國邊界官及恰克圖部員蓋印執照核與定章稍有不符除將執照原文抄錄咨呈

外務部查核示遵外相應將貨物先行放行備具印文發交璧光洋行隨貨赴津以憑自行投稅除發給該商印文外擬合先行備文移咨查照施行等因准此除分函外相應函致

13

貴税司請煩查照辦理專泐順頌

升祺

津海關道蔡紹基敬啓

十一月初九日

津字第一百二十八號

14

四四、津海關道蔡紹基爲給俄商頒發運貨執照事復新關稅務司墨大人函　光緒三十三年十一月十五日（一九〇七年十二月十九日）

W1-I-DA-93-2503

52

敬復者華歷十一月十三日准
貴稅司來函具悉種切查俄商運貨至恰克圖執照
向由本署詳請
北洋大臣轉咨
外務部頒發編有號數頭聯又有騎縫部印本署按月
掣取照根呈送咨銷歷經辦理在案茲准前因除詳
請轉咨頒發外相應函復順頌
升祺
津海關道蔡紹基敬啓
十一月十五日
津字第百三十六號

61

四五、津海關道蔡紹基爲俄商和信行所持執照過期作廢所徵税銀不應發還事致新關税務司墨大人函　光緒三十三年十二月二十一日（一九〇八年一月二十四日）

W1-I-DA-94-2504

敬啟者華歷十二月十八日准
駐津俄國珀領事函稱俄商和信行前由俄國運滬
之羚羊角八箱於一千九百六年俄臘月間先運四箱過
津到津經鈔関新関按照土貨多收其税銀三百五十
九兩五錢六分本領事於光緒三十三年六月初三日九
月初二日業經函請貴前道梁　發還其多收之税銀在
案該商在口所存之羚羊角四箱運津因邊界官所
給之執照已過六個　月期限復行稟請恰克圖邊界

官另繕四箱執照寄津茲已寄到合請查驗照約每百
斤納稅銀一兩放行並希將前次多收之稅銀發還等
情合將執照送請查照辦理為荷附執照一紙等因准
此查此案前准
韓副稅司復呈以俄商和信行所持執照已過六個
月限期例應作廢前次所征稅銀不應退還呈請轉
致並附還執照等因當經呈送
俄領事查照飭遵在案茲准前因除分呈外相應將執

照送請
貴稅司煩為查照核辦並將執照轉送
貴副稅司辦理見復專泐順頌
升祺
津海關道蔡紹基敬啓
十二月二十一日
津字第一百九十五號
附執照一紙

101
109

四六、關於中俄間郵件郵遞安排事的第二三二一號郵政通令　宣統元年二月初四日（一九〇九年二月二十三日）

W2-A-ZT-1-2835

445

No. 221.

PEKING, 23rd *February* 1909.

POSTAL ARRANGEMENT WITH RUSSIA.

Postal Arrangement with Russia.

1.—AN Arrangement fixing the relations between the Postal Administrations of China and Russia was concluded and signed at Peking on the 19th instant, the full text of which will be found hereunder appended.

This Arrangement, like those similarly passed with France, Japan, Germany, Hongkong, and India, is based on the principle of reciprocity. It places China on Union footing with regard to Russia, and will prove, in the matter of rates and convenience, of very special value for the passing of Transsiberian mails, now so important, between North China and Europe.

2.—The Special Agreement, to be separately concluded under Article 1, § 2, with the Company of the Chinese Eastern Railway for the carriage of Imperial Chinese mails in Manchuria, has likewise been successfully arranged and is on record at this office.

3.—Practice as now established at ports for exchange between Chinese and Russian Post Offices in China, as well as for the transmission of Transsiberian mails, is in every respect in conformity with the stipulations of the new Arrangement, which therefore entails no change. One important point, however, must be pointed out here regarding the recognition of Russian stamps, and the following translation of a passage in a despatch exchanged in French between His Excellency the Russian Minister and this office is to be carefully borne in mind: "With a view to prevent further discussion on the question of the franking of mail matter originating from conventional places in Manchuria or other provinces, it is understood that, in principle, this mail matter must be franked in Chinese stamps, and that those among these articles franked with Russian or other foreign stamps which would happen to pass into the Chinese service in transmission would be liable to be taxed." By "conventional places," treaty ports and certain trade marts in Manchuria are meant.

4.—The new Russian Agreement became operative from the date of signing.

By Order of the Inspector General,

T. PIRY,
Postal Secretary.

946

POSTAL No. 221.

ENCLOSURE.

ARRANGEMENT CONCERNANT LES RELATIONS POSTALES ENTRE LA RUSSIE ET LA CHINE.

ARTICLE I.

ÉCHANGE DES CORRESPONDANCES.

1.—Il sera établi entre les Administrations postales russe et chinoise un échange régulier des correspondances de la poste aux lettres ordinaires et recommandées (lettres, cartes-postales, imprimés, papiers d'affaires et échantillons de marchandises) acheminées en dépêches closes directes ou à découvert. Cet échange s'effectuera par tous les modes de transport habituels ou spéciaux actuellement existants ou qui viendraient à être organisés ultérieurement, dont disposera chacune des Administrations contractantes.

2.—L'échange des correspondances entre les deux Administrations se fera par l'entremise de leurs bureaux de poste respectifs dans les villes conventionnelles de la Chine et de la Mandchourie, ouvertes au commerce étranger, à savoir: Pékin (Quartier des Légations), Tientsin, Chefoo, Hankow, Shanghai, Harbin, Chanchunfu (Kuanch'êngtsze), Manchuli et Pogranistchnaia; à la condition, toutefois, que les bureaux chinois des villes de Mandchourie utiliseront, pour le transport de leurs courriers, le Chemin de Fer Chinois de l'Est sans l'intermédiaire des bureaux russes et sur les bases qui seront établies par un Arrangement spécial à intervenir à cet effet (pour régler la question du transport des courriers non soumis au payement des frais de transit) entre l'Administration chinoise des postes et la Compagnie du Chemin de Fer précité, par les bons offices de la Direction Générale des postes russes.

ARTICLE II.

TRANSMISSION DES CORRESPONDANCES.

1.—Les bureaux de poste chinois recevront des bureaux de poste russes les dépêches de correspondance de la poste aux lettres libellées au nom des bureaux de poste chinois et russes ainsi qu'au nom des bureaux de poste des pays tiers établis en Chine, et ils transmettront lesdites dépêches à destination par les moyens les plus rapides dont disposera l'Administration chinoise.

L'Administration chinoise recevra également, pour les transporter ou les remettre, sans affranchissement supplémentaire, dans toutes les localités de la Chine où existent actuellement ou dans lesquelles seront ouverts ultérieurement des bureaux ou agences dépendants de son Administration, les correspondances de la poste aux lettres originaires de l'étranger qui lui seront transmises par l'office russe à découvert, si ces correspondances sont entièrement affranchies, en

(44)

conformité du tarif international, soit en timbres-poste russes, au cas où elles ont été déposées dans des bureaux russes, soit en timbres conformes du pays d'origine, au cas où les correspondances sont en provenance d'un pays tiers. Quant aux correspondances à destination de l'intérieur de la Chine, où ne fonctionne pas encore l'office chinois, elles seront soumises à une taxe complémentaire à percevoir sur le destinataire à titre de droit de transmission spéciale. En outre, et à l'exception des lettres ordinaires et cartes-postales, il sera prélevé une taxe spéciale intérieure pour la correspondance pesante et encombrante (telle que les journaux, livres, etc.) à destination des localités de l'intérieur de la Chine non desservies par bateaux à vapeur ou par chemins de fer.

2.—Les bureaux de poste russes recevront des bureaux de poste chinois les dépêches à destination des bureaux de poste russes ou chinois ainsi que des bureaux des pays tiers établis en Chine ou hors de Chine et les transmettront à destination par les voies les plus rapides à la disposition de l'office russe.

Ledit office recevra, en outre, pour les transporter et les remettre, sans affranchissement supplémentaire, les correspondances de la poste aux lettres à destination de pays autres que la Chine qui lui seront transmises par l'office chinois à découvert si ces correspondances sont entièrement affranchies au moyen de timbres-poste chinois, conformément au tarif international.

3.—Les dépêches des bureaux de poste russes à transporter par bateaux à vapeur du service postal chinois ou par chemins de fer placés sous le contrôle du Gouvernement chinois devront être transmises par l'intermédiaire des bureaux d'échange chinois; les dépêches des bureaux de poste chinois à transporter par bateaux à vapeur du service postal russe ou par chemins de fer placés sous le contrôle du Gouvernement russe devront être transmises par l'intermédiaire des bureaux d'échange russes—sauf la réserve portée à l'article I, § 2, en ce qui regarde les courriers chinois non soumis aux frais de transit. Le mode de transmission des dépêches sera réglé d'un commun accord par les bureaux de poste locaux russes et chinois, de manière à prévenir tout retard dans la transmission des courriers.

ARTICLE III.

Frais de Transit.

1.—Les correspondances de transit expédiées par les soins de l'une ou l'autre des Administrations contractantes seront soumises au payement, en faveur de l'office postal qui en aura effectué le transport, des frais suivants:—

(*a*.) Dans les limites de l'empire de Chine et des frontières riveraines de la Chine confinant à des pays étrangers, si la distance n'excède pas 1,500 milles marins et si les ports chinois et étrangers sont reliés par une seule et même ligne de bateaux à vapeur:

1°. Pour le transit terrestre, par chemin de fer, ainsi que pour le transit maritime n'excédant pas 300 milles marins, il sera prélevé 1 fr. 50 par kilogramme de lettres et de cartes postales et 0 fr. 20 par kilogramme d'autres objets;

448

Postal No. 221.

2°. Pour le transit terrestre par courrier, ainsi que pour le transit maritime supérieur à 300 milles marins, il sera prélevé 4 frs. par kilogramme de lettres et de cartes postales et 0 fr. 50 par kilogramme d'autre objets.

(*b*.) Pour le transport de la correspondance hors des limites de l'empire de Chine, outre les transports spécifiés plus haut (sub. litt. (*a*.)):

1°. Pour la transmission par terre et par mer, dans le ressort de l'Union postale, les frais de transit par kilogramme de lettres, cartes postales et autres objets, seront calculés en conformité de l'article 4 de la Convention Principale de Rome;

2°. Les correspondances affranchies au moyen de timbres-poste chinois à destination de la Russie et de ses possessions ou à destination des pays étrangers, en transit par l'office russe, seront acheminées à leurs destinations respectives aux mêmes conditions et soumises au payement des mêmes frais de transit que les correspondances remises à l'office russe par les autres Administrations de l'Union postale (y compris les frais de transport dûs au Chemin de Fer Chinois de l'Est). Ces frais de transit seront garantis par l'Administration russe et seront remboursés périodiquement par l'Administration chinoise.

2.—Les redevances pour le transport des correspondances par l'entremise des bureaux ou des bateaux à vapeur ne relevant pas des Administrations russe ou chinoise seront fixées d'un commun accord par les pays intéressés.

ARTICLE IV.

Statistique des Frais de Transit.

Les décomptes résultant des frais de transit afférents aux correspondances spécifiées à l'article III, § 1, ci-dessus, seront établis sur des données statistiques relevées conformément aux dispositions du Règlement d'Exécution de la Convention Principale de Rome. Auxdits décomptes et relèvements statistiques s'appliqueront les dispositions de l'article VI du Protocole final de la Convention prénommée.

ARTICLE V.

Avis des Modifications de Service.

Les Administrations postales russe et chinoise se notifieront mutuellement les modifications qui seraient apportées dans l'organisation du service postal et dans l'ordre de réception et d'expédition des courriers chaque fois que de telles modifications pourront être utiles aux deux Administrations ou à celles qui se serviront de leur intermédiaire.

448

ARTICLE VI.

LIMITE DU PRESENT ARRANGEMENT.

Pour tout ce qui ne serait pas prévu dans le présent Arrangement, les Administrations postales contractantes se conformeront aux dispositions de la Convention Principale et du Règlement y afférent signés à Rome le 26 mai 1906.

Il est entendu, en conséquence, que le présent Arrangement, de même que les actes précités de l'Union, tiendront lieu de règlement et que les deux offices seront tenus, le cas échéant, de s'y conformer dans leurs rapports postaux.

ARTICLE VII.

DURÉE DE L'ARRANGEMENT.

Le présent Arrangement entrera en vigueur du jour de sa signature. Il aura une durée illimitée. Toutefois, chacune des Administrations contractantes conservera la faculté soit d'apporter au présent Arrangement, d'accord avec l'autre Administration, toutes modifications jugées utiles, soit d'en cesser les effets après avoir avisé l'autre Administration au moins six mois à l'avance.

Fait en double original, à Pékin, le 6/19 février 1909 et signé—

Au nom de l'Administration des Postes de Russie,

EUG. GOLOUBOFF,
Secrétaire de la Légation de Russie à Pékin.

J. KOROSTOVETZ,
Envoyé Extraordinaire et Ministre Plénipotentiaire de Russie.

Au nom de l'Administration des Postes de Chine,

T. PIRY,
Secrétaire Général des Postes Impériales.

ROBT. E. BREDON,
Inspecteur Général f.f. des Douanes et des Postes Impériales.

450

POSTAL No. 221.

AGREEMENT CONCERNING THE POSTAL RELATIONS BETWEEN RUSSIA AND CHINA.

ARTICLE I.

EXCHANGE OF MAILS.

1.—There shall be established between the Postal Administrations of Russia and China a regular exchange of mail matter, including both ordinary and registered letters (letters, postcards, printed matter, commercial papers, and samples), whether sent direct in closed mails or *à découvert*. This exchange shall take place by any means of transport, ordinary or special, now established or hereafter to be established, which each Administration may have at its disposal.

2.—The exchange of mails between the two Administrations will take place between their respective Post Offices in the conventional towns of China and Manchuria open to foreign trade, to wit: Peking (Legation Quarter), Tientsin, Chefoo, Hankow, Shanghai, Harbin, Chanchunfu (Kuanch'êngtsze), Manchuli, and Pogranistchnaia, on condition, however, that Chinese Post Offices in Manchuria will make use of the Chinese Eastern Railway for the transport of their courier mails without the intermediary of the Russian Offices and on the basis fixed by a Special Agreement which shall be concluded with this object (in respect of the transport of courier mails not liable to transit charges) between the Chinese Postal Administration and the afore-mentioned Railway Company through the good offices of the Head Office of the Russian Posts.

ARTICLE II.

TRANSPORT OF MAILS.

1.—The Chinese Post Offices will accept from the Russian Post Offices mails destined for Chinese or Russian Post Offices or for foreign Post Offices established in China, and will forward the said mails to their destination by the most rapid means of transport at the disposal of the Chinese Administration.

The Chinese Administration will likewise accept, either to transport or remit, without extra postage, to all parts of China where are now established or shall hereafter be opened Offices or Agencies controlled by its Administration, mails originating in foreign countries which shall be handed over to it *à découvert* by the Russian Post Office, provided that these mails are fully franked, in conformity with the international tariff, whether in Russian stamps, in case they have been posted in Russian Offices, or in the stamps of the country of origin, should they originate in a third country. As regards mails destined for the interior of China, where as yet the Chinese Post Office is not in operation, they will be subject to an additional charge to be levied from the addressee as special transport fee.

451

In addition, and except in the case of ordinary letters and postcards, a special inland fee will be charged for heavy and cumbersome mail matter, such as newspapers, books, etc., destined for inland places not accessible by railway or steamer.

2.—The Russian Post Offices will accept from Chinese Post Offices mails destined for Russian, Chinese, or foreign Post Offices established in or out of China and will transmit them to destination by the most rapid means of transport at the disposal of the Russian Post Office.

The aforesaid Office will, moreover, accept, both to transport and remit, without extra franking, mails destined for countries other than China which shall be handed over to it by the Chinese Office *à découvert*, if these mails are completely franked by means of Chinese stamps, in conformity with the international tariff.

3.—Mails from Russian Post Offices destined for transportation by steamers belonging to the Chinese Postal Service or railways under the control of the Chinese Government must be transmitted through the intermediary of the Chinese Offices of exchange; mails from Chinese Post Offices destined for transportation by steamers in the Russian Postal Service or by railways under the control of the Russian Government must be transmitted through the intermediary of the Russian Offices of exchange (with the exception specified in Article I, paragraph 2, regarding Chinese courier mails transported free of charge).

The method of transport for mails will be settled by mutual agreement between the Russian and Chinese Post Offices in such a way as to obviate any delay in the transport of the mails.

ARTICLE III.

TRANSIT CHARGES.

1.—Mails in transit forwarded by means of the services of one or the other of the contracting Administrations will be submitted, to the benefit of the Administration whose services carry these mails, to the following transit charges:—

(*a*.) Within the Chinese Empire and along the littoral of China bordering on foreign countries, if the distance does not exceed 1,500 nautical miles and when both the Chinese and the foreign ports are united by the same line of steamers:

1°. For land transport by rail, and also for sea transport not exceeding 300 nautical miles, 1 franc 50 centimes per kilogramme of letters and postcards, and 20 centimes per kilogramme of other articles.

2°. For land transport by courier, and also for sea transport exceeding 300 nautical miles, 4 francs per kilogramme of letters and postcards and 50 centimes per kilogramme of other articles.

(*b*.) Outside of the Chinese Empire, for any transport of mails other than the categories provided for in the preceding paragraph, (*a*.):

1°. For land or sea transport, within the limits of the Postal Union, the transit charges per kilogramme of letters, postcards, and other

452

POSTAL No. 221.

articles shall be reckoned in conformity with Article 4 of the "Convention Principale" of Rome.

2°. Correspondence franked by means of Chinese stamps and destined for Russia and Russian possessions or for foreign countries, in transit through the Russian Office, will be forwarded to their respective destinations in the same manner and liable to the same transit charges as the correspondence remitted to the Russian Office by the other Administrations of the Postal Union (including the transport charges due to the Chinese Eastern Railway). These transit charges will be guaranteed by the Russian Administration and periodically refunded by the Chinese Administration.

2.—Charges for transport of mails by means of services or steamers independent of the Russian or Chinese Administrations will be settled by agreement between the interested countries.

ARTICLE IV.

Transit Statistics.

The balancing of the transit charges in connexion with the categories of correspondence specified above in Article III, paragraph 1, will be calculated on the basis of statistics taken under the rules laid down in the Règlement d'Exécution of the Convention Principale of Rome. The regulations laid down in Article VI of the final Protocol of the above-named Convention will be applied to the aforesaid balances and statistics.

ARTICLE V.

Notice of Changes in Organisation.

The Postal Administrations of Russia and China will communicate to each other the changes which may take place in the organisation of their postal service and in the arrivals and departures of mails, whenever notice of such changes may prove useful to the two Administrations or to the foreign Administrations that have recourse to their intermediation.

ARTICLE VI.

Extent of the present Agreement.

In all matters not provided for in the present Agreement, the contracting Postal Administrations agree to abide by the stipulations of the Convention Principale and of the Règlement belonging thereto signed at Rome on the 26th day of May 1906.

It is thus understood that the present Agreement, as also the treaties of the Union referred to above, shall be binding as a regulation, and that the two Administrations shall be bound in any particular case to conform thereto in their postal relations. POSTAL No. 221.

ARTICLE VII.

DURATION OF AGREEMENT.

The present Agreement will come into force on the day of its signature. It will remain in force for an indeterminate period. The two Administrations will, however, have the right to introduce into it such modifications as by mutual agreement they may find necessary, or to bring the Agreement to an end by giving each other notice six months in advance.

Made in duplicate and signed at Peking on the 6th/19th February 1909—

In the name of the
Postal Administration of Russia,

EUG. GOLOUBOFF,
Secrétaire de la
Légation de Russie à Pékin.

J. KOROSTOVETZ,
Envoyé Extraordinaire et
Ministre Plénipotentiaire de Russie.

In the name of the
Postal Administration of China,

T. PIRY,
Secrétaire Général, Imperial Posts.

ROBT. E. BREDON,
Acting Inspector General of
Customs and Posts.

458

中俄國郵政局互訂代寄郵件章程

計開

第一條

互交郵件

一 中俄郵局彼此常川互交郵件無論平常挂號或總包或零星散寄之信件明信片刷印物貿易契貨樣等類兩局均須按照現在運送之法或以後增添之法彼此迅速寄遞

二 凡彼此交遞之事須在中國及東三省約定各處即係北京使館界內及天津烟台漢口上海哈爾濱長春府(即寬城子)並滿州里綏芬河等處惟在東三省所開之中局如有郵件不在兩局互寄運費辦法之內者即可由中局直交東清鐵路運寄係照俄國幇同中局與鐵路公司訂立之專條辦理

第二條

轉寄郵件

一 俄局將總包郵件交到中局即應照數收入無論寄至中國境內或他國者均應如法交由最快捷之郵路妥速寄遞

凡俄局交到零星散寄之郵件無論寄至何處已設中局或將來續設中局之

455

處亦無論該件上所貼係屬俄局或他局之郵票已照郵會章程粘足者中局即應照收迅爲轉寄或爲投送勿庸另索資費如此等郵件寄至未有中局之地方由民局代爲轉寄應由收件人照給專費如轉寄至未通輪船鐵路各處除信件明信片外所有一切重大郵件(即新聞紙書籍等類)應另索內地資費

二中局將總包郵件交到俄局即應照數收入無論寄至中國境內或他國者均應如法交由最快捷之郵路妥速寄遞凡中國交到零星散寄之郵件無論寄至中國以外之何國如按郵會章程粘足滿費即應照收轉寄不另索費

三俄局郵件如需中局所用之輪船或鐵路寄送者須由互交之中局轉爲交寄中局郵件如需俄局所用之輪船或鐵路寄送者須由互交之俄局轉爲交寄惟在第一條第二節內註明之中局總包可以直交東清鐵路者不在此章程之內至寄遞郵件各法係由兩面各處所有之局會同商訂以免遲延之弊

第三條

傳寄運費

一中俄郵局交寄郵件如何計算彼此互付之運費即照以下兩類分別辦理

第一類

中國境內及附近鄰國邊境各處如往來寄送不過一千五百海里之遙及中途並未換原乘公司輪船者其運費即按兩項核算

甲旱路由火車運送或海路由輪船運送不過三百海里之遙其信件及明信片兩項每重法秤一基羅索運費法銀一法郎克五十生丁姆其餘各種郵件每重法秤一基羅索運費法銀二十生丁姆

乙旱路由郵差遞送或海路由輪船運送如過三百海里其信件及明信片兩項每重法秤一基羅索運費法銀四法郎克其餘各種郵件每重法秤一基羅索運費法銀五十生丁姆

第二類

中國境外寄遞以上第一類未敘之各等郵件其運費列後

甲海路旱路兩項往來運費每重法秤一基羅需費若干均按羅馬郵會章程第四款所載之數目核計

乙中局交俄局轉寄郵件如貼有中國郵票者無論轉寄俄國或入郵會各國即應照聯郵他國各局寄帶無殊其運費(東清鐵路之資費亦在其內)照郵會章程數目由俄局暫行代付嗣由中局按年付還

二中俄兩局彼此傳遞郵件之法如不在所屬郵局或所關鐵路之內其用他法之脚費須另商計

第四條

運費造冊

457

所有在第三條第一類內註明之各類郵件核算運費及造冊之法均照郵會章程辦理並應與羅馬郵會續章第六條參看

第五條

更改寄遞辦法

一凡各局每遇更改寄遞辦法如中俄郵局及他局有應行注意之處即須預先知照無誤

第六條

互訂章程之範圍

一凡一切關於郵務事宜如未載明於本章程之內彼此允依郵會章程辦理是以中俄郵局往來交寄或按現定之章或以郵會章程爲準

第七條

互訂章程之期限

一以上所訂各條俟彼此畫押即爲實行之期嗣後即照辦理惟遇有隨時刪改之處兩面亦可另行會商倘有廢辦之意務於六個月前彼此先行知照方能作廢

以上各章程係大清 俄 欽差大臣廓 二等參贊國 署總郵政司裴 郵政總辦帛 會同定立試辦各員已於宣統元年正月二十九日 在京畫押互相交付以照信守

四七、農工商部爲傳知華商不可携貨往俄免受虧損事致天津商務總會札　宣統元年三月二十一日（一九〇九年五月十日）

J128-2-2991

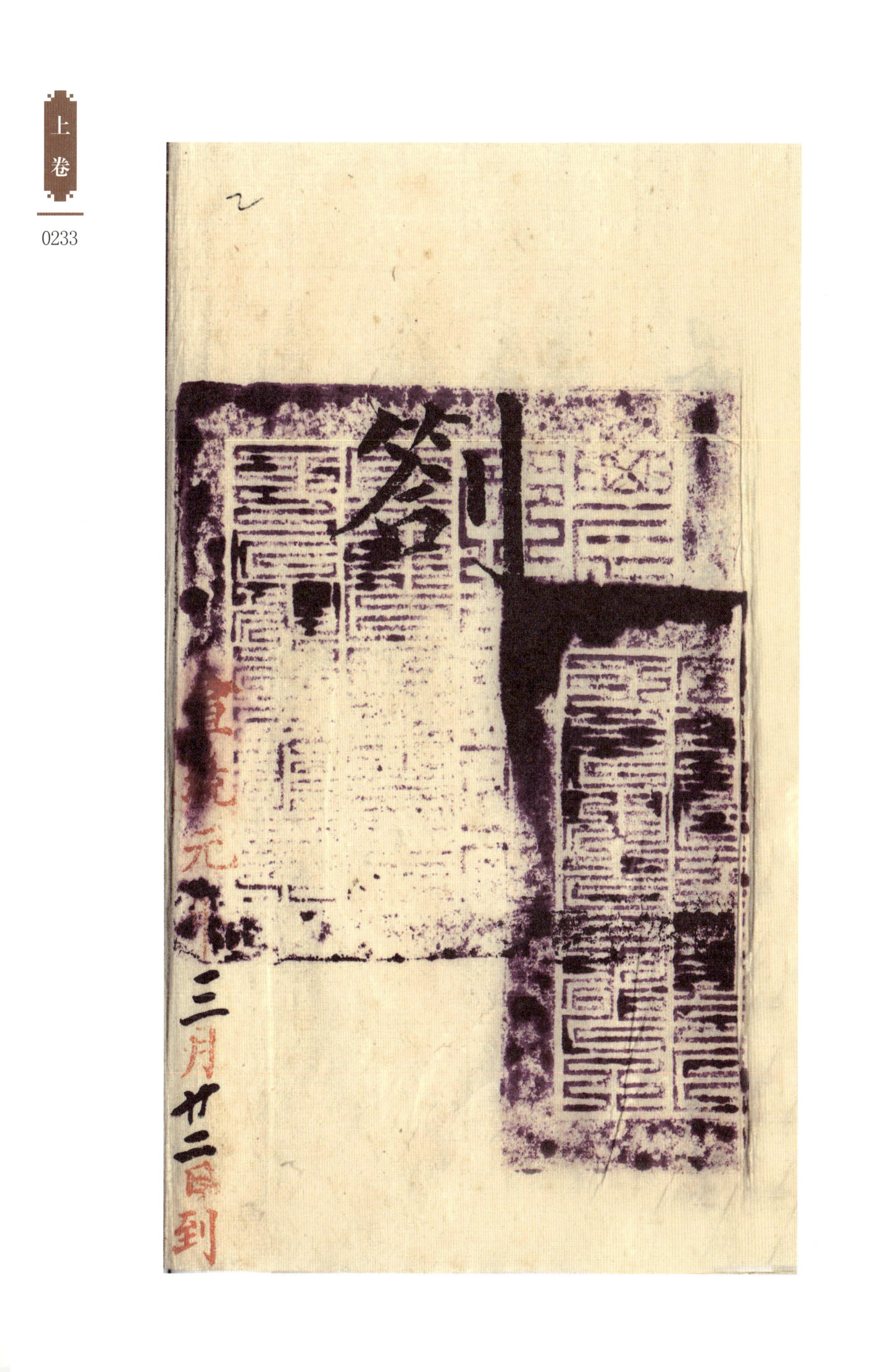

2

劄

宣統元年
三月廿二日到

農工商部爲劄飭事宣統元年三月初一日接准出使俄
國大臣函開本年二月二十三日俄政府改頒稅則所有
遠東海陸各埠免稅之例悉行刪除查中國商民
由哈爾濱海參崴等附搭火車經過伊爾古斯克

到俄貿易者頻歲不絕此等商民大都販賣繭
綢等物資本既微獲利甚薄從前各貨免稅尚
來此謀生自徵稅後勢將裹足而條約中既無明文
難向俄政府抗論等因前來查俄國既改稅則將

遠東海陸各埠免稅之例刪除則華商携貨往俄必至大受虧損誠恐未及周知為此札飭該總會傳知各商暨各分會一體知照可也此札 原函抄附

右札天津商務總會 准此

4

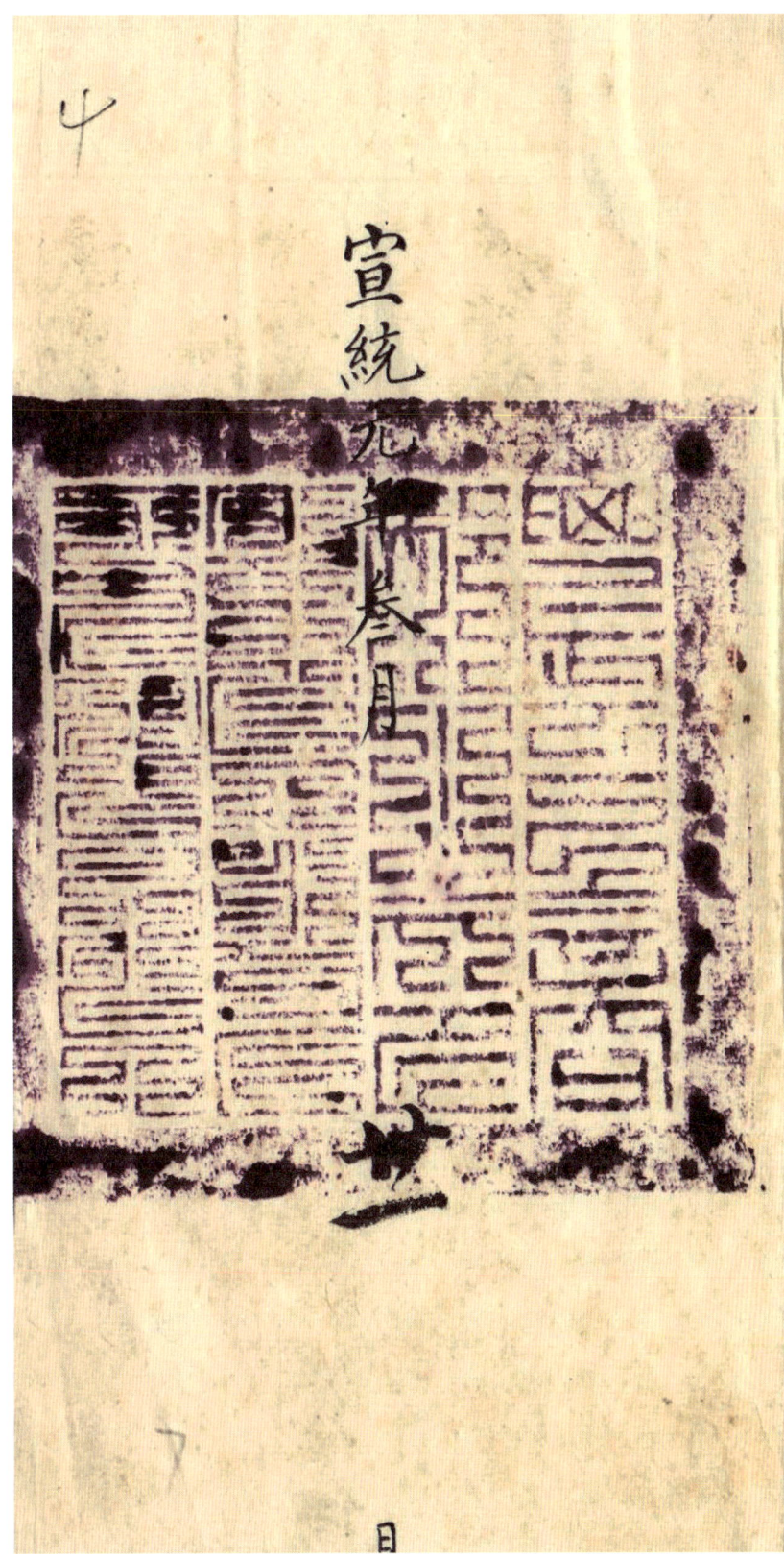

宣統元年叁月廿一日

四八、農工商部爲俄人徵收貨税事致天津商務總會札　宣統元年五月初九日（一九〇九年六月二十六日）

J128-2-2991

6

劄飭行

宣統元年

五月初十日到

10

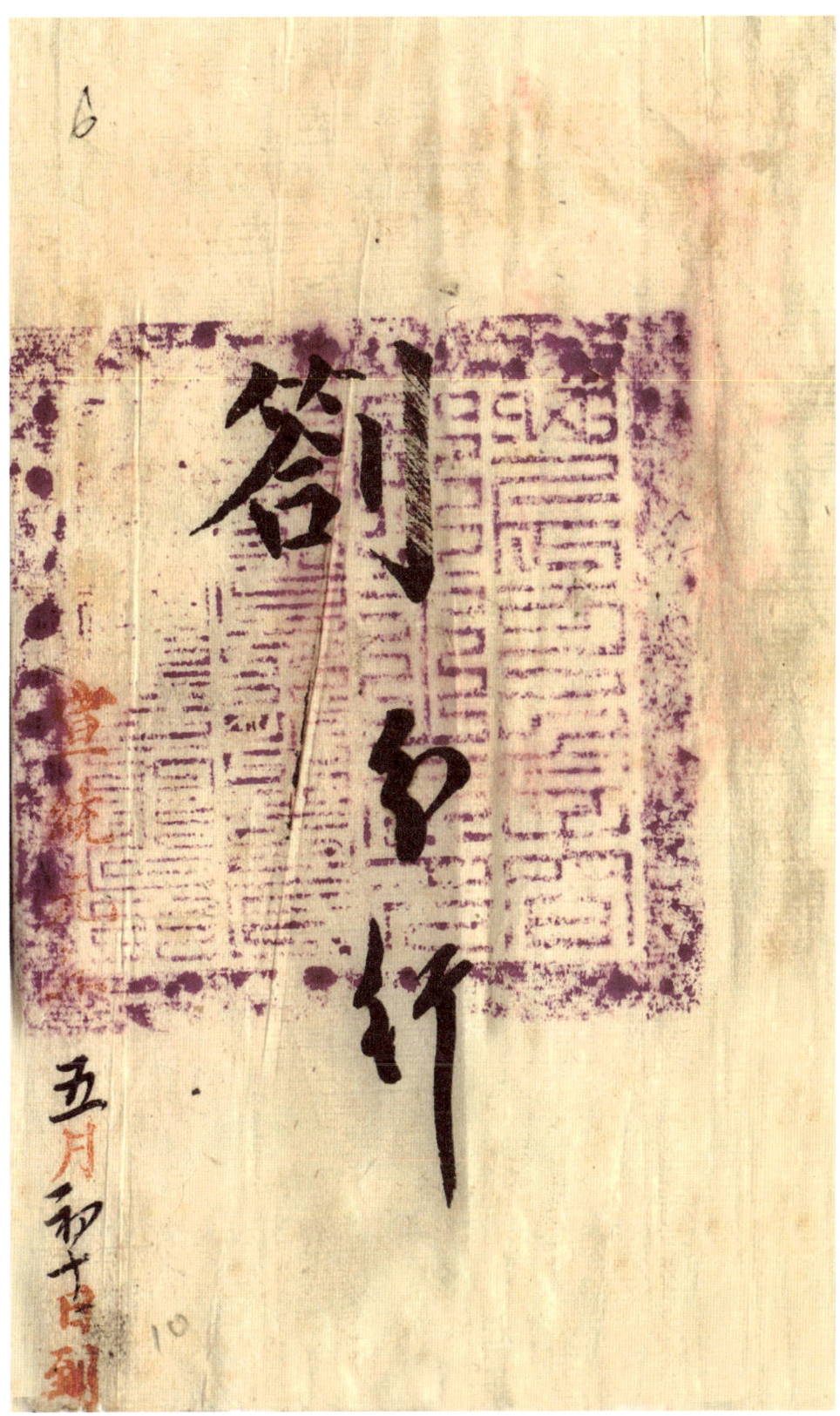

農工商部為札飭事宣統元年五月
初一日接准駐俄薩大臣函稱俄人改訂
税則所有遠東海陸各埠免税條例悉
行删除前經條函奉達計荷鑒入查中
俄邊境毘連通商最久俄人改訂税則
自本年三月一號實行徵收貨税後迭據
庫倫恰克圖海參崴等處華商紛紛
電請設法現已經俄政府議定自伊爾古
斯克以西各地方展至明年正月一號另
訂徵收華貨章程惟伊爾古斯克以東
海參崴一帶不在此例等因前來合行札
飭該總會傳知各商暨各分會一體知照

8

可也此札

右札天津商務總會准此

12

宣統元年伍月初九日

13

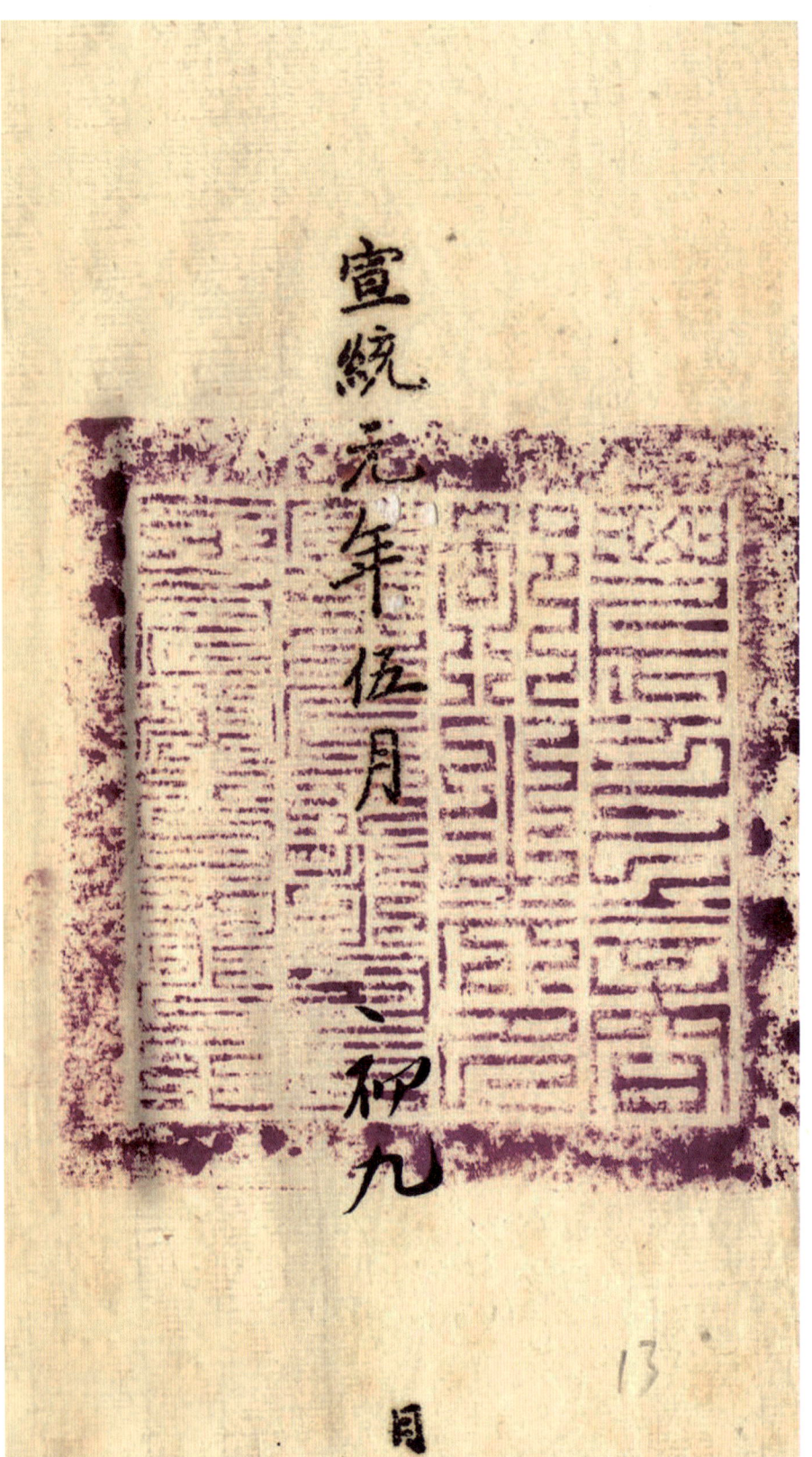

四九、津海關道蔡紹基爲駐津俄國珀領事調任事致新關税務司義大人函　宣統元年八月初八日（一九〇九年九月二十一日）

W1-I-PZ-47-2521

敬啟者華歷八月初六日准
駐津俄國珀領事照會內開照得本領事恭膺本國
簡命調任哈爾濱總領事官遵於華歷月之初七日前赴任
所所有天津領事篆務已奉委本署穆副領事官
流津署理相應照會即希查照轉詳為荷等因准此
除照復並呈報咨行外相應函致
貴稅司煩為查照飭順頌
升祺
津海關道蔡紹基啟
八月初八日
津字第九百二十四號

新關稅務司

義 大人升啟

玖月

23857

No. 890

83

五〇、俄幣一〇〇元盧布（一九一〇年）

Q3-A-9-16-10

100
100
РУБЛЕЙ
100 РУБЛЕЙ

ГОСУДАРСТВЕННЫЙ
КРЕДИТНЫЙ БИЛЕТЪ
СТО РУБЛЕЙ
100
100
100
100
1910
Кассиръ
Управляющій
ДЭ 188162
ДЭ 188162

五一、天津縣正堂爲阿穆爾省禁止華工入境事照會天津商務總會　宣統三年二月二十九日（一九一一年三月二十九日）

J128-2-2162

61

發根

照會

宣統二年二月廿九日到

102

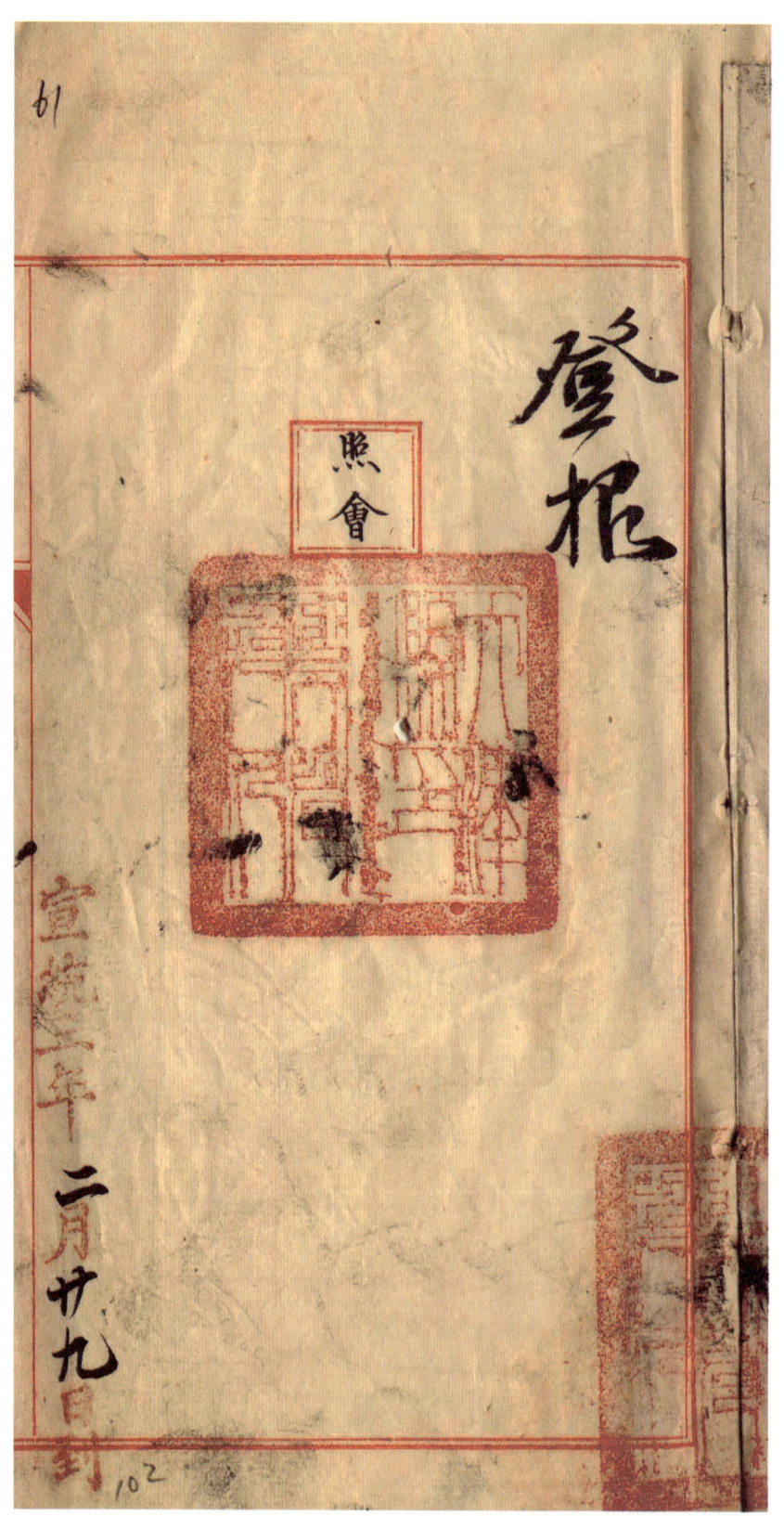

欽加同知銜正任宣化縣署理天津縣正堂加十級紀錄十次姒　為

照會事宣統三年二月二十二日蒙

交涉司 藩 海關道憲札開為密飭事照得俄國前以防疫定有留驗章程由

俄國駐津領事函請通行業經本司出示曉諭並通行在案

茲於本月十八二十等日迭奉

督憲札以俄人因防疫事於阿穆爾省禁止華工入境定有

苛例深恐蚩蚩者詆貿然前往致受外人苛待飭即飛飭

103

各屬迅速剴切曉諭俾一般人民咸知此例等因奉此查此次
俄人禁止華工係為防疫起見惟定例太苛已由
外務部照會俄使轉飭更定目下正在磋商深恐華工誤入
俄人指禁地方不獨生計難圖生命亦有危險復恐一般
人民見俄人所定苛例或有誤會合將
督憲迭次札文抄粘飛札札到該縣迅即嚴密諭飭城鎮
鄉自治會員並各村正副勸阻各工人切勿冒險前往致受外
人苛待是為至要仍將辦理情形尅日具報切切此札計

粘单一紙等因蒙此正在照會間復蒙
府憲札飭前因擬合備文照會為此合照
貴會希即查照迅速傳知各村村正副勸阻各工人切勿冒險
前往致受外人苛待是為至要仍將辦理情形尅日覆知
以憑轉報望速施行須至照會者
計粘抄单一紙
右　照　會
商務總會

五二、津海關道錢明訓爲批准俄商運二百頭牛出口并照章赴關報驗事致俄領事函　宣統三年四月二十五日（一九一一年五月二十三日）

W1-9-1355

照抄津海關復函

敬復者昨准
貴領事來函以俄商阿克儲林運牛一事前文辦法殊難允認並已與冼譯員面訂如難照八百之數全給該商一人購運可給其定數三分之一務先發照等語請查照辦理等因查洋商運牛出口辦法業於上年華十月間通行照會在案各國商人奉行已久並無異詞俄商自應一體辦理惟來函既稱如難全給八百可先給其定數三分之一茲先特別通融准運二百頭出口以示體恤仍即照章赴關報驗請領憑條來道換照除函致
新關稅司查照外相應函致
貴領事請煩查照飭知復泐順頌
升祉

津海關道錢明訓敬啟　四月二十五日

125

五三、直隸馮都督爲携貨入俄境放行須有地方官執照證及俄領簽字等事致天津商務總會札（一九一二年十月二十八日）

J128-2-2991

11

札

商務總會

中華民國元年十月廿八日

16

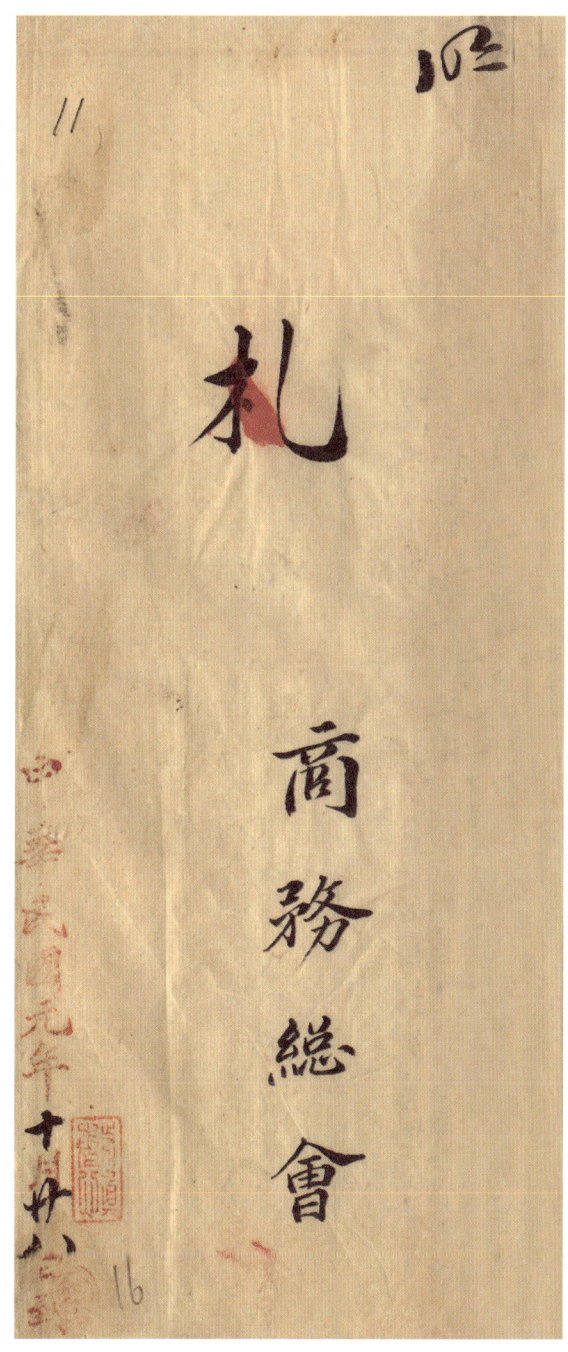

直隸都督馮　為

札飭事。十月廿二日准

吉林都督陳　咨開：度支司、交涉司案呈，據西北路道李道家鏊呈稱：案查本年七月初三日准哈爾濱商務總會移稱：本埠商裝運中国土貨發往黑河等處，均被俄税関扣留，請照会俄領轉飭給領等因，當經職道查照俄律，凡華商販運土貨入俄境，能邀百里免税之利，著須領有出產處各該地方官印証執照，方能放行。故凡係哈埠所出產製造者，即由本埠商會呈報職道印証；其外省運來貨物物轉運入俄境者，必須有各該處地方官執照，証實確係中国貨物，方能為其印証，以昭信實各等。辦法與俄總領事妥商允洽在案。茲准商務總会送到發給各商裝運土貨執照三十九張，請印証前来。內皆內地他埠所產而未領各該地方官印証執照者居多，又經職道商允俄總領

事通融暫由職道印証以兩月為限惟印証此等熱照須費時光甚多各商以
貨已出運之刻待用不得不添員辦理而重以預算又無從開支薪水業經
按照各國通例商允商会每次印証收費二元以作職署預備金俾資特別
應用業入決算冊內實報實銷是否可行理合具文呈請核示施行等

13

18

情據此除批據稱華商土貨運入俄境依照俄律能邀百里免税之
利益者即由該華商会填發執照呈報該道予以印証係為便利華商
暢銷土貨起見辦法尚屬妥協所擬每次印証收費一元備作特別費
用並案入道署決算冊内寔報寔銷既係按照各国通例商允商会並無
窒碍自可照准惟外省運来轉入俄境貨物此項印証兩月以後作何辦理呈内未據
聲叙應仰查明具覆以便備案等因印發去後茲據該道以商人運貨入俄非
確係華産不能邀百里免税之利益而販運之貨物是否確係華產又非出產處地方
官証明不足為憑此次商會發給各商執照均係他省土貨並非經出產處地方官
証明未可不為印証惟既已運至哈埠誠恐拖延日久商人不免虧損故商
之俄領暫為通融以兩月為限兩月以後應由出產處地方官証明出口貨確係華
産再請俄領簽字始能放行奉批前因理合呈請通行各省出示曉諭
俾商民預知俄国法律免致臨時受損等情呈覆前来查華貨入俄既

14

有百里免稅之利益嗣後各該商人販運土貨自應遵照西北路道所擬辦法於貨
物出運之先務請就近地方官給予確係土貨印証貨至哈爾濱時即將所執
印証呈明西北路道轉請俄領簽字以便俄関放行而免臨時受損
除分咨外相應備文咨行為此合咨貴都督請煩查照通行出示曉

16

諭可也等因到本部咨准此應飭津海關道會同天津商務總会出示曉諭通行知照除分行外合行札飭札到該商会即便遵照辦理此札

中華民國元年十月　日

監印員王鳳池

21

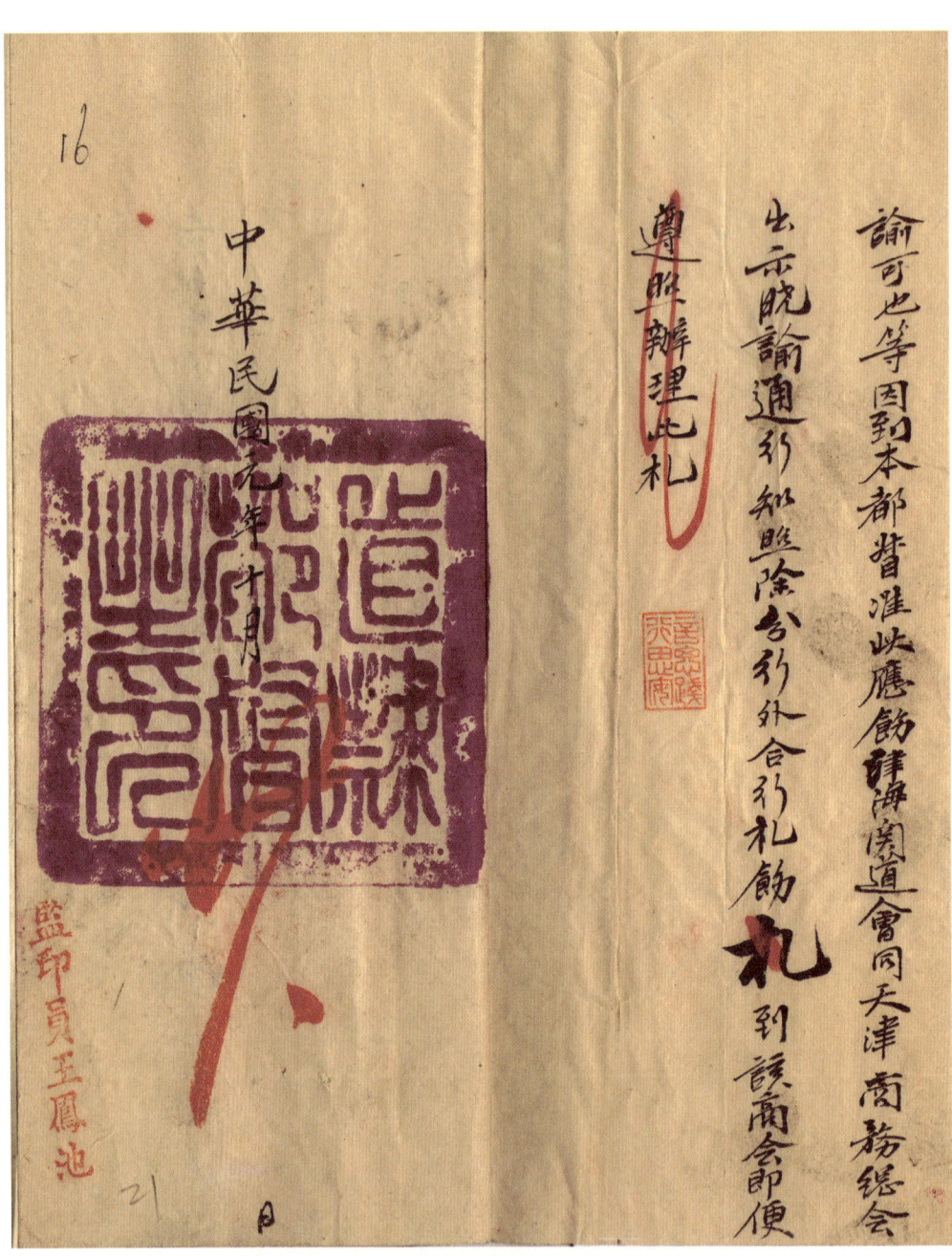

五四、天津商務總會、津海關道爲華商販運土貨赴俄應遵新例辦法事致各商户布告、致勸業道咨、致各府等札（一九一二年十月）

J128-2-3028

貴會備案

第號一件

咨會華商販運土貨出俄應遵西北路道所擬辦法由

稟　詳　呈

稿

咨　批　札

勸業道

布告

各府等

月　日文到

月　日發房

月卅日送稿

月　日判行

月　日送簽

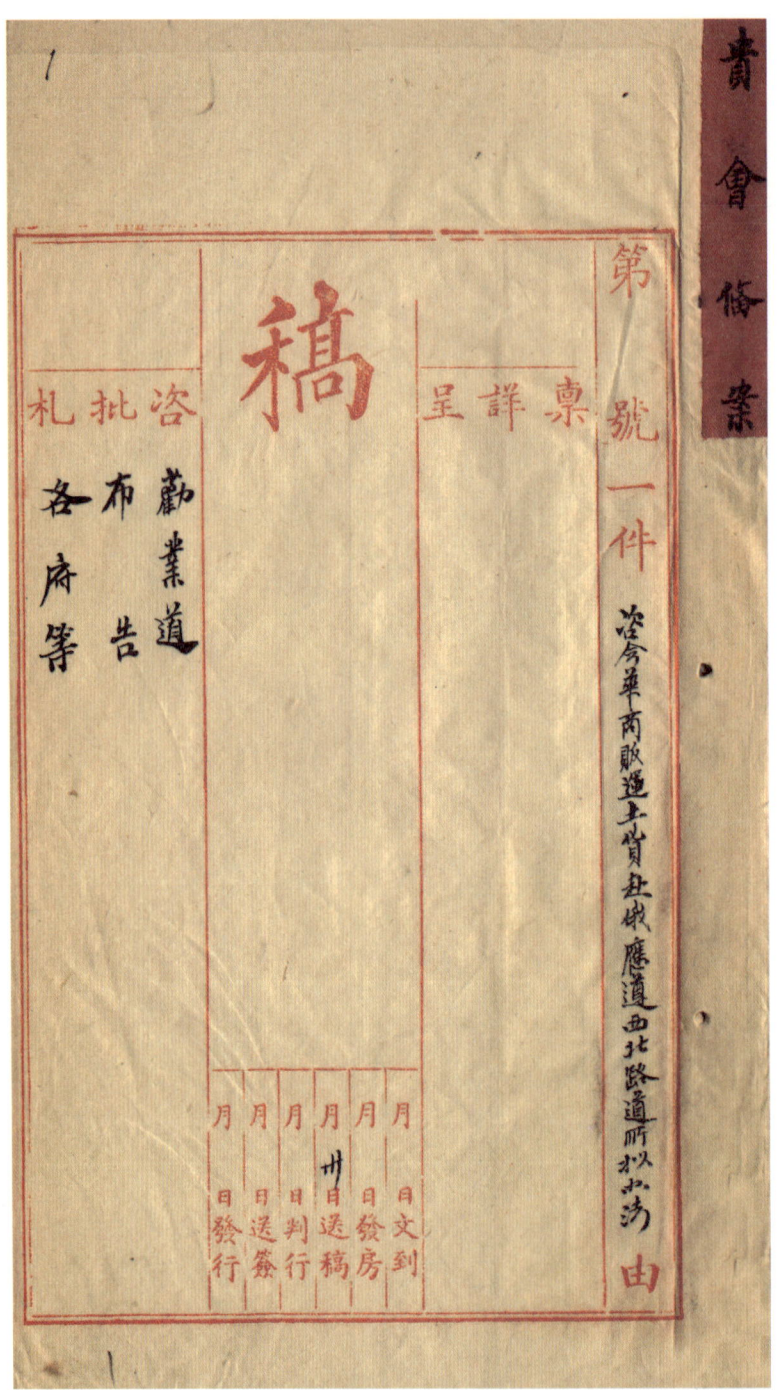

月　日發行

2

為布告事照得現奉
直隸都督馮 札開十月二十號准
吉林都督陳 咨開度支司交涉司業呈據西北路道李道家鏊
呈稱案查本年七月初三日准哈爾濱商務總會移稱本埠各商裝
運中國土貨發往黑河等處均被俄稅關扣留請照會俄領轉飭
給領等因當經職道查照俄律凡華商販運土貨入俄境能邀百里免
稅之利益者須領有出產處各該地方官印證執照方能放行故凡
係哈埠所出產製造者即由本埠商會呈報職道印證其外省
運來貨物轉運入俄境者必須有各該處地方官執照證實確係中國
貨物方能為其印證以昭信實各等辦法與俄總領事妥商允洽在
案茲准商務總會送到發給各商裝運土貨執照三九張請印證前
來由省內地他埠所產而未領各該地方官印證執照者居多又經職道商
允俄總領事通融暫由職道印證以兩月為限惟印證此等執照須費時
光甚多各商以貨已出運立刻待用不得不添員辦理而重以預算支
無從開支薪水業經按照各國通例商允商會每次印證收費二元
以作職署預備金俾資特別應用稟入決算冊內實報實銷是否可

2

行理合具文呈請核示施行等情據此除批據稱華商土貨運入俄境依照俄律能邀百里免稅之利益者即由該埠商會填發執照呈報該道予以印證係為便利華商暢銷土貨起見辦法尚屬妥協所擬每次印證收費二元備作特別費用並稟入道署決算冊内實報實銷既係按照各國通例商先商會並無窒礙自可照准惟外省運來轉入俄境貨物此項印證兩月以後作何辦理呈内未據聲叙應仍查明具復以便備案等因印發去後茲據該道以商人運貨入俄非確係華產不能邀百里免稅之利益而販運之貨物是否確係華產又非出產處地方官證明不足為憑此次商會發給各商執照均係他省土貨並非經出產處地方官證明本不可為印證惟既已運至哈埠誠恐擱延日久商人不免虧損故商之俄領暫為通融以兩月為限兩月以後應由出產處地方官證明出口貨確係華產再請俄領簽字始能放行奉批前因理合呈請通行各省出示曉諭俾商民預先知俄國法律免致臨時受損等情呈復前來查華貨入俄既有百里免稅之利益嗣後各該商人販運土貨自應遵照西北路道所擬辦法於貨物出運之先務請就近地方官給予確係土貨印證貨至哈爾濱時即將所執印證呈明西北路道

3

3

4

轉請俄領簽字以便俄關放行而免臨時受損除分咨外相應備文咨行
為此合咨貴都督請煩查照通行出示曉諭可也等因到本都督准此
應飭津海關道會同天津商務總會出示曉諭通行知照除分行外合
行札飭札到該道即便遵照辦理此札等因奉此除咨會
勸業道查照並分行外合行布告為此布告本國各商知悉嗣後販
運土貨赴俄銷售應即查照此次所訂新章以利運輸此布

布告

金華橋
宮北
商務總會
鼓樓
河北大街
四門

為咨會事本年十月二十九日奉
直隸都督馮　札開十月二十號准
吉林都督陳　咨開云云此札等因奉此除分別咨行並布告各
商一体知悉外相應咨會
貴道請煩查照施行須
咨
勸業道
為札飭事照得現奉

4

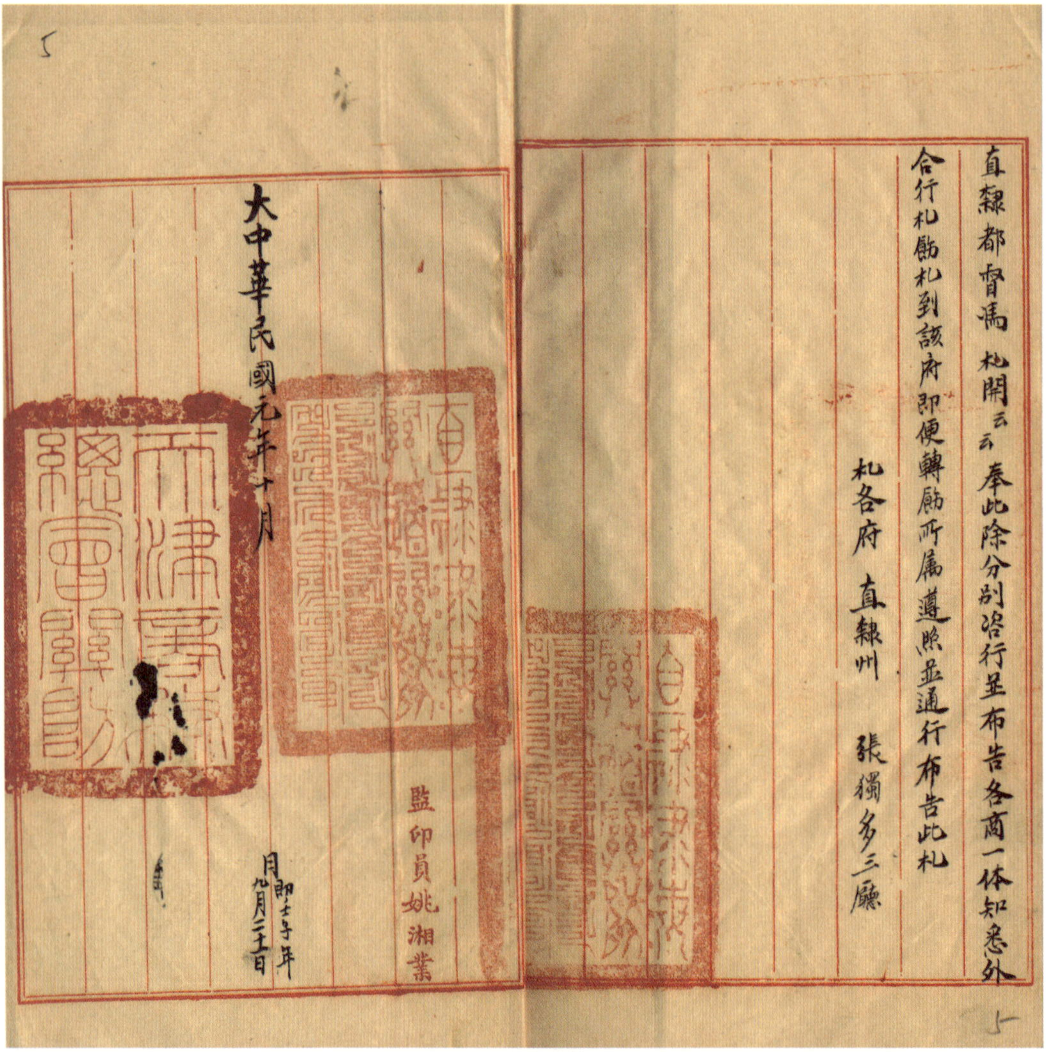

直隸都督馮　札開云云　奉此除分別咨行并布告各商一体知悉外合行札飭札到該府即便轉飭所屬遵照並通行布告此札

札各府　直隸州　張獨多三廳

監印員姚湘業

大中華民國元年十月　日　即壬子年九月二十一日

津海關道徐

行

天津商務總會

總理葉賈代

協理卞

五五、俄幣五〇〇元盧布（一九一二年）

Q3-A-9-16-11

500 РУБЛЕЙ

ГОСУДАРСТВЕННЫЙ
КРЕДИТНЫЙ БИЛЕТЪ
ПЯТЬСОТЪ РУБЛЕЙ
500
1912
АП 024749
500
АП 024749

五六、俄國駐海參崴總領事陸是元爲賽會租用地基、抽收地基費及運輸賽品徵收運費事稟工商部文（一九一二年）

（推算）

J128-2-3066

60

憲臺鈞鑒敬禀者竊領事前准阿穆爾賽會總局知會
於俄歷一千九百十三年七月間在伯利開設賽會並據
送到章程清單等件均經照譯具報在案查該會前
附抽收地基費簡章時聲明該項詳章容俟續佈等
情茲據該會續送詳章及圖單各件復經核譯謄印
詳章條指租用地基及抽費之規定凡十三条其第十
五条內又別分細目統為核定各項地基抽費之數
目其有請願入會者照賽品應用之地基於俄歷一

61

千九百十三年七月初一日即中華民國二年七月十四日前兩星期逕向該會預定照預定之地基查照該章程應納費若干於預定時附繳百分之二十五俟該會照備地基再繳百分之二十五其餘百分之五十於賽品安置會場時繳足若於預定地基時不附繳應納之費該會即不爲指給地基若餘費不到期繳納該地即收回另指等情均爲請願入會者須知之要件因於該章程內提出重敘預定地基之時期以現在計固屬爲

82

67

日甚迷惟該項章程一經分佈欲陳賽品者爭先得良好地基增光賽品我國距離較遠所宜預告賽品人未可懈怠蹉跎致失優先權利另擇關於商務科出品及預備檢查清單目所具問答格式有願陳列商品者應於發貨以前一一填復簽字為據商知該會其簡要章程附該檢查單于後為賽品人應行遵守者亦須賽品人簽字為據至運貨單一紙即運貨之憑紙並附運發賽品赴會問答各節目均宜照式填答於運貨時隨運

83

單寄付該會此外有預定圍式為願賽品者最先圖訂之件均為賽品人須知之手續除分報外理合具禀附呈譯本伏乞
鑒察轉飭遍知施行須至禀者 附譯件一本
駐劄海參崴總領事陸是元謹禀
再預定圍式內附有阿穆爾賽會佳址華俄對照文以便寄信該會者照錄而免錯誤合併聲叙

68

數再彙齊寄現據俄報登載茲奉交通部核准凡運至阿穆尔賽會（即俄一千九百十三年在伯利城所開者）之賽品無論運往會所或由會運回經俄國鐵路者照普通運費徵收（凡非普通者有附加費）其由東清鐵路或烏蘇里鐵路（由海參崴至伯利城之鐵路）者均照普通減價運費徵收至由以上三路運回者凡過磅或裝卸時所需搬運工費及佔用站地費如賽品至用自有工人搬運者車站概不收費以章定限可適用於開會以前至正式開會後四星

85

期為止等語伏乞併入前案
轉行知照實為公便除分報外合肅陳明恭請
鈞安伏乞
崇鑒是元謹再稟

86

69

續譯俄一千九百十三年阿穆爾賽會章程

附件

預定圖式

函報問答

檢查請單

運貨發單

運貨問答

87

70

附設展覽會辦事處頒定租用地基及繳款章程

一凡賽品人請備地基之函件應於俄歷一千九百十三年七月初一日（即中華民國二年七月十四日）前兩星期遞投如有特別情形及地基尚有空閒者則期限亦能展緩可向辦事處商訂

二在請備地基之時即繳應用地基費百分之二十五俟備妥地基再交百分之二十五至欲將賽品安置會場之時補繳其餘百分之五十如於請備地基之

賽會章程　一

88.

時將地貴全數繳納亦可若請備地基之初不繳應
納之地貴暫不指給地基即初次繳貴而餘貴不剋
期繳納即作爲不願赴會彼所得之地可另指給他
人前交之款即歸入本會總局公款項下概不發回
三凡賽品人請在空處自建亭台應由辦事委按照原
圖及其賽品之種類繪圖酌辦若指撥空閒地方當
由總局及各該科長核定惟公共房屋之各科亭台以
內欲得給地優先權者必請備之時較他人爲先或

기

請借地基之數而面積較多乃可如所指空閑地方
不合於賽物人之本意該主人可自指地之日起於
三日內通知辦事處由該處會同賽物人或其代理
人商該辦理

四 如有不願鄰近賽物之人或他項特別原因辦事處
可先賽物人與他人會商遷移賽物於接地方

五 所有到會之賽品有置於公共房屋商人字號及設
雜貨處之類雖租用公共房內地基須識其賽品與

各科學堂相符乃可丟簡入之學堂地基或與此其
學堂相近者因類實品者或由辦事員擔繪圖照所
訂地費徵納如關於特別章程應由實品入與辦事
員會商酌訂

六凡地費關於公共學堂及其他屬公或慈善或自修
綴落（指示在學堂以內者而言）者附設實品之陳類或其相合之各
科而定多寡品入自設學堂之地費應以實品之種
類及其備用類二等地基為區別若關於隸實教育

72

學校醫學獸醫博物手藝及鄉人贊成有經費會總
局核准免繳地費或減費者辦事處即行於房屋
以內或空曠地方指給地基照此辦理

七、除指給地基以外雖或暫行借用而無礙他人
權利者須照普通章程若有礙他人之權利即須暫
停借用辦事處可為先受影響人照應補地費兩樣辦
罰歸入總局公款移為善舉修路地即行撥開

八、蓋舊屋頂亭台以及電燈以華方幾尺（合中華市方尺共一丈五尺二寸）

42

為準，如租用地平一俄尺，而有繞牆高出俄尺之（者亦按一平方計算，至租用牆高三俄尺）

樣，惟不及平方俄尺以上之地方，應按地平等數繳

納。若小亭子、玻璃架及附屬物件並不設在牆邊者

照高三俄尺為定衡，若其高逾三俄尺，則每俄尺或

不及一俄尺均按三分之一多繳租費。

九、凡頭等有不滿一俄尺者，應按一俄尺計算，而二等

有不滿一俄丈者（俄丈合中華營造尺六尺六寸），應按一俄丈計算。

十、如實品八堇積儀地在俄七月初一以後蓋在閱會

以前兩會繞成有空地者則收費應加百分之二十
若逾到呈件在正式開會以後應照兩倍收費惟逾
有地基不敷之時本會即可不收各縣賽品
十一 如開會時有機器在一晝夜內須動四點鐘以上者
可減費百分之二十五惟此項減費須俟賽會蕆竣
始可發送
十二 如於頂棚以上之處安置賽品者（在屋面以下頂棚以上另有一層可以置物者）
應在地費較地平少百分之五十

賽會章程

十三 如有屋內頂棚及外面牆壁欲粘廣告者應與辦
事處商訂特別收費章程

甲 蓋有屋頂公共亭台之地費

一 凡第二科第五條樹林營業及作用第五科礦業第
八科航路郵電第九科工程建築第十三科美術第
六科各工廠製造品（除重大機器品科外）第七科一至四第七第八
等條及第十一條商務均列為第一等四者每租用
地平方一俄丈收費十五盧布每平方俄丈及格一百

74

三十五盧布

二凡第一科農業係傳物除大机器牲口蜜蜂應置在機屋之下及空廠者不計外

第二科林業除第一條外第三科漁業及園圃均列為列

為第三號者每租用地平平方俄尺收費十二盧布

每平方俄丈收一百零八盧布

三第七科之第一二三四五六九條每租用地平平方

俄丈收費十盧布每平方俄丈收九十盧布

四第一科之農田菜園果園養獸養蜂等產物每租用

參會董樣

五

46

賽會章程　　五

地平平方俄尺收費五盧布每平方俄丈收四十五
盧布

五單間賽物房屋有地平三十六平方俄尺者

甲為工商各科所用者收費六百盧布

乙為農業机械器具所用者收費四百盧布

丙為動植物及手工所成之賽品應用者收費二百盧布

六如在公共亭台以內由地平或地板起算高三俄尺
以上之墻壁欲陳列賽品者每平方俄尺收費十盧

471

75

布每平方俄丈收九十盧布至屋内頂棚及外面墻壁可貼廣告者每平方俄尺收費十盧布每平方俄丈收八十盧布

七第十四料設在第一歸亭台以内之照相每平方俄尺收費十盧布每平方俄丈收九十盧布

乙會場棚簷地方之收費

一為農業博物工藝等料所用者每平方俄丈收費六十盧布

48

二萬鄉人所有之動植物及手工所成之賽品由辦事
處核定每平方俄丈自二十盧布至四十盧布為止
丙會場鳥獸園籠之地費
甲走馬顛馬及良種之馬每匹佔地寬二俄尺長四俄
尺者每平方俄丈收費五十盧布
乙工作馬匹及大角獸每匹佔地寬二俄尺長四俄尺
者每平方俄丈收費十五盧布
丙山羊豬犬牛小羊小馬每頭佔每平方俄丈者收

76

費三雲布

丁農會八月建亭台之地費

甲公共亭台附近嶺等地基為九料所儲用者每年

方織六拾費四雲布每年方織大拾二十四雲布

乙為九料所用條二等者每年方織文拾費十六雲布

丙吾鄉人手藝所製一千拜及鄉村植物所用者每年方

織士拾千五雲布

戊會場空廠地基之拾費

農會章程

七

100

甲為葛林碳等業及機器所用者每年應繳之頭等

收數三千盧布二等收二十盧布

乙為各種機器及機器所用之器具每年應繳之

頭等收數三千盧布二等收十五盧布

丙為鄉民製器所用者每年應繳之頭等收數十盧

布二等收七盧布

丁為耕田灌園養花草林所用者每年應繳之頭等

捌盧布二等收四盧布

77

已地基之免費　凡學校教育醫學獸學人種學及城鎮事務各科概行免收地費

預定函式

阿穆爾賽會總局台鑒敬啓者某某願照下列各條一一註明准於俄歷一千九百十三年列入貴會以資比賽此啓

某某人簽字

年　月　日

102

一 賽品人商號姓名

二 商號住址為往來信電貨物所用者

三 擬賽品物之種類及其數目

四 願於賽會屋内棚下空廠各處佔用地平或牆壁

若干平方俄尺以列賽品之用

五 需用獸欄或園房之數

六 養樹園花園等地類之廠地尺寸

七 賽品人願否佔用公共房屋抑須自建亭台並須地基若干

103

78

八閱會之時委君託賽會總局陳列賽品並監視之柳

多瀨本鋪代理人經營其事

附華俄對照文　　存　　局

阿穆爾賽會總局 Главный Комитетъ

賽會　阿穆爾　總局
Выставки Приамурскаго Края.

伯利城 Городъ Хабаровскъ.

城　伯利

賽品人函報伯利城之阿穆爾賽會總局聽入商程料

此等事

賽會章程

八

104

租段地基费

第二号公共亭台以内

每平方俄尺　十五卢布

每平方俄丈　一百三十五卢布

公共栅栏以外

每平方俄丈　六十卢布

自建亭台之地基

每平方俄尺　四卢布

105

29

每平方俄丈　二十五盧布

二等每平方俄丈　十六盧布

問　答

一賽品人之姓名或出

品商家之字號

二賽品人之詳細住址

三出品之簡明說略

及其價值

賽會章程

十

106

四 賽品人願否將自己物品陳列於公共房屋棚蓆以內或自建房屋棚蓆抑陳列於空廠地方

五 賽品人需用地平墙壁頂棚廠地各若干

六 賽品人須否運到

地平　　墙壁

長　俄尺　寬　俄尺

寬　俄尺　高　俄尺

高　俄尺

頂棚　　廠地頭等或二等　俄尺

寬　俄尺　長　俄尺

長　俄尺　寬　俄尺

80

自有亭台玻璃架及附屬物件或願辦事處代為建設

七 如擬陳列机器是否欲令展動及賽品人自備動机之原料否並用何種原

108

料者須電氣應用
電力若干惟所有
過電機及電帶等
件以備傳電者均
由賽品人自行運到

八 出品人願否將彼之
賽品于開會之時
交總局擔保火險

并保護款若干

九賽品人擬否將本人
出品即在會場出售

十賽品人所有出品願
由該會檢查其優
劣否

十一賽品人願否將出品
收回或送給總局酌辦

十二 賽品人擬於伯利城
内託何人經理收發
出品或託賽會代辦
處或自派代理人至建設
亭台等處是否託辦
事處經理或自行派人
若收存潔淨及領取獎
勵是否由總局或代理

111

82

人或倩行辦理
舊城某屯

年　月　日

所有頒行之賽會章程均應遵守勿違
賽品人或其代理人簽字

問　答

預備檢查之清單

一某某字號之地點開設

賽會章程

之時期商業之種類

二該號首先數位主人之

姓名現屬何人產業

三號内全年出入總款若

干開設之第一年及最

近年各有資本若干均照平瀘計算

四有無分號設在何處開設

時期及其出入總款

	（第一年）	（最近年）
資本總額		
全年出入總款		

113

87

五該號現由何處訂運貨物及其款項若干（按照平虛計算）

本地購辦
由惹比利訂運
由歐俄訂運
由英國訂運
由法國訂運
由德國訂運
由美國訂運
由中國訂運
由日本訂運
由某處
由某處

六該號商業辦事人及工

114

人第一年及最近年
各有若干
七該號有無辦事人之公
共住屋閱書閱報及醫
治養病處概由公款備給者
八該號有無自設廠作何種
廠作及其入會陳賽與否
九前於何時在何處賽會

115

曾得何種獎勵並附入

獎牌印式及獎據鈔件

某城某屯

年　月　日

賽品人或其代理人簽字

簡要章程如左

卅

一凡入會賽品之人應照總局原定圖式將運會賽品

116

賽會章程　五

須估屋内或廠地地基若干填報賽會總局惟園内應附需用地費百分之二十五係得地之時續繳百分之二十五至其餘百分之五十係在會安置賽品時再交如園内未附地費必先商准總局免費之賽品乃可接此園件若因地基不敷或他種原因不能接收該項賽品者則附交之地費立即由郵局或銀行寄回

二凡欲得運回減費之權利者應將賽品玻璃架及其

(1)

附屬物件逕寄賽會總局或賽會辦事處接收

三凡賽品玻璃架亭台及其他附屬物件以便陳列賽品所用者無論封寄賽會或由會運出均歸賽品人自行出費

四阿穆尔賽會接收賽品之期限如下

甲不能毀壞之零雜賽品在俄歷一千九百十三年六月初十日（即中華民國二年六月二十三日）以前

乙如易壞賽品而能保存於冰窖者在俄歷六月初九

一日（即民國六月十四日）以前若至最易壞之物在俄歷七月十二日（即民國七月二十五日）以前至鮮果鮮魚等類發現於市場者在俄歷九月初五日（即民國九月十八日）以前

丙 馬獸及其餵養之物在俄七月十二日（即民國七月二十五日）以前

蜜蜂及其餵養之物在俄七月初一日（即民國七月十四日）以前

五 凡重大賽品裝卸複褋者自阿穆尔江（即黑龍江）即沭日（即黑龍江開）起至俄六月十三日（即民國七月十三日）為止

114

86

議如此等重大賽品由鉄路運到者可先向該事務所准於上開期限前接收俾於賽品之人員有所遵循

六、如賽品人員願自建亭台者應先報知該事務所在阿爾總境內者（指東海濱阿總國舞員島堪察加四處）願在該一千九百十五年三月初一日（是月十四日）即民國四年以前報名建築此類處所者應在是年陰歷正月初一日（即民國四年正月十四日）以前報名建築其建築報是年陰七月初一日（即民國七月十四日）以前一律完竣此次無論

舊會議經

書記

120

何項工程概不准行

（註）一如有特別情形及有空閑地方可與辦事處特別商准於所定期限後指給自建房屋之地基

註二如指給基賽品人之地係於七月初一日即民國七年十四日以前尚未給用則該地由賽會總局收回而已繳之費概不發還

七凡上開期限以後所指地基按每處加百分之五十

八凡訂定之地不得轉給他人而賽品祇准照訂地

121

87

寫人之某埠者始准陳賽

九、凡與論賽品何人對於本位員自之物件如本罔准歸

專賽不得陳列於自組之地

十、如某次或先未經知會驛事處議定可撤去償龐抽

之費照出售料罰歸入總局公款須下罪無欠罰款

不得在二千五雲本線

十一、凡行定賽會公共游覽之時間所有前人之尋查照

其賽品不得關閉

賽會章程

十八

122

十二凡有寄陳列之件自本賽會驗點後有關護物歸由賽
品本人或其代理人經管

十三凡遇戰役損壞物品歸事務於賽會之時可以討定
賠償

十四凡陳列賽品可以出售不得於未閉會前先行撤去
空出櫃之件應以同類賽品補陳之惟須正經販售之
要件及由辦事處照特別合同羅其該處之件不在
此例

十五 在賽品屋內所經賽品閱過道之處不准安置空箱及桌閣物件空箱件及繩索等項應於賽品人或其代理人將賽品取罷之時立即自費遷赴所指地方如不照辦即由辦事處派人搬運不負保全責任而費用歸賽品人付給

十六 凡將壞之賽品應自會場運出可由賽品人補陳之

十七 凡所列圖畫相片等件如無辦事處核准不得自行照式描畫若賽品人不願照辦應於開會前知照辦

事宜

十八 凡會場出售物品賽會總局應按售價收百分之五

賣不能知其之賣品雖未要可與賣品人另立合同

十九 不准列入賽會者如下

甲 易積破壞之件

乙 炸烈之物暨有惡味之物或妨害衛生或有礙於

他陳列品者

丙 病畜惡劣畜

125

89

丁甫備風俗函圖畫照像書籍等件

二十為抽收舊品之折扣起見辦事處備有聯單存根備

由賽品人填寫其區號時向該處帳房贖回

所有須行陳賽之章程均應遵守賽品人或其代

理人簽字

126

90

運貨單

運赴俄利城於一千九百十五年所開湖櫓爾賽會之貨物

賽品運貨人之姓名或某某字號

運貨人詳細住址 某省某縣某城某村及附近鐵路某車站

其箱標記及標記之號數

貨名

分量

註分量並箱板繩索在內以俄權量為主每普特合華三十斤即俄四十斤俄斤合華十二兩

普特　俄斤

賽會章程　第一頁

127

號目總數 —— 貨件總數 —— 分量總數

註語此單註寫簡明字樣如某號標記貨物件數貨名分量及未行起往之各項總數均宜註明所寫貨物出單運赴何利職並宜隨時繕單為務

釋者加註標記者即某字號之名稱號數者即於某標記下所作第一號第二號等條次挨列之號數

128

91

運發賽品赴會問答各節目

問	答
賽品或貨件若干數	
每箱每件中容貨[illegible]	
若干件之數目及每箱件中貨品之數目	
若物係[illegible]以外[illegible]重量[illegible]	
運費及保險費各件[illegible]	
西陳貨品願否[illegible]	
某項貨品願否由賽會撿查及估計價值	
某項賽品於閉會後願否回國抑願送給[illegible]	

賽會華經[illegible]

第二頁

129

年 月 日發貨地方並發貨人姓號簽字

註譯

一以上逐條須以答錄

一凡運寄無票貨物照其一箱所有數目逐樣分箱所
註其數號於運單內一一註明即每箱內所裝物件貨品
無庸譯漢

一如有搬運之品應於答錄內註明舊貨憑單並換照
譯其如該貨以某國語係文字或應退回或送給稅局並未
言明實品之全數或析一部分數要請新舉之實品

1.50

五七、俄工部局爲拆除太古公司電話綫事致天津中國電話局函（一九一四年十二月三十一日）

J92-1-3701

天津中國電話局諸位先生鑒：接讀本月二十九號及三
十號來信已悉。敝館于三十號會議敝館事決定答
覆貴局時，敝館事決不能承認來書所言敝館在
一號路太古公司地產上撤去電線實有違合同及來往信
件等語。
敝館事願申明，以線既與租界不便，照合同第八
條敝館事有特權，令撤去線路，
再於敝館八月五號致貴局函曾申明，以線
既與河東地產公司有礙等情，敝館准于十二月三十
一號撤線，貴局當時並無反對意見，尤有進

此敝局所申明此線必須撤去不准移往他處以求
貴局同意而貴局既無徵敝局事之許可又未
通知即將此線移往他處實違合
同現在撤去一號路太古公司地處上之電線對于
敝局一方面係是應辦之事也

俄工部局啓

十月三十一號

00319

68

Russian Municipal Council
Secretary's Department
俄租界總辦公事房
TELEPHONE No. 1505.
No. 757

Tientsin, 31-st December, 1914.

存查

The Chinese Government Telephone Administration,
Tientsin.

Dear Sirs,

I beg to acknowledge the receipt of your letter of the 29th and 30th December 1914, and in reply to inform you that the question raised therein has been considered by the Russian Municipal Council of their meeting on the 30th December, and it has been decided to notify you that the Council do not agree with your view that in demanding the disconnection of the wire leading from Nicolai Road to Messrs. Butterfield & Swire's property this Municipality is acting against the letter and spirit of their agreement with your Telephone Administration.

The Council maintain that the line in question causes inconvenience to the Council and Ratepayers and that according to paragraph 6 of the Agreement the Council has the right to order the removal of this line.

The Council furthermore beg to draw your attention to the fact that your Administration had raised no objections against the Council's letter of the 5th August, in which it was clearly stated that the Council agreed to the wires infringing on the land of the Hotung Land Co. to remain in place until the 31st of December 1914, but that the Council could not agree to the line being erected in any other location conse-

00330

67

Russian Municipal Council
Secretary's Department
俄租界總辦公事房
TELEPHONE No. 1505.
No.

Tientsin, 31-st December 1914

-2-

quently the Council maintain, that leaving this letter without reply your Administration had agreed to the Councils demand.

The Council wish also to point out, that your Administration has effected this alteration without the Consent of the Council and without notifying the Council, which also constitutes an infringement of the agreement.

Consequently the Council consider that in disconnecting the wire leading from Nicolai Road to Messrs. Butterfield & Swire's property the Telephone Administration is only acting in accordance with the Administration's liabilities towards the Russian Municipality.

Yours faithfully,

P.H. Tiedemann

Chairman, R.M.C.

66

0032

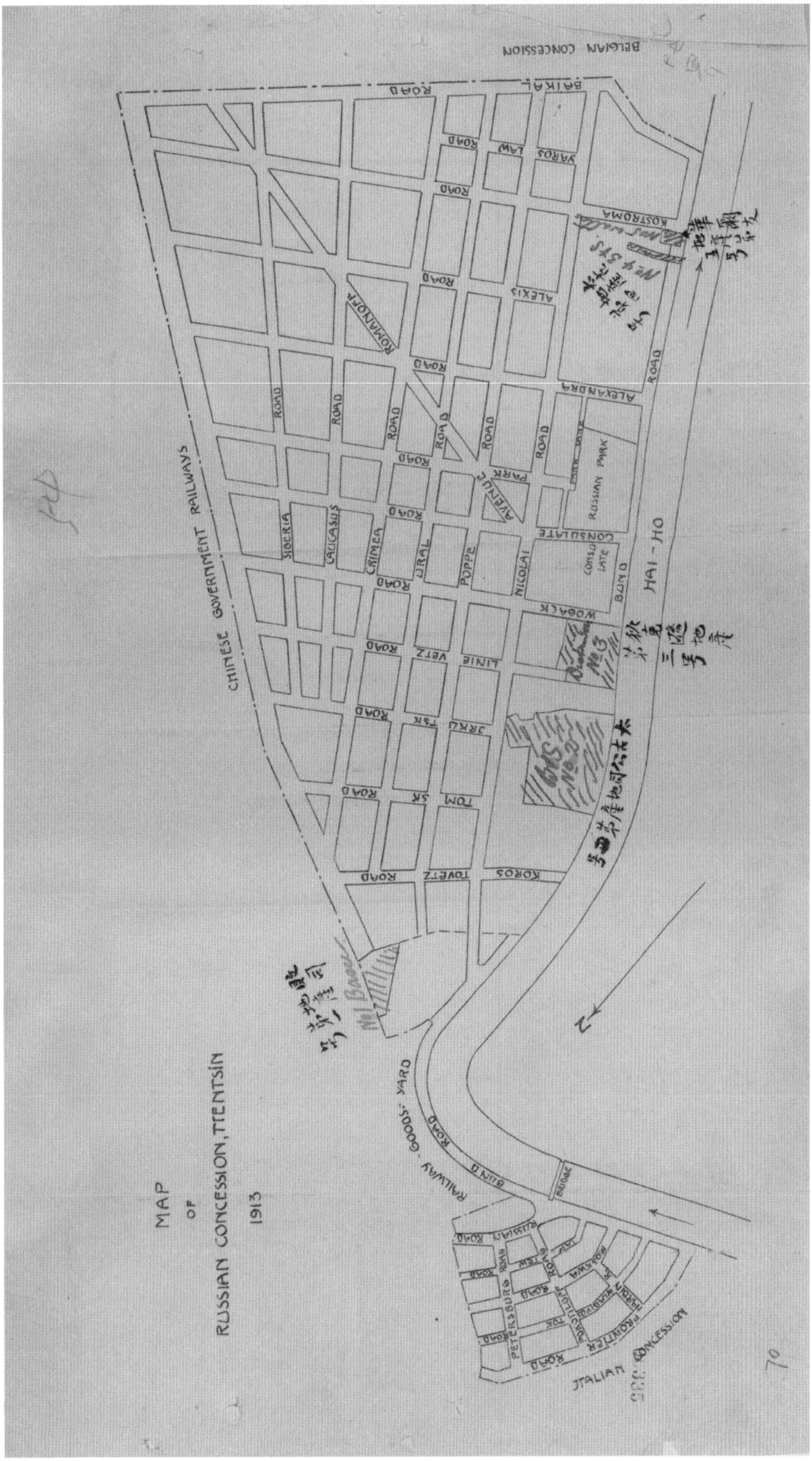
MAP
OF
RUSSIAN CONCESSION, TIENTSIN
1913
BELGIAN CONCESSION
BAIKAL ROAD
VAROS LAW ROAD
KOSTROMA ROAD
ALEXIS ROAD
ROMANOFF
ALEXANDRA ROAD
PARK AVENUE
RUSSIAN PARK
CONSULATE ROAD
CONSULATE
BUND
HAI - HO
SIBERIA ROAD
CAUCASUS ROAD
CRIMEA ROAD
URAL ROAD
POPPE ROAD
NICOLAI ROAD
WOGACK
LINIE VETZ ROAD
IRKUTSK ROAD
TOMSK ROAD
KOROSTOVETZ ROAD
CHINESE GOVERNMENT RAILWAYS
RAILWAY GOODS' YARD
BUND ROAD
BRIDGE
PETERSBURG ROAD
RUSSIAN ROAD
FRONTIER ROAD
ITALIAN CONCESSION
N

五八、天津電話局局長蔡琦爲俄國工部局要求撤除河東太古地產公司電話綫應否准允事呈交通部總長文（一九一四年十二月三十一日）

J92-1-3701

00349

天津電話局稿

呈 函 令 批 第九十一號

一件 詳為准續英工部局要求撤去界内大古地產公司電話應否照准請示 由

月 日文到	十二月 日送稿	月 日判發	月 日送印	月廿一日發行

4

5

00350

局長蔡

6

詳為詳請事。本年六月間，俄國工部局來函，要求將河東太古地產公司一段所用電話、電燈杆撤去，當即復函，以原與租界所訂合同第一條與之爭。並按來函所引第八條，為之挪移電杆，以期調停。詎屆年終，彼仍執前說，堅請照撤。經飭工程司羅泰面與磋商，據云該地產公司抗不納租，本租界不能予以相當權利，所有自來水、電燈等類均禁安設，應請貴局一律辦理。蓋本工部局按照合同第八條，並無不合也等語。查該公司地段，係英商太古公司庚子年前所置產業，俄國占界之時，並未畫歸俄局，既不屬俄，又不屬英，適同甌脫。惟地在河東，三面均屬俄界，祇西面濱臨海河，係屬公共航路。如欲通電，但有安設水綫，俄局無從干涉，否則彼方盛氣對待該公司，明示以牢，庶斷其交通。本局雖執合同第一條爭論，彼亦執合同第八條抵抗，偏欲堅持。惟有以合同第十六條辦理，斟酌再四，竊以租界事端，將來交涉尚多，不得不稍就圓融，免結惡感。且彼藉口第八條，尚非置合同於不顧，而本局撤此一戶營業所損亦屬有限，應否准予撤去之處，理合譯函詳請

鑒核示遵。謹詳

交通部總長

附譯函三件

00353

3

中華民國三十年十二月三十一日

4

副詳

天津電話局局長蔡琦

詳爲詳請俄工部局要求撤去界內太古地産公司電話應否照准請雷

五九、交通部爲詳查俄國工部局要求撤除河東太古地産公司電話綫案事批天津電話局文（一九一五年一月十二日）

批

詳陳禀函三件均悉。據称俄國工部局要求將河东太古地產公司一家所用電話撤去，当即復函以合同第一条力争，並援第八条爲之挪移電桿，以期調停。茲屆年終，彼仍執前説，堅請必撤，備敘堅持，惟有就合同第十六条办理，应否准予撤銷之處，請鑒核示遵等情。查此次俄國工部局函請撤去河东太古公司一家電話，既係以該公司抗不納租之故，尚非絶無理由，若遽擬照合同第十六条办理，轉恐别生枝節應即向該工部局切實聲明令為特別通融起見但能援太古公司一家之錢關係即有類此之事亦不能以此作為先例至前訂合同原係此次特別通融依然不受何等影響並須聲其函復承認由局送部備案一面仍將該工部局要求情形先行通告太古公司免滋誤會又查此次該局譯送之俄國工部局來函其中所述各節尤多不解即如來函內載該地所

內有貴局電話用戶數家請以一千九百十四年十二月三十一號之前爲限務請在此期限內將線移去等語所謂該地段內自係指大古公司所在之地而言而來函又載電線一律移去之後、敝工部局亦不允再將電線在敝界內別安設立等語似又兼指該國租界以內不僅專指太古公司所在之地惟該局原詳於以上各節既未擬有辦法亦未詳細聲敘究竟是否該工部局別有用意抑係譯筆有誤仰速

6

00348

將來呈原文照錄一份送部查核並查明太古公司所在之地究有田產若干一併報部爲要

此批

中華民國四年一月十二日

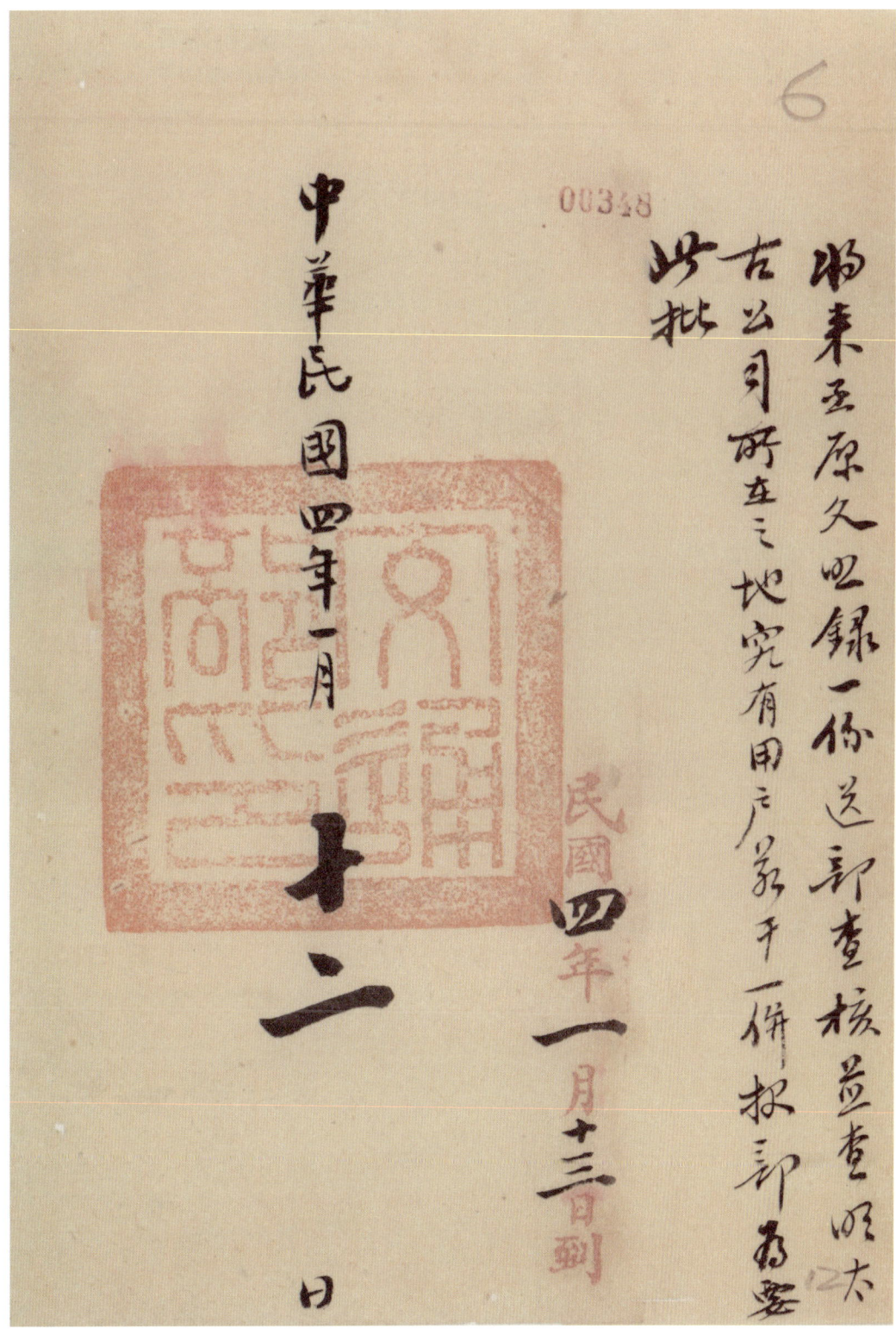

民國四年一月十三日到

六〇、天津電話局局長蔡琦爲俄國工部局要求撤除河東太古地産公司電話綫案調查情形事呈交通部總長文（一九一五年一月二十一日）

J92-1-3701

8 003?42

天津電話局稿

一件 詳為查覆戕工部局要求撤銷 由

呈 函 令 批 第九十三號

月 日文到
一月 日送稿
月 日判發
月 日送印
月廿一日發行

14

9

00343

局長蔡

45

詳為詳復事。本
批開詳暨譯函三件均悉。云云。此批等因奉此，查俄局函載「一經移去，不允再
將電綫在敵界內別處設立」等語，當時曾經詰問羅泰，據云函文係專指
太古公司而言，意謂不得撤去此綫，而由俄界別處通至太古公司等語，蓋俄
局意在抵制該公司，故如此措辞，非別有用意也。撤綫一節，遵
批改函去後，茲接覆函，認為特別辦法，查一號兩五號，除太古公司地段內
有現在撤去之一五六五一戶外，其餘四號均無用戶，惟日後倘有用戶，彼適
時均可請撤移，將來該地段內有來掛號者，令其先與俄局議准，再行
安設，以免交涉。此次太古公司對於撤綫早已了然，并無異議，茲將俄函
二件、羅泰函一件詳請
鑒核備案。謹詳
交通部總長
附洋文函三紙　譯漢一紙

16

12 00326

中華民國四年十月二十一日

17

副詳

18

14 13

天津電話局局長蔡琦

詳為查覆俄工部局要求撤綫由

19

六一、交通部爲准予俄國工部局撤除河東太古地産公司電話綫事批（一九一五年一月二十九日）

J92-1-3701

批

詳暨附函均悉此次俄工部局函內列舉之地

產五處按之該局工程司寄部之俄界地圖其

面積均不甚廣且該工部局既已聲明除函內

列舉之地外其餘均不得援現在辦法以為成

例合同中所定權利亦無變更等語應准由該

局復函允為照辦以資結束仍將函稿送部

20

備案惟來詳謂將來該地段內有來掛號者
今其先與俄局議准再行安設殊非正當辦
法應即毋庸置議此批

00336

中華民國四年一月廿九日

民國四年一月卅日到

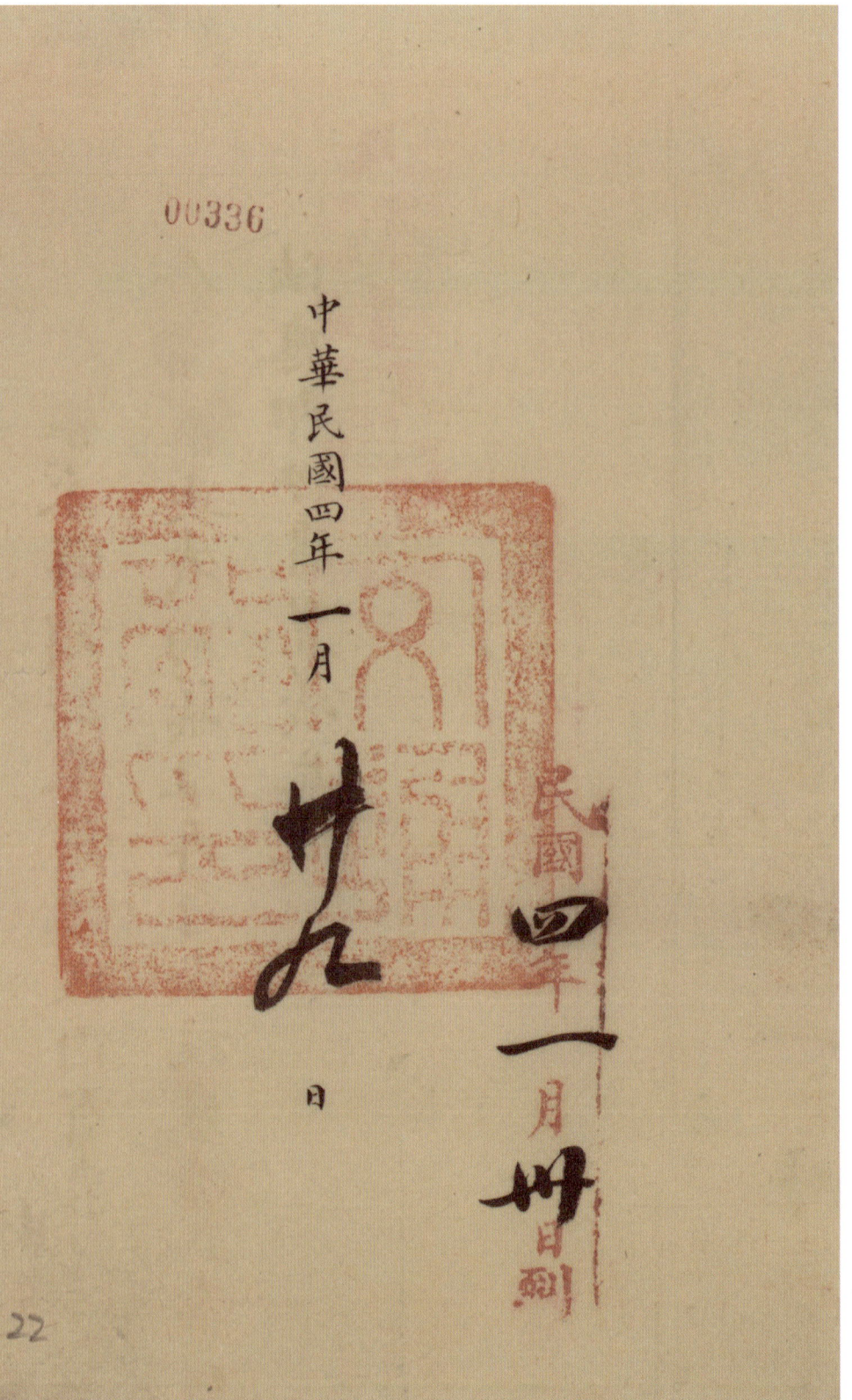

22

六二、北洋保商銀行爲送俄領事署應守租界規則請證明簽字有效事呈直隸交涉公署文（一九一五年七月二十九日）

J11-1-19

敬肅者查敝行於本月二十日曾具洋文函送呈
鈞署茲又將俄領事署所印應守租界規則由敝行簽
字然非經
貴司長證明敝行簽字之有效則俄公署不能照發
購地紅契頃晤俄領事面告已將此事由電話知照
鈞署並承
貴司長允許應候敝行正式函請即當代為證明

中華民國四年七月廿九日到

保商銀行用箋

祇聽之餘具紉
厚意所有懇乞證明簽字緣由理合函呈洋文請
求書一紙如蒙
俯賜證明益深感激專肅牘懇敬頌
崇安此呈
直隸交涉公署鈞鑒　北洋保商銀行謹肅　七月廿九日

9

DECLARATION.

As a recognized legal owner of a piece of land situated in the Russian Concession at Tientsin, I the undersigned, bind myself:

1) To become a member of the Municipal Community of the Russian Concession in Tientsin in accordance with the regulations of the said concession, to fulfil the duties in connection therewith, to recognize and fulfil all orders and rules which are now in force, or will be established in future for governing the Russian Concession, and to submit to the police regulations of the concession under penalty of a stipulated fine, the amount of which shall be equal to the highest fine provided for in the respective police regulation.

2) To accurately pay in due time the land tax and all dues which are collected at present or will be levied and collected in future within the limits of the Russian Concession.

~~3) To submit to the Russian Law and Jurisdiction in all legal matters connected with my land and my position as a member of the Municipal Community.~~

4) Not to sell my land, or any part of it, and/or buildings erected thereon to any person other than a Russian subject without express authority from the Imp. Russian Consulate at Tientsin.

5) Not to sell, nor alienate nor to lease in whole or in part the land owned by me and/or buildings erected thereon unto Chinese subject otherwise than with the Russian Consulate's written Consent.

6) Not to sell, nor alienate, nor lease in whole or in part the land owned by me and/or buildings erected thereon to any person without first obtaining and depositing at the Russian Consulate in Tientsin a written pledge on the part of the buyers lessees, tenants or any other person or persons to whom I may transfer my rights as well as on the part of the sub-lessees sub-tenants etc., to the effect that they also will incontestably and unreservedly submit to and fulfil all the above-mentioned covenants and conditions, the signatures of the parties to such pledge, if foreign subjects, being duly contersigned and approved by their respective Consuls.

N.B.—If the land is purchased by auction or otherwise from the Russian Government the buyer has to bind himself by a written engagement to undertake to build within three years of date of purchase of the land a dwelling house or other buildings in accordance with plans to be submitted for approval to the Russian Municipal Council and to impose upon any person who may acquire a lot from him the same obligation reckoning from the date of the original purchase.

Tientsin, 14th July 1915

北洋保商銀行
The Commercial Guarantee Bank of Chihli

10

六三、外交部特派員直隷交涉公署爲送加蓋圖章證明之俄領事署租界規則事致北洋保商銀行公函（一九一五年七月二十九日）

J11-1-19

鑒發

公函署直字二百八十一號　七月廿一日發

逕復者，准

貴行函送

貴行簽字之俄領事署所印租界規則一紙，據爲證明有效等因，准此，相應將該規則一紙加蓋圖章函送

貴行，請煩查照收轉爲荷，此致

北洋保商銀行

附還俄租界規則一紙

直隸交涉署啓

閱

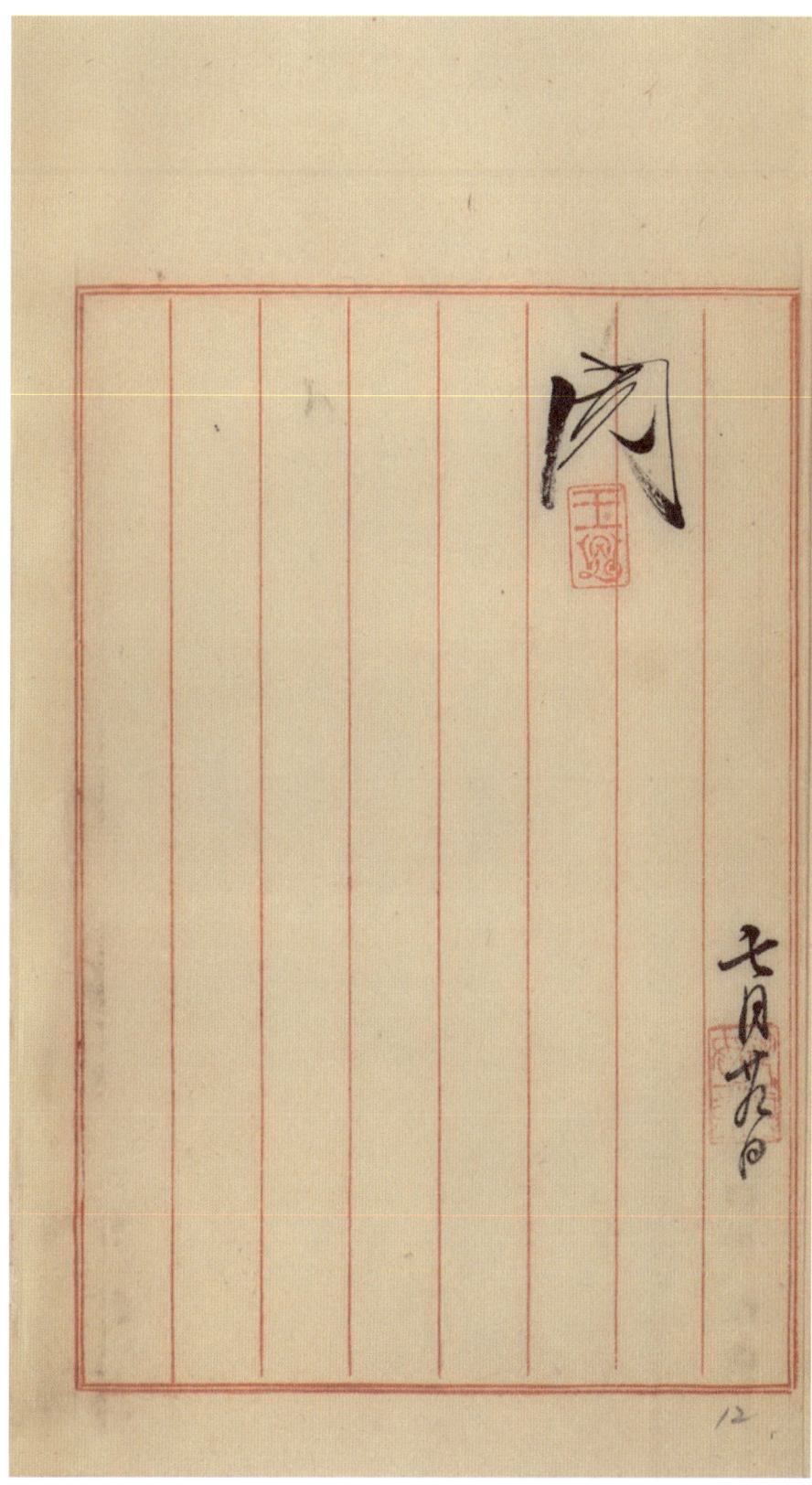

七月廿九日

六四、農商部爲俄關外國貨品國産證明章程已如期實行事飭天津商務總會文（一九一五年七月三十日）

J128-2-3039

7

飭

中華民國四年五月卅日到

11

農商部飭 第七七九號

為飭知事據駐海參崴總領事陸是元詳稱查

俄關外國貨國產証明章程業將譯件詳送鈞

部旋准該稅關函稱展至俄七月一日即華七月

12

十四日寶行亦經詳報在案現該章程業已如
胡寶行並悉除國產証明章程附列清單所
開各貨毋庸索驗貨產証憑外無論有稅
無稅貨品概須繳驗貨產証憑理合具文

詳報等情到部查前據該領事詳送俄關外
國貨品國產証明章程譯文暨續報俄關展
期實行此項章程等情業經先後飭知該
商會在案茲後據詳前情合再飭知轉告運

14

9

貨赴俄各商遵照辦理可也此飭

農商總長周自齊

右飭天津商務總會准此

15

中華民國四年七月三十日

16

六五、俄租界工部局主席爲建造冬季浮橋事致海河工程委員會主席函（一九一五年十月六日）

W3-A-8-8-138

ssian Municipal Council

#297.

G. F. | N. H-H.
SECRÉTARIAT
No. 4176
Reçu le 7.10.15
Répondu le

Tientsin, 6th October, 1915.

Sir,

The Russian Municipal Council intend to put up for the coming winter-season an opening pontoon bridge across the river in front of the Russian Consulate, as it has always been the practice in the past.

It is the desire of the above Council to work the said bridge in harmony with the ice breaking operations of your Commission, and the Council have requested me as their Chairman to consult with your Commission upon this matter.

This being mainly a technical question I would suggest that your Engineer and the Russian Municipal Engineer should confer upon it with a view to submit a suitable arrangement to the consideration of the Commission and the Council.

I am also approaching the Harbour Authority in this matter in so far as it concerns the shipping.

Trusting to have your concurrence towards a practicable arrangement in the best interests of all concerned,

I am, Sir,

Yours faithfully,

P.H. Tiedemann

Chairman, R.M.C.

The Chairman,

of the Haiho Concervancy Commission,

T i e n t s i n.

233

六六、海河工程委員會總工程師爲俄租界設立冬季浮橋事致海河工程委員會函（一九一五年十月七日）

W3-A-8-8-138

221

AI-HO CONSERVANCY
ineering Department.

Tientsin, 7th, October, 1915.

Report, No. 1035.

266

To the Hai-Ho Conservancy Board,

Gentlemen,

I have the honour to report that I have considered with attention a communication from the Chairman of the Russian Municipal Council informing the Board that the said Council intend to put up for the winter-season their pontoon bridge.

In my opinion such a bridge cannot stand the pressure of the ice on ebb tide unless the River is frozen above it for a considerable distance.

With such a bridge in position, Ice Breaking Operations cannot be carried out through the Harbour and it would take a considerable ~~long~~ time to open it if the River is not absolutely free from ice.

On a previous occasion, I had the opportunity to state that the best and most economical means of communication, both for the Russian and Belgian Concession, is a steam driven ferry pontoon designed on the lines I submitted at the time. This ferry is able to haul its own chains and adjust by screws its platform.

For the coming winter, I should suggest to use two of the bridge pontoons put together with a platform and manoeuvred by rope and capstan or simply by hand, when the River is free.

Should the River freeze up completely, it will not be difficult to maintain a liquid path across the River, where the craft can move.

I am, Gentlemen,

Your obedient servant,

Ing. C. Pinciotti

Engineer-in-Chief.

234

六七、海河工程委員會秘書爲設立跨河浮橋事復俄租界工部局主席函（一九一五年十月十三日）

W3-A-8-8-138

Bridges: Miscellaneous

2229

O CONSERVANCY COMMISSION

Telegraphic Address: "Hai Ho"
Code used A. B. C. 5th Ed.

Tientsin, 13th October, 1915.

No. 2791.

P. H. Tiedemann, Esquire,

Consul General for Russia and

Chairman R. M. C.

Sir,

By direction of the Board I beg to acknowledge the receipt of your letter of the 6th instant, regarding the proposed pontoon Bridge over the river, and, in reply, to say that this is a question with which the Conservancy Board has no power to deal as it only concerns navigation over which the Harbour Authorities have sole control.

I have the honour to be,

Sir,

Your obedient servant,

Secretary.

235

六八、俄國駐津總領事官體德滿爲請派員赴俄工部局兑領民國四年地租事致外交部特派直隸交涉公署函（一九一五年十二月十四日）

J11-1-396

中華民國四年十二月十五日

敬復者前准

來函以本界應交本年地租請照案催齊函知派員持具印收兑領等因查此項地租計[illegible]銀九百七元六角照案備齊請派委准於本月十七日即星期五下午兩點備持印收逕往俄工部局投見該局總辦渥錫理福兑領除函飭該總辦屆時照兑外合行

函達

貴特派員查照辦理順頌

日祉

俄國駐津總領事官體德滿啟

十二月十四

第九百九十一號

102

六九、俄租界工部局主席爲協助俄領事館附近渡船工作事致海河工程委員會主席函（一九一五年十二月二十日）

W3-A-8-8-138

Bridges

ssian Municipal Council

Tientsin, 20th December 1915.

No. 4211

21.12.15

21.12.15

Sir,

As a consequence of the ice-breaking operations carried out by your Commission the Russian Municipality has since last year abstained to put up the pontoon bridge across the river for the winter season, as it has been done during a number of years, and some great inconvenience was caused thereby last year from interruption of our ferry communication between the two shores in the vicinity of the Russian Consulate.

The keeping up of uninterrupted communication between the two shores in the above place being of important public interest, the Russian Municipal Council have the honour to request you to be so good as to secure the active assistance of your Commission towards the keeping of the channel for the above mentioned ferry during this winter season clear of ice by the technical means, which your Commission have at their disposal.

Trusting you will give this question your favourable consideration.

I am,

Sir,

Yours most respectfully,

P.H. Tiedemann

Chairman.

To the President of the

Haiho Conservancy Commission

Tientsin.

236

七〇、海河工程委員會主席爲協助俄領事館附近渡船工作事復俄租界工部局主席函（一九一五年十二月二十一日）

W3-A-8-8-138

2 [illegible]

HAI-HO CONSERVANCY COMMISSION

Telegraphic Address: "Hai Ho"
Code used A. B. C. 5th Ed.

Tientsin, 21st December, 1915.

No. 2838.

P. H. Tiedemann, Esquire,

H.I.R.M's Consul General and,

Chairman of Russian Municipal Council,

Dear Sir,

In reply to your communication of the 20th instant, I write to say that, whilst it is impossible to give any guarantee on the subject, it is the intention to keep the Harbour as free of ice as is feasible.

I have the honour to be,

Sir,

Your obedient servant,

Consul for France and Chairman
of the Hai-Ho Conservancy Board.

237

中俄（蘇）交往天津檔案史料選編

七一、駐俄劉公使爲招募華工等事致天津商會電 附華工赴外工作章程 （一九一六年四月一日）

J128-2-2513

照錄駐俄劉公使來電 五年四月一日

俄議院擬議招募華工耕種一節，已詳本月二十三日報告。中立有合同，現經農部遞交國務院議決。查俄現時需工甚急，勢在必行，我不妥籌辦法，則接踵來俄，種種被雜流弊無窮，加以包工頭惟利是圖，剋削工人，虐待備至，當預為防範。本館近據基督尔煤礦華工代表控告包工頭私刑虐待等情，已調查屬實，除與礦主直商善後辦法外，並擬定詳細章程，即日郵寄，以備採擇。現俄政府既決議募工，恐實行在即，迫不及待，請電飭各地方長官轉飭所屬會同領事妥慎取締，並令承辦招工之人將招募憑據先行呈驗，以免欺民而杜假騙；一面曉諭民間不得應募直接之戰役，致違中立而生外交上糾轕。謹先電陳。鏡。卅

照錄駐俄劉公使來電 四月二十八日

前中東鐵路交涉代辦達聶爾受某工程師之委託赴哈

招工昨已赴程，聞招募之數多至三萬，係無業行寧難民真
募雇船患胡底，邊圉姆業，可否設盤詰，密電東省交涉員設
法勸阻，否則照本館所擬章程參酌辦理為妥。章程續行，故
並乞電示。鏡 二十六日

照錄致駐俄劉公使電
盧二十八日電、三十日咨暨章程均悉，已照飭濱江道顏為防
範，俾免工人冒昧應募，餘函詳。外交部 二十九日

照錄收駐俄劉公使電 五月六日
外交部鑒：二十九日電悉。頃又聞前次國務會議公法招募華
工耕種一案，俄政府以情形隔膜，已責成阿穆爾總督閱達基一
手辦理。查此事既歸阿督主持，則屆工以乾園不日來之，齎其委
託哈華僑在天津、煙台等處招募，應請通行直隸、山東等省
遵照勸戒章程一併照辦。鏡 三日

2

照録駐俄劉大使來電 五月八日

外交部：盧俄募華工，迭經電陳在案。頃據華工郭成祥函稟，有與同夥多人為俄雇用，逼令赴戰，詞極淒慘情。因思募工一事流弊無窮，一旦應募即入其範圍，無論章程如何嚴密，彼可任意驅策，在我已無力保護，判與坐視其斃，若亦復何殊。且照此次國際上糾葛叢生，殊無已時。況僑俄地生計者祗因物品昂貴，羌帖數倍，彼欲許給厚資，然亦無利可圖。尤堪慮者，俄工以華工資較廉，奪其生計，不免因嫉妒而釀禍端，種種情形，有百害而無一利。幸能前於募工章程因勢就拒絕，聊以對付，固非上策。如能及早通飭曉諭民間，詳以利害，毋令被誘出洋，幾蹈危地，是為第一要著。即俄友中之明白事理者，其持論亦多類此。再，北京俄使館曾提議此事否，如向我提議，似不妨將華工有害無利一層據切拒之，請乞詧裁。鏡。六日

3

籌擬華工赴外工作章程

第一章

華工赴外工作章程

第一款　凡外國工廠或他項事業機關募雇華工應與該國本地工人一律待遇不得有特别章程

第二款　外國工廠或他項事業機關於僱募華工之先當將關於招工及包工之各條件所訂之合同或章程及其內部管理工人章程暨華洋文底稿一面由該國駐華領事備文送請招工地方之道署或交涉局核准一面由招工處將其招工或包工之各章程或合同先行呈請該管地方官核驗

第三款　本章程第二款所指之關於招工或包工各條件及所訂之合同或章程應載有本章程本款以下各條款否則視為不合例即由招工地方之中國官署將該項合同或章程一律駁回重令遵照修訂其應載之各條如下

(甲) 華工往何國何地何種機關何項工作

4

(乙)華工出境護照費及來往川資概由工廠或他項事業機關給付

(丙)華工工資及花紅之定數當以該國本地工人所得工資及花紅為標準工資及花紅如係按月或按星期或按日計算者應載明每月或每星期或每日工作所得之準數倘逾若干時期後可陸續遞加工資及花紅者亦應載明如每工資及花紅係按工作出產之多少為定則當估算工人每日至少可得若干之約數載入條件

包工者應得之用銀祇得在工人花紅內抽取百分之若干如工人除工資外並無花紅則包工用銀可在工資內抽取總之如何抽取及抽取若干均須載明除此項包工用銀外工人應得之工資須如數發給此工資不得有絲毫扣

(丁)華工工作合同期限不得逾三年合同期限未滿以前倘將華工撤回該國工廠或他項事業機關應給每工人自離工之日起計至合同期滿之日止給其應得工資總數之半

為償其應得工資損數須與該工人等離工前三月所領工資之數按中計算倘在合同期內工廠或他機關停辦或倒閉並華工應有索償之權

華工工作合同期滿後倘工廠或他項事業機關願留華工而華工亦願繼續工作並則可續訂合同否則即予以資送回中國不得移送他處工作

（戊）華工出外工作人地生疏為工廠或他項事業機關當為建設合於衛生之房屋

為華工食物衣服及其應需之他項物件該廠或該機關應自行擔任籌備以原價揭示公眾乃由工人直接購買

（己）該廠或該機關應設有駐醫賜藥處以便工人就診調理

為華工因工殘廢或斃命者應有一定卹款此外為華工工作處有勞働保險之例（因工遇險或傷或斃之保險名勞働保險一係）則該廠或該機關應代為保險與該國本地工人同辦理

第四條　包工者在華招工時當先致驗應招工人是否堪充

6

工廠或他項機關所指之工作倘應招工人到工時仍有不
合所指之工作並概歸包工並任責該工廠或該機關亦應
該工人等不能工作而必須撤回並仍應照給川資並另予
相當之賠償費包工並亦不得強令工作

第五款　凡遇華工與其包工頭齟齬情事或華工中自相
衝突其所隸之工廠或他機關之管理處應為秉公排解
如該廠或該機關再不適之須秉從擬辦或該機關與華
工有彼此不愜等情當向該地中國領事接洽辦理該地
方如未設有中國領事則當向中國通商事務員接洽

第六款　華工如有違犯所在國之法律致被所拘工人等不
諳語之彼此或有誤會之處該管局當知照中國領事署
或通商事務員代為剖解

第七款　戰事期内（如中國現處中立地位）交戰國不得召募
華工充當關於直接戰事之工役

第八款　以上所載本章各款如不遵照辦理不得招募華工出境工作

第二章

地方官關於華工出境應盡事務章程

第一款 自頒行華工赴外工作章程之日起凡地方官在管轄區內查有招募華工之處即將該章程在該地揭示曉諭俾眾周知

第二款 凡承辦招募華工者須將所招華工之工廠或他項事業機關所訂關於招工包工之各合同或章程及其內部管理工人章程等項呈請地方官核驗如与中國頒定華工赴外國工作章程有不符之處即行駁回着加入中國所定條件另行修訂合同即將該合同等譯成漢文(或西語)揭貼各招工地方即將招工情形詳報該管長官並將合同等抄件備文報知各該國之中國使館備案

第三款 戰事期內交戰國招雇華工(為中國現處中立地位)所充工役有違中立條件者不得應募此中條件應通俾周知

第四款 倘承辦者不遵中國所頒章程擅自招募一經查出該管地方官即應勒令遵照本章程第二條辦理

第五款　發給華工出境護照處須令華工等親到該處領取不得託人代領該地方官對於發給護照應行手續如下

(甲)須特印一種關於華工出境護照該護照應編號數並黏本人相片此項相片須備三分一存根一黏護照一送使館證明籍貫姓氏年齡所往何國何地何廠何項工作及其家族之職業住址

(乙)所譯成之漢文合同章程等項給發工人收領給發時當將合同內緊要各條宣告工人

(丙)將工人籍貫姓氏年齡所往何國何地何廠何項工作及其家族之職業住址造成清冊(附表)並將該冊另錄一份郵呈所往國之中國使館備案該地方官署亦須留一份存案

(丁)各署各局不遵照甲項規定格式而濫發護照者查出除應從嚴懲辦

9

第六款　邊界地方官自本章頒行之日起當嚴查出境工人，責成議照式，其餘照所定格式表一件，如若不准出境，並令該華工人出境，並遵照本章第四條辦理。遇有違犯本章強掠工人出境情事者，立電所屬官吏嚴為查辦。

第七款　本章程專為大幫華工由人包募而定，其零星中國工人小販出境，應照部中前定章程辦理。

某某所招華工出境人數表　此項表式地方官應成兩冊，一存某處，一報欽使備查，修議並可用以填寫

號數

護照（年月日）	姓名	照片	籍貫	年齡	中國家族住址	往何埠何地國名文	何廠或何機關	該廠或機關地址（洋文）	充何工	雜註

第三章　通商事務員管理華工規則

第一款　通商事務員除按照部章辦理商務外，並管華

工事宜

第二款 一、通商事務員應隸所在國中國使館管轄之下

第三款 通商事務員當選派品行純正才具敏達通曉本國及所駐國語言文字者，而關於商務上亦應具有資格，該員俸薪及公費由部另行規定，倘才不勝任由公使據實報部咨請另派

第四款 通商事務員應擇一相當地點設立辦公處，俾與招用華工之各工廠或他項事業機關直接辦理

第五款 對於華工事宜，通商事務員應將招用華工之各工廠或他項事業機關所定招工或包工之合同或章程及其內部管理工人章程詳細核驗是否適照中國所定華工赴外工作章程，並隨時調查

以上所指合同章程有無要求工人應得工資是否如數照領，工頭等有無虐待華工以及華工有無違犯工情事

11

7

一切須由通商事務員與包工廠或他項事業機關妥慎接洽

第六款　關於工人與包工頭或與工廠或他項事業機關或包工頭（加添華人）與工廠或他項事業機關有齟齬不洽情事通商事務員當出為秉公和解

遇華工有犯地方公法案件通商事務員當為譯述解釋以免冤抑

第七款　華工到工時通商事務員憑中國使館所校中國地方官開送華工出境清冊按照護照點查人數華工工作合同期滿離工歸國時亦照此辦理按照本章所附第一表式造冊報告使館如期滿離工之華工中有自願繼續羈留在外往他處工作者通商事務員當為代領川資并為代存銀行以備彼日回國時將該項川資及其應得之利息分別交還通商事務員為其代領川資時應繕收據兩紙一交該工人附註中國使館及通商事務員辦公處譯文地址一存案並註明該工人應往何他處之地址

華工到工時如查有未領護照並或遺失者通商事務員須請使館補給並將該工人登冊

華工到工時人數如與中國地方官送來華工出境清冊內所報人數查有缺額應由該員嚴查缺額之工人下落

12

附第一表式

某國某地方某廠華工調查表 工頭如係華人亦列入表内

護照號數	廠編號數	姓名	籍貫	年齡	中國家族地址	自何年何月起來外工作	工作合同期限	按合同應得工資	何項工作	雜註

第八款　凡遇華工受傷患病身故等情通商事務員就地查驗倘有必要之處須會同官醫切實查驗以便為工人請償並將醫生診驗憑單存案備查倘有工人斃命情事通商事務員當將該工人所遺錢財物件醫生診驗憑單及應得之卹款一概寄送該工人原籍地方官轉交其家屬收領

第九款　通商事務員每月前往各工廠或他項事業機關至少須巡查一次其應查之事除本章第五第六第八各條所載各項外尚須面詢各工人每月所得工資是否按合同應得工資實數收領凡入廠調查當不擾作工時刻經此每月調查後一切詳報使館并附本章所定第二表式

13

8

某處某地某年某月華工調查表

廠編號數	執照號數	姓名	實收工資	何項工作	雜註

1

第十款　通商事務員如因華工人數衆多及管轄區域太廣力有未及應須增派佐理員並由該員呈報使館核奪（照俄國目前華工人數而論事務員處至少須有二三人為之佐理）

第十一款　凡華工在本手續頒行之前已有在各處工作並應由通商事務員在各廠或各機關處照中國所頒手續一律辦理如已有訂定合同或事程萬難遽立修改之處而華工確實被虐剋扣情形通商事務員須查明實據聘請律師代為控告

第十二條　倘招用華工之工廠或他項事業機關所處地方已設有中國領事則以上所定職務責成領事管理不再另設通商事務員

14

七二、直隸省長兼署直隸督軍爲拒駁俄國由津招工及福通公司代理招工事訓令津海關監督（一九一六年九月二十二日）

W1-A-3-3-18

直隸省長兼署直隸督軍訓令第　　號

令津海關監督

案准

外交部函開俄人招工事迭准八月二十九、九月十一等日來咨均悉查是查義成公司招工地點原訂合同並無天津在內本難准其在津招募嗣俄使屢次要求加入天津烟台兩埠均經本部拒駁已於八月二十一日、九月二日電令王岱派員分在案惟已招之工人如果於地方無礙可由尊處體察情形斟酌辦理至福通公司招工一節並未由部批准何得假託代理義成公司名義任意招募顯係有意影射自應嚴行查禁希查照辦理為荷等因准此查義成公司招工合同俄領要求加入天津烟台兩埠既經拒駁福通公司代理招工一節亦未批准該公司顯係招工自應認真嚴禁以防朦蔽除分行外合行訓令該署即便查照此令

□字第刪號　中華民國五年九月廿三日到

繕校

王庭箴監印

中華民國五年九月二日

直隸省長朱家寶

暫用巡按使印

七三、庫倫中國銀行爲俄商運來新幣流通事致津行函（一九一七年七月二十四日）

J161-2-133

68

營業

不列號函

大中華民國六年八月初八日

逕啟者此次俄商由恰克圖運到帝幣四大箱均係一千九百十七年所印之新紙而皆五百一千盧布之大票擬向各蒙地購辦牲口因恐新帝未能行用於各部落故向商家兑換舊帝無論九折八折於是商家大疑並聞某俄商云及目下俄政府新陳代謝之時一千九百十七年之帝似難信用於是商家大恐而檢查向所流行者均以一千九百十二年以前之券且此次新到者並無官場通告莫名真假遂不敢收用刻已公同酌議僉以向所流行者為數已覺太多而現金尠不可見此

470

次新币又莫得其真相似以不用为宜照常流
通者以一千九百十二年以前之旧币为限业已商民
全体一致专此奉布即颂
公绥
津行
台鉴
库行启
七月二十四日

七九

七四、農商部總長張國淦爲准商人運入俄境貨物名目事訓令天津商務總會（一九一七年九月二十八日）

J128-2-3049

農商部訓令第四二一號

中華民國六年九月卅日

令天津商務總會

前准外交部咨稱准俄使函開茲將本國臨時政府所定戰時輸入俄境之貨物以及郵寄包裹之法文章程函送查照等語相應將該項章

程譯送貴部查照轉飭遵照等因業經抄錄該
項章程令知該商會遵照在案茲復准外交部
咨稱又准該使將允准商人運入俄境貨物名目
譯就法文備函補送相應將該項譯文譯漢咨送
查照轉飭遵照等因并附件到部合再鈔錄該
項貨物名目令知該商會遵照此令 附鈔件

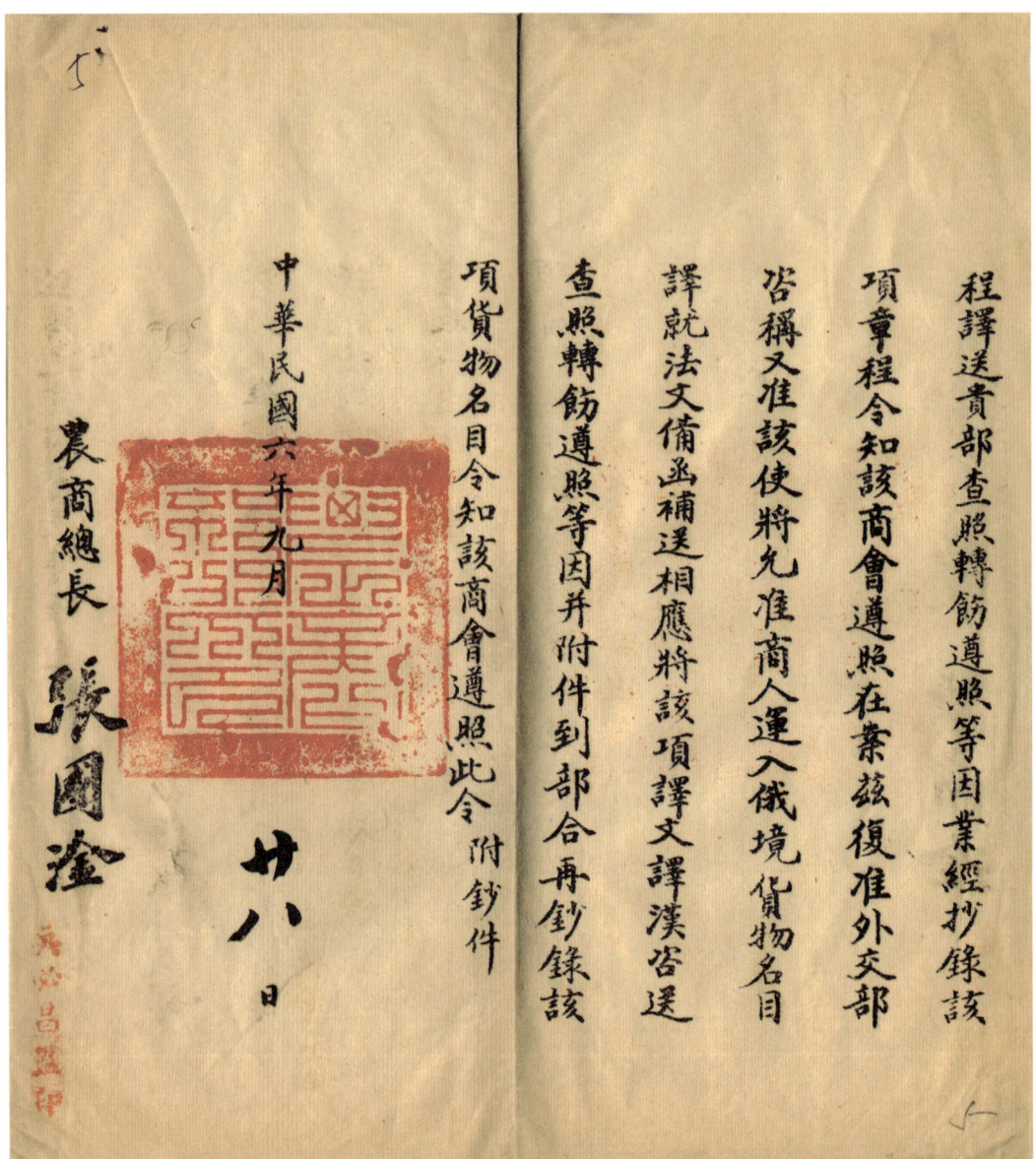

中華民國六年九月廿八日

農商總長 張國淦

一各種穀類（米不在内）青豆蠶豆（豌豆扁豆新鮮蠶豆於新鮮或乾燥時運入者概不在内）（稅則第一條）

二各種麪粉麥芽粉（山芋粉不在内）（稅則第三條）

三掛麪通心麪（稅則第四條）

四菜類

甲未經稅則特別指定之新鮮菜類

乙各種鹹菜泡菜裝入不封固之瓶罐者

丙用作食料之乾菜未經稅則特別指定者

丁或乾或否之萵苣根未經焙製者（稅則第五條）

五除阿爾漢格斯克 Archangelsk 地方政府之各口岸外由海陸運入之各種食鹽（稅則第三十三條）

六鹹肉燻肉風肉臘腸稅則（第三十四條）

七除比目魚板魚石斑魚外鮮魚及鮮鱘魚子
附注一 各種鮮魚以為沿岸航海者所運入者以及各種
鮮醎（醎）者除青魚外 herring 風乾之魚類以為河
尔汗格斯克地方政府之人民用俄船運至該處者准其運
入附注二 冬季用冰車由衣司馬蕩耳 Izmael 及
維耳谷扶 Vilkov 二稅関運入之鮮魚准其運入
附注三 凡俄產魚類由俄漁户捕運用白鐵盒罐裝盛以
前條由阿尔汗格斯克稅関運入該盦（盒）罐上有稅関印記
者暫准運入至一九一七年十二月十八日為限
附注四 阿尔汗格斯克地方人民所製之俄產醎青魚其
量數在阿尔漢格斯克地方政府所定範圍以內者按照
工商部財政部会訂之條規准其在阿尔汗格斯克地方各

7

口岸運入（稅則第三十七條）

八 未經特別指定之食物以及各種專備餵養獸類之食料（稅則第三十九條）

九 家畜馬匹以及未經稅則特別指定之各種獸類

附註 無論何種鴿子每次非持有財政部所發准運照據不得運入（稅則第四十條）

十 肥料原骨或曾施工作者

甲 天然肥料（海鳥糞家禽糞）未經特別指定之各種原骨未經磨細之篤馬浮渣 Scories de Thomas

乙 原骨燐化合物以及篤馬浮渣之磨細者

丙 燒骨骨灰骨炭（稅則第四十一條）

十一 樹木

二

8

二

甲 樺樹山毛櫸奧利納 Orme 夏姆 Charme 橙樹白松樹白柳樹榆樹楓樹菩提樹落葉松阿納 Aune 移楊樹柏樹白楊樹樺皮樹（造車用之木料）惟須成束成層或備作燃料之用者方可

乙 除本項甲款列舉各木料外其他之木柱木柴木段木板木塊方柱木條木片木花（稅則第五十八條第一項甲款及第二項）

十二

甲 各種草料及未經洗淨之草莖

乙 未經稅則特別指定之植物之各部分尚未施受工作者

丙 未經稅則特別指定之種子或已去皮或否均可（稅則第六十二條）

9

8

十三 粗石或僅施初次工作者即鋪地石未施初次工作或鋸成粗糙之立方條或六面平行方條者燧石石英肉色石陶土各種天然沙滴出土以及其他未經特別指定之石土未施工作並未經磨碎或曾經鍛煉或否用作工廠原料者（税則第六十六條）

十四 煤炭木炭焦炭泥炭

甲 煤炭木炭泥炭

甲甲 由黑海或阿來夫海 Mer d'Azof 運入者

乙乙 由歐洲陸路边界運入者

丙丙 由波羅的海運入者

乙 焦炭

甲甲 由黑海或阿來夫海運入者

10.

乙 焦炭

甲甲、由黑海或阿未夫海運入者

乙乙由歐洲陸路边界運入者

丙丙由波羅的海運入者

附註 凡由白海轉運之煤焦炭泥炭准其運入（税則第七十九條）

三

十五 金塊金條金葉准極薄之金葉按每方寸 pouces carrés 枚重者不在內即連同葉夾其重在九十獨利以下者（税則第一百四十八條）

十六 書籍圖書地圖等

甲 圖畫圖樣地圖樂譜

乙 用手工繪於帛布上者及寫本

丙 除兩項所指者外用不論何種印刷方法複製於帛上者

附註 油畫彫刻畫像圖樣等以係仿製俄國美術家之圖畫者准其運入

丙 輿地總圖及分圖

丁 樂譜

乙 不論用何種方法印刷之外國文書籍及定期刊（其附有樂譜地圖圖樣畫像者亦包括在内）俄洋文對照字典

丙 除对照字典外（税則第一百七十八條）在外國不論用何種方法印刷之俄文或另附俄文之書籍或定期刊

十七 各種工作材料之樣子不具貨物形式性質者（税則第二百十八條）

十八 砂糖一項在遠東俄國地方按照一九一七年四月二十九日農部告令得自由運入

十九 税務條例第七百八十四條二附表所載一切貨物（一九一〇年印行之法規第六卷）

二十四 自芬蘭者之衣服或家用物件以及所帶行李

七五、農商部爲送俄政府規定戰時貨物郵包入境章程事訓令天津商務總會（一九一七年九月）

J128-2-2992

農商部訓令第三八三號　中華民國四年九月四日

令天津商務總會

准外交部咨稱准俄使函開茲將本國臨時政府所定戰時輸入俄境之貨物以及郵寄包裹之法文章程一分函送貴部查照並應聲明此

項章程係爲戰時之國防起見等因相應將該
項章程譯送貴部查照轉飭遵照等因前
來合行鈔錄該項章程令知該商會遵照
此令

附鈔件

中華民國六年九月　日

農商總長　張國淦

吳必昌監印

3

譯俄政府規定戰時貨物郵包入境章程

關於貨物郵包入境辦法俄國臨時政府核准

新章如左

第一條

俄政府為修改暫代補充現行章程起見對於

至俄國各海口俄芬蘭交界處以及滿洲車站

輸入之貨物郵包規定改列暫行專章

一各種貨物須有特別准狀方能運入(甲)政府

採辦之貨以及私人購運而用於國防者其

3

准狀由陸軍部軍需局領發（乙）其他一切貨
物其准狀由工商部發給貨物順叙由部核准
以上二種准狀得分別委任各地方官署代辦
附註　凡該項業經邀准運貨之執照如在國外其
發給之權得委任由前項所稱官署特別轉託之
俄政府機關行使之
二入境之貨如無前條載稱之准狀即由陸軍
部委託之機關分別沒收
三按照第二條沒收之貨歸陸軍部處分之或

4

由該部補充國防之用或由該部商准

部留作他用或逕飭令變賣價款歸國

庫

四陸軍部長得會同本管各部長商訂凡

受本章制裁之貨物表

五本章施行日期以自德國接到公布官電

之日為定惟本章刊登俄國法令公報之

日前三星期內（刊登之日即行通告）所寄

發之貨物郵包其所附德國報單車站

5

二

運票或郵局執照上所填日期足以証明在
該期限內寄發者不受本章之制裁

第二條

凡不受本章制裁之貨物表由商部長會
同陸財二部長規定之與本章同時公布
於法令公報

6

七六、庫倫中國銀行爲洽商來俄鈔及代售事致津行函（一九一七年十月二十四日）

J161-2-133

庫倫中國銀行

津行大鑒：前上十號函，諒邀鑒及矣。

一、前奉十號函內，由郵局分寄尊處俄鈔五萬六千二百五十元，共計十五封，每封叁千七百五十元，始於俄曆十月十一日寄出，約二十餘天可到，請查。

二、茲又奉上俄鈔五萬六千二百五十元，共計十五封，每封叁千七百五十元，亦於俄曆十月十一日寄出，收到電復，仍請限十六元代為照售。費神，感感。此頌

公綏

庫行啟

中華民國六年十月二十四日

津字第十一號 第一頁

中華民國六年十一月初六日

七七、天津中國銀行爲請向俄領事館交涉辦理領取匯款等事致直隸交涉公署函（一九一七年十一月十七日）（推算）

J161-2-139

73

致交涉公署　十月十七日

逕啓者本月准

貴交涉員函還蓋印之俄郵局原單一件敝行收到

後當經函復諒邀

詧洽頃敝行派員持單赴俄郵局領取所寄盧布信件據該局西人云單內僅蓋有

貴交涉員華文印信為難給領須由

貴交涉員函知俄領事聲明此項由庫倫寄交天津中國銀行之盧布信件由

貴交涉員擔任領取並將原單送經俄領事

第　號　第　張

中國銀行天津分行

113607

第　號　第　張

簽字蓋印後方能照交等語事關行款而該局
手續煩重無可如何用特備函再將原單送呈
鈞印
查照轉函俄領簽印交還至紉
公誼此致
直隸交涉公署
行啟
附送俄郵局原單一件

中國銀行天津分行

文書主任　擬稿　繕正　校對

冰閱

114108

七八、天津中國銀行爲送俄領事館簽印證明及收到原俄郵局匯單事復直隸交涉公署函（一九一七年十一月二十三日）（推算）

J161-2-139

已繕發

復交涉署　十一月廿三日

逕復者頃准

函開以前送呈之俄郵局原單一件已存

貴特派員簽字并由俄領簽印証明相應

函還原印查收等因并附還原單一件照收

相應奉復請煩

查照為荷此致

直隸交涉公署

天津中国銀行

第　號　第　張

中國銀行天津分行

文書主任　擬稿　繕正　校對

七九、俄國駐津總領事官體德滿爲請李委員赴俄工部局兑領民國六年地租事致外交部特派直隸交涉署函（一九一七年十二月三日）

J11-1-395

劉

敬復者接准

來函以本界應交本年地租請照催齊函知等因查

此項地租計洋銀九百八十七元六角業照備齊請派

李委員於十二月五日下午三点鐘備持印收送往俄

工部局投[illegible]局總辦瓦爾得兌領除轉飭屆時接

洽外相應函達

貴特派員[illegible]照辦理順頌

日祉

俄國駐津總領事官體德滿啓

中華民國六年十二月三日

十二月三日
第一千四百[illegible]

八〇、中華民國六年俄租界地租印收（一九一七年十二月五日）（推算）

J11-1-395

印收界内地租由

印收俄欽事

十二

五

外交部特派直隸交涉員黃　實收到

大俄國總領事官交納中華民國六年租界內所租地段應

交地租制錢合洋九百八十七元六角如數照收所具印收

是實

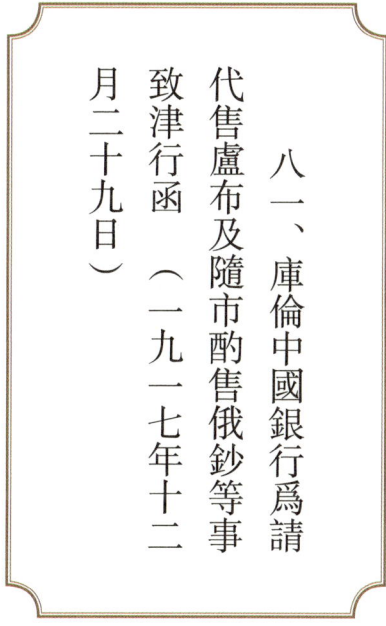

八一、庫倫中國銀行爲請代售盧布及隨市酌售俄鈔等事致津行函（一九一七年十二月二十九日）

J161-2-174

55

營業

庫倫中國銀行

津行台鑒：前上二十三號函，諒荷

鑒及。今接第廿廿號

手書，敬悉。

一、承示敝處前存盧布〡〨万，除代留水災賑款五千外，

下餘盧布〤〨万，以〣〥代為售出，並承

代撥□行洋五千元，並見執單記帳，勿念。

一、承示敝由俄國郵政局寄奉之俄鈔五萬六千二百五

十元，許俟寄到時代為看市酌售，不勝感甚。

一、承示及前恰克圖佐理員張慶桐在庫認

定中股二萬元，該款已經交到，並由

中華民國七年貳月初四日

中華民國六年十二月廿九日　津字第二十一號　第一頁

56

56

庫倫中國銀行

尊處給與股東款告
總處處感佩無已此頌
公綏
庫行啓

中華民國六年十二月二十九日

津字第二一〇號第二頁

57

八二、外交部特派直隸交涉公署黄榮良爲天津中國銀行送俄郵局取信憑單請俄領事簽印交回事致天津中國銀行函（一九一七年十二月二十九日）

J161-1-326

書

外交部特派直隸交涉公署公函

六年交字第一千一百七十四號

中華民國六年十二月卅壹日

逕復者案准

貴行函送俄郵局取信憑單一紙計值五萬六千二百五十盧布囑簽字盖印轉送俄領事簽印後交回等因當將該憑單簽印函准俄領一律簽印送還前來相應函送

貴行請煩查收飭領爲荷此致

天津中國銀行

計送　簽印憑單一紙

收

145

143

黄榮良

中華民國六年十二月廿九日

徐[illegible][illegible]監印

華世璋核對

八三、庫倫中國銀行爲俄鈔隨市酌售及代買千元盧布須專送事致津行函（一九一七年十二月三十一日）

J161-2-174

57

營業

庫倫中國銀行

津行台鑒前上二十四號函諒荷
鑒及
一二十九發上一電文曰十八歸函俄鈔收到請隨市價酌售乞
復庫等云諒荷
譯悉矣
一二十一日接奉
尊電文曰請代買千元盧布六十万能否照辦何價電復津
等云譯悉旋復一電文曰1231電悉新千元盧布錢平五分八
厘五可買俄郵暫停須專送候電遵辦庫等云諒荷
譯悉矣此頌
公綏
庫行啟

中華民國六年十二月三十一日
津字第二十五第一頁

中華民國七年貳月初四日

58

八四、俄幣一〇〇〇元盧布（一九一七年）

Q3-A-9-16-9

РУБЛЕЙ
1000
РУБЛЕЙ
ГОСУДАРСТВЕННАЯ ДУМА
РУБЛЕЙ
1000
РУБЛЕЙ

1000
ГОСУДАРСТВЕННЫЙ
КРЕДИТНЫЙ БИЛЕТЪ
ТЫСЯЧА РУБЛЕЙ
1000 РУБЛЕЙ
БИ 0562O2
ГОСУДАРСТВЕННЫЙ БАНКЪ РАЗМѢНИВАЕТЪ КРЕДИТНЫЕ БИЛЕТЫ НА ЗОЛОТУЮ МОНЕТУ БЕЗЪ ОГРАНИЧЕНІЯ СУММЫ (1 РУБЛЬ 1/15 ИМПЕРІАЛА СОДЕРЖИТЪ 17,424 ДОЛЕЙ ЧИСТАГО ЗОЛОТА).
Управляющій
Кассиръ
1917
ПОДДѢЛКА КРЕДИТНЫХЪ БИЛЕТОВЪ ПРЕСЛѢДУЕТСЯ ЗАКОНОМЪ.

八五、庫倫中國銀行爲未接恰所通函而先發匯票及查詢代甲單編號事致津行函（一九一八年二月四日）

J161-2-174

64

庫倫中國銀行

津行台鑒前上四號函諒荷

鑒及今接元弍叁號

尊書敬悉

一承示敝由俄局寄上之俄票五萬六千二百五十元已荷取出代售由報單詳告云云已悉

一承代撥口行一月十五號洋一萬元由報單詳告云云當遵照轉可也

一承示及有人持恰所匯票三紙共三百元向尊處取款而尊處未接恰所通函及圖章式樣何以先發匯票於本行信用所關當遵轉

中華民國七年二月四日 津字第一號第一頁

大中華民國七年貳月廿日

65

65

庫倫中國銀行

恰所甚感

一尊来各項甲单歸數報告表内代甲最後發出歸數庫字十歸發出年月日係六年十二月二十日兹查敝處接到

尊處代甲单以庫字九歸為止並無十歸代甲单此筆究係何種款項望即迅速查明示知為荷此頌

公綏

庫行啓

中華民國七年二月四日

津字第　號第　頁

66

八六、天津中國銀行爲向俄界俄商各部史近照收舊零盧布事致庫行函（一九一八年六月二十七日）

J161-1-377

71

庫字第25號　六月廿五日

庫行台鑒：前上24號佇諒達。

台閱

一、今下午一時接尊電，開請向俄界俄商務部史匠照收舊雲盧布壹萬肆仟元，收到電復。庫0627中行。等因。譯悉。當即向收，俟收到再行電聞。

閱

文書主任　撰稿　繕正　校對

校

P2 91

八七、天津中國銀行爲俄界俄商各部史近舊零盧布已照收事致庫行函　（一九一八年七月十日）（推算）

J161-1-377

76

丶字第30號　七月廿日

庫行大營業科鈞鑒

迭函備悉

一　前月　日示二十元電票向俄界俄商各部收近並收舊零壹角一萬四千元鈔票（收到照覆）等因查前項壹角十萬四千元已並收逢業於上月二十八日函電并詳覆在案矣

行函

閱

主稿　核　編稿　繕正　校對　龔錫齡印

第　號　第　張

中國銀行天津分行

PP　P8

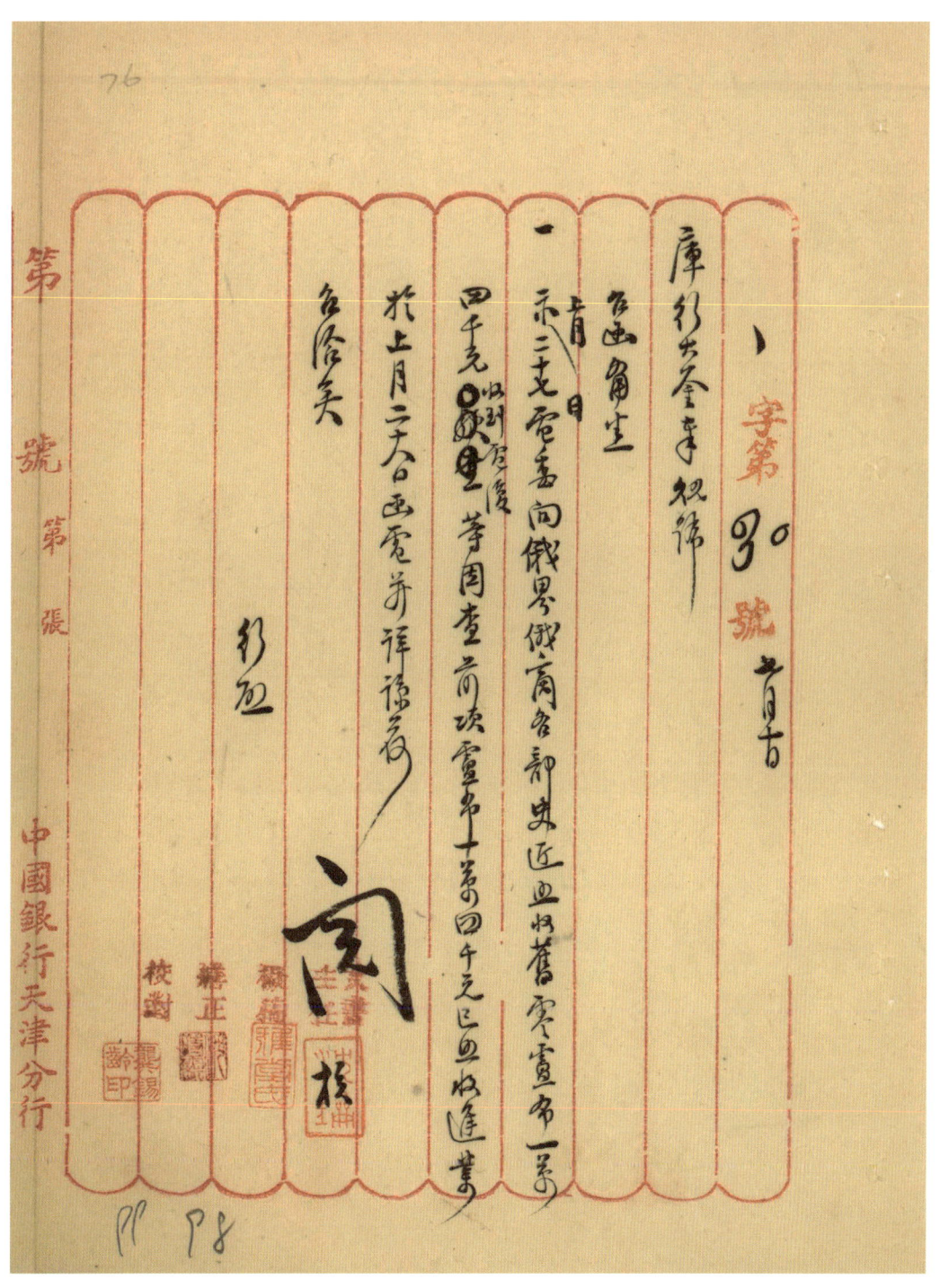

八八、天津中國銀行爲俄商未濟金納舊整數俄鈔已收事致庫行函（一九一八年七月十一日）（推算）

J161-1-377

77

庫字第31號 六月十日

庫行台鑒前上30号信諒達

台閱

一、前來00705電委收俄商未繳全納舊整數俄鈔叁萬零叁百元今日已經收到即於今年第三期發上一電内詳00705電意今收到到俄商千元元叁萬零十元叁百津00711中行諒瞬達台覽矣

第　號　第　張

中國銀行天津分行

文書　主任　撰擬　繕正　校

核

閱

18085

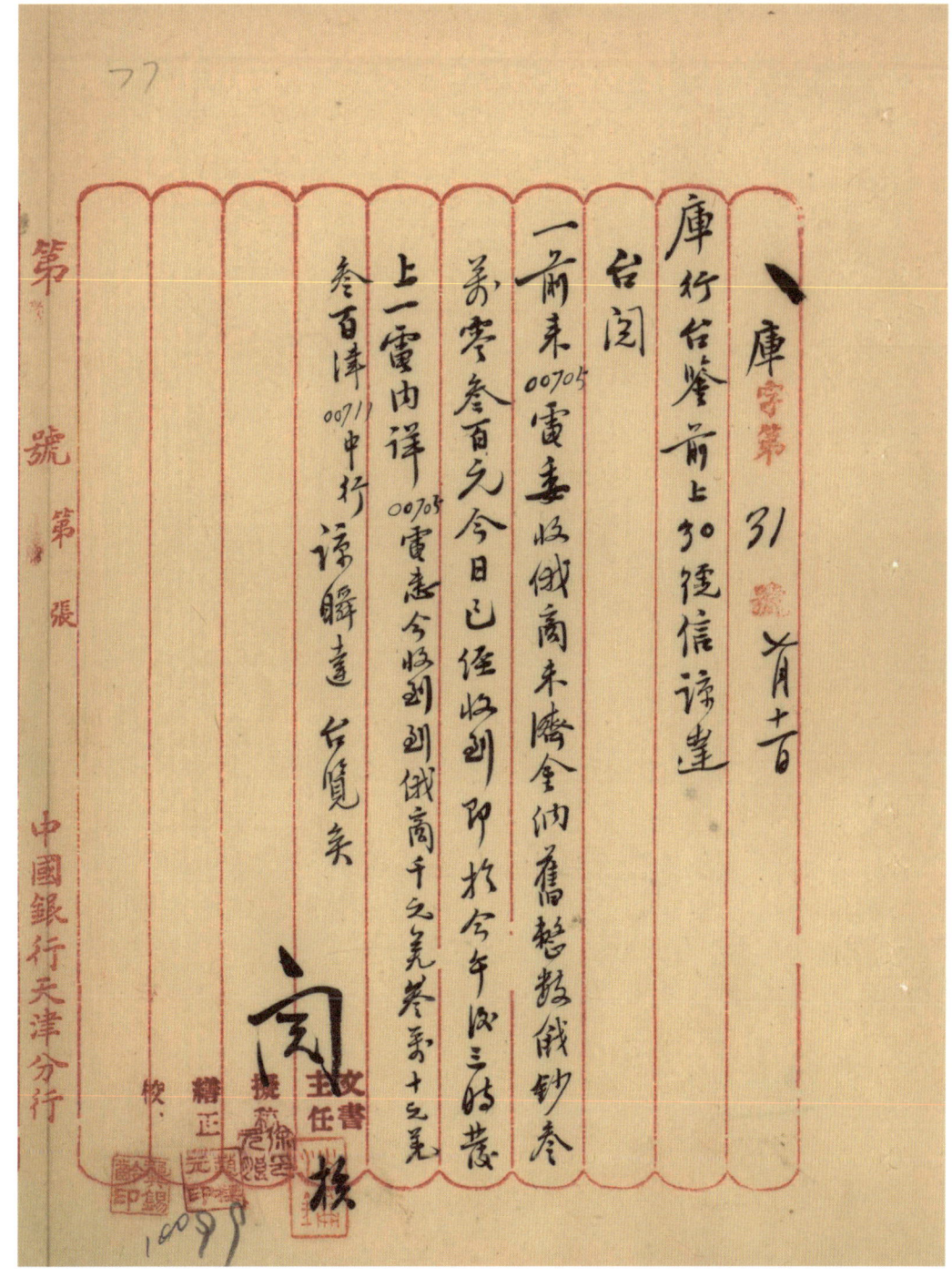

八九、天津中國銀行爲俄商所交確係千元羌事致庫行函（一九一八年七月十三日）

J161-1-377

78

庫字第32號　四月十三日

庫行台鑒：前上31號信諒達

台閲

一、今午後一時接尊電開：來電收到仟元美券萬拾元，美三百叁仟元係新美，據俄商云確係舊美，請查收電復。00713庫中行等因。謹悉。查俄商交來確係仟元美券兩張，敝處已代照數照收。此間美帖與新舊祇有整零數之分，當即復上一電，內詳俄商所交確係仟元美津 00713中行，諒瞬達台洽矣。

文書　主任　核

101　100

閱

繙譯

校對

101

102

九〇、庫倫中國銀行爲向俄界俄商收行化銀及解交庫倫俄領事事致津行函（一九一八年九月二十九日）

J161-2-174

庫倫中國銀行

津行台鑒前上四十三號函諒荷
鑒及今接五十六號
尊書領悉
一九月二十六日發上一電文曰向俄界俄商格格未納收
行化銀八千兩收到電復再口欵仍請照撥庫旋接
尊電文曰今收到和信行化揭千諒即格格欵口行欵照
撥津譯悉之下感甚
一九月二十七日接尊電文曰擬請交庫倫俄領事壹百或
五百盧布拾萬又現洋七千五百可否照交電復津當即
復上一電文曰電悉現洋能交五百盧布拾萬須按庫

大中華民國七年拾月拾貳日

中華民國七年九月二十九日 津字第卌四號第一頁

123

庫倫中國銀行

市每元合行化八分二可交庫
諒蒙譯悉矣
一九月二十六日接尊電文曰電悉敝銀緊口款難撥津已
譯悉
一九月二十九日發上一電文曰庫市電布十元以上合行化
七分六五百元七分八庫倘　尊處託庫交電布最好
折合津收行化銀祈洽此頌
公綏
庫行啟

中華民國七年九月二十九日

津字第四十四號第二頁

127

125

九一、天津中國銀行爲代售俄鈔事復庫行陸經理函（一九一九年一月十四日）

J161-2-221

63

復庫倫陳孟卿經理函

孟卿先生大鑒新年獻歲敬維

籌祉凝禧

興居多福為無量頌頃展

手翰祇悉一一庫倫為邊塞要區又有俄蒙

關係金融通塞影響甚大承

示蒙藏已與蒙古府訂立合同通行本券此舉

不獨行務前途賴以發展即國家主權邊地

人心亦因之得以挽回而資維繫

擘才碩畫傾佩良深弟等濫竽庫行毫無

63

404

達椿近值（且嘗）年關銀根太緊汲深綆短良用
費綢繆惟冀 貽
同舟頻加
鼓益最為至禱 壽達卿君常來俄鈔十五
萬元已匯照收到原按百萬日期撥交
只行代萬兩至期當代照撥惟俄鈔限價
九分代售一節日來市價未能符限陰曆年內
尚未克能否代為售出容儘力代辦可也 餘
由吳函達後 此覆 敬頌
新禧 中楊 啓

閱

64

九二、庫倫中國銀行爲俄鈔兑換行化事致津行函

（一九一九年三月五日）

J161-2-215

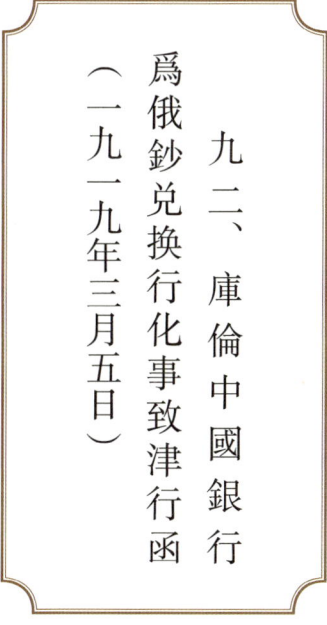

321

庫倫中國銀行

津行台鑒：奉九、十、十一號

大函誦悉。

一、敝0208、0212兩電託收未濟金納款均另

津諒為慰。其0212電錯碼，尊代擬改

之字無訛。

一、尊0214來電，津悉。後當於0216電奉

復，業由敝十號函詳述。奉0224尊電

詢未濟金納款（納款未收），0301日亦不能交，至

四月內交俄鈔，或作價再議。津等

字。津悉，至四月間祈再代派人前往

中華民國八年三月五日　津第十三號第一頁

大中華民國八年□月廿壹日

329

340

庫倫中國銀行

該俄人處接洽如俄鈔行市不看好不妨照尊0214電刻下即請與該俄人估估按九分合行化或多做一二十萬元亦可諸乞酌辦尊處滴息更迴奉閱照是荷做定时並乞電示此致

公祕

庫行啓

中華民國八年三月五日

津第十三號

第二頁

九三、天津中國銀行爲俄國發行鈔票朝鮮銀行已不收用事致中國銀行河支行函（一九一九年五月十三日）（推算）

J161-2-202

55

河字第22號　五月十三日

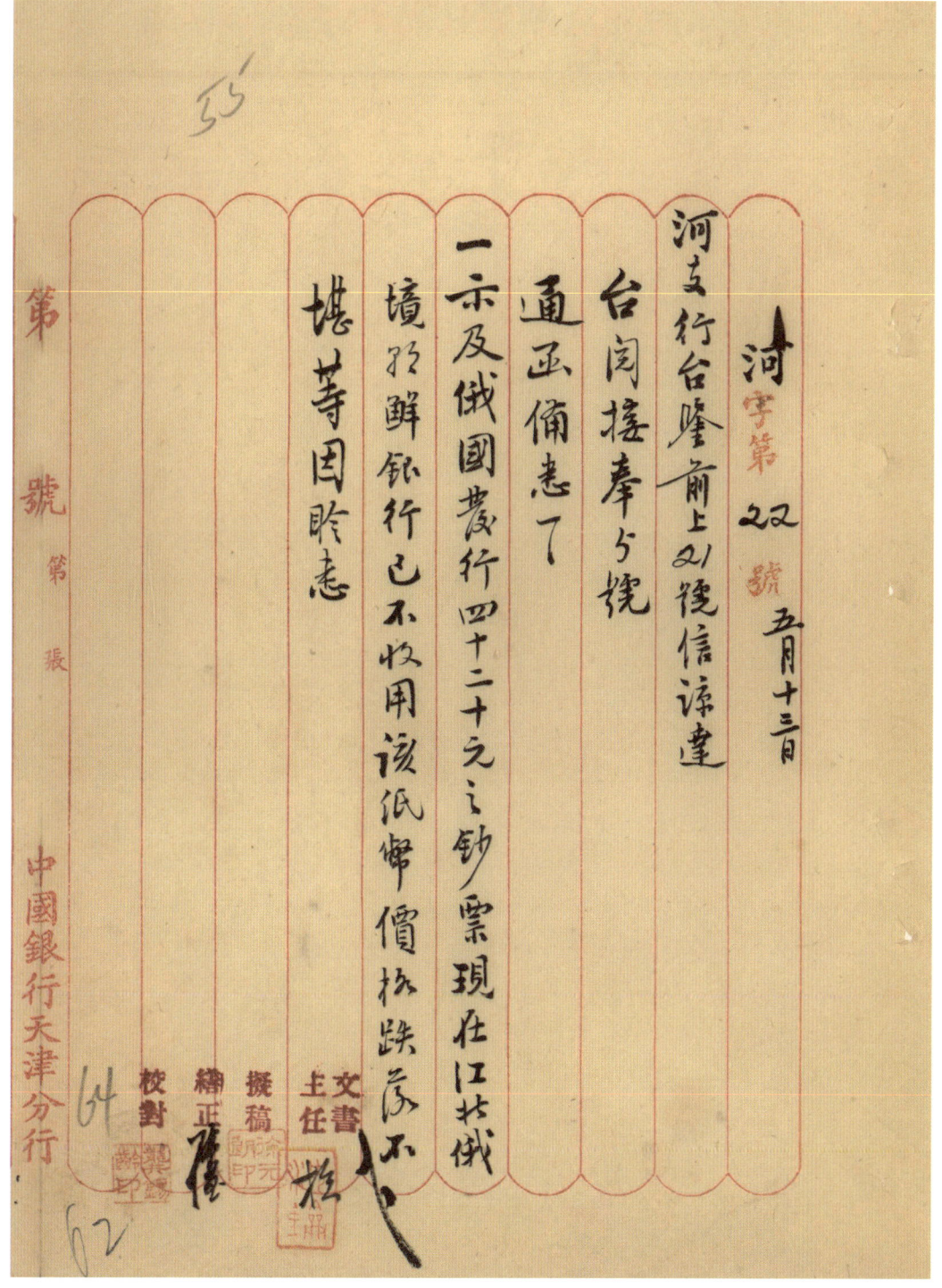

河支行台鑒：前上21號信諒達台閱，接奉5號
通函，備悉。
一示及俄國農行四十二十元之鈔票現在江北俄
境須鮮銀行已不收用，該紙幣價格跌落，不
堪等因，聆悉。

第　號　第　張

中國銀行天津分行

文書主任　擬稿　繕正　校對

64

62

九四、天津中國實業銀行爲擬定俄幣盧布定價事致總行函（一九一九年六月十七日）

J202-1-7

72

天津中國實業銀行

、函商俄幣盧布定價由

総行惠鑒：查俄幣盧布本行尚未釐訂定價，兹因敝廠有此項往來不計利息存款，敝廠擬暫以盧布大票壹元合本位幣五分，盧布小票壹元合本位幣六分計算，特此函達，尚祈核復為荷。此頌
公綏

[illegible]

中華民國八年六月十七日
會字第四號第　頁

34

九五、天津中國銀行爲向俄商收大洋事致庫行函（一九一九年七月二十一日）（推算）

J161-1-417

244

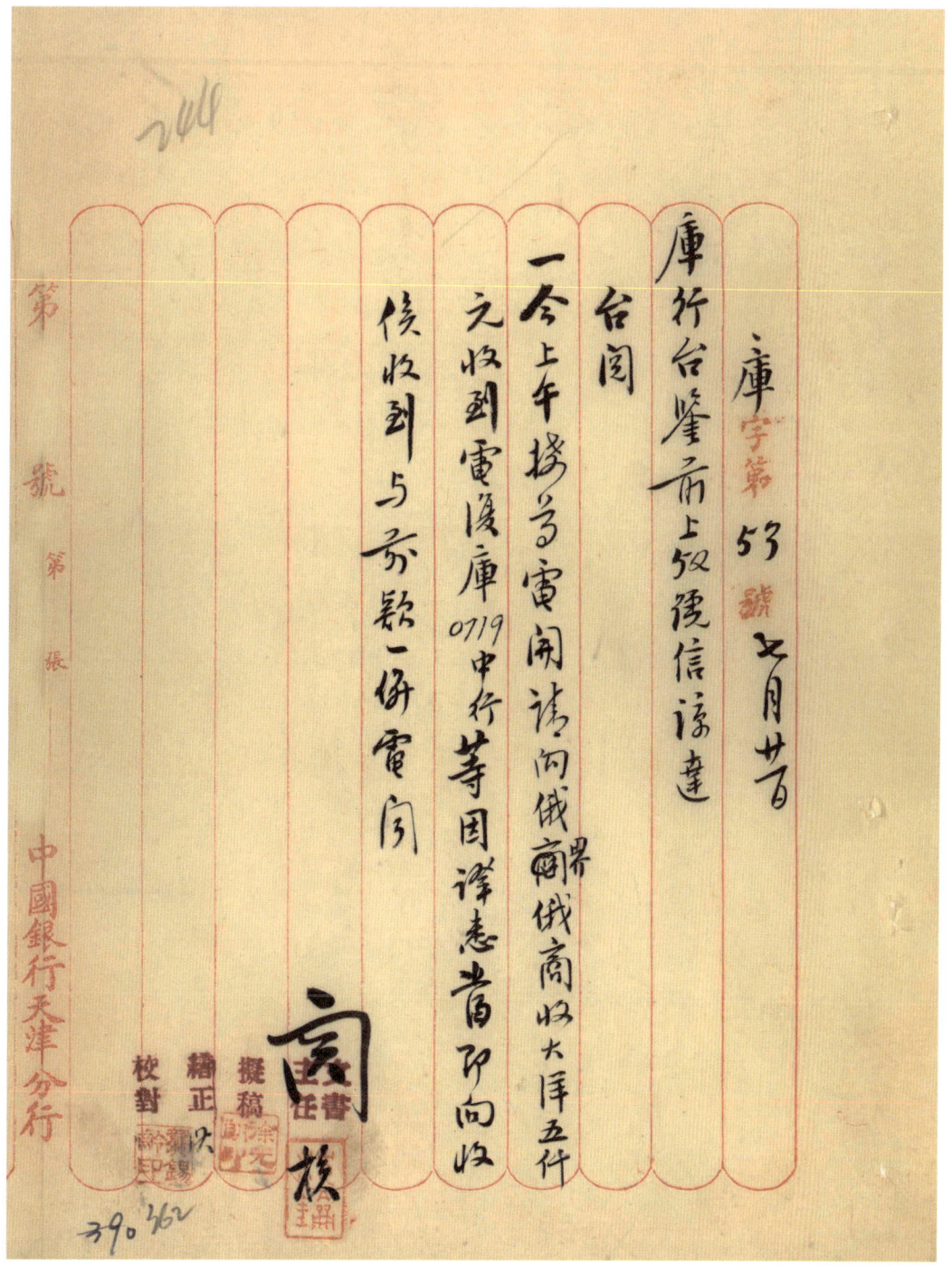

庫字第53號　七月廿日

庫行台鑒：前上52號信諒達

台閱

一、今上午接寄電開：請向俄商界俄商收大洋五件之收到電復庫0719中行等因。謹悉。當即向收，

俟收到與寄款一併電聞。

第　號　第　張

中國銀行天津分行

主任　文書　閱

擬稿

繕正

校對

核

390　362

九六、天津中國銀行爲收俄商現洋五千元及收撥兩款已辦理等事致庫行函（一九一九年八月八日）（推算）

J161-1-417

254

庫字第62號　八月六

庫行台鑒：前上61號信諒達

台閱

一、今早接寄電開：請向俄界俄商交部史匠收現洋五千元，收到撥口行五千元，均盼電復。庫0807等因。

譯悉，當即向收，俟收到撥訖再行電聞。

二、頃於下午四時將收撥兩款已分別報訖，當即發上一電，內詳交部五千元收到，口行五千元照撥。津0808中行諒瞭達

台覽是矣

第　號　第　張

中國銀行天津分行

文書主任　擬稿　繕正　校對

400378

九七、天津中國銀行爲沙瓦爾往北戴河俟回時再收行化款事致庫行函（一九一九年八月十九日）

J161-1-417

258

、庫第66號 八月十九日

庫行台鑒 前上65號信諒達

台閱

一今早接 尊電開 請向俄領事衙七十一號沙瓦

尔收行化壹仟貳百四十五両六錢收到電復庫0818等

因謹悉 當即向伊收候到即行電聞

俄領事衙七十一號詢收據該處云

沙瓦尔即係未將全納 前已往北

戴河避暑 尚未回來須候本人回

來方可照交等語 祇得俟實候收到再行

閱

校對 繕正 擬稿 主任 文書

412-304

電開即於今午收先發上一電內詳電悉
沙瓦爾往北戴河欵俟回時再收津 08/9 中行 諒瞭
達 台覽矣

閱

九八、天津中國銀行爲收到俄商各部史近現洋及撥收口行行賬等事致庫行函（一九一九年八月二十二日）（推算）

J161-1-417

、庫字第68號 八月廿二日

庫行台鑒：前上67號信諒達

台閱。

一、今上午接尊電開：請向俄界俄商久部史近收現洋壹萬元，收到如數即撥口行，均盼電復。

庫0821中行等因。謹悉。當即向收，俟收到撥

訖再行電聞。

二、久部史近洋壹萬元頃已收到，如數撥

收口行之帳，即於今下午四時發上一

電，內詳：0821電悉，久部壹萬元收到並撥口行。

文書主任　核

擬稿

繕正

校對

第　號　第　張

中國銀行天津分行

第　號

津0822中行請瞬達　台覽矣

元ℓ

第　張

中國銀行天津分行

388
410

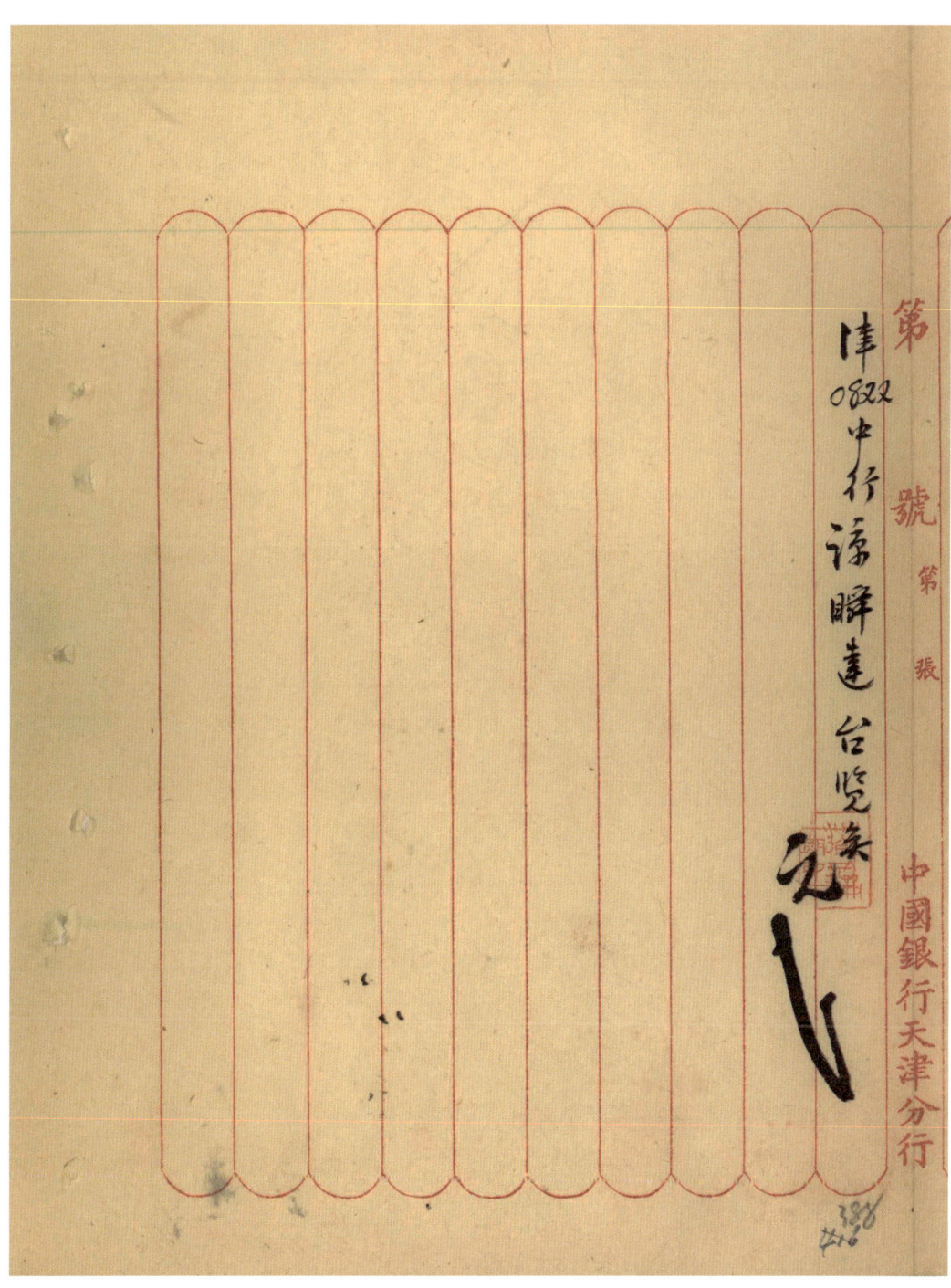

九九、天津中國銀行爲俄商以羊毛等貨押借銀款事致庫支行函（一九一九年十月二十七日）（推算）

J161-1-417

213

庫字第五列號 十月廿七

庫支行台鑒 逕啟者茲接天津道勝銀行買辦張伯龍君函開茲有俄商維亞齊金姓沙瓦名欲向張家口庫倫烏里雅蘇台三處貴行以羊毛等貨押借銀款以便開發運腳一事今由該俄商自具函請求函致張庫烏三處貴行俾直接與該俄商代表商行一切至貨款數目及抵押品如何保險均由該三處貴行自行主裁總以作押之貨[redacted]按市價估值後再打一折扣則有盈而無虧等因並准該俄商函請

第 號 第 張

中國銀行天津分行

438
466

第　號　第　張

中國銀行天津分行

介紹前來用特據情函達寶[illegible]由日行轉致
等處惟該俄商在津營業如何情形敝處並
不深知此項貸款
貴處能否酌辦請俟該俄商[illegible]代表前來謁
商時與之面洽為荷

文書主任　擬稿　繕正　校對

436

467

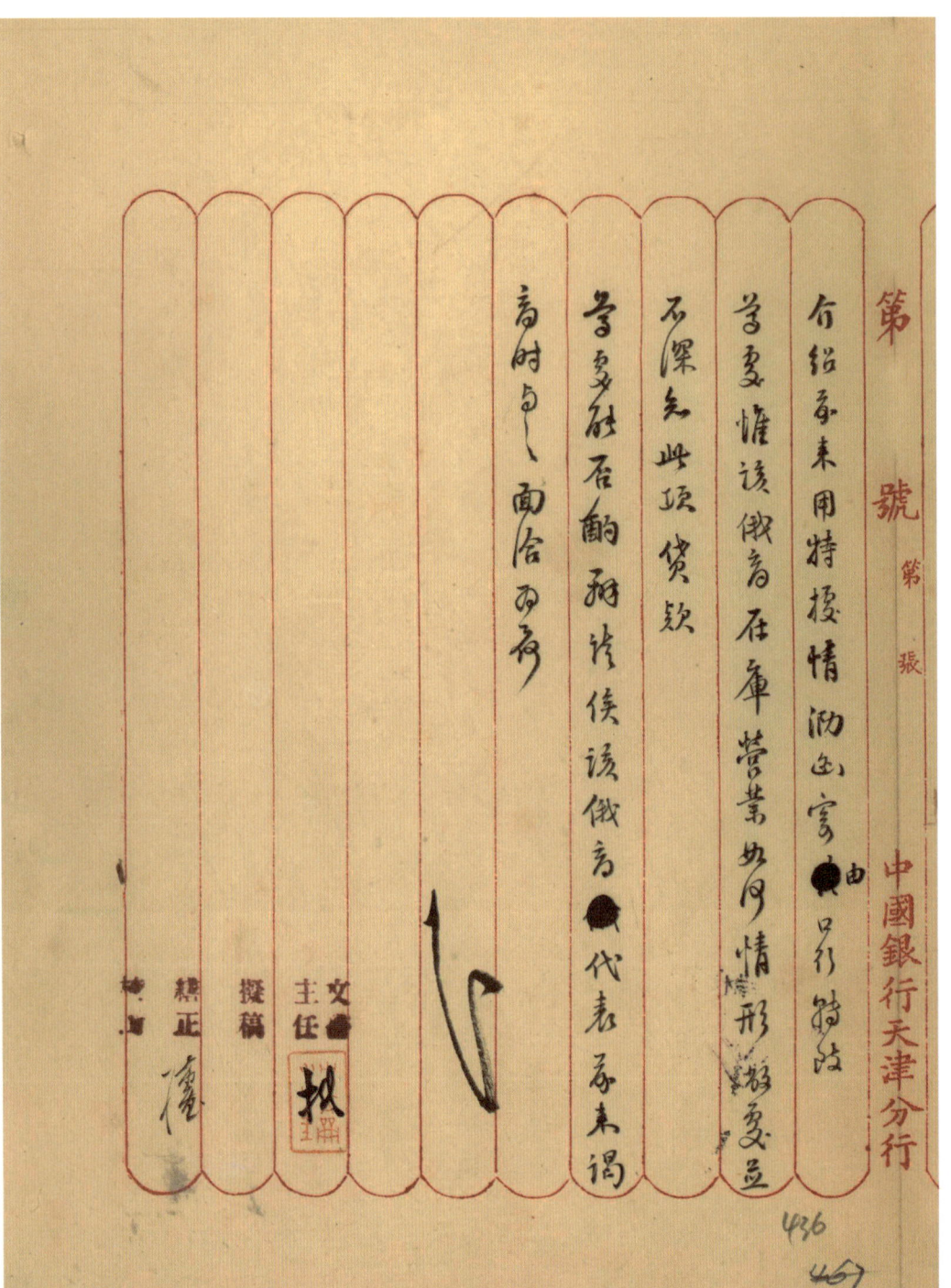

一〇〇、天津中國銀行爲向花旗銀行照收元和洋行大洋及俄商以貨押款等事致庫支行函（一九一九年十一月二十一日）（推算）

J161-1-417

310

入庫字第115號 十二月廿

庫支行台鑒 第65號

台函敬悉

一 昨奉

尊電開 請向花旗銀行照收元和洋行大洋五萬元收到電復庫

該款五萬元已向花旗收到 頃復上電內詳 1118電妥收元和洋五萬元

1118尊電譯呈[redacted]收到 津行1121尊電 諒邀台洽矣

二 示前函詳津通勝銀行張伯雄君介紹俄商沙瓦[redacted]

擬[redacted]以貨物在庫押款 尊處未能照辦情形 業

已聆悉并轉復前途矣

三 尊1107電託收納史先伍現洋五千元 該款次日即已

第　號　第　張

中國銀行天津分行

460

491

第　號　第　張

中國銀行天津分行

收到由敬1108電譯該早存

台洽矣

文書主任

擬稿

繕正

校對

461

492

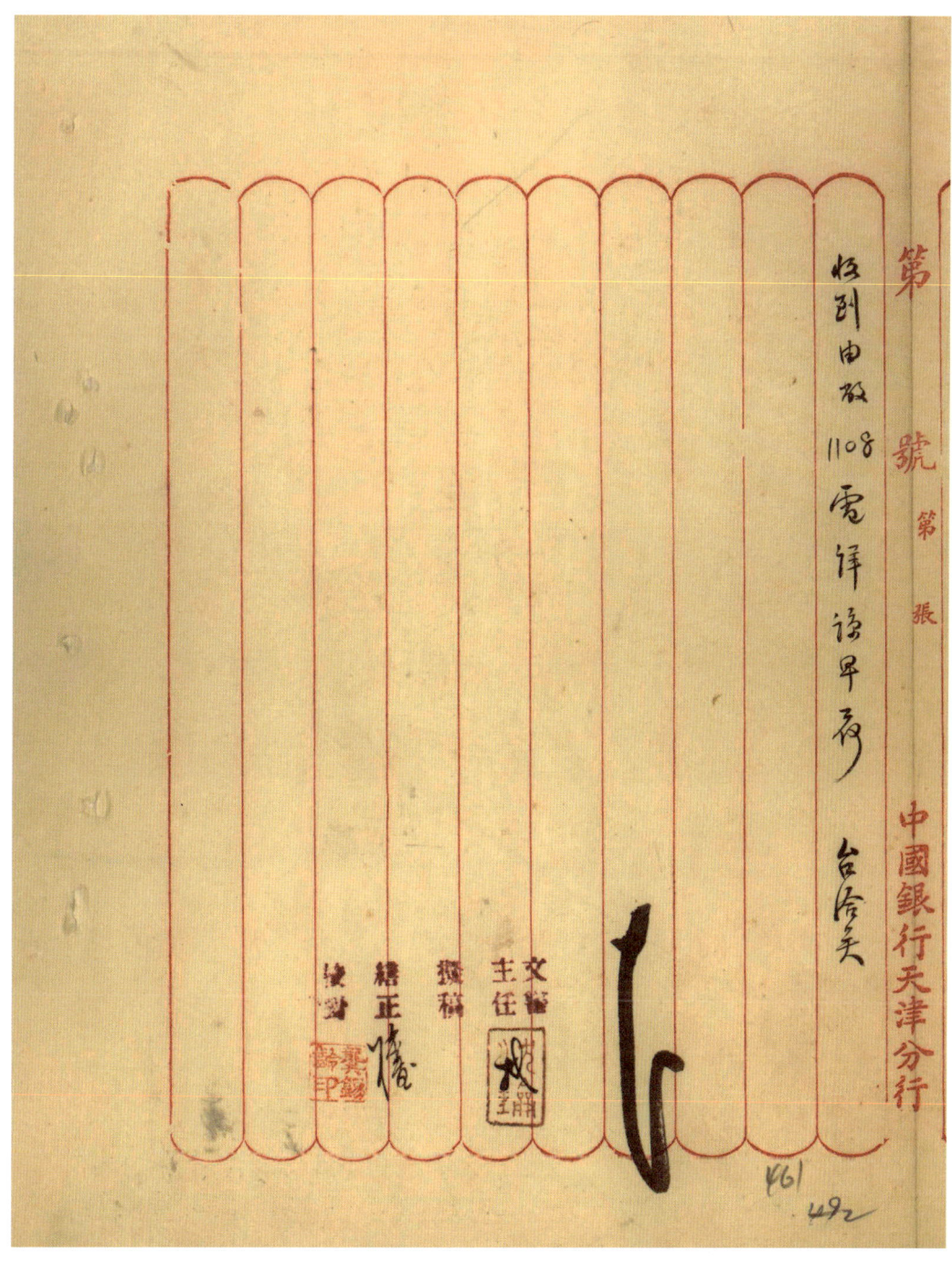

一〇一、天津中國銀行爲收到俄界交通棧款洋事致濟支行函（一九一九年十二月三十日）

J161-1-412

194

、滬 字第 62 號 十二月卅

滬支行台鑒 前上61號信諒達

台閱

一昨下午接寄電開 請向俄界交通機內同意

收洋貳仟元收妥密電復滬 等因 謹悉 今日向

收該洋貳仟元已經照收到 即於午後二時發

上一電內詳 同意、貳仟元收到津行0130 諒瞬達

台覽矣

厚

文書主任 擬稿 繕正 校對

250 217

一〇二、天津縣麻業公會爲與俄商交涉麻料貿易事致天津商務總會公函（一九二〇年三月二十一日）

J128-2-1795

118

公函

172

天津縣蘇業公會公函第拾伍號

中華民國九年 月 日

逕啟者敝會之設原以改良蘇種提倡國貨發展國外貿易為宗旨業由實業警察兩廳呈准部省立案在案而種蘇運蘇之農商相與贊成此會請求加入者亦絡繹不絕源源而來倘能官民協助積極進行不但為吾國實業界一部分之前途放一異彩即諸友邦之實業家從事購運吾國蘇類原料者亦得裨益不少也今有不能不與

173

貴會商酌者查運至本埠之蔴半係行銷內地半係運出國外其貨色之
高劣既不相等復往往以欺詐手段擅加斷碎蔴皮以既泥土污濁物件
冀圖騙取重量因而各友邦實業家之購運出洋者往往費無數之手續
以清潔其污濁並受若干之損失況彼蔴類摻加污濁物件之方法大抵
皆係先將蔴放於積存穢水之溝坑泡過一二日再固意連水及泥一齊
取出曝經半乾即行打捆斯以凡有蔴類積存之處所即穢氣騰溢於衛

生尤有莫大之防害際此改良及整頓之時若不將此弊端設法銷除豈獨於吾國之出口原料貶損若干價值而於吾國農商之人格亦虧歉實甚敝會既抱此改良及整頓之宏願深願不辭勞瘁竭力指導以獎勵清潔試驗改良為方法以原料精良信用昭著為指歸

貴會素具發展實業之熱誠維持保護不遺餘力對於　敝會　此種苦心想不能無所贊助也今據　敝會　調查員報告本埠俄界有公記利興公司蘇

175

棧兩家運存之蘇張半為運出國外之貨倘不以格外注意促進其改良
之決心是不但於 敝會職務有虧而於本會章之發展國外貿易一語尤
同虛設互助之謂何國民信用之謂何 敝會不但為吾國實業計應當克
盡天職即對於各友邦之實業計亦應負此義務但俄界為俄國領事警
權所及之地若不預為聲明 敝會之宗旨及得其許可恐招種種疑惑反
資不便為此函請

貴會轉函俄領事及俄商公會予以贊成俾 敝會得盡此天職而行此宏願嗣後吾國蘇料精良用途漸廣當此大同世界其受益者又何止吾國已也并希連同 敝會簡章及宣言書迅予核轉仍請俄領事俄商公會見覆施行實為公便

計附送

簡章三份

宣言書三份

右 函

總董于紹晨

177

總董于紹晨

右　函

天津商務總會

中華民國九年三月二十一日

一〇三、天津中國銀行爲向俄租界收洋事致恰支行函（一九二〇年三月二十六日）

J161-2-267

72

恰字第仅號　三月廿六日

恰支行台鑒：前上川饶信谅達
台閲
一　今早接　尊電開：請向 Kokorin poppe road Russian concession
代收大洋壹仟五百元，收到電復，恰等因，謹悉。
容俟收到，即行電閲。

文書主任　擬稿　繕正　校對

核

一〇四、天津中國銀行爲照解并代收俄租界款事致恰支行函（一九二〇年三月二十九日）

J161-2-267

哈字第13號 三月廿五

哈支行台鑒 前上江陰信諒達

台閱

一 今下午四時發上境押電內詳交 Kokovin 洋壹仟肆百伍拾元 00780 境津行 00329 諒瞭荷 台洽

照辦矣

二 前為來電委代收 Kokovin poppee road Russian concession 大洋壹仟五百元 當已代為收取據云未見前途來電不能照交 即於今下午四時發上一電內詳委收 Kokovin 壹千五百元之來兌電不交津

行
00329
諒瞬達　台覽矣

文書主任
擬稿
繕正
校對

校

84

87

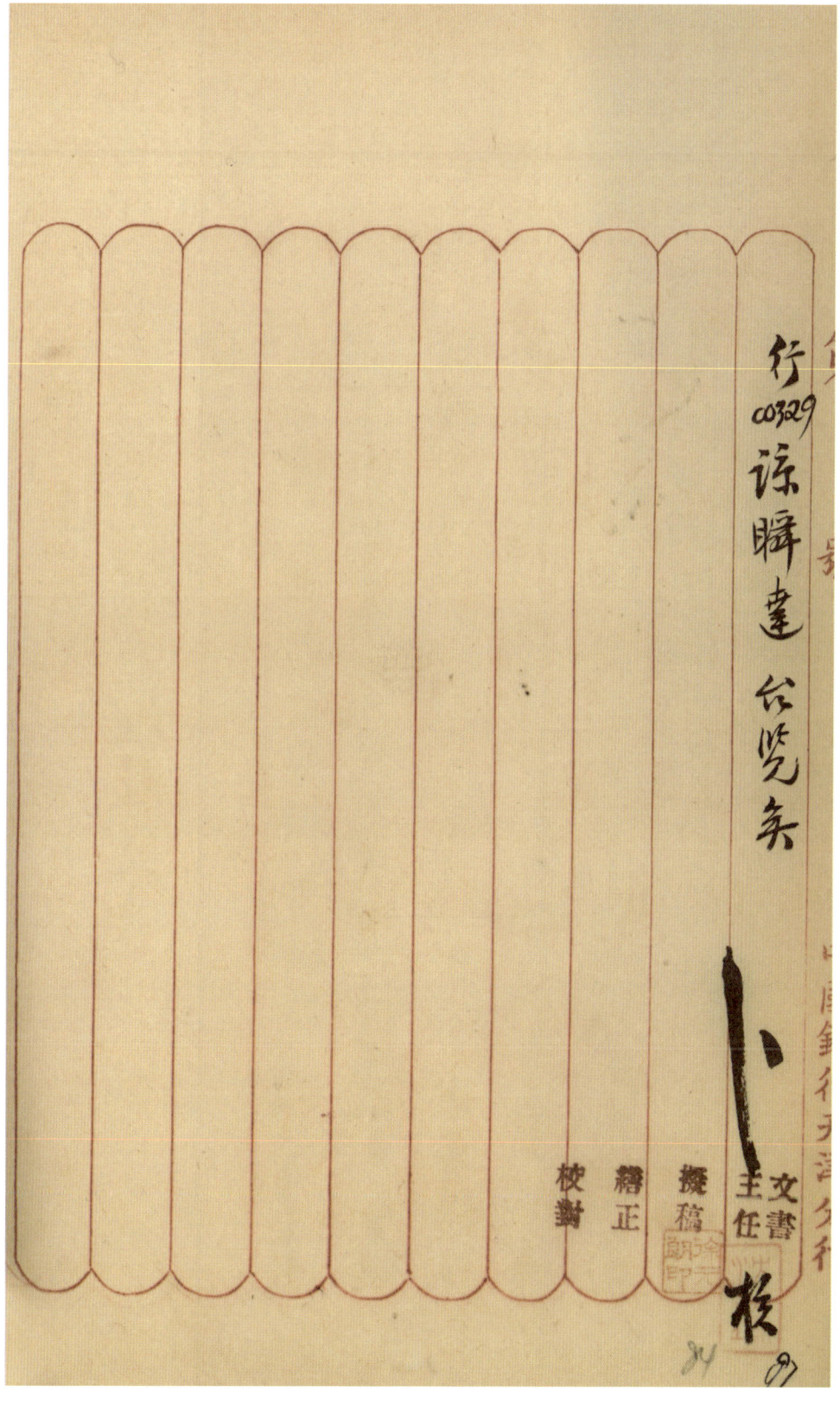

一〇五、直隸財政廳爲撥付警務處代行管理俄租界警察局民國十年七月份經費事致津行函（一九二一年八月二十日）

J161-2-328

直隸財政廳公用牋

逕啟者案准

省長令發警務處呈領代行管理俄租界警察

局十年七月分經費九百九十六元請撥憑單發交

飭即核發等因准此當經核案相符自應照撥

除填具支付憑單送交赴庫領取外相應將支

付通知函送

貴行希即查照撥付並於庫存賬內註列一杆

為荷 順頌

中華民國 年 月 日 午 繕

中華民國拾年八月廿貳日

直隸財政廳公用牋

台祺

財政廳啓

附支付通知一紙

中華民國十五年八月廿日午時

直隸財政廳印

161

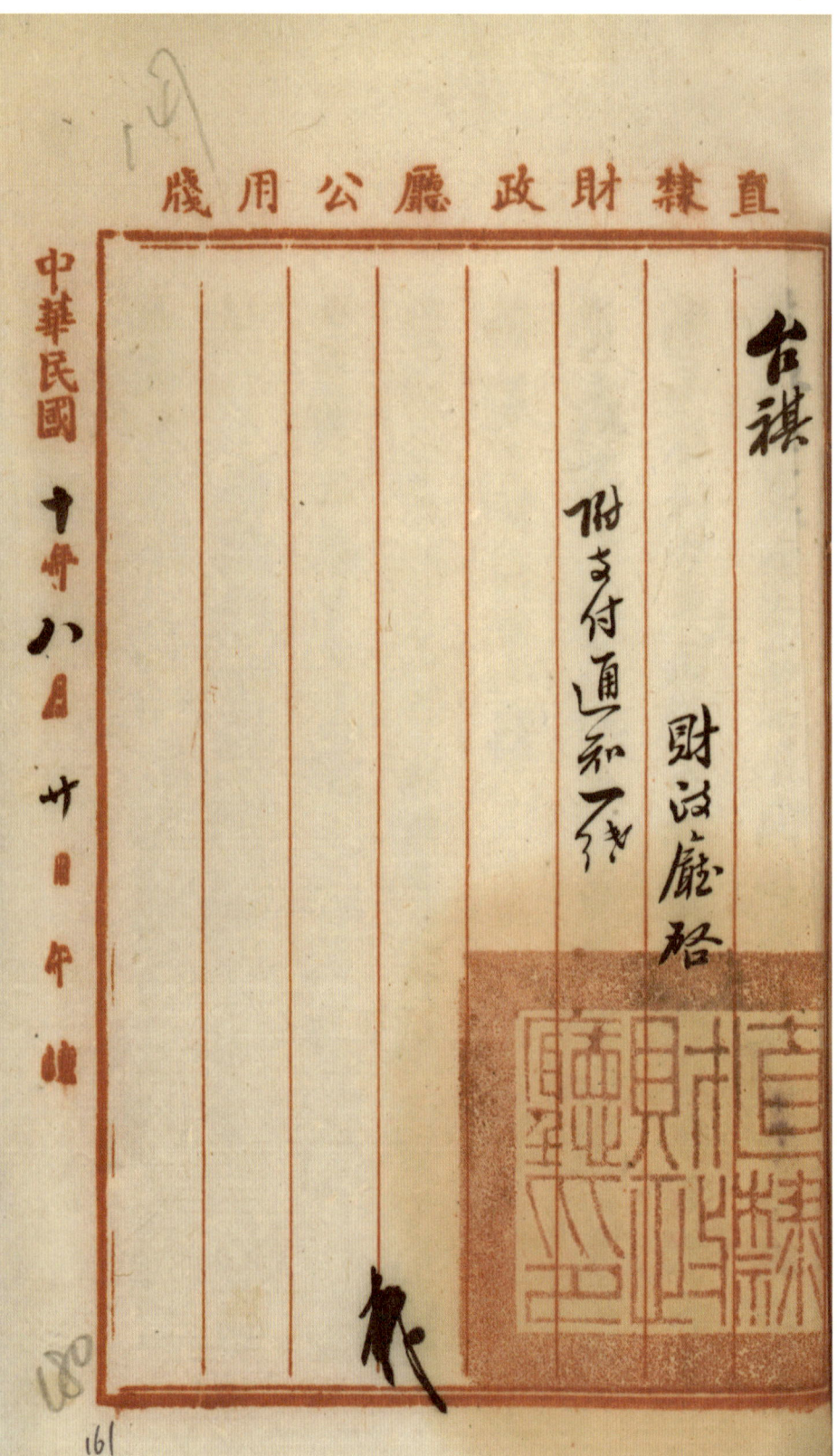

一〇六、直隸省長公署曹錕爲俄國災荒振濟會送捐册募集捐款事訓令天津商會（一九二二年十二月三十一日）

J128-3-5999

直隸省長公署訓令第一6247五號

令天津商會

案准俄國災荒振濟會函開越疆載粟魯齊通告糴之文救災恤鄰秦晉有汎舟之役本年天行眚沴俄遘凶荒乞米書來驚聞內萬錢之價生塵甑破嘆萊蕪一飯之難華離試索輿圖若犬牙之相錯流轉必歸隣壑覺鹿挺之堪虞況我華僑居彼瘠地念同胞於在遠倍切痌瘝論仁政之博施詎能恝置爰標斯義僉集同人普化善緣用回劫運出救異邦之饑殍寔謀邊境之安寧此俄國災荒賑濟會之所由立也惟是就蒲罣越雖進前

因從鼎入齊必資大力業經大會公推我公為本會名譽
副會長灑功德勺波之水即為不二法門散善提一葉之
陰定遍大千世界迺者人道互助退天演於無權國際大
同導和平而為線置趙氏全飢之帶彼歐美已抱義而行
開劉家續命之田我華夏應當仁不讓公乞海納藉揺
國徽又准函開蘇俄北鄰歐俄旱災慘烈災民三千五百
萬人斬木屑為食卧凍雪而僵死亡疫癘傷心慘目
遺棄子女四百餘萬人失養無依尤堪憐憫較之年
來國內災情倍極慘酸被災以來歐美各國早已派
員賚送糧款前往救濟可見慈善事業實為國際
必需之義務況以五年北省災民受領外人賑款至
二千餘萬元之鉅今日恤鄰救災竭力以救援他人乃
見民族之信義是增國際之光榮敝會倡辦俄賑
不敢自辭綿薄衆擎易舉端賴鼎力匡勷茲委
託本會董事張英華主任幹事張廣池王遐跂

託本會董事張英華主任幹事張庸池王道政葉雲表諸君代表本會前赴津門趨聆教益務乞指示進行共襄善舉並送上捐册叁百玖拾陸份懇求代為分送贊助捐募廣期集腋成裘存活被難俄人寔紉公誼各等語除函復並分令外合將捐册令發即便設法籌募並將經募之款送由本署彙解此令

計發　捐册十份

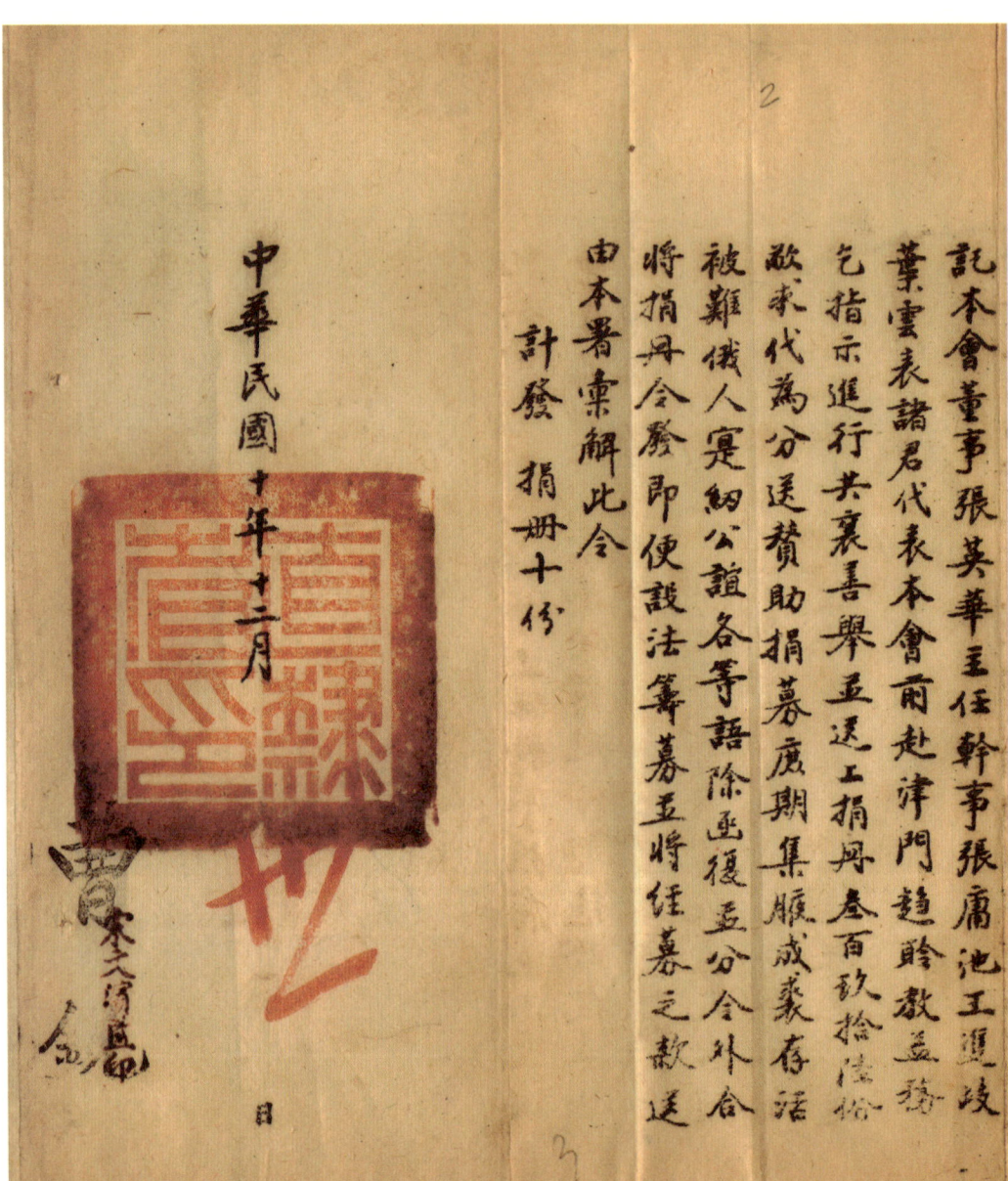

中華民國十年十二月　日

一〇七、張家口中國銀行、交通銀行爲減輕運庫貨物税率及制止現金外溢事復天津中國銀行函（一九二三年十二月三日）

J161-2-443

文書

敬覆者：昨奉

覆函，以華洋商運現往庫一事，經天津銀行公會討論，此事應以陳請政府與俄政府交涉減輕運庫貨物稅率為治本辦法，其值百抽二十之重稅對於美俄各商與華商是否一律，囑查復等因。查庫倫對於往來貨物，無論華商洋商，一律徵收值百抽二十之稅率，運去現金則無須納稅，其現金運回不但須納值百抽二十稅率，而取締甚嚴，其用意實係獎勵現金輸入，抵制輸出。治本之法固在減輕稅率，而現金外溢亦應同時設

中華民國十三年十二月初五日

205

法制止以免地方金融時受牽動特函奉复即希
查照轉复爲荷此致
天津中國銀行

張家口中國銀行
交通銀行啓

十二月三日

206

一〇八、直隸交涉公署爲前由俄領館所發契紙於辦公處注册者仍舊有效事函（一九二四年八月十六日）（推算）

J211-1-529

66

逕復者准八月十二日
来函閲悉一切查前由俄領館所發契紙將來應否更
換新契俟特别第三區市政局訂定新章後再行通知
遵照辦理所有在辦公處註册者仍舊有效無須本署
證明爲此函復即希
查照順頌
公祺

直隸交涉公署啟

八、十六

98

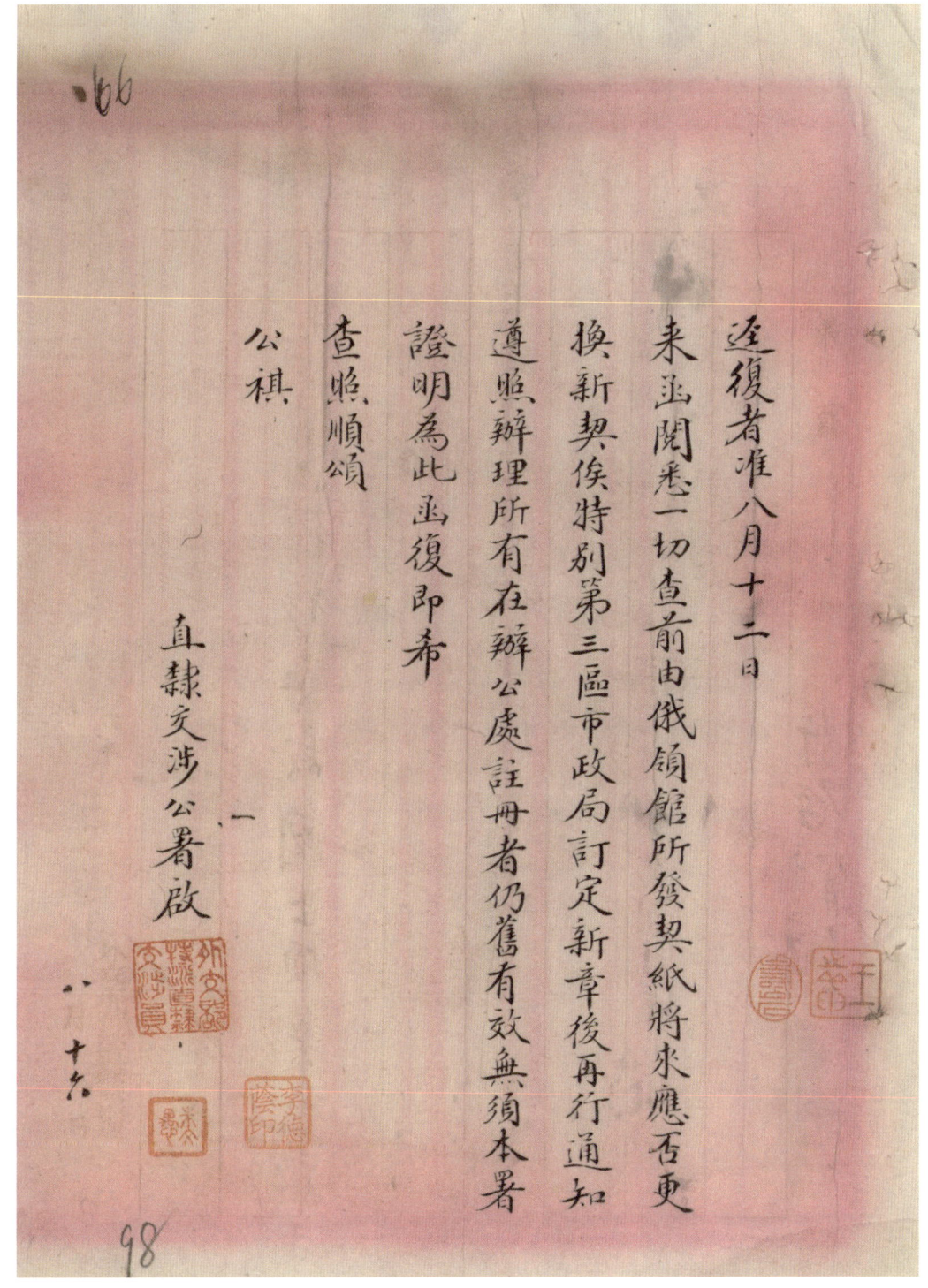

一〇九、農商次長代理部務劉治洲爲外國貨物運經蘇俄國境事訓令天津總商會（一九二五年三月九日）

J128-2-2987

1

農商部訓令第一八二號

令天津總商會

中華民國十四年三月十一日到

准外交部函開准駐俄外交代表咨呈稱據

俄報載俄國國務院公布關于外國貨物運

經蘇俄國境所規定之辦法茲譯成漢文請

察閲等因查前項規定與華商運經蘇俄之貨物至有關係照録譯件函達查照轉知等因前來合即抄録原送譯件令仰該商會知照此令

附抄件

中華民國十四年三月九日

農商次長代理部務劉治洲

楊文郁校對

蘇俄國務院関于外國貨物運経蘇俄國境及海參威辦法之議决案

（載一九二五年一月十一日俄官報　第九號）

第一議决案

蘇維埃社会主義聯邦共和國國務院茲規定外國貨物運経蘇俄國境之辦法如下

（一）外國貨物由蘇俄政府准許轉運之路綫（見第二條）運経蘇俄國境時其出入口関税及特別准許税（指外國貨物欲在蘇俄銷售者須請由蘇俄國外貿易部

之准許收税二成）均免征收運經蘇俄國境之外國貨物对于蘇俄現行之関税規則轉運規則以及其他法律與規則均應一律遵守

（二）有約國貨物准許轉運之路綫准許轉運之貨物種類其出産地之检查以及運經蘇俄國境時之規則及手續均责成國外貿易部與有関此事之机関共同擬定送請勞工國防議案会核准施行

蘇維埃社会主義聯邦共和國務總理烈科夫

蘇維埃社会主義聯邦共和國務院總務科長郭米布諾夫

4

一九二五年一月八日　　莫斯科

第二議決案

蘇維埃社会主義聯邦共和國國務院議決案如下

(一)凡從海路運經海參崴前往滿洲里之外國貨物及自滿洲里運至海參崴放洋之外國貨物均須按照下列數条辦理方能通行

(二)凡本議決案第一条所載之貨物除經税務委員会禁止通行者外經過海參崴時税關應按照該貨運單一律放行

二

5

二

(三)本議決案第一条所指之貨物運經海參崴時須寄放于專為該項貨物所設之貨棧中由稅関加以守護該項貨物未轉運以前並須運至商地工廠改製但由貨棧運往工廠時及改製後運回貨棧時均應由稅関按照規定辦法加以監視並登記原料之數目與改作後所須之數目

(四)除本議決案第三条所指之稅関區域之各貨棧外在海參崴埠單独劃出一特别區域以為建築寄放該項轉運貨物貨棧之用凡裝卸轉運此項貨物之輸

6

5

船停泊該區域時税関並不加以檢查惟由税関監
視其使用該項貨棧是否為轉運之用至于由貨棧
中將貨物運至此區域以外以便改造時均由海參
崴税関按照本議決案第三条之規定予以登記
(註)本議決案第四条所指貨棧其管理法由國外
貿易部與交通部共同規定之
(五)轉運貨物寄放貨棧期限定為一年自貨物裝入貨
棧日起計算在寄放期間運貨者得隨時將貨物裝
包分類堆放或挑選貨樣以及設法預防其損壞等

三

7

三

（注）凡有爆發性及易于燃燒之貨物其寄放之期限減為一月

（六）放入之稅關對于該項轉運之貨機物並不加以檢查惟直接自國外或本議決案第四條所指之貨機放入之時于接收之時按照本議決案第二條之規定檢查其是否可以放行並由運貨者呈驗運單以檢查該項貨物之數目地點標記號碼種類及裝包等項之是否相符如由運單中發現分量與名稱有不合之處或可疑之處得以過磅或檢驗貨物之種類

8

6

(七) 放出之稅關於該項貨物之運到時祇檢查放入稅關所加之標記驗認該貨於火車或貨棧及站台並且查完全與載運單不合時應填寫相當字樣送往放入之稅關以便放入之稅關向鐵路及該關所委託之轉運機關追索賠償

(八) 附屬于稅關之貨棧收存轉運貨物時徵收寄存費按照普通規定減收三分之二以轉運之貨物寄存于不屬于稅關之貨棧時稅關得派人守護應按照普通規定徵收費用以償稅關之守護費

四

9

(九) 轉運貨物一年之寄放期限已過而貨物尚留存于貨棧時限三個月期運出國外免繳國稅及關稅惟在繳三月之寄存費及雜費外三月寬限已滿而尚不運出者貨棧經理處亦未能商得同意繼續存放時該項貨物即由公家拍賣所買主運出國外所得之代價即行扣除寄存費及雜費免繳國稅及關稅條款再行交還運貨主自售貨日起以一年為期

(十) 凡轉運貨物有不向原定地點出發而改作蘇俄

國内之應用者應請須國外貿易部之許可按照普
通規定由税関補征関税及一切捐税

(十一)寄存貨棧之轉運貨物須給予保管證書該項
證書須据為銀行之規定抵押轉授

(十二)関于監護属于税関及其他國家机関貨棧之
命令以及規定税関对于該貨棧貨物辦法之命
令均由税務委員会批准施行

蘇維埃社会主義聯邦共和國國務總理 烈科夫
蘇維埃社会主義聯邦共和國國務院總務科長 郭尔布諾夫

五

莫斯科

一九二四年十二月二十四日

按此件関於商運擬請

鈞部通告哈埠地方長官注意東路主權並佈告華商知照

家鏊謹注

12

一一〇、農商部爲中俄賽會運送各種物品事致實業廳電（一九二五年四月二十六日）

J128-2-2986

27

來報紙 RECEIVING FORM　　中國電報局　　本局號數 JOURNAL NO. 5779

THE CHINESE TELEGRAPH ADMINISTRATION.

局 OFFICE　　北京

由 From	26	附註 REMARKS	交 To
時刻 Time	9 34	6593 0596 6752	時刻 Time
簽名 By			簽名 By

原來號數 TELEGRAM NO.	48 / 3179	等第 CLASS		字數 WORDS	175
發報局 Office from	Peking w60	日期 Date	25	點 H. 22	分 M. 16

Tientsin

1315 實 2814 業 1681 廠 4120 總 0794 會 2585 各 7003 邑 0046 前

0402 准 1120 外 0009 交 6752 部 0428 函 2352 據 7465 駐 6372 赤

1046 塔 4920 總 7320 領 0057 事 0428 函 4468 稱 0761 哈 3642 爾

3453 濱 4693 籌 6586 辦 0022 中 0192 俄 6535 賽 2550 會 2053 我

0948 國 6386 赴 6535 賽 2019 應 7???需 0677 各 0756 品 1353 定

3634 為 0022 中 0948 國 5361 自 5756 製 6663 運 1766 往 5685 蘇

0192 俄 5074 者 7330 飲 2436 料 1172 如 5220 茶 5509 葉 7380 食

2436 料 1172 如 4743 糖 7770 鹽 6258 豆 5756 製 5702 衣 2624 材 0644 及

1172 如 3029 毛 4930 織 3670 物 ??94 愛 0948 國 ???80 布 0644 及

2087 手 1152 套 7245 革 1462 履 4583 等 7352 類 6663 運

5267 至 2974 此 5710 處 1801 必 2589 有 3747 裨 4135 益 6153 請

6567 轉 5887 行 6593 農 0794 會 6752 部 7389 飭 0109 令 0677 各

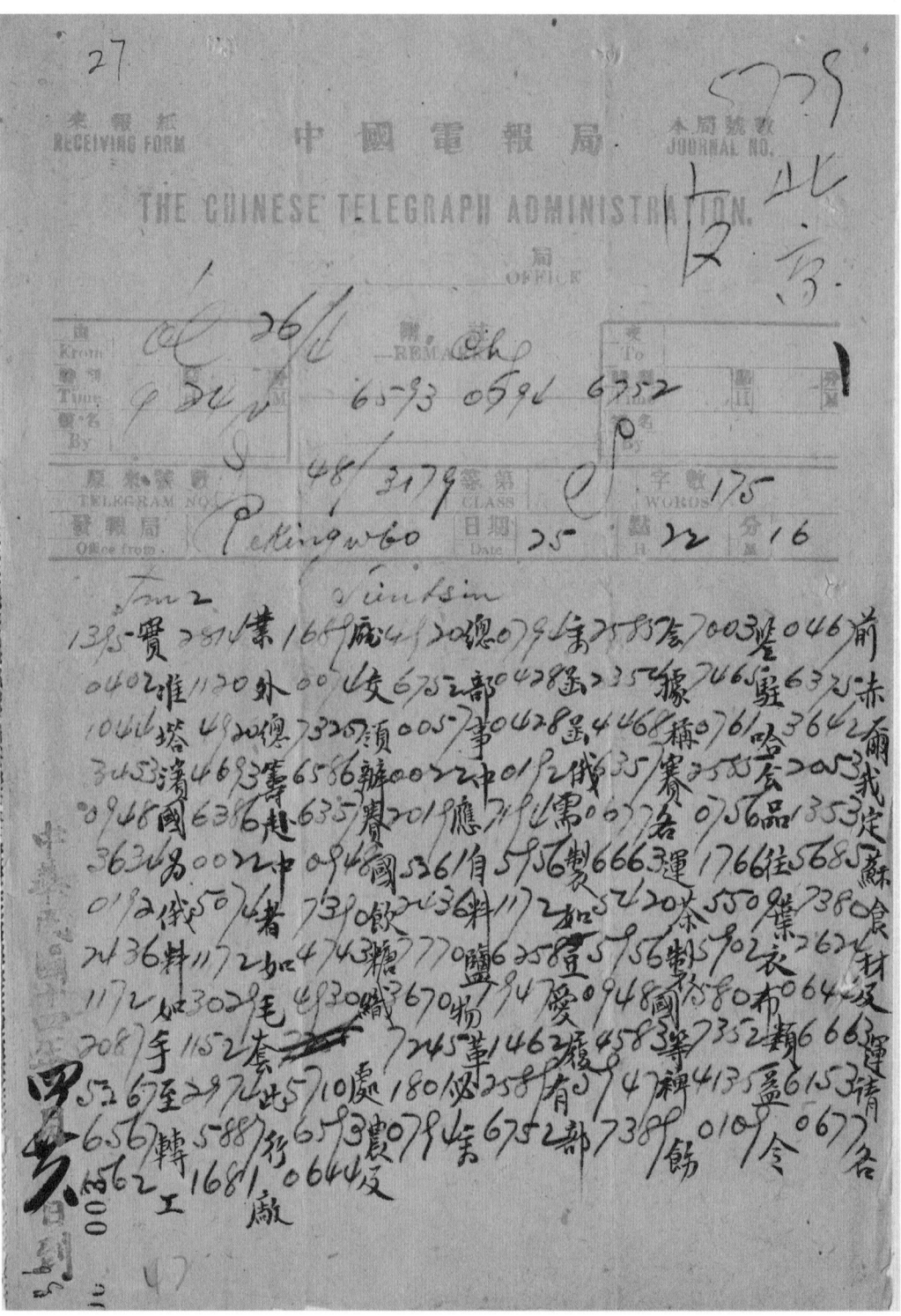

0562 工 1681 廠 0644 及

28　　　　5779

來報紙 RECEIVING FORM　　**中國電報局**　　本局號數 JOURNAL NO.

THE CHINESE TELEGRAPH ADMINISTRATION.

局 OFFICE　71

由 From		附註 REMARKS	交 To	
時刻 Time	點 H　分 M	48	時刻 Time	點 H　分 M
簽名 By			簽名 By	

原來號數 TELEGRAM NO.		等第 CLASS		字數 WORDS	
發報局 Office from		日期 Date		點 H	分 M

11

2483早7315預0271備4583等6133語5417旅1788復0402維
1120外0007交6752部0745咨6622選7465駐0192俄2621李
0108代5903表0672原0428函0001並7070關2456於2974此
2714案1766往0171來0428函0115件6153請2616查3564照
0677各4583等0936因2686查6115該2586會1353定2456於
0063五2588月0001一2480日7030開2585會2514時7035間
1695迫0191促7110除7113電4164着7022長1120外0111仰
0278傳4249知5956製6644造0467前7309項3670物0756品
0677各2814業0467前1766往6366參6357賽6593農0794商
6752部1777徑 Real

004

27　43

一一一、直隸實業廳爲設法搜集物品輸送哈爾濱參加展會事致天津總商會函（一九二五年四月三十日）

J128-2-2986

直隸實業廳公函 天津市

十四年實字第五七六號

中華民國十四年五月一日

逕啓者案據哈尔濵東省文物研究会会長何守仁華股長傅羲年呈稱窃於民國十二年春敝會發起正式成立為中俄合辦事業文物研究機關當開創之初舉行展覽大會陳列兩國物品已有二萬四千四百个餘種遊人縱覽不下數十萬衆觀摩興感為益良多茲者

中俄邦交已復互相貿易往來之事自不容已第思兩國政体不同情勢互殊欲謀經濟結合而達携手互助之真諦必先謀兩國文物接近以收交換知識之實效敝會創办主旨即在乎此又為切近一層起見更由敝會發起中俄互輸物品展覽大會訂於本年夏季開始舉行籌備以來於茲數月唯一重要任務即在搜集所有物品屆期輸送到哈以備陳列而資觀感其關乎兩國國民需要互輸出口之各處物品尤應格外注重盡力搜羅惟以舉办大會地址訂在哈埠距蘇聯較遠故籌備手續在先曾經蘇聯當局力予贊助並通令全國實業機關團体準備物品參加展覽大會迄今蘇聯全國商民霞電參加者不可勝数現又開始籌備中國方面設法搜集各地

36
12

物品以期屆時運哈參加大會惟茲事體大尚無官廳提倡於上僅憑敝會直向各處征求誠恐棉薄之力不足以為號召屆期舉行我方物品參列無幾相形之下殊難為情名為中俄展覽大會實則我為備員言念及此不勝焦急素稔貴廳掌綰實業開發進行著有偉績本屆展覽深資臂助倘得登高一呼嚮應當不乏人前者曾経敝會分別函呈各省官廳以及地方實業團体就近組織參加哈埠中俄互輸物品展覽会委員會聯合搜集地方物品屆期運哈參加大会庶其事易舉而收普及之效貴廳可否通飭所屬仿照施行至於運輸來哈參加展覽之各種物品關稅稅釐各項已蒙中央予以豁免運費問題亦已有酌減之表示不日當可奉到明文總之本屆展覽大会有裨於兩國國交

69

可寧到明文經之本屆展覽大會有裨於兩國々交

補助於兩國實業經濟者至為重大用乞貴廳令行

管境實業機關團体奮起圖之以便參加盛舉所有

令行管境實業機關團体搜集物品輸送來哈各緣

由理合呈請鑒核採納並乞指令施行等情據此除指令

並分行外相應函達

貴會即希查照辦理見復為荷此致

天津總商會

中華民國十四年四月三十日

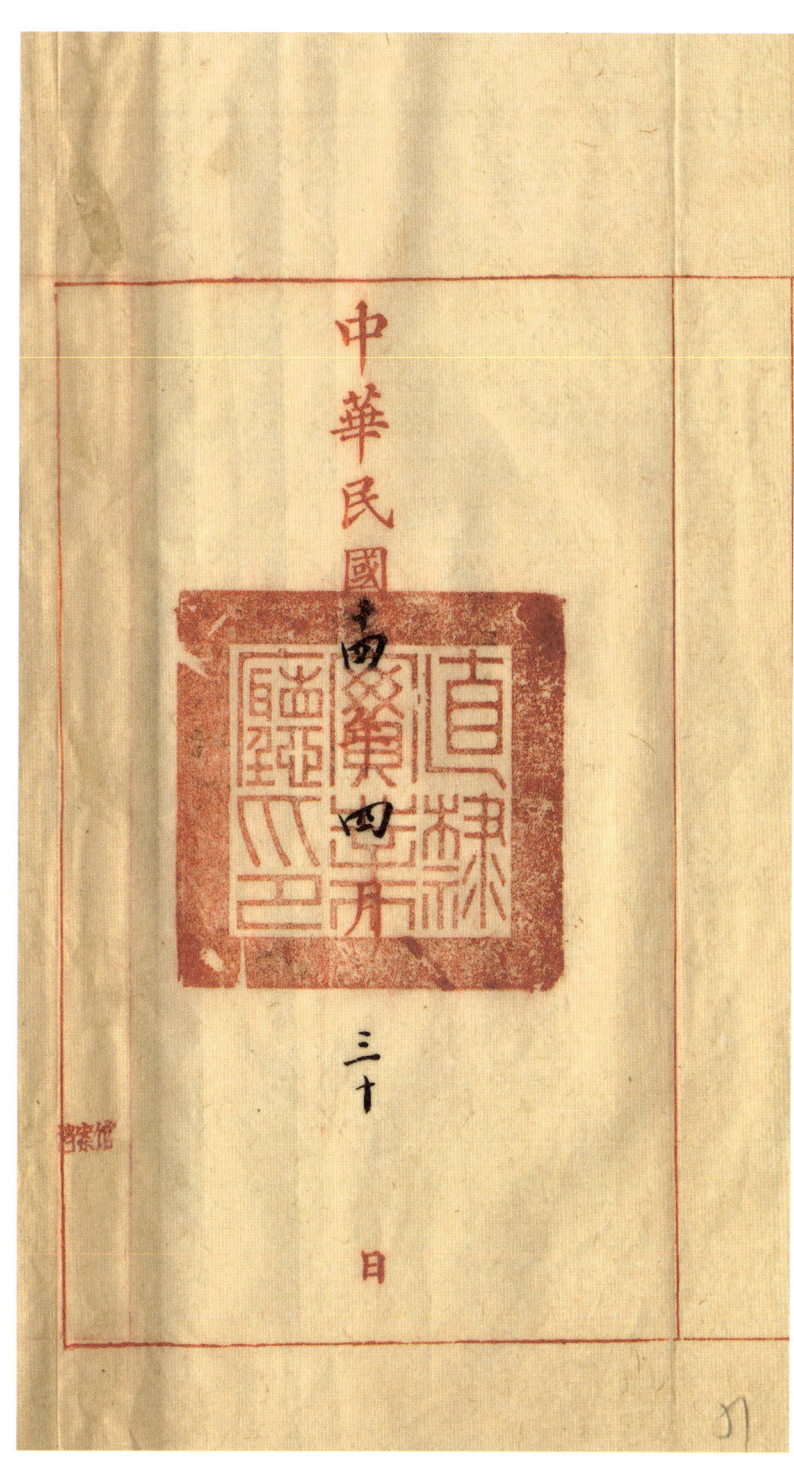

一一二、天津總商會爲搜集物品參加中俄互輸物品展會事致各行商布告（一九二五年五月八日）

J128-2-2986

38

布告

為布告事案准
直隸實業廳函開案據哈爾濱東省
文物研究會云云。為前等因准此查中俄
鄰邦商業已恢復此次該會發起中俄互輸
物品展覽大會實為謀兩國經濟之發展
與精神之結合准函前因合亟布告本埠
各行商等一體知悉如有何項物品欲往陳
列於仰即迅速來會接洽幸勿延誤切切此
布

中華民國十四年五　八

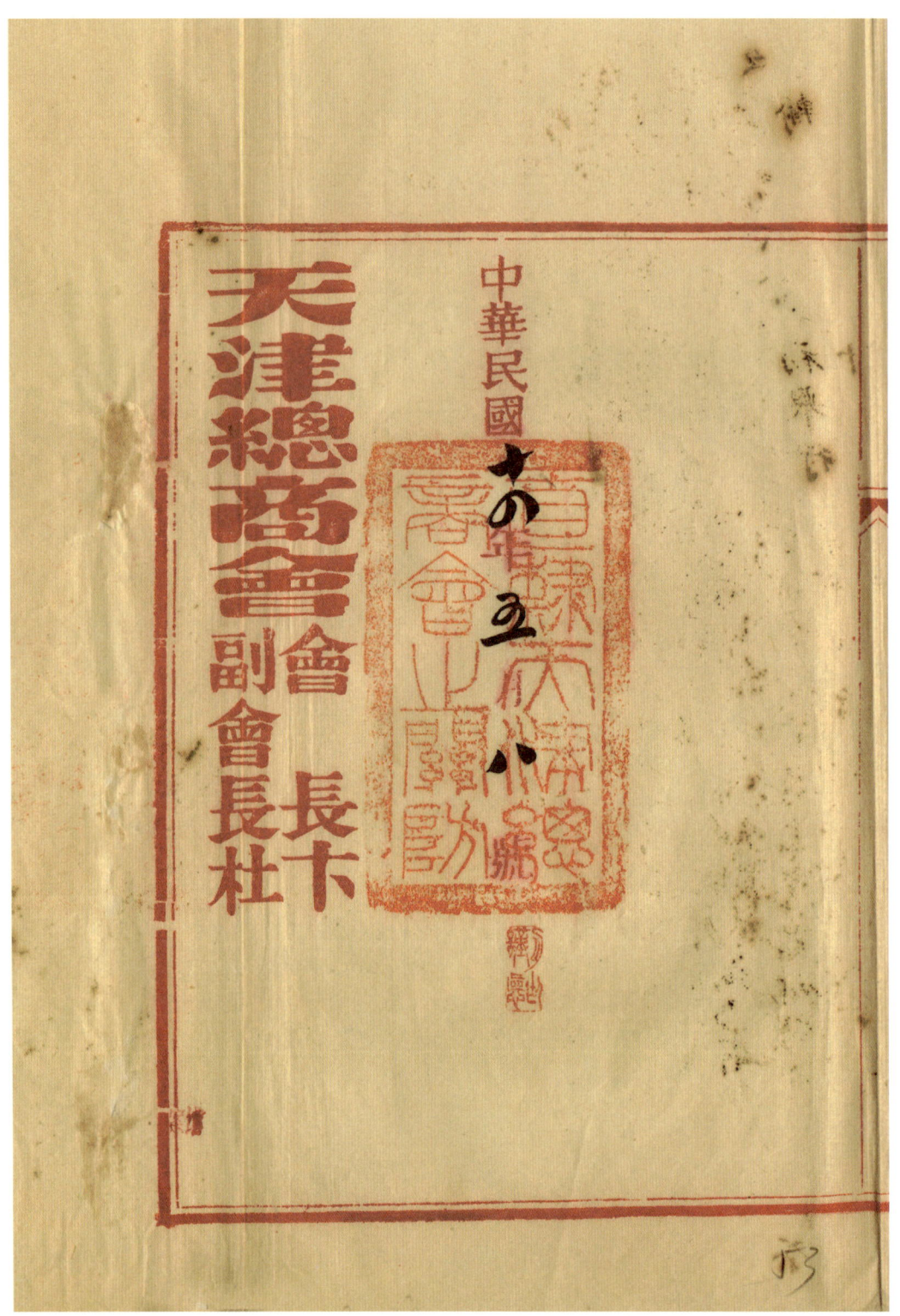

天津總商會
會長卞
副會長杜

一一三、农商部为苏俄尼日尼廓罗特商场函请我国商界前往贸易事训令天津总商会（一九二五年五月十八日）

J128-3-8756

農商部訓令第四六五號

五月廿日

令天津總商會

案准外交部函開准駐俄外交代表咨呈略稱據蘇俄尼日尼廓羅特商場事務處函開蘇聯政府以中俄兩國之商業關係至為重要再從而發展之於兩

國實有裨益而尼日尼廓羅特商場適為發展中
俄商業之良機請轉達貴國商界於本年貿易期
內(自八月一日至九月十五日)前來尼日尼廓羅特商
場貿易等語查此等市集為兩國通有無交換貨
物之場合每年集市一次各國商人皆攜貨樣赴會
交易實為通商之捷徑研究之機會況我國與蘇俄
行將訂立通商條約關于蘇俄產品之種類多寡
商場之交易狀況貨物運輸之手續及費用以及繳
納捐稅之數目但憑傳聞未免錯悞均應實地調
查方可以資應付擬請咨行農商部轉知各商會

趁此機會選派富有經驗之商董帶同各行商人
携帶貨品前往參加研究如何能擴充華貨之関
係至選派何人帶同何種物品價值若干數量多
寡及經由何路前往均請先期知照本處以便轉達
該事務處預備招待等因鈔錄原咨函達查照

3

轉知各商會等因到部查中俄土壤相接彼此商
品之交換需要甚多此次蘇俄尼日尼廓羅特商
場函請我國商界前往貿易既可藉此機會調
查商場之交易情形復可發展我國之對俄貿
易洵于商業前途大有裨益合行抄錄駐俄代

表所咨令仰各該總商會遵照辦理此令

附抄件

中華民國十四年五月十八日

農商次長代理部務

莫德惠

照录駐俄李代表來呈　十四年四月二十七日

為洛呈事，據蘇聯尼日尼廓羅特商場事務處處長馬檔適夫

函開：蘇聯政府以中俄兩國之商業關係至為重要，亟擬提而發

展之，於兩國實有禆益，而尼日尼廓羅特商場適為發展中

俄商業之良機，本處特請鈞座將此意轉達貴國商界，並請

轉布，本年貿易期內（自八月一日至九月十五日）務來尼日尼廓羅特商場

貿易，俾吾人能重見貴國商人於尼日尼廓羅特商場，實深欣幸。

但貴國之原料，如羊毛、皮革、毛皮、駝絨亦能銷暢於商場。我國

工業近來日臻發達，其出產品如織料、器皿、鋼鐵各貨亦可藉此

行銷於貴國，以為原料之交換品，諸此則我兩國之工業益臻繁

國於我兩民族之利益實有裨焉將來貴國商界中於本年歐
來商場貿易者均係何人尚祈預先通知本處俾得另籌設法
使彼等貨物能就近運來俄不致發生困難從之能設法以謀彼
等之利便吾人無不樂為之也特布微忱並將最誠懇之敬意表示
於貴代表之前並請擇此查此等市集為兩國通有無交換貨
物之場合每年集市一次各國商人皆攜貨樣赴會交易實
為通商之捷徑研究之機會況我國與蘇俄行將訂立通商條約
關於蘇俄產品之種類多寡商場交易之狀況貨物運輸之
價值及費用以及於繳納捐稅之數目但憑傳聞未免錯誤仍
需實地調查方可以資應付擬請

飭部咨行農商部飭知各商會趁此機會選派富有經驗之商董帶同各行商人携帶貨品前往參加研究並仿擬充華貨之關係華茶為銷俄最大之品而該司務處偏重提及即如此等繭綢亦復如是此皆關於我國經濟問題亟提出特別注意着其隨時詳報庶可下情上達兼收知己知彼之效此項舉動為借貿易之機會兼以調查形勢為我所益甚大各國逢有此舉彼此往還互相研究無怪商業之日增月盛富強之基胥賴於此至選派何人帶同何種物品價值若干數量多寡及往由何路前往均請先期知照本處以便轉達該司務處預備招待並設法以謀來者之便利除分行

外理合咨呈
鑒核施行，此咨呈

二

一一四、蘇聯出入國境條例（摘要）（一九二五年六月五日）

J2-3-2726

蘇聯出入國境條例（摘要）

第一章 關於入蘇聯國境與出蘇聯國境之規定

甲、入蘇聯國境

第一條：所有外國人民與具有蘇聯國籍之人民，除本條第二節與第六第七兩條所規定之情形外，其進入蘇聯國境之許可憑証，均須由蘇聯外交部、蘇聯駐外全權代表處（按即大（公）使館——譯者註）蘇聯領事館或其他特派之代表團發給之。

具有蘇聯國籍之人民，於本條例公佈後已領有出國護照，並已出蘇联國境者，其未逾期之護照，准作回國入境之用。

本條第一節所稱入境之許可憑証，以於護照上加蓋簽証方式發給之。該項簽証之發給，經蘇联外交部之核准後，由上述各全权代表處、領事館、代表團等依照外交部之訓示簽發之。

第二條：凡從事農業或工業勞動之人民，移來或重返蘇境，其入境許可應依照蘇聯人民委員會一九二五年二月十七日關於勞動國防會議辦理農業與工業勞動者移民事務之常務委員會之命令中規定之程序辦理之。（見一九二五年蘇聯法令彙編第十六號内第一一九條）。

乙.出蘇聯國境

第三條：各盟員共和國人民，及蘇聯籍人民之出國必須持有依照本條例第二章規定程序所發之出國護照。

第四條：居留蘇聯領土内外國人民之持有外交與官員護照者及赴國際會議前來蘇聯各代表團々員之出境，應憑外交部所發簽証，或外交部派駐各盟員共和國人民委員會各全权代表所發簽証以及憑外交部特别授權辦理簽証專員之簽証放行。

第五條：其他旅居蘇聯境内之外國人民，以取得盟員共和國及各自治共和國之内政部或其在各省之直屬机關，或各省之主管机關於其本國護照内加盖之出境簽証，而享受出境權利。

丙.關於多次短期出入國境之規定

第六條：關於發給長期居住邊界地帶人民出入國境，及在特殊場合下出入蘇聯東方國境之許可憑証，（各地市集

等）應根據與各該鄰國所締結之協定，暨外交部會同聯合國家保安局、蘇聯對外貿易部、及盟員共和國內政部所制定之規章辦理之

第七條：外籍船隻停留於蘇聯港口內其船員之登陸及岸上停留，應按照外交部提經人民委員會批准之規則處理之。

第三章　有關本條例之訓令及違犯本條例所發生之責任事項。

第十六條：甲、關於實施本條例頒發訓令之程序

關於第一、二、四、十一、十二各條及第十三条附註中規定事項所發生問題而發之訓令，由外交部諮商聯合國家保安局頒發之；對第二條規定事項，並與勞動國防會議管理移民僑務常務委員會諮商；對十二條規定事項，並與海陸軍部、對外貿易部、文農藝察部及蘇聯國民經濟最高會議諮商。

各盟員共和國內政部当頒發有關本條例第十三、十四及十五各條規定事項各問題之訓令時，其關於第十三條者，有與外交部及聯合國家保安局諮

商之義務，關於第一及第十五各條者有與陸海軍部及聯合國家保安局諸商之義務。

乙、關於違犯本條例之責任

第十七條：違犯本條例之責任依各盟員共和國刑法各有關條款判定之

蘇聯中央執行委員會主席加里寧

蘇聯人民委員會主席雷可夫

蘇聯中央執行委員會秘書托罗據萊夫代

一九二五年六月五日

6

一一五、農商部爲運赴中俄互輸物品展覽會物品免税辦法事訓令天津總商會（一九二五年七月三十日）

J128-2-2986

農商部訓令第六六一號

令天津總商會

案准税務處咨稱酌定中俄互輸物品展覽會展覽物品免税辦法閲於中國各省區運赴該會之展覽物品應仍適用從前中國各處開設展覽會

中華民國十四年七月廿一日到

47

辦法准予免税不必交納保證金即於出品報運時
由經理人向出口海関出具保書載明期限逾限運
回即須照完税銀該貨出口時並須開明物價填
入免單以便稽核至在會售出之品無論官辦商辦
均應補納税項此次中國各省區運會免税物品
應定明自該會開會之日起限期六個月將出品
運回原處如逾期不運回或在會售出即應照章
補納税項咨請查照辦理等因到部合亟令仰
該總商會轉飭各業遵照辦理此令

63

45
48800

中華民國十四年七月卅日

農商次長代理部務

莫德惠

楊文錦校對

王洪祚監印

64

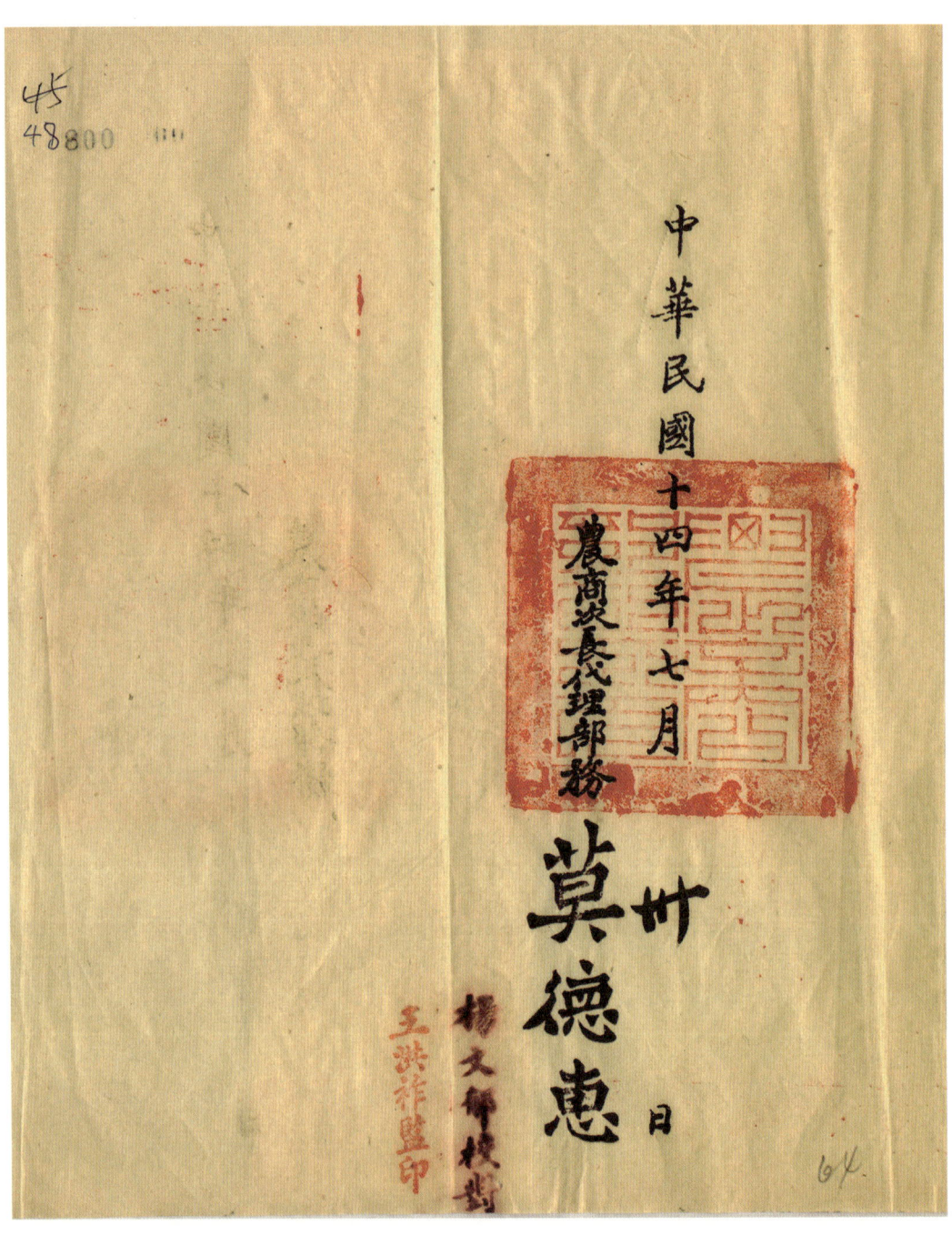

一一六、直隸實業廳爲運赴中俄互輸物品展覽會物品免税辦法事致天津總商會公函（一九二五年八月十三日）

J128-2-2986

附表

直隸實業廳公函　十四年實字第1011號

逕啟者：案奉
農商部訓令內開：案准稅務處咨稱，酌定中俄互輸物品展覽
會展覽物品免稅辦法，關於中國各省區運赴該會之展覽
物品，應仍適用從前中國各處開設展覽會辦法，准予免
稅，不必交納保證金，即於出品報運時由經理人向出口海關
出具保書，載明期限，逾限運回即須照完稅銀；該貨出口時
並須開明物價，填入免單，以便稽核；至在會售出之品，無論
官辦商辦，均應補納稅項。此次中國各省區運會免稅物品，應
定明自該會開會之日起，限期六個月，將出品運回原處，如逾期
不運回或在會售出，即應照章補納稅項。咨請查照辦理等因。
到部，合亟令仰該廳轉飭各業遵照辦理。此令。等因。奉此，查
此案前奉
省長訓令，業經函達在案。茲奉前因，除分行外，相應函達
貴會，即希查照辦理為荷。此致
天津總商會

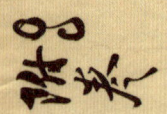

中華民國十四年八月十三日

中華民國十四年八月十三日到

一一七、中國銀行總行總管理處爲與俄國家銀行通匯往來事致津行函（一九二五年十一月十三日）

J161-1-615

管事

中國銀行總行

津行台鑒逕啓者據俄京莫斯科國家銀行來函
請與我行通匯往來旋又據開具條件辦法到處
茲將往來函一併抄請
台閱
尊處如有所需不妨與其往來惟所開條件是否
適宜并
尊處此外有無意見望即
詳為研究一併示復以便復函該行接洽為荷此頌
公綏 附抄件
總管理處啓
中華民國十四年十二月十三日 稽字第一二九號第

中華民國十四年十二月拾四日收到

北京中國銀行
總管理處

BANK OF CHINA.
HEAD OFFICE,

124

Peking, November 12, 1925.

The Managers,
State Bank of the U.S.S.R.
Foreign Department,
Moscow.

Dear Sirs,

I beg to acknowledge receipt of your letter of Sept. 30th., and thank you for the information contained therein.

My bank will be very pleased to open accounts in Mexican Dollars, with your good institution, allowing interest on the daily balance maintained, at the rate of 2% per annum credited half-yearly.

I enclose a list of our Branches in China, and if you should desire to open accounts with any of these Branches, will you please state at which branch and we will endeavour to meet your wishes, and quote our terms for any special type of business.

Should we later require to open accounts with your goodselves in Chervonetz, we will take advantage of your kind offer to do so.

Assuring you of our careful attention to any business you may place with us.

I am, Dear Sirs,
Yours faithfully,

Vice-Governor.

COPY

130
124

Copy. 175

STATE BANK OF THE U. S. S. R.

Moscow, September 30th, 1925.

Bank of China,
Peking.

Dear Sirs,

We have received your wire of the 26th instant reading:

" Telegram noted stop Please mail "
"further particulars Centrobank."

in reply to ours of the 22nd asking you to cable us whether you would be prepared to enter into relations with our institution.

In accordance with your request we have to say that we are desirous of establishing business relations with your good institution for the purpose of transacting business of a general banking nature in China. We propose to open accounts with you preferably in Sterling and Mexican Dollars and should like to know whether you could open accounts in these currencies. If not, in what currency may we maintain an account with you.

Should our offer have your approval, we would kindly ask you to cable as much, sending us your private cypher for authenticating cable messages and your list of specimen signatures, upon which we shall immediately place our account in funds. Please also forward us a list of the terms and conditions you will apply to our accounts, and a list of your Foreign Exchange Correspondents. We shall send you our Book of Authorised Signatures upon receipt of your confirmation.

For information concerning our Bank we would refer you to our good friends

Lloyds Bank Ltd., London,
Midland Bank Ltd., "
Equitable Trust Co. of New York, London.

We take advantage of this opportunity to place our services at your disposal for any business you may have to transact in this country, and can especially offer you the efficient service of our Remittance Department for effecting your payment orders throughout the U.S.S.R. Enclosed please find a copy of circular dated September 1925 signed by the Russian Banks setting forth our terms and conditions for

270 131

126

effecting remittances. You will see that our terms for money orders in chervontzi are very favourable, and it would give us pleasure to open a Chervonetz Account in your name on our books which would be governed by the conditions as per the enclosed List. We could if you desire open accounts in your name also in Sterling and/or U.S. currency.

We wish to add that it has been our desire to establish correspondent relations in China with a purely Chinese bank and considering your bank as such it would give us added pleasure to enter into business with your good institution.

We are forwarding you under separate cover certain literature concerning our Bank the perusal of which may interest you.

Trusting to hear early news of you,

We are, dear Sirs,

Yours faithfully,

STATE BANK OF THE U.S.S.R.,

Foreign Department.

13/132

127

TO OUR FOREIGN CORRESPONDENTS.

Supplementing our uniform Remittance Tariff of September 1925 please take note that all chervontzi payments to the debit of our correspondents' chervonetz accounts on our books will be effected free of commission.

A printed copy of the above Tariff, including this point, will be sent you when ready.

STATE BANK OF THE U.S.S.R.
BANK FOR FOREIGN TRADE U.S.S.R.
COMMERCIAL & INDUSTRIAL BANK U.S.S.R.
ALL-RUSSIAN COOPERATIVE BANK.
MOSCOW CITY BANK.
MOSCOW COMMERCIAL & INDUSTRIAL SOCIETY OF MUTUAL CREDIT.
COMMUNAL BANK OF LENINGRAD.

172/133

128

Moscow, September 1925.

TO OUR FOREIGN CORRESPONDENT:

The undersigned Banks have agreed, as from November 1st 1925, to make certain amendments in their uniform Tariff for Remittances dated December 1st 1924.

These amendments,as you will see from the revised circular hereto attached, concdrn remittances which are expressed in foreign currency and payable in the currency of the U.S.S.R., for which an extra commission will be charged.

In taking this decision the banks of the U.S.S.R. have not pursued the aim of deriving additional profits from the remittance business, neither have they intended in any way to restrict remittances to the U.S.S.R., since transfers expressed in Chervontzi will be effected free of commission as heretofore.

The undersigned have considered the time ripe for having remittances expressed in the currency of the country on which they are issued, as is customary among all countries with a stable currancy system.

The success of the Monetary Reform, and the stability of the U.S.S.R. currency in relation to gold, combined with the fact that the Chervonetz is now quoted on five foreign exchanges, is sufficient guarantee that the interests of the remitters will not suffer as a result of the above decision.

We trust that on your part you will lend us your cooperation in developong the business of remittances expressed in Chervontzi, by explaining to your clientelle the safety of making such transfers, and the reasons which have induced us to establish the commission in question on transfers expressed in foreign currency.

STATE BANK OF THE U.S.S.R.
BANK FOR FOREIGN YRADE U.S.S.R.
COMMERCIAL & INDUSTRIAL BANK U.S.S.R.
ALL-RUSSIAN COOPERATIVE BANK.
MOSCOW COMMERCIAL & INDUSTRIAL SOCIETY OF MUTUAL CREDIT.
MOSCOW CITY BANK.
COMMUNAL BANK OF LENINGRAD.

133 134

19

Moscow, September 1925

R E M I T T A N C E S T O T H E U. S. S. R.

CONDITIONS AND CHARGES.

The undersigned Banks have jointly agreed to apply the following uniform conditions and charges to all their correspondent as from November 1st 1925. All tariffs, terms and charges hitherto applied by the said Banks to their correspondents for the services herein specified are hereby cancelled:-

1. Payment orders and cheques payable in actual foreign currency must be expressed in dollars or sterling only.

2. Payment orders and cheques payable in foreign currency may be issued for any amount. We, however, undertake to pay in actual dollar currency only sums multiple of 5 dollars and in actual sterling only full pounds. We reserve ourselves the right of paying the balance of the order which is not multiple of five dollars, and shillings and pence in Russian currency.

3. In the event of a temporary shortage of dollar or sterling currency, we reserve ourselves the right of substituting dollars for sterling, and vice versa, at the London rate of the day.

4. a) Orders (mail, cable and cheques) payable to the charg of our correspondents' accounts on our books (Loro) will be debited for the sum of the order plus our commission and charges, value date on receipt by us of the orders or advices.

b) In respect of orders (mail, cable and cheques) issue to the credit of our account with our correspondents (Nostro) the sum of the order plus our commission and charges must be credited to our account value day of the issue of the order.

OUR COMMISSION AND CHARGES ARE AS FOLLOWS:

5. Money orders and cheques payable in foreign currency: in Moscow and Leningrad.......1%, minimum 50 cents or 2/-.

6. Money orders and cheques payable in foreign currency in all other places in the U.S.S.R:-

a) not exceeding \$500 or £100.....2%, minimum 50 cents or 2/-

b) above \$500 or £100....1%, minimum \$10 or £2.

7. Money orders and cheques expressed in foreign currency and payable in Chervontzi:

a) in Moscow and Leningrad ½%, minimum 50 dents or 2/-

b) other places in the U.S.S.R:

146/135

130

not exceeding $500 or £100....⅛%, minimum 50 cents or 2/-
above $500 or £100 ....⅛% min.$5 or £1.
Note:- Transfers are credited to the beneficiary's account on our books in foreign currency free of commission.
For payments from beneficiary's current account on our books: In Chervontzi- ¼% commission. In Foreign Currency-1%.

8. Money orders and cheques expressed and payable in Chervontzi not exceeding Ch.20:
25 cents or 1/- or 50 copecks per order or cheque.
For sums exceeding Ch.20: Franco.
Note:- Transfers credited to beneficiary's Chervonetz account as well as payments from this account- free of commission.

9. For the purpose of payment orders and cheques expressed and payable in chervonetz placed to the credit of our account with our correspondents (Nostro) and exceeding $100 or £20 in value, chervontzi may be purchased from us at the last Moscow rate.

10. For money orders and cheques expressed and payable in chervontzi issued to the credit of our account with our correspondents (Nostro) and not exceeding $100 or £20 in value, our account should be credited at the fixed rate of Chervonetz 1= $5.15 (or the counter value in sterling). This fixed rate holds good until December 31st 1925, and is subject to revision every three months.

11. Money orders and cheques expressed in dollars or sterling, but payable in chervontzi, will be paid at the buying rate on the day the order is effected or cheque paid.

12. We make no special charge for postal expenses, nor may our correspondents charge us for their postal expenses.
For cable transfers to be effected by us by telegram we charge $2 or 8/- or 4 roubles for the cost of the telegram.

13. Cable transfers payable in actual foreign currency can be accepted only for places where we have branches. Cable transfers payable in chervontzi may be accepted in all places in the U.S.S.R. where there are telegraphic offices.
Note:- Cable transfers will be effected by us by mail unless it is expressly stated that they are to be effected by telegram.

14. If a money order is not accepted by us for execution because the name or address of the beneficiary is incorrect or not clear, and after enquiry of our correspondents is cancelled, the sum of the order and our commission will be returned to the correspondent value the original date we received credit, except for our cancellation charge of 25 cents or 1/- or 50 cop., which is to be credited to our account.

15. If, however, the order is accepted by us for execution and, for causes not depending upon ourselves, is subsequently cancelled, the sum of the order will be returned to our correspondents value date of our advice of cancellation, but not our commission, which is to remain to our credit.

STATE BANK OF THE U.S.S.R. BANK FOR FOREIGN TRADE U.S.S.R.
COMMERCIAL & INDUSTRIAL BANK USSR. ALL-RUSSIAN COOPERATIVE BANK.
MOSCOW CITY BANK. COMMUNAL BANK OF LENINGRAD
MOSCOW COMMERCIAL & INDUSTRIAL SOCIETY OF MUTUAL CREDIT.

136

STATE BANK OF THE U.S.S.R.

131 Foreign Department

Moscow, Neglinny Proesd, 12.

CHERVONETZ ACCOUNT CONDITIONS of ACCOUNT

For Bank of China, Peking.

1.	Commission on turnover:	Franco
	Minimum free balance on account:	Ch. 100.-
	Interest (until further notice):	Credit 4%. Debit-by arrangement
2.	Remittances:-	
	by mail:	Value compensated
	by cable:	ditto
3.	Payments:	See special Tariff for Remittance to the U.S.S.R.
4.	Clean Letters of Credit and Circular Notes:	Same as Payments. See special Tariff for Remittances to the U.S.S.R. Debit value date of payment
5.	Documentary Credits:-	
	a) payable in Chervontz:	Moscow: 1/8% Other places: do plus 1‰
	b) payable in foreign currency:	Moscow: Other places:
	c) for confirmation:	1‰ (1 per mille)per month.
		(a–c) plus porto & telegraphic charges.
6.	Collections (i):-	
	a) clean bills and cheques:	Moscow: Franco Other places:1‰ minim. 50 cop.
	b) documents unaccompanied by drafts:	Moscow: Franco Other places 2‰
	c) documentary bills and cheques:	Moscow: Franco Other places: 2‰
		(a–c) value working day following collection.

137

132

Collections (ii) (If proceeds are to be remitted by foreign draft):-

a) clean bills and cheques:	Moscow: Other places:
b) documents unaccompanied by drafts:	Moscow: Other places:
c) documentary bills and cheques:	Moscow: Other places:

138 ~~147~~

一一八、交通部爲各種風變未來之徵兆懸挂標志飭航商知照事訓令津海關監督（一九二五年十一月二十七日）

W1-1-906

3

交通部訓令第二九四九號

3

交通部訓令

令津海關監督

准外交部函開准蘇俄大使館函開茲將各種風變如大風及暴天氣未來之徵兆懸掛標誌各種通知請轉飭關係各機關知照等因相應鈔錄原件並譯文函達查照等因到部除分

4

行外合亟照錄外交部來函並附件令仰該監督通告各航

商一體遵照此令

附抄件一

總務
次要

津字第1022號

中華民國十二月廿四日

中華民國十四年十一月廿七日

交通總長葉恭綽

監印顧德潛

6

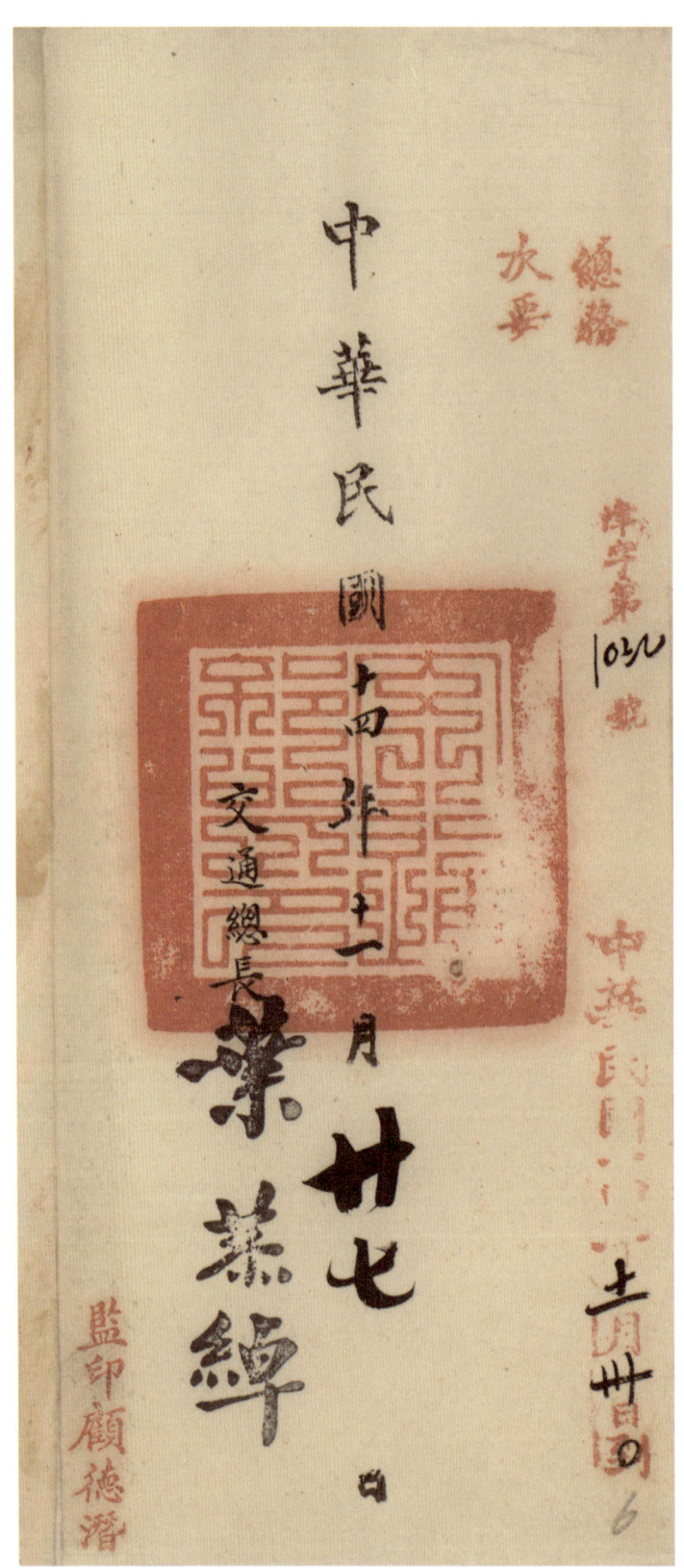

4

第　頁

照錄蘇聯大使館來函　一九二五年十二月二十一日

並將各種風變於大風及暴天氣未來之徵兆懸掛標誌各種遍知

貴部轉飭關係機關知照可也　此致

中華民國外交部

交通公佈　上四四號　一九二五年五月二十八日

懸掛標誌預報風變以上標誌各種形式為預指天氣應日夜懸掛俱依中央觀象局之指示凡總局分局俱由本年五月一日起實行

自實行之日起所有從前一切標誌均無效

7

懸掛標誌各處

一、通商口岸

二、中央海軍管理事務所依灯塔相近之處設立

三、蘇聯水路測量事務局

四、中央事務局水上救護局

五、引港處漁務處及其他各種機關及中央轄運

交通委員處所屬之各種機關各處觀象局

以上各處應分發必要之指示於各懸掛標誌處

所

各種標誌

第　页

一三角之高度应與其底之直徑相等即高三尺
二安置灯火於兩旁边之三角上底與高俱三尺
三懸双標誌時其距離與三角之高度相等即三尺

日間　黑三角
夜間　紅灯

標誌解釋

一大风方向西北
二西南
三东北
四东南

五未來之暴烈天氣

10

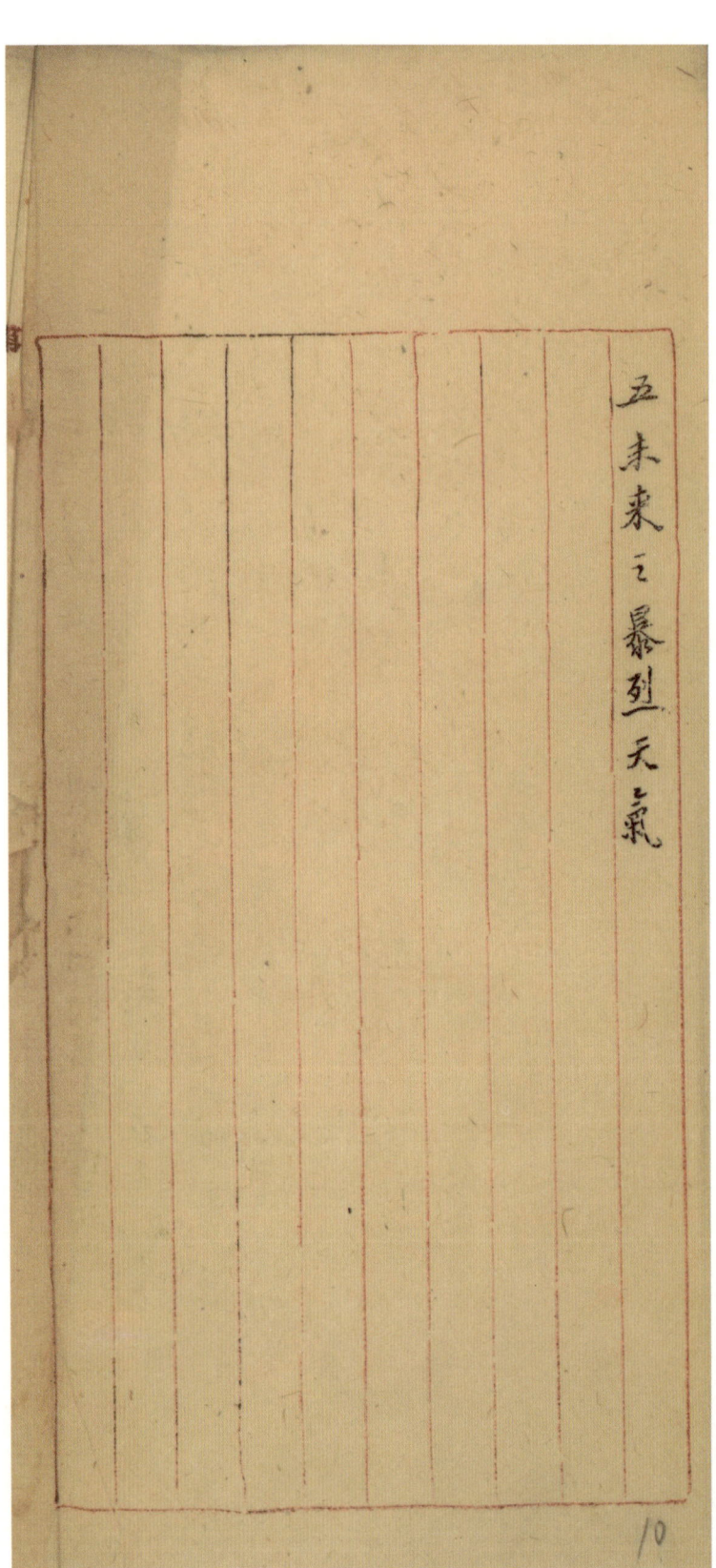

41

第　頁

照抄外交部函

逕啓者准蘇聯大使館函開茲將各種風變如大風及暴天氣未來之徵兆懸掛標誌各種通知請轉飭關係機關知照茲因除分函稅務處外相應鈔錄原件並譯文函達貴部查照此致

附抄件

交通部抄件紙

11

一一九、津海關監督公署爲各種風變未來之徵兆懸挂標志事致海關魏税司函（一九二五年十一月三十日）

W1-1-906

5

未照

津海關監督公署稿

科字第號為遵部令各種風變未來之徵兆懸挂標誌由

呈
佈
咨

函海關稅務司
批
令

監督祁

謹代行

月卅日

年月日午時分文到
年月日午時分判行

年月日午時分發科
年月日午時分簽印

年十一月卅日午時分送稿
年十二月九日午時分發行

12

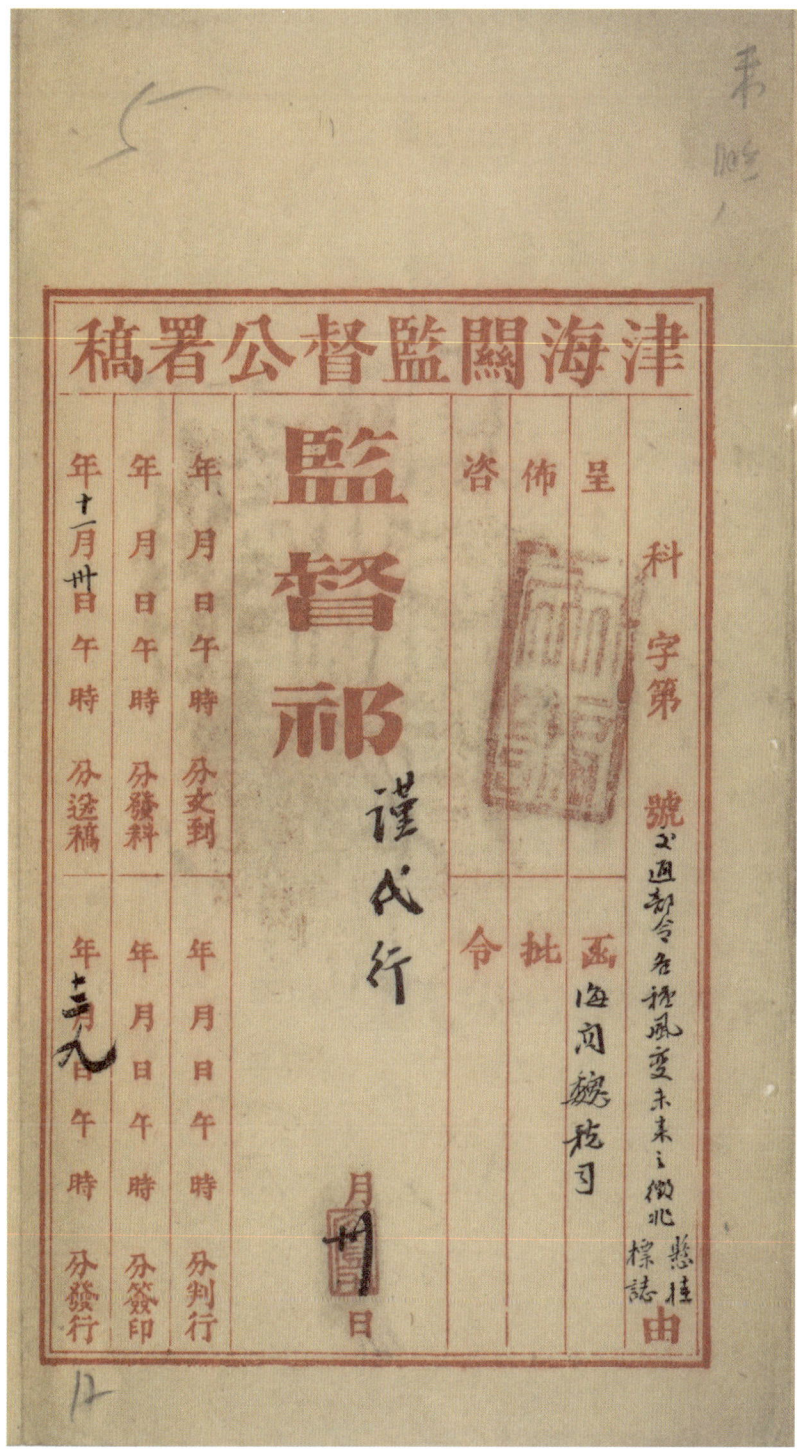

敬啓者，案奉

交通部第二九四九號訓令，內開：准外交部函開云云，此

令。附抄件等因，奉此，相應抄案函達

貴稅司，請煩查照，轉飭各航商一體遵照為荷。專泐，

順頌

升祺。

附抄件

祁　敬啓　第[illegible]號

科長 胡寶善 核

科員 劉鎮疆 擬

中華民國十四年十一月廿 日

監印 李方召

校對

錄事 黃樹模 繕

14

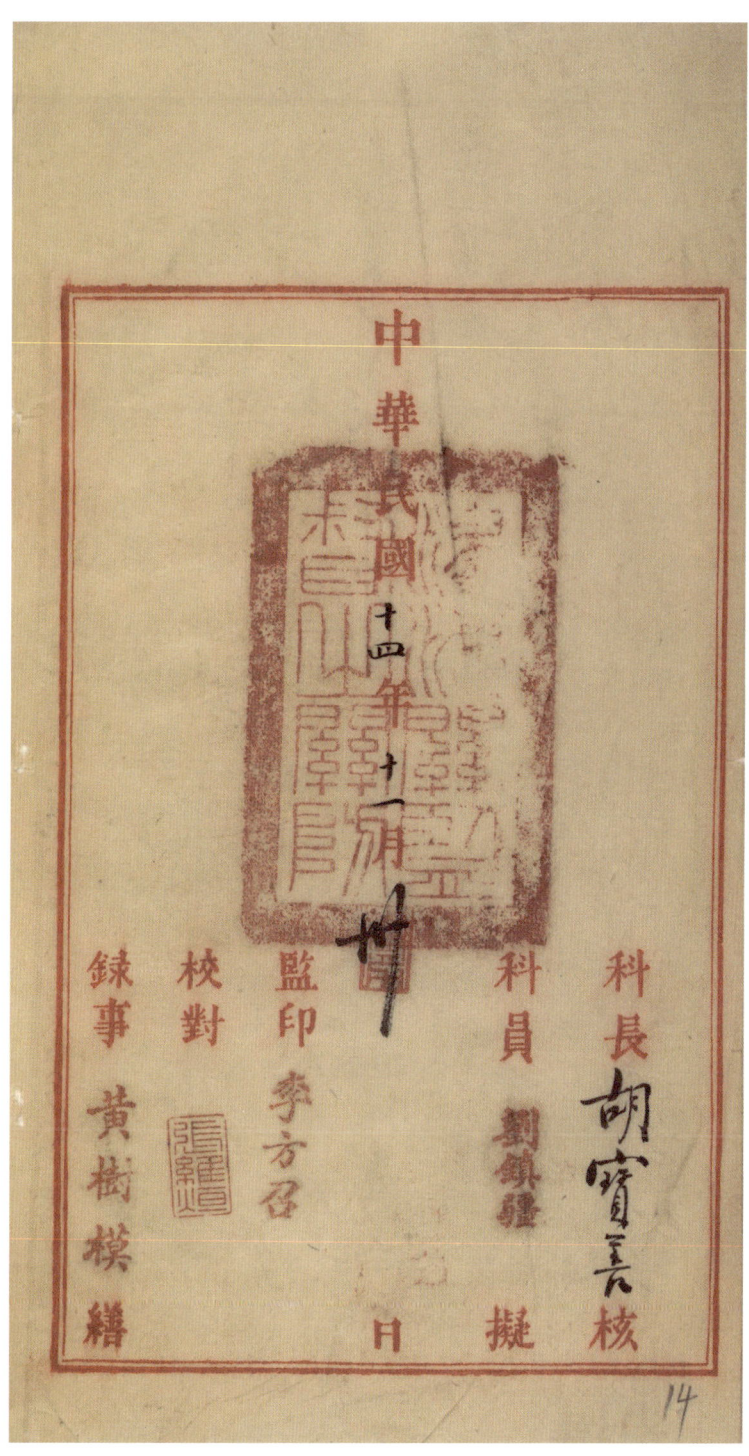

一二〇、中華全國商會聯合會爲盧布乃中俄會議交涉先決問題事致天津總商會函（一九二五年十二月三十日）

J128-2-197

114

選欽者據本會新疆駐京評議苗洪發等提議據盧布乃中俄會議交涉先決問題一案內稱中俄會議開幕已久關係各案迄未解決最重要者盧布問題東清鐵路宗宗要案其要中之要竊維盧布查盧布之損失幾遍全國國民之蕩家敗產投河覓井不計其數茲際中俄會議解決兩國懸案之時本席認為盧布乃中俄交涉惟一先決問題若不先解決盧布損失俾我國人民得美滿結果者請大會通電全國一致力爭外並懇呈請政府停止會議取消協定斷絕邦交圖國本而抒民怨也特此提議云云等因當於本月十二日提出評議會第十八次常會討論結果僉以此次中俄會議所欲解決之各種問題均與各國有絕大關係而盧布一項尤為我商民直接最感痛苦者果彼國表示誠

中華民國十三年一月二日到

171

114

國本而抒民怨也特此提議云云等因當於本月十二日提
出評議會第十八次常會討論結果僉以此次中俄會
議所欲解決之各種問題均與各國有絶大關係而盧
布一項尤為我商民直接最感痛苦者果彼國表示誠
意當以恢復國際信用為前提自應迅行解決以滿足我
商民迫切希望否則於國際信用尚且不顧其他問題能
否本相互公平原則以相周旋殊滋疑竇質言之即盧布
要案然方若不速籌適當辦法即係對於我國毫無誠
意便無會議之餘地且須據嚴重方策以資應付經議
決據案照轉一致通過即希
查照辦理此致
天津　總商會

中華全國商會聯合會
啟　十二月廿日

172

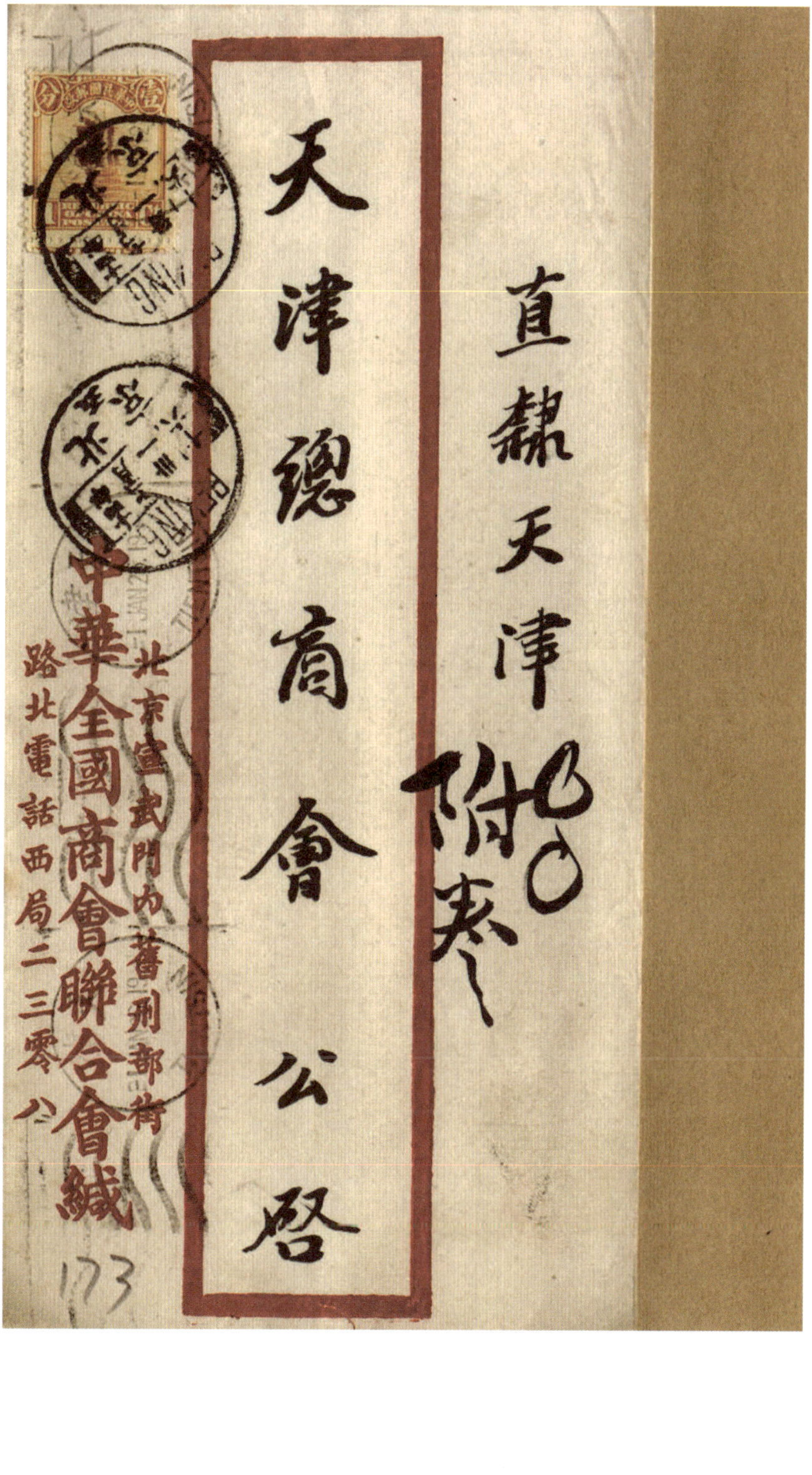
直隸天津
天津總商會公啓
北京宣武門內舊刑部街路北電話西局二三零八
中華全國商會聯合會緘
173

一二一、王慰三等爲設立臨時研究中俄通商專門委員會提案（一九二五年）（推算）

J128-2-1029

擬於本會內設臨時研究中俄通商專門委員會案

提出者王懋三　徐鵬志　王會卿

連署者徐是法　苗然沛　張繼宗　王文典　曹毓九

陳慶第　王慶泰　余名銓　袁進業

為提議事中俄通商關係重要與政治及經濟主義不同之國家定約尤不可不於事前詳慎研究以免喫虧之悔擬於本會內特設臨時專門委員以資詳細研究即定名為中華全國商會聯合會臨時研究中俄通商專門委員會專承大會之委託研究關於中俄通商事項有建議權無表決權表決之權屬之大會以清權限置委員若干人

由會員中推選設臨時主任一人由委員中公推并得由會長於會外有此項學識經驗者聘任臨時專門委員數人商承大會意旨共同研究其議事細則另行規定所有擬設臨時研究中俄通商專門委員會緣由是否有當敬候

公決

一二二、交通部爲各種風變未來之徵兆懸挂標志製圖事訓令津海關監督　（一九二六年三月三日）

W1-1-906

7

交通部訓令第四三六號

閱

15

交通部訓令

令津海關監督

查外交部轉送蘇俄大使館之各種風變懸掛標誌函件
一案本部業於上年十二月間照錄外交部來函並附件令仰
各該監督通告各航商遵照在案旋據膠海關監督呈

16

稱附件開列各種標誌未能明晰係用何種形式亦未繪圖
說明呈乞令遵等情到部查外交部所送風變標誌之
原圖本部業已照圖製就除分行外合亟檢同製圖一份
令仰各該監督轉發遵照此令

附圖一份

17

總務次長

津　收

十五年三　八日

中華民國十五年三月三日

交通總長龔心湛

監印顧德潛

18

NN. d'ordre	Le jour cones noirs:	La nuit feux rouges:	Signification des signaux:
1.			Grard vent est attendu du Nord - Ouest.
2			du Sud - ouest.
3.			du Nord - Est.
4			du Sud - Est.
5			Ouragan a attendre.

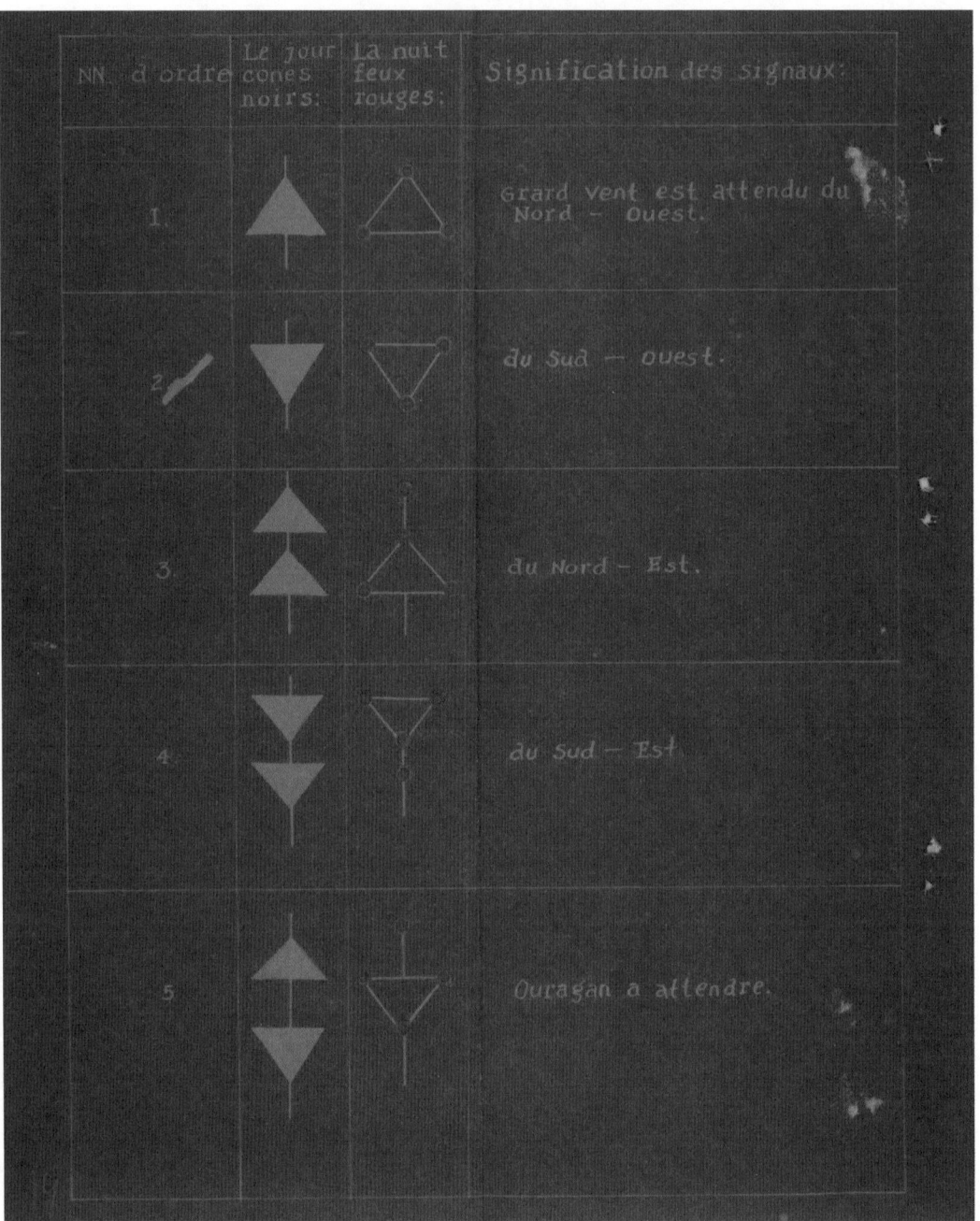

一二三、津海關監督公署爲函送蘇俄大使館之各種風變懸挂標志及附圖事致海關魏税司函（一九二六年三月六日）

W1-1-906

9

津海關監督公署稿

總務科　字第　號

由　函送蘇俄大使館之各種風變懸標誌圖請查照辦理

呈

函　海關魏稅司

佈

批

咨

令

監督王

行

三月八日

年月日午時分文到

年月日午時分判行

年月日午時分發科

年月十五日午時分簽印

十五年三月六日午時分送稿

年月日午時分發行

20

敬啓者案奉
交通部令開查外交部轉送蘇俄大使館之各種風變懸掛標誌函件一案云云此令附圖一份等因奉此相應檢同前項製圖一份函送
貴稅司請煩查照辦理爲荷専泐順頌
升祺

王

敬啓第　　號

附圖一份

21

科長　　核

科員　　擬

中華民國十五年三月六日

監印

校對

錄事　曹文華繕

22

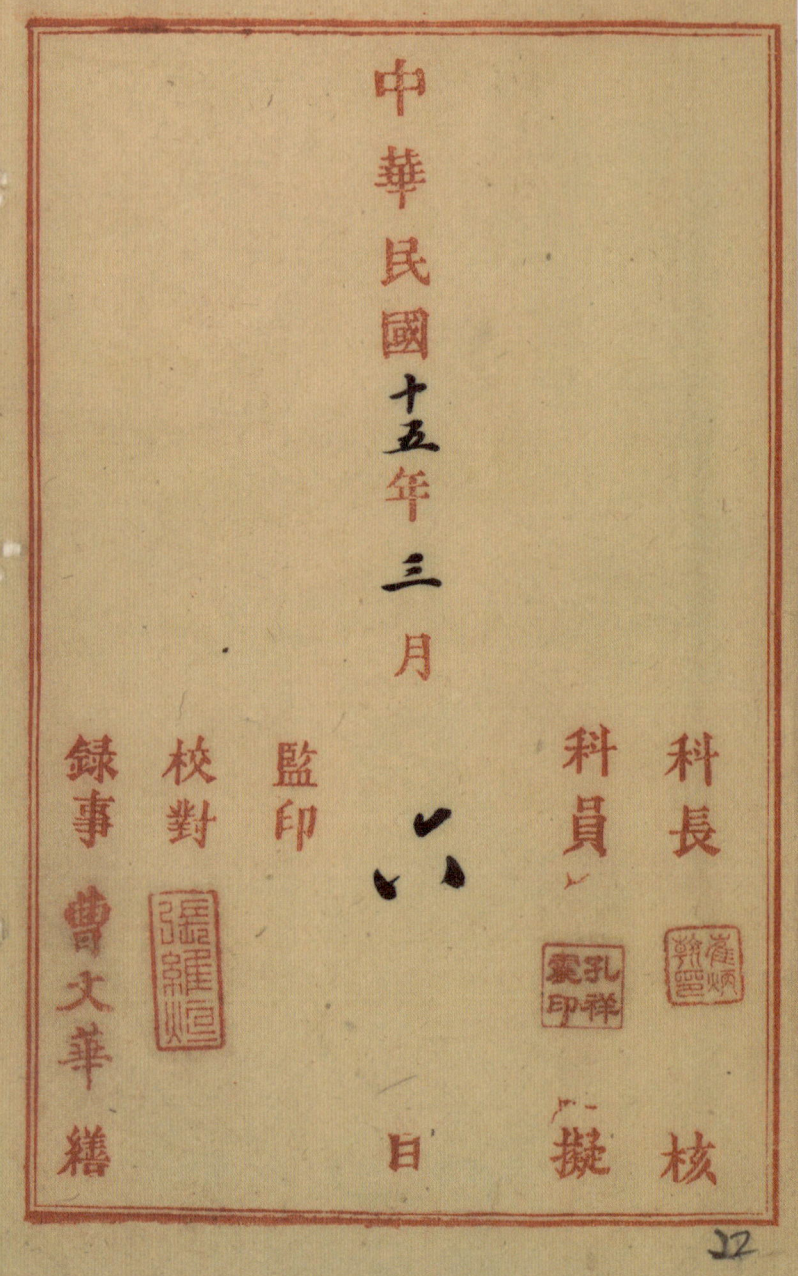

NN. d'ordre	Le jour cones noirs:	La nuit feux rouges:	Signification des signaux:
1.			Grand vent est attendu du Nord - Ouest.
2.		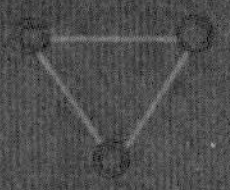	du Sud — Ouest.
3.		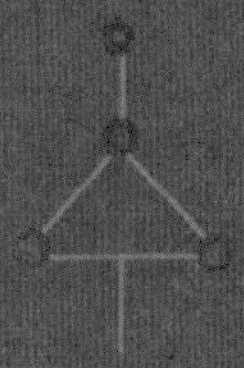	du Nord — Est.
4.		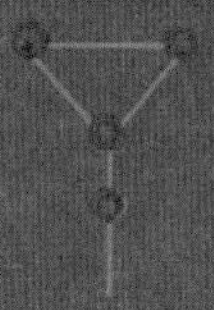	du Sud — Est.
5.		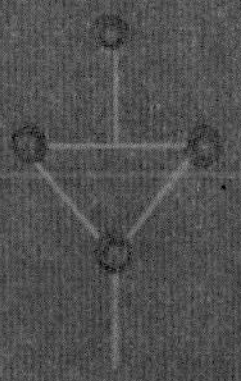	Ouragan a attendre,

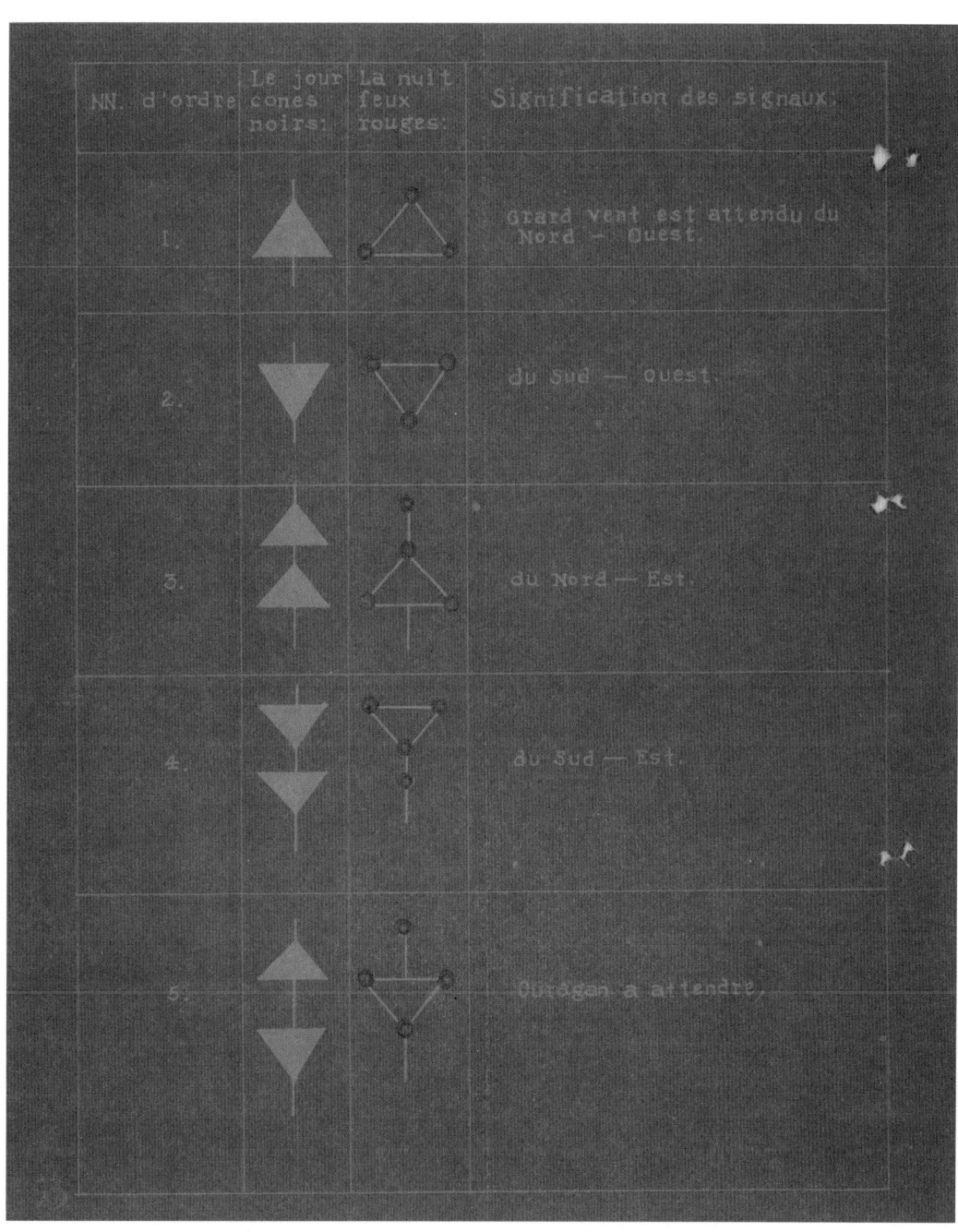

一二四、天津中國銀行爲俄商押借款項逾期請扣留貨物包裹事致直隸郵務管理局函（一九二七年一月二十一日）

J161-2-645

58

請照用

百二十五

逕啟者查俄商寇〻文 M. Kokourin 前以（文）由西寧等處（郵局）寄津之洋
腸旱獺灰鼠等項貨物[redacted]之包裹共計三百玖拾件向敝行押
借款項此項借款逾期已久該商尚未歸還其抵押之[redacted]貨物包
裹亦（日中匯郵匯）至今尚未（運津）到津敝行為舉回債權起見業已呈請天津地方
審判廳將該項抵押之貨物諭行假扣押以免貨到被該商私自
提取除由（天津）地（方審判）[redacted]廳判後[redacted]（令）行文
貴局查照外相應將該項抵押貨物之寄出地點包裹件數號數
貨物種類按照該商原開清單抄送
貴局備案函內開列之貨物包裹一經寄到務請

67

貴局業予扣留非經收件簽字不能准其提取再查寄之文原清單內漏

[redacted]開第4330至4337号包裹八件並已補列抄單之內又由Taoho寄來之

包裹五件[redacted]由Tachaw寄來之包裹叁拾件接寄之文聲稱其[redacted]寄出地郵局

所出之包裹收據[redacted]業已遗失等情上項原清單內漏列之包裹[redacted]八件[redacted]由來寄到付[redacted]本館

貴局一俟扣留[redacted]又由Taoho寄來之包裹五件由Tachaw寄來之包裹三十件既接該局聲稱已將收據遺失[redacted]之前[redacted]

貴局[redacted]特加[redacted]注意如有由該兩處寄到寄之文之包裹[redacted]件予[redacted]扣留收進收件簽字提取以保[redacted]信籍而免糾葛至紉

公誼此致

直隸郵務管理局

以函

附清單一紙

68

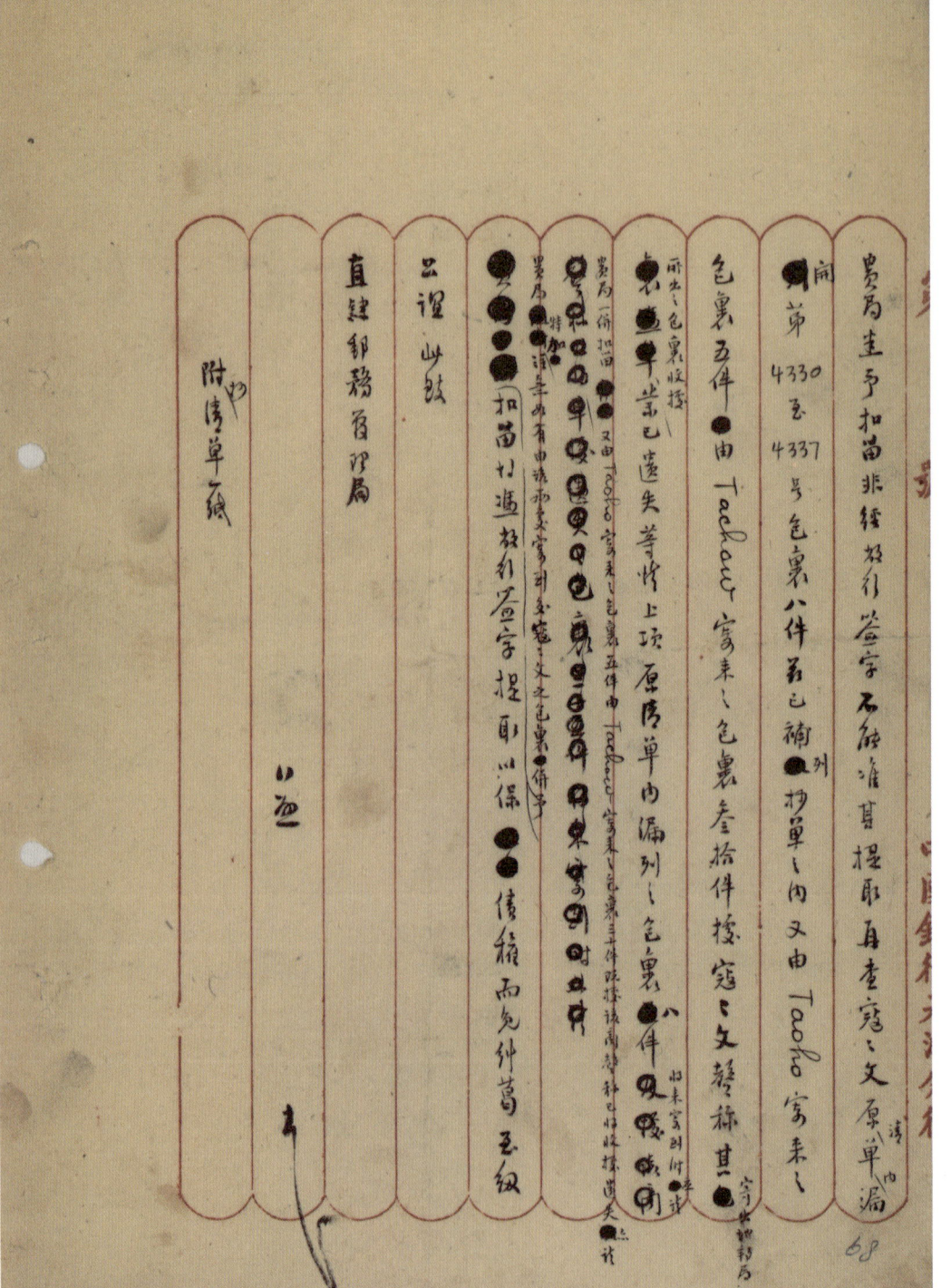

一二五、直隸郵務管理局爲拒絕扣留俄商抵押貨物包裹事復天津中國銀行函（一九二七年一月二十四日）

J161-2-645

61

外匯
營業

第二八四號

逕覆者，准本月廿日來函，請將寄交俄商寇寇文 M. Kokousin 之包裹一并扣留等情。查本局并未接到天津地方審判廳來函，貴行請求各節，礙難照辦。此致

天津

中國銀行

啓　十六年　[illegible]

中華民國十七年　月廿五日收到

直隸郵務管理局信箋

71

一二六、天津特别市市政府爲德國政府准蘇聯請求代爲保護在華俄僑事訓令市土地局（一九二九年八月十二日）

J96-1-297

天津特別市市政府 訓令 土地局

事由	擬辦	決定辦法	備考
准外交部電以德國政府准蘇聯政府請求代為保護在華俄僑業執行此項任務特達查照等因令仰知照由 附件	一科存查 判行	存查 賀 十四日	

訓令 字第 號

卅年八月十三日九時到

第 79

收文 字第 號

3

天津特別市市政府訓令

字第 2543 號

令土地局

案准

外交部陽電開准駐華德使電稱奉政府令准苏聯政府請求

所有俄國在華僑民代為保護德國政府業執行此項任務請查

照等因除已電復并電各省政府外特此電達查照等因准此除

分行外合行令仰該局即便知照此令

中華民國十八年六月十二日

市長崔廷獻

一二七、陳振生爲請交涉俄國發行新舊各項羌貼及盧布事呈天津商務總會會長文（一九三一年一月十七日）

J128-3-6624

天津商務總會會館

諸位執事先生呈

會長先生台展

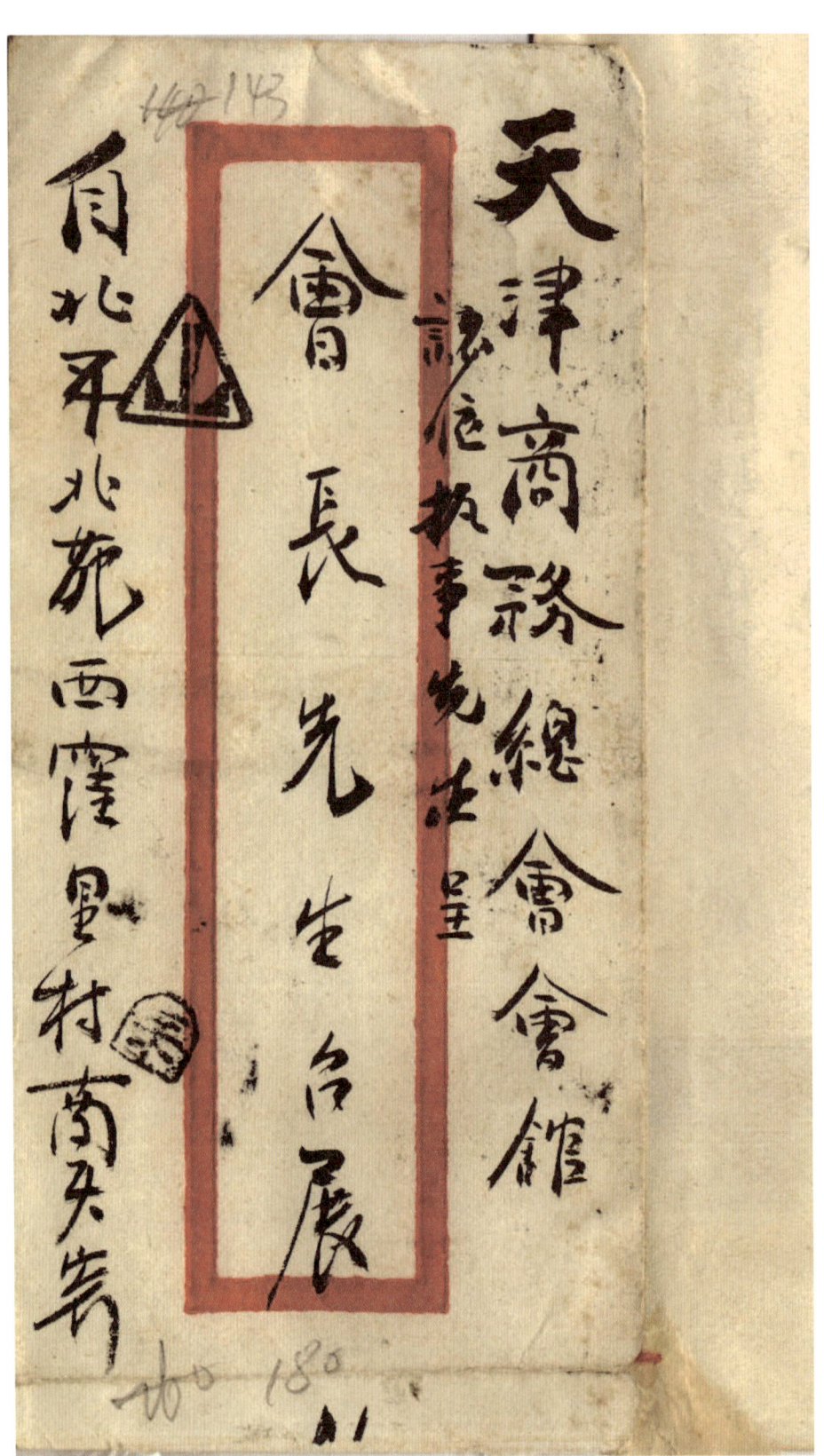

自北平北苑西窪里村商民寄

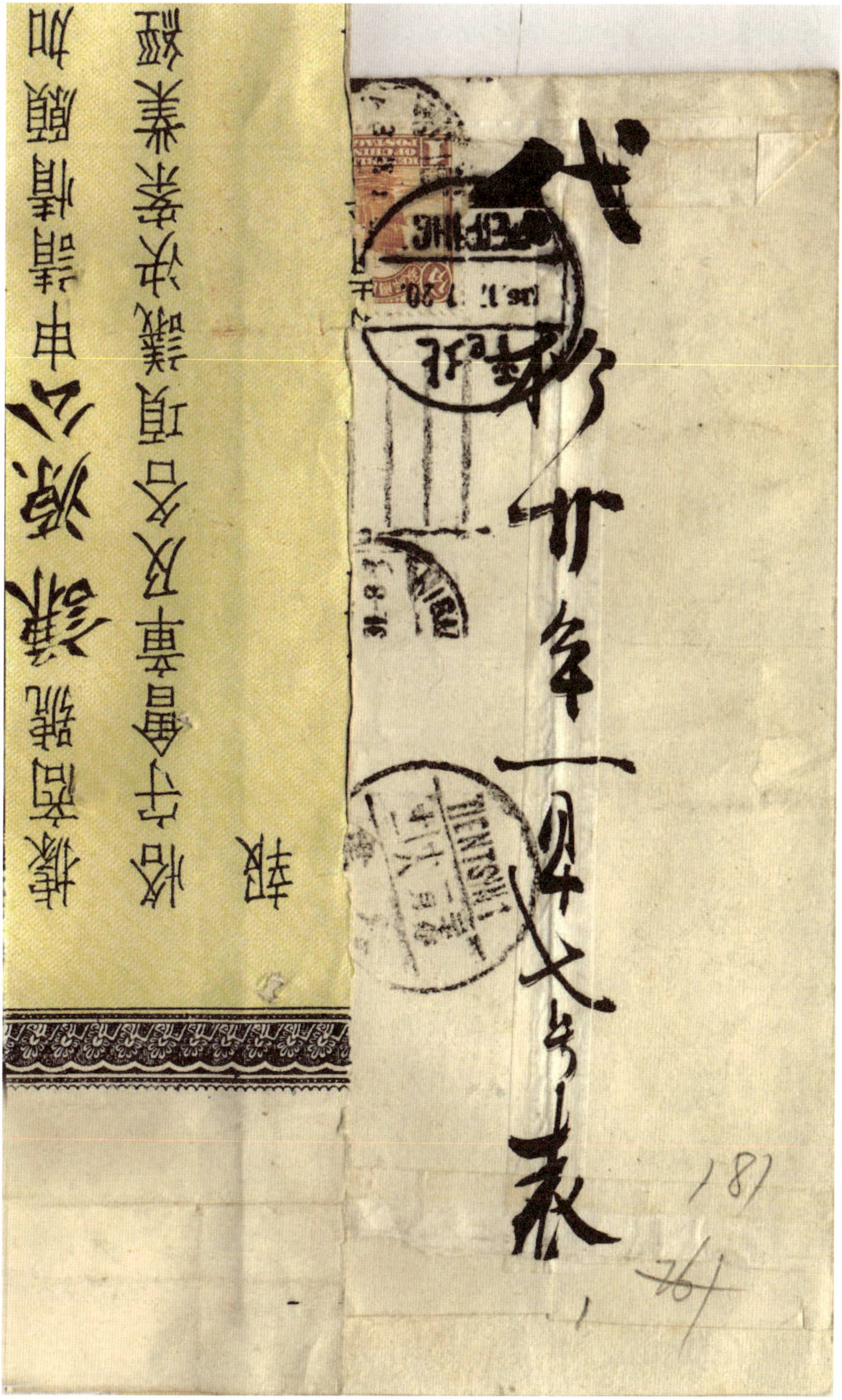
據商號謙源公申請情願加
恪守會章及各項議決案業經
報
PEIPING
TIENTSIN

天津商務總會會長

諸位執事先生台鑒：敝人昨閱北平各報紙登載外交部長王正廷先生來津接收比界並辦理中俄會議與莫大使德惠晤面商議中俄一切之交涉。前於[illegible]年中俄會議中國各商民要求王部長向俄大使提出此項條件，據報所載俄國已完全承認，係從中國內戰發生已至擱淺，現在中俄會議將將開始交涉。貴會將俄國所發行新舊各項羌帖[illegible]及盧布呈向王部長或駐俄公使，以便預備將來交涉之根據。

182

貴會救濟華北各地商界領袖以然竭力於垂死之

爭為中國國人紀元此項義帖同係人民甚能生死

存亡在此一舉

於民國廿年一月十九號

信自北平安定門外北苑西窪里村商民陳振生上言

1185 183

一二八、中俄華北貿易委員會組織大綱（一九三二年）（推算）

J128-2-2988

中華民國華北保商會會長

李家驥

張品遜

蘇維埃

商務官

俄羅斯駐華

蘆拉日曼

28

37

蘇華北貿易委員會組織大綱

一、本委員會據中俄商約第四項組織之，本委員會由華北各地總商會及紳商中推薦五名及由俄國商務專任辦事處推薦三名共同組織之。

二、本委員會定名為華北貿易委員會。

三、本委員會以民族的平等為主旨，精神的相互援助為原則，為溝通中俄兩國之感情，以使雙方達到交易貨物之目的。

四、設事務所於北平俄國駐華大使館內之商務專任辦事處中。

五、本委員會為便於事務之分擔起見，設左列三部：

總務部　交際部　調查部

總務部　交際部　調查部
運送部　評議部
六、本委員會按商約第一条
之規定，以办理双方之貨
物之交易為原則，不得涉
及其他政治事項之活動。
七、本委員會之經費，按照
時商約第二項之規定，
由中俄貨物交易額中支
出，有不足時由中俄雙方分
擔之。
八、每月開全體委員會一次，
每週開常會一次，會議
由秘書長召集之。
30
九、本委員會每月支給車

馬費三百元每月一百伍拾元

40

十年夏及冬季南樓中係從拍馬易某領候

劉照之係因依房約每款定為理道

以上各人按之西和家協約定列此年係回

房錢及其蓋驗日最少民与三家同年陳

二房管理管佛信之臨時房租包

大服卅日新開二月二日

40

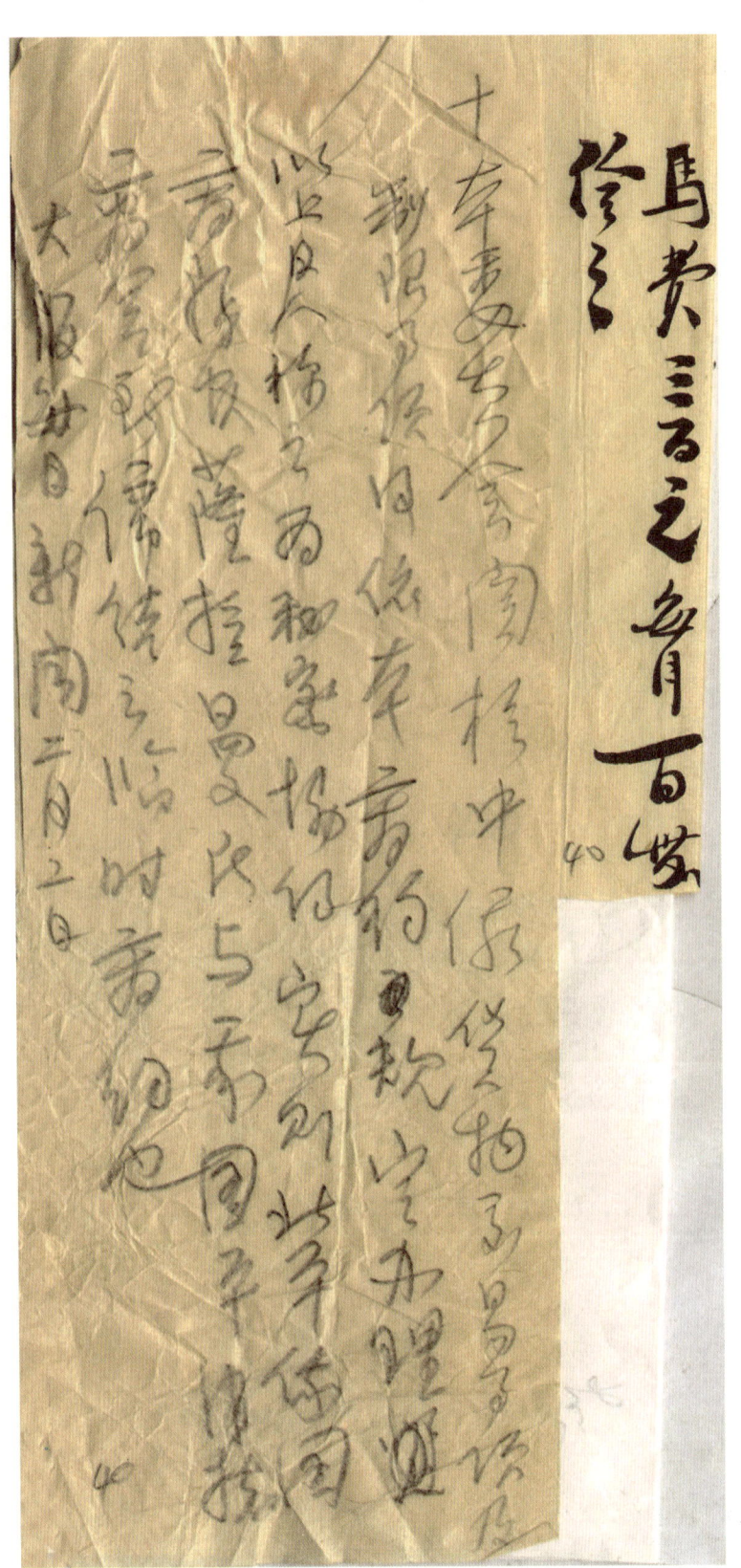

中俄（蘇）交往天津檔案史料選編

一二九、天津中國實業銀行爲證明蘭記實業團有承銷俄國花標布實力等事致俄國商務代表函（一九三三年二月九日）

J202-1-758

81

發文第180號

過〻手續完竣再行函達

尊處用特為荷此致

朱旭初先生

經理	副經理	襄理

營業課主任 會計課主任 出納課主任 儲蓄分部主任 文書課主任 擬稿員

廿六年二月六日擬稿 二月六

函為証明蘭記實業園由

逕啟者茲有蘭記實業園來言願承銷

貴國所出之俄國花標布在于河北河南山東山西

及熱察綏一帶發出等情敝行與蘭記實業園往

156

繕訖

來有年深知其國係中股東皆敝國高尚知名之
士富有資產必有銷售能力特此証明將來
貴代表與蘭記實業團正式訂立合同時關于保
証金額華幣伍拾萬元經敝行參加訂立正式合
同後另立有效証書此函並不作憑特此聲明此致
俄國商務代表

經理
副經理
襄理
營業課主任
會計課主任
出納課主任
儲蓄分部主任
文書課主任
擬稿員
廿二年二月九日擬稿 二月九日繕

繕記

47

一三〇、津海關通告
（一九三三年四月四日）

J129-3-5769

53

津海關通告

為通告事案查進口貨物原產國標記條例定自本年八月一日起實行業於本年二月十一日將原條文開列佈告在案惟前項佈告內所稱外國國名之中文清單其中俄國即 Russia 之名稱現應取銷改在美國國名下加列蘇聯國名即 U.S.S.R.(Russia) 合亟通告仰各商一體知悉此告

稅務司盧立基

中華民國二十二年四月四日

CORRECTION.

CUSTOMS NOTIFICATION NO. 894: CORRECTION.

WITH reference to the above Notification concerning foreign goods imported to be marked with name of country of original manufacture in Chinese characters, the public is requested to note that the following alterations on the "List of Countries" are to be made:—

Russia.. 俄國 should be deleted.
U.S.S.R. (Russia)......................... 蘇聯 should be inserted under "U.S. of America................................ 美國".

L. de LUCA,
Commissioner of Customs.

CUSTOM HOUSE,
TIENTSIN, 4th April, 1933.

82

一三一、天津市政府爲蘇聯大使館參事巴爾可夫兼駐天津總領事事訓令財政局（一九三三年六月十五日）

J54-1-2035

61

第一科
存案

天津市政府訓令財政局

事由	擬辦	決定辦法	備考
准外部咨爲蘇聯大使館參事巴爾瀾夫兼爲駐天津總領事等因令仰知照由 附件	存此也		

廿二年六月十六日到科

令 字第 號

廿二年六月十五日三時到

收文財字第514號

92

天津市政府訓令

字第1364號

令財政局

為令行事案准

外交部國字第一二九零八號咨開「為咨行事准蘇聯鮑大使照稱本大使館參事巴爾闊夫（B.H.BAPKOB）同時奉派為蘇聯駐天津總領事照達查照等因除照復外相應咨請貴府查照、循例予以接待可也」等因准此除俟該領事到津循例接待暨分行外合行令仰該局知照此令

93

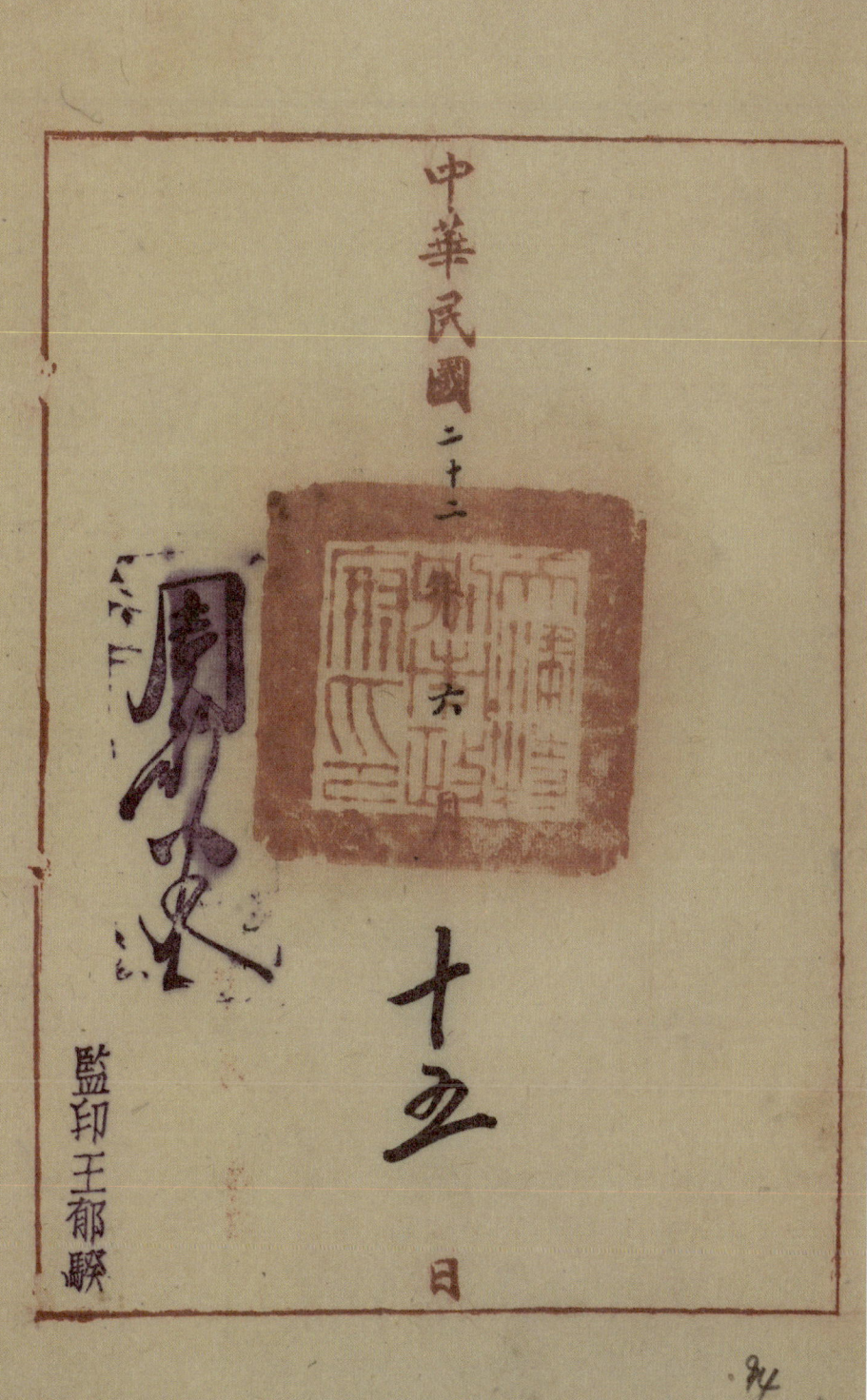

中華民國二十二年六月十五日

監印王郁駿

一三三六、馬哈夫、滿尼魏等爲蘇維埃聯邦貿易公司提供商務情形事致天津市商會函（一九三三年七月十四日）

J128-3-7045

敬啟者敝人等在未離津前曾赴
貴會頗蒙招待並承
報告天津商務情形心甚感謝吾欲在天津將來創設
蘇維埃聯邦貿易公司與
貴會定有聯合之功作想
貴主席及委員等具有多年商業之經驗定當有以賜
教也此致
天津市商會張主席

馬哈夫
滿凡魏
考思樂夫
全啟 旨曾

3

Tientsin, July 14th, 1933

Mr. Chang,
Chairman,
Tientsin Chamber of Commerce,
T i e n t s i n.

Dear Sir,

Mr. Marhoff, Manevich and Kozloff before leaving Tientsin express to the Chairman of the Tientsin Chamber of Commerce, Mr. Chang their hearty appreciation for hospitality and very pleasant and valuable commercial informations of the Tientsin market given to them.

Mr. Marhoff also express his certainty that in future the activity of the trading organizations of Soviet Union in Tientsin will work in contact with the Chamber of Commerce and that Mr. Chang and other members of the Chamber will always gladly supply them with the very valuable business experience for many years.

Yours sincerely,

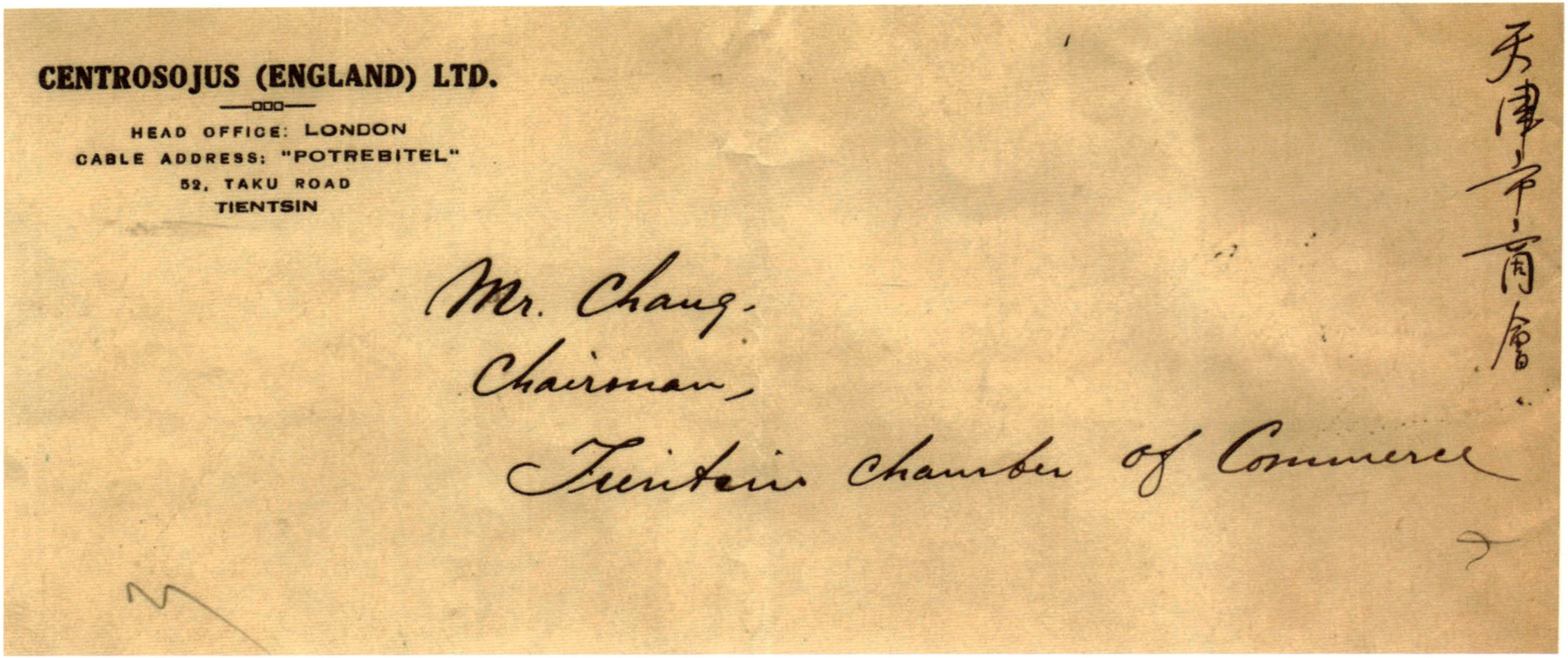

CENTROSOJUS (ENGLAND) LTD.

HEAD OFFICE: LONDON
CABLE ADDRESS: "POTREBITEL"
52, TAKU ROAD
TIENTSIN

Mr. Chang.
Chairman,
Tientsin Chamber of Commerce

天津市商會

一三三、天津市政府爲蘇聯駐天津總領事館開始辦公及蘇聯遣派巴爾可夫爲駐津總領事事訓令財政局（一九三三年十一月一日）

J54-1-2035

77

吴

第一科
總務股

天津市政府訓令 財政局

事由	擬辦	決定辦法	備考
奉省府令為蘇聯總領事館十月二十五日升旗開始辦公一節令仰知照等因仰即知照由			
附件			

令字第　號

廿三年十一月一日　時到

廿三年十一月二日到

收文令字第1345號

115

天津市政府訓令

字第2463號

令財政局

案奉

河北省政府第六三八八號訓令內開案准駐津蘇聯國總領事函

開蘇聯駐天津總領事館定於十月二十五日升旗並於是日開始正

式辦公茲特備函仰祈察照為荷等因查蘇聯國遣派巴尔瀾夫

為駐津總領事一節前准外交部咨請循例接待等因到府業於

第三二五八號訓令知照在案茲准前因合行令仰該市府知照並

飭屬知照此令等因奉此查蘇聯遣派巴尔瀾夫為駐津總領

78

事一節前准外交部咨請循例接待等因到府業於第一三六四

號訓令知照在案茲奉前因除分行外合行令仰該局知照并

飭屬知照爲要此令

15

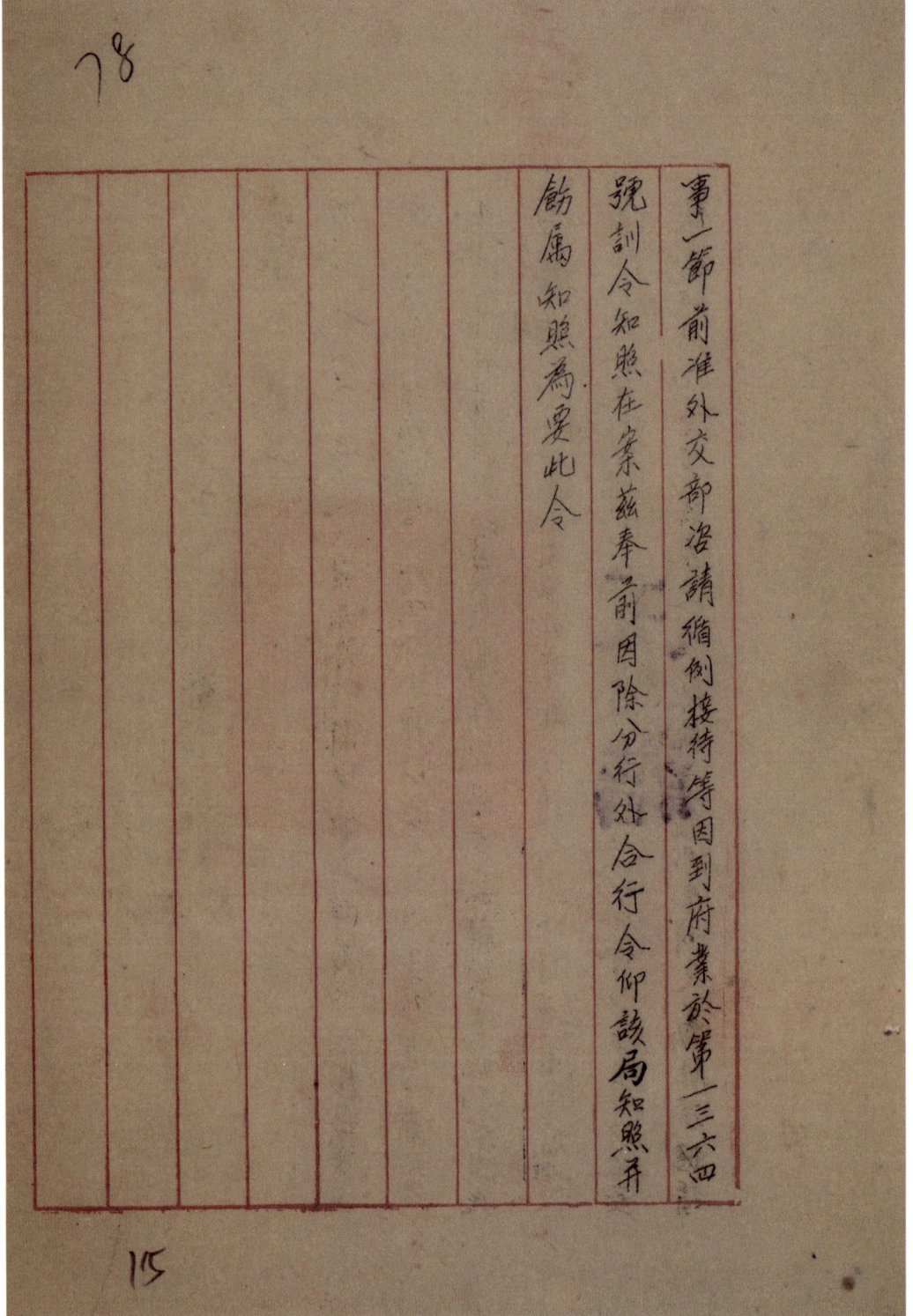

中華民國二十二年十二月　一　日

王韜

監印陳　椿

一三四、天津市財政局爲蘇聯駐天津總領事館開始辦公及蘇聯遣派巴爾可夫爲駐津總領事事訓令營業税徵收處、第一至六牙税稽征所等（一九三三年十一月八日）

J54-1-2035

79

天津市財政局稿

來文字第 號	
文別	訓令
送達機關	局屬各處所
類別	
附件	

事由

奉市府令轉奉省府令爲蘇聯總領事館十月廿五日升旗開始辦公一節令仰知照等因仰即知照由

局長 情

總核 秘書 科長 股長 擬稿員

中華民國二十二年

交辦	擬稿	核簽	判行	繕寫	校對	蓋印	封發
十一月三日時	十一月三日時	月六日時	月日時	月七日時	月七日時	月七日時	十一月八日時

去文字第六六號

檔案字第 號

廿二、十一、八

華十一、六、六點十分到

已辦

117

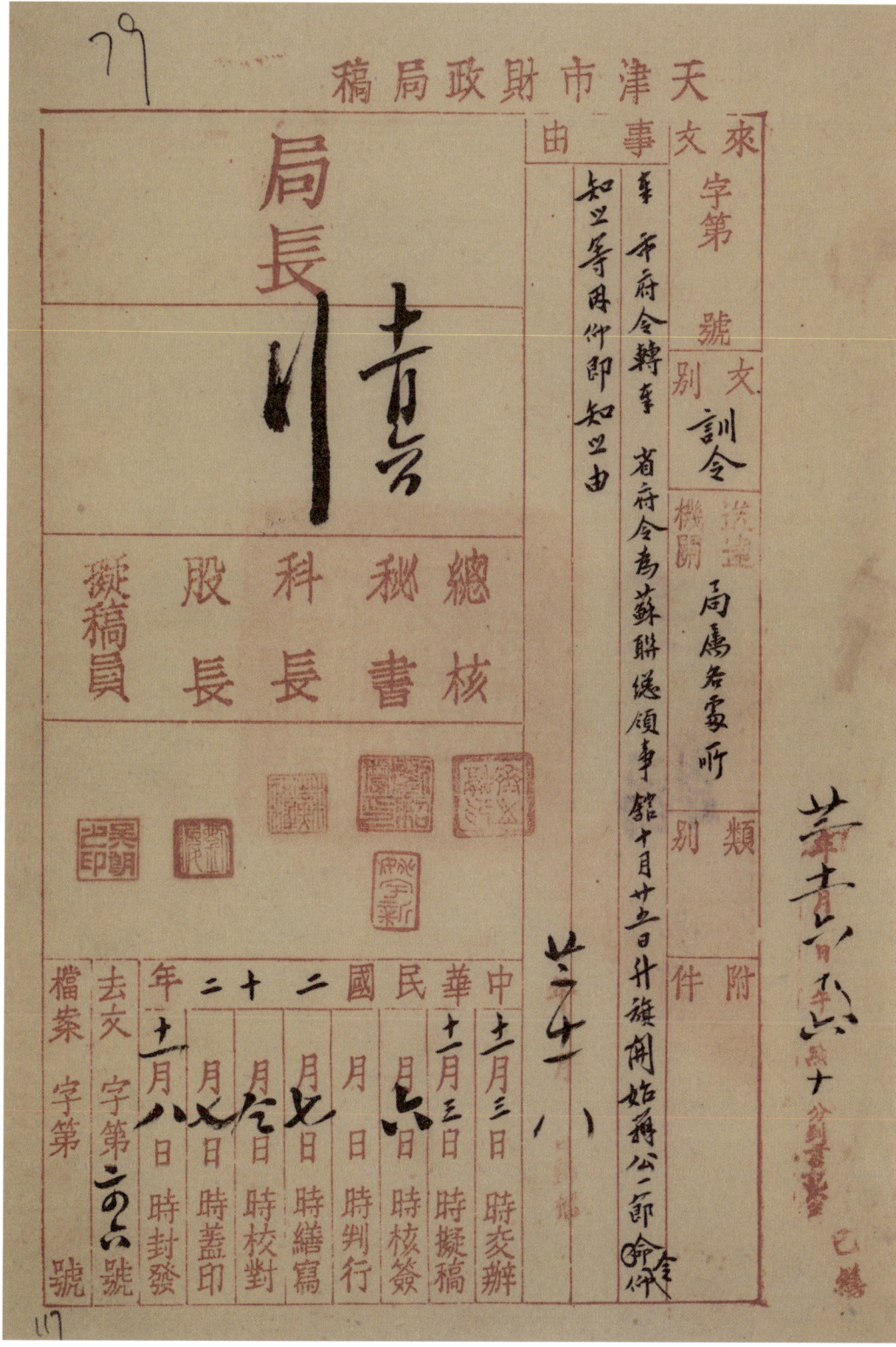

訓令第246號

令

營業稅征收處
第一二三四五六牙稅稽征所
第一二三四五六屠宰稅暨牙稅稽征所
捐務征收所
牲畜稅暨牲畜牙稅稽徵兼辦公處

案奉
天津市政府第二八三號訓令內開：案奉
河北省政府第六三八八號訓令內開：案准
駐津蘇聯國總
領事函開：云云。此令。等因。奉此。除分行外，合行令仰該處
所遵照。此令。該所處知照，並飭屬知照。此令。

118

中華民國二十二年十一月　日

繕寫

校對　校對黃傅

監印　監印陳寶驥

一三五、青島浙江興業銀行爲報調查蘇俄協助社擬在山東推銷貨品有商家承包所需代理條件等事致津行函（一九三四年四月二十四日）

J204-1-816

75

青島浙江興業銀行用箋

行址 河南路銀行公會大樓　電話 經理室二五一九 營業室二三〇八　電報 有線無線二八一四 西文 NATCOMBANK

津行大鑒：逕啟者，蘇俄協助社擬在山東推銷貨品一節，前於敝の文號函內略敘一二，諒蒙察及。今有本市某殷實商家擬承包此項貨品全魯或青市一埠之推銷事宜，祈向該社詳詢代理條件，亦復為本行業務將近日調查所得錄述於下：

一、生鐵：去年膠海關進口貳仟零玖噸，來自日本者水仟餘噸，據關冊價值の仟の百餘元，來自蘇

筹字第四八號第壹頁共伍頁

中華民國廿三年の月廿の日

THE NATIONAL COMMERCIAL BANK LIMITED
(CHEKIANG HSING YIEH BANK)
TSINGTAO.

91

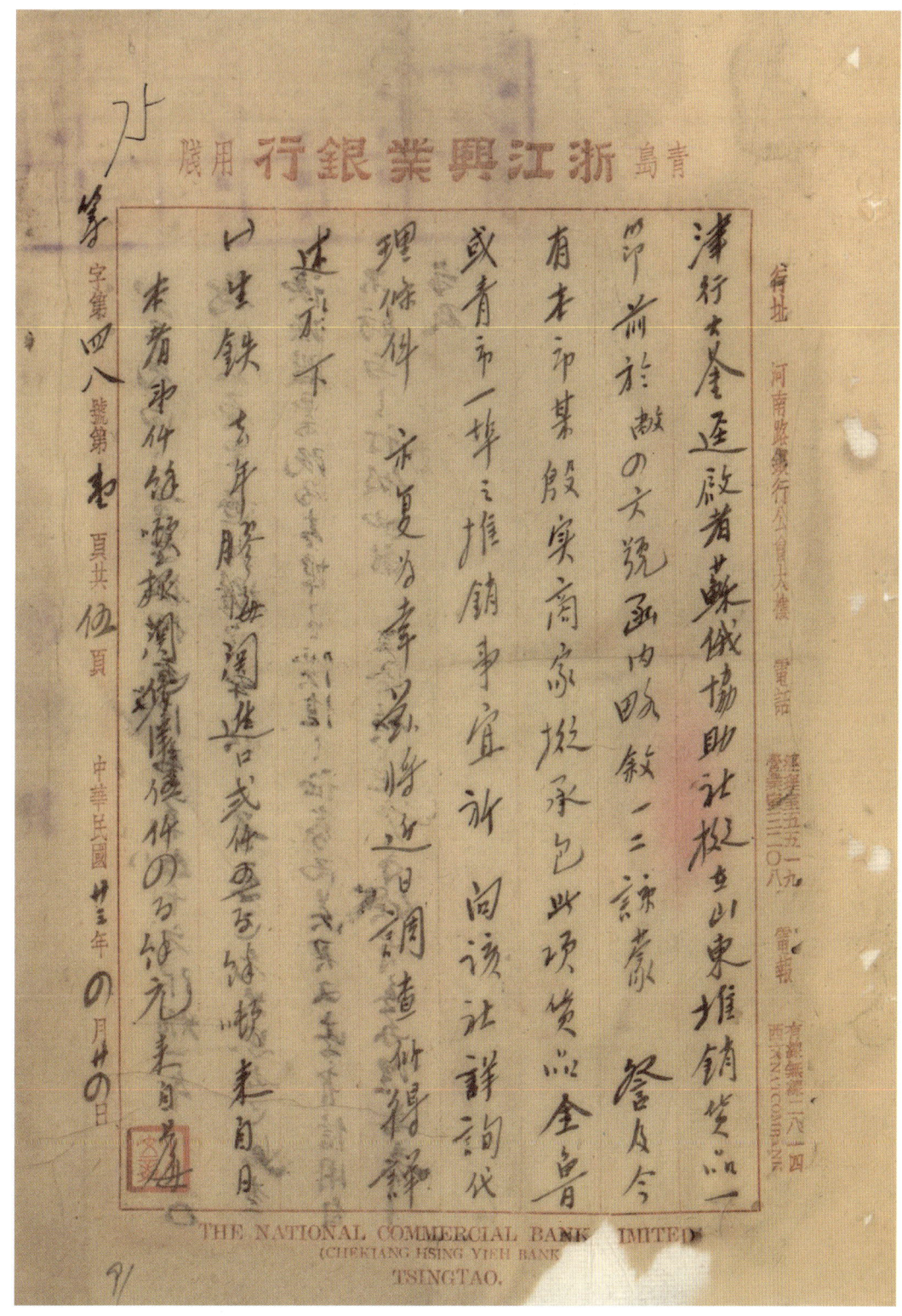

76

青島 浙江興業銀行 用箋

行址 河南路銀行公會大樓 電話 經理室五五一一九 營業室三三一〇八 電報 本行掛號二八一四 西文NATCOMBANK

省本件肆伯餘噸市價每百斤洋伍拾元計魯省有

全年需用叁仟餘噸内青市約需壹仟噸魯省有

銷有出產即招處遼瀾陵張店等處

（二）玻璃 去年建築用之玻璃膠海關進口數為

壹萬壹仟餘箱來自日本省四千弍伯餘箱報

關價洋肆萬元來自大連省壹仟餘箱係華省

大件餘箱市價大號每箱裝有十一片至二十片

省價洋捌元弍角 小號每箱裝二十一片至七十五

□字第四八號第弍頁共伍頁

中華民國廿三年四月廿四日

THE NATIONAL COMMERCIAL BANK LIMITED
(CHEKIANG HSING YIEH BANK)
TSINGTAO.

92

77

青島 浙江興業銀行 用牋

片者約洋柒元洋角貨物來自大連者為昌光硝子廠出品天津者為開灤耀華玻璃廠蘇俄亦有來貨大小約扯每箱七元半惟以包裝欠佳到埠時破裂甚多云全省每年銷數約計叁萬餘箱博山稍有出品

曰純鹼(Soda ash)去年膠海關進口數六萬餘包來自日本者貳萬方件包抵關價洋貳拾伍萬七千餘元來自英商卜內門者貳萬包天津者

資字第四八號第叁頁共伍頁

中華民國廿三年四月廿四日

行址 河南路銀行公會大樓 電話 經理室五一一九 營業室三二〇八 電報 無線二八一四 西文NATCOMBANK

THE NATIONAL COMMERCIAL BANK LIMITED
(CHEKIANG HSING YIEH BANK)
TSINGTAO.

93

78

青島 浙江興業銀行用牋

行址 河南路銀行公會大樓 電話 經理室五五一九 營業室三三〇八 電報 有線無線二八一四 西文NATCOMBANK

伍仟六百包，他埠者約有九千包，每包二百斤，市价十七八元。

（四）重炭酸鈉（Sodium Bicarbonate）去年膠海關進口數未詳，式伯桶每磅价約角伍分云。

（五）石蠟（Paraffin Wax）種類繁多，進口數亦甚碎瑣，不易調查。

（六）柴料（Carbohydrate）青埠染織廠用此項物品者甚少，市价為每磅八元半。

華字第四八號第肆頁共伍頁

中華民國廿三年四月廿四日

11

1101

THE NATIONAL COMMERCIAL BANK LIMITED
(CHEKIANG HSING YIEH BANK)
TSINGTAO.

94

79

青島 浙江興業銀行 用牋

出硫化碱(Sodium Sulphide)去年膠海關進口叁佰叁拾箱每箱四十磅以輕養化鈉(Caustic Soda)市價每磅壹元亞硫酸鹽(Sulphite)每百磅捌元硫酸鹽(Sulphate)每百磅七元半上列三種每年無多進口云祈查洽祇頌

大綏

青行謹上

[illegible]字第四八號第伍頁共伍頁

1101

中華民國卅三年四月四日

行址 河南路銀行公會大樓
電話 經理室五五一九 營業室三三〇八
電報 有線無線二八一四 西文 NATCOMBANK

THE NATIONAL COMMERCIAL BANK LIMITED
(CHEKIANG HSING YIEH BANK)
TSINGTAO.

95

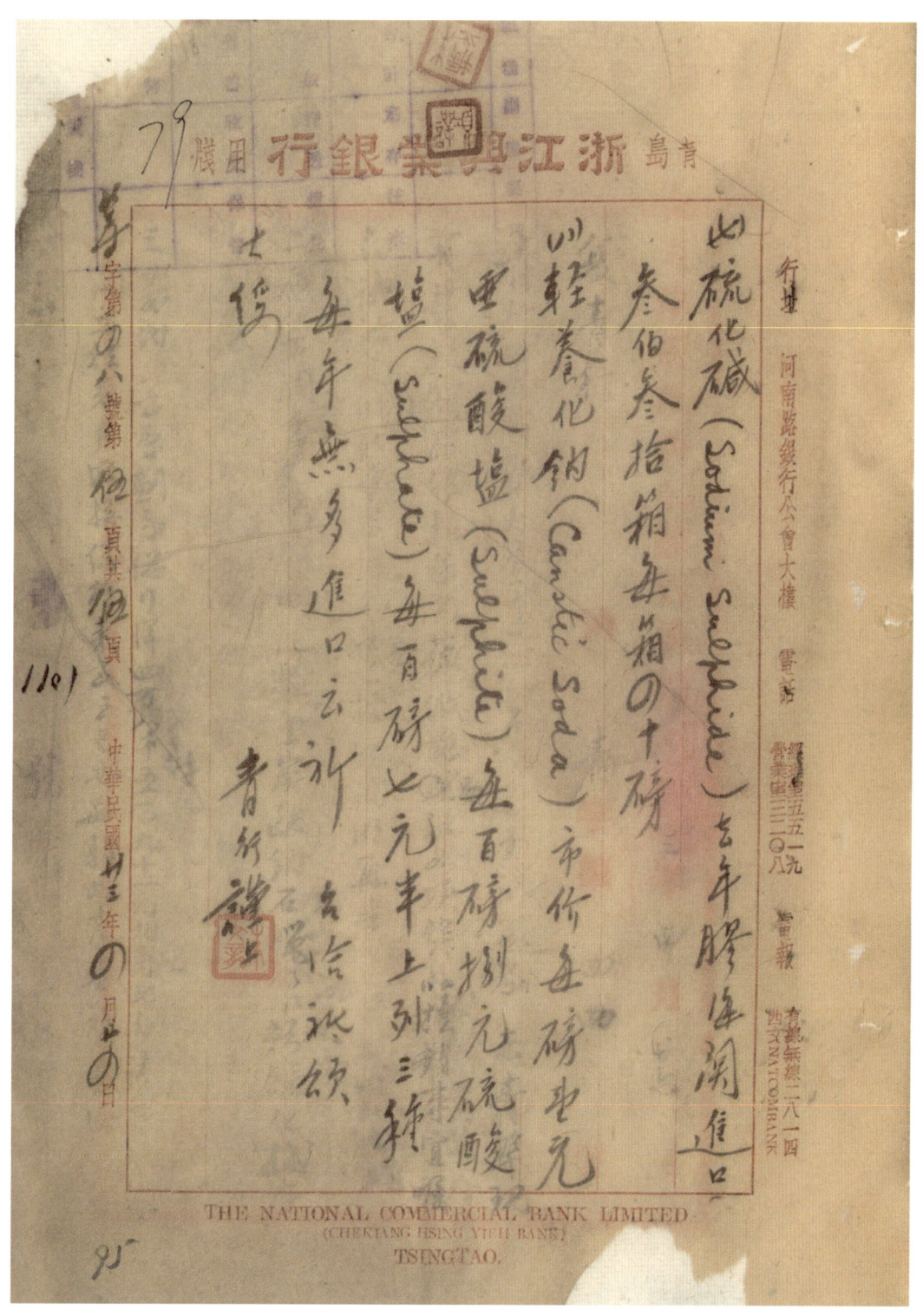

一三六、俄國商會爲商洽對外貿易事致天津市商會函（一九三五年四月）

J128-2-655

第七次常務委員會第五案

譯文

天津市商會啟者敝會與貴會為親愛之會友極願將來得確實通知關於貴國各商界之狀態與貿易變換之情形敝會願一一詢向貴國商界之情形如得到貴會通知敝會將來甚感恩無涯矣關係由蘇聯出口貨物發生影響而敝會必須理論反对之此件通知書已经敝國商會機関查過在外貿易甚有關係敝會務請見信以後雙方直接續函為盼

漢堡日耳曼商會

俄國[illegible]會

已辦

41

CHAMBRE DE COMMERCE DE L'URSS

MOSCOU, Ilyinka, 6. Adr. télégr. Moscou. Torgpalata. Tél.: 3-43-01, 2-18-75

ВСЕСОЮЗНАЯ ТОРГОВАЯ ПАЛАТА

Москва, Ильинка, 6. Для телеграмм: Москва, Торгпалата. Тел. 66-02, 2-18-75

Текущ. сч.: Внешторгбанк № 1864

315

Moscou, 23 февраля 1935 № 639

已辦

Chinese Chamber of Commerce,
Tientsin.

Dear Sirs,

The USSR Chamber of Commerce is desirous to extend further its relations with your Chamber.

This Chamber would like to secure information concerning trade conditions and the state of the market in your country, as well as information as to changes in trade policy and practice, as well as changes in the trade relations between your country and other countries.

We are particularly interested in questions of trade relations between your country and the Soviet Union and would be greatly obliged if you could find your way to furnishing us with any information respecting events which have influenced exports from the Soviet Union to your country and vice-versa.

This information will be passed on by this Chamber to the economic organisations in our country interested in foreign trade.

We should be pleased to receive this information both by direct correspondence with the Chamber and in the form of publications and other literature concerning the question referred to above.

Assuring you of our cooperation in this and in all other matters of mutual interest, we remain,

Yours faithfully,
USSR CHAMBER OF COMMERCE
Yanson
(YANSON)
Chairman of the Presidium

一三七、天津市商會爲對外貿易事復俄國商會函（一九三五年四月五日）

J128-2-655

第33號
發訖
第　號

天津市商會公用箋

俄國商會鑒接准
來函詢問　敝處各商貿易狀况具見
貴商會關心商業之厚意此後關於
貴國在外貿易在可能範圍內自當予以友誼之輔助
繼續商洽一切即祝
貴商會努力

啟

中華民國二十四年四月五日

第138號
中華民國廿四年四月一日

一三八、僞天津特别市公署警察局局長周思靖爲特一區界内華北俄僑防共委員會開周年紀念會秩序良好事呈潘市長文（一九三八年十月十四日）

J1-2-166

總務股

第一科

天津特別市公署文電摘由紙

事由	擬辦	批示	備考
華警局呈 爲呈報對一區界内華北俄僑防共委員会開國廿年紀念会秩序良好会場經過情形請呈核由	擬令悉 十月十五日	悉代 十五	中華民國廿七年拾月拾五日收到

附件

年 月 日 時到

收文特字第17367號

呈

廿七年十月十五上十二時

7

呈為呈報事案查關於特一區警察署呈報界内華北俄僑防共委員
會定於十月九日開週年紀念會一案業經轉報
鈞署並令飭該署屆時派警前往保護各在案茲據復稱遵於十月九日
率同官長警四十餘員名往中街七號路會場附近警備及維持會場秩
序當日午後四時開會計到俄僑男女老幼暨童子軍二千餘人並有本

9

市各局長輔治會副會長河北省指導部長等友軍官長多喜少佐
等由鮑斯特新母主席致開會詞嗣由來賓致祝詞至午後六時三刻
散會秩序良好並無事故理合將經過情形備文呈報鑒核等情到
局除指令外理合具文呈報伏祈
鑒核謹呈

8

天津特別市市長潘

天津特別市公署警察局局長周思靖

11

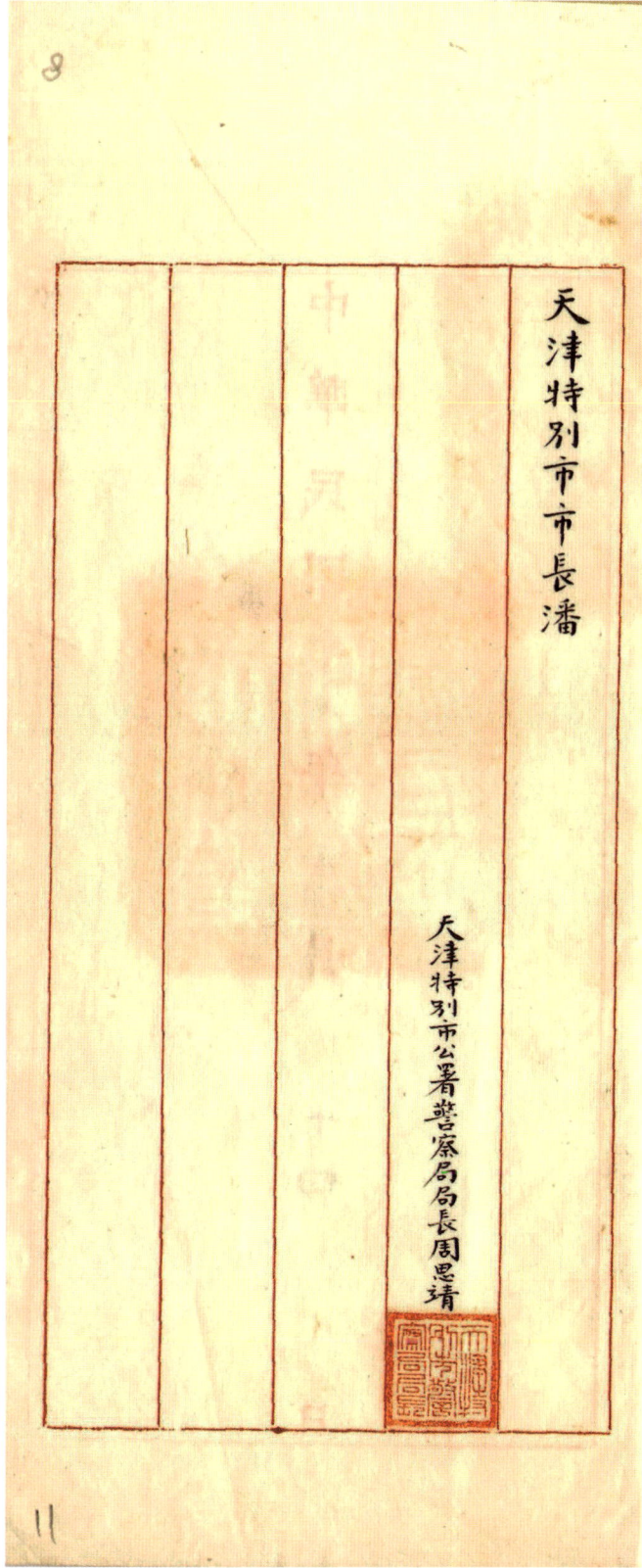

中華民國二十七年十月十四日

12

一三九、僞天津特别市政府警察局局長閻家琦爲報俄國公會發生火警情形事呈張市長文（一九四四年五月六日）

J1-3-8147

次要
第三科

天津特別市政府警察局 呈 市長張

事由	擬辦	批示	備考
為報本年四月二十七日第十分局管界三十八號路二十一號俄國公會發生火警情形抄表呈請鑒核由			

卅三年五月 上 十一

附件：附抄呈第十分局火警報告表一紙

收文司中字 33.5.8 6166

呈字第734號 年 月 日 時到

收文 字第 號

呈為呈報事查四月二十七日上午十時三十分第十分局管界三十八號路二十一號俄國公會發生火警一案業將撲救情形及火災損失經消防隊填表報由本局送呈

鈞府鑒核在案茲據該分局表報到局理合抄同原表備文呈請

鑒核謹呈

天津特別市市長張

附抄呈第十分局火警報告表一紙

天津特別市政府警察局局長閻家琦

2

中華民國三十三年五月六日

繕寫 孫介福
校對 飛遠安
監印 戴雲峰

天津特别市公署警察局第十分局火警報告表

三十三年四月二十七日

所别	第二分所
發生月日時	四月二十七日上午十時三十分
地點	三十八號路二十一號
火警發生經過情形	於本月二十七日上午十時四十分據第二分所報告界內三十八號路二十一號俄國公會俄人户主名蘇克露夫於本日十時三十分因鍋爐烟筒串出火星將平台所放之籐椅引着計燒燬籐椅十把即由消防隊撲滅幸未成災損失約一百餘元
死傷人數 男	無
死傷人數 女	無
死傷人數 合計	名口
保險處所及金額	無
處理結果	火頭俄人蘇克露夫傳局訊誡並飭嗣後注意防範
備考	

一四〇、僞天津特別市政府爲俄國公會發生火警情形已悉事指令警察局（一九四四年五月十三日）

J1-3-8147

天津特別市政府稿

來文 字第6166號

事由：據報本年四月廿七日第十分局管界廿八號路廿一號俄國公會發生火警情形已悉由

文別：指令

送達機關：警察局

類別

附件

行政股

市長

秘書長 秘書 局長 科長 主任 擬稿員

中華民國卅三年 五月九日時擬稿 月日時判行 五月十一日時蓋印 五月十二日時封發

去文 字第 號

檔案 字第二一六號

指令 協甲字第2120號

令警察局

卅三年五月六日呈一件為報本年四月廿七日第十分局管界廿八號路俄國公会發生火警情形抄表呈請鑒核由

呈悉。此令。

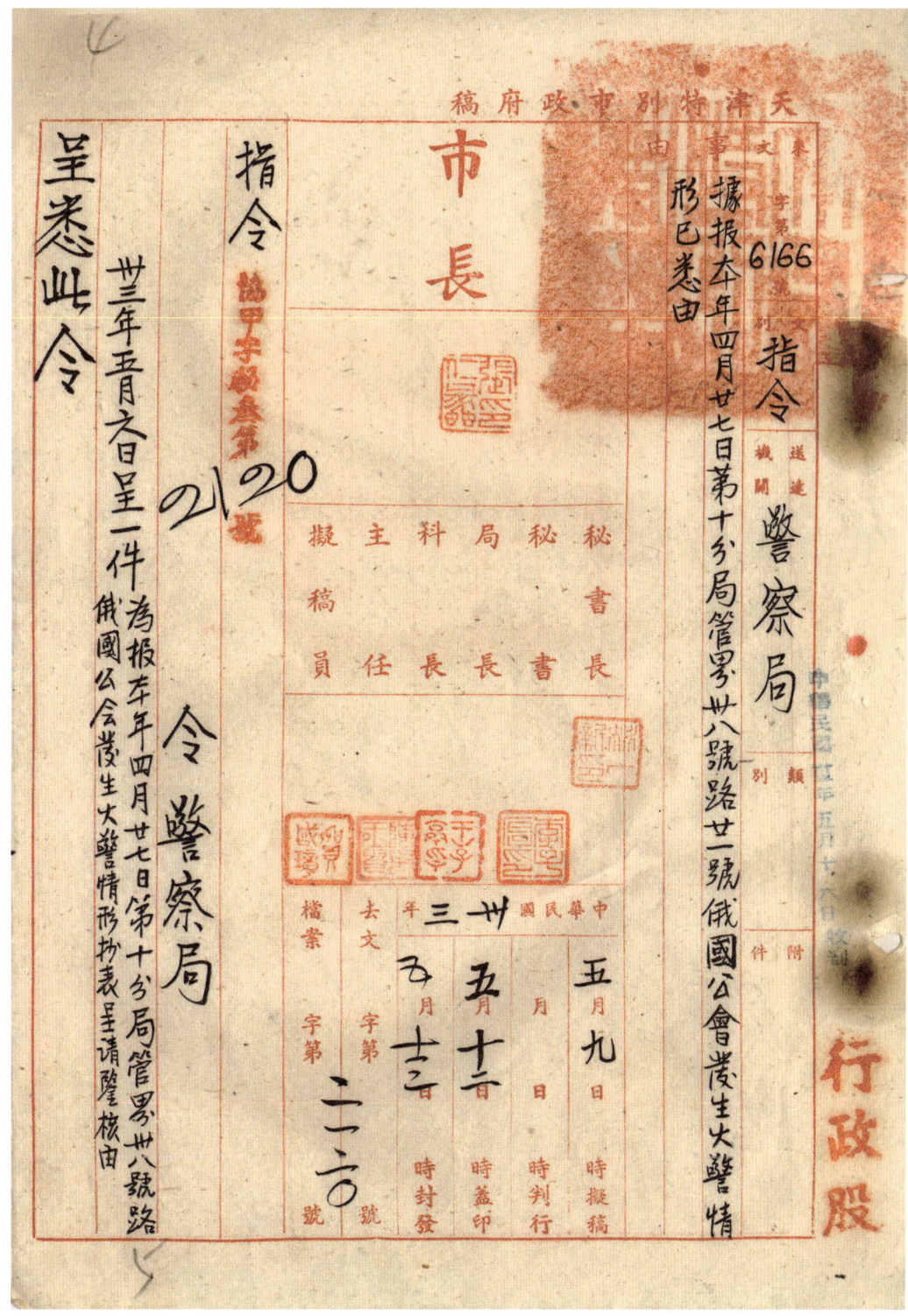

一四一、外交部爲蘇聯僑民持有逾期護照暫准辦理事致天津市政府電報（一九四五年十月十三日）

J2-3-7228

電字川[illegible]文

應行發局轉錫侯並應通知外事處

來電既云希見復則轉錫侯之外應希專程聯

絡某地蘇聯民眾下新疆以後通知我方

73

00050

事由	擬辦	批示	備考
重慶外交部戌齊電 為准蘇聯大使館函稱，滬平津青蘇聯僑民在日佔領期間，無法換領護照，擬請令電各該處有關機關，對於蘇僑執有逾期護照者，暫准通融辦理等由，希查照由。	行警局並復	閱	

附件

年　月　日　時到

收文電字第111號

74

天津市政府頃據蘇聯大使館稱蘇聯僑民約二千五百人分住於上海
天津北平青島各地在日軍佔領期間所有護照因無法換領多有
逾期者現擬請外交部分電各該處有關機關對於蘇僑執有逾期護照者
暫准通融辦理本館當於最近將來派領事人員前往補換新照等語查所
稱各節似係實情相應電請查照轉飭有關機關對於駐天津之蘇僑
執有逾期護照者酌予通融辦理並希見復為荷外交部戌齊印

中華民國三十四年十一月拾 日

75

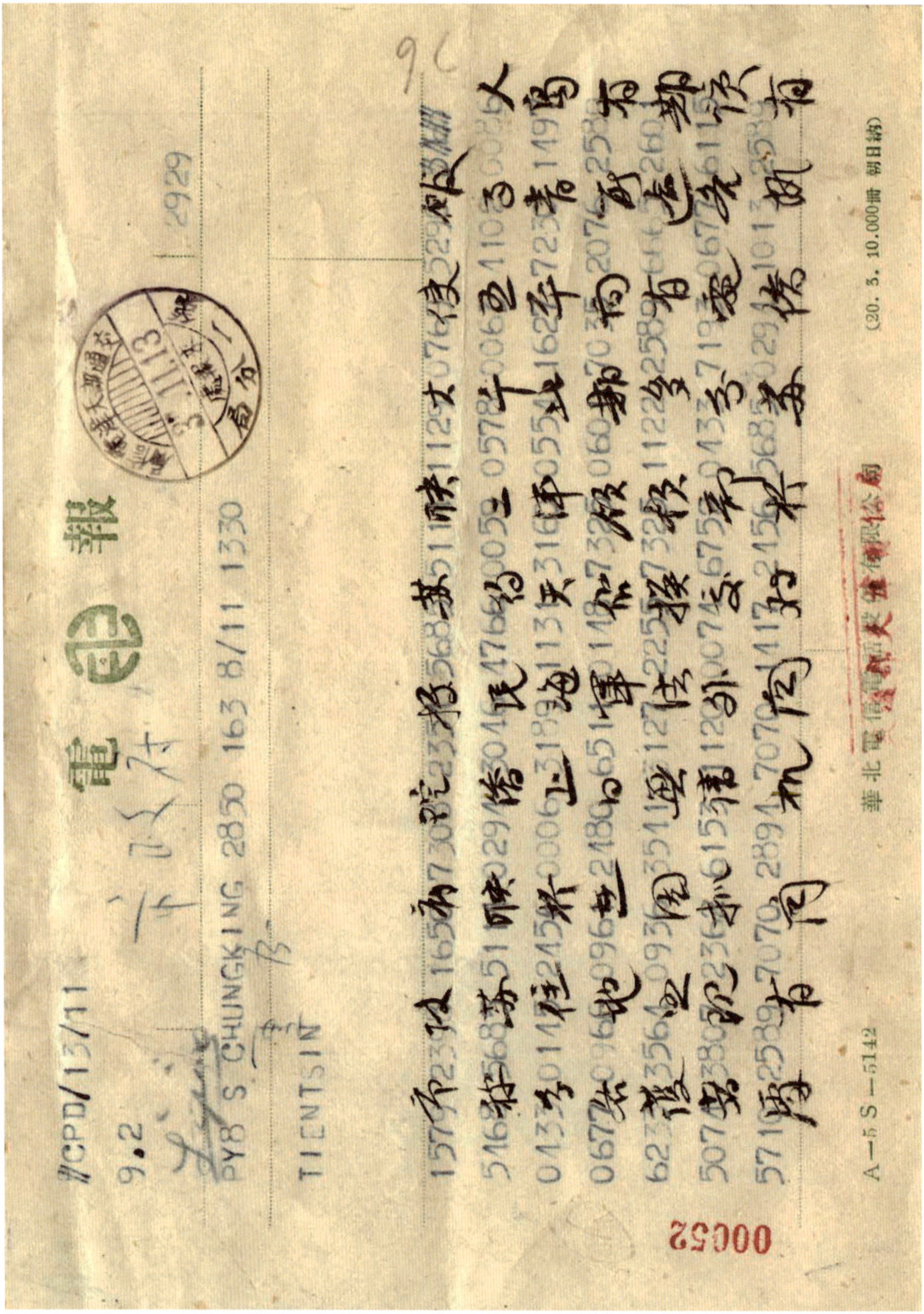
CPD/13/11

電報

9.2

2929

PY8 S CHUNGKING 2850 163 8/11 1330

TIENTSIN

A—5 S—5142

華北電信電話股份有限公司

(20. 3. 10.000冊 朝日納)

00052

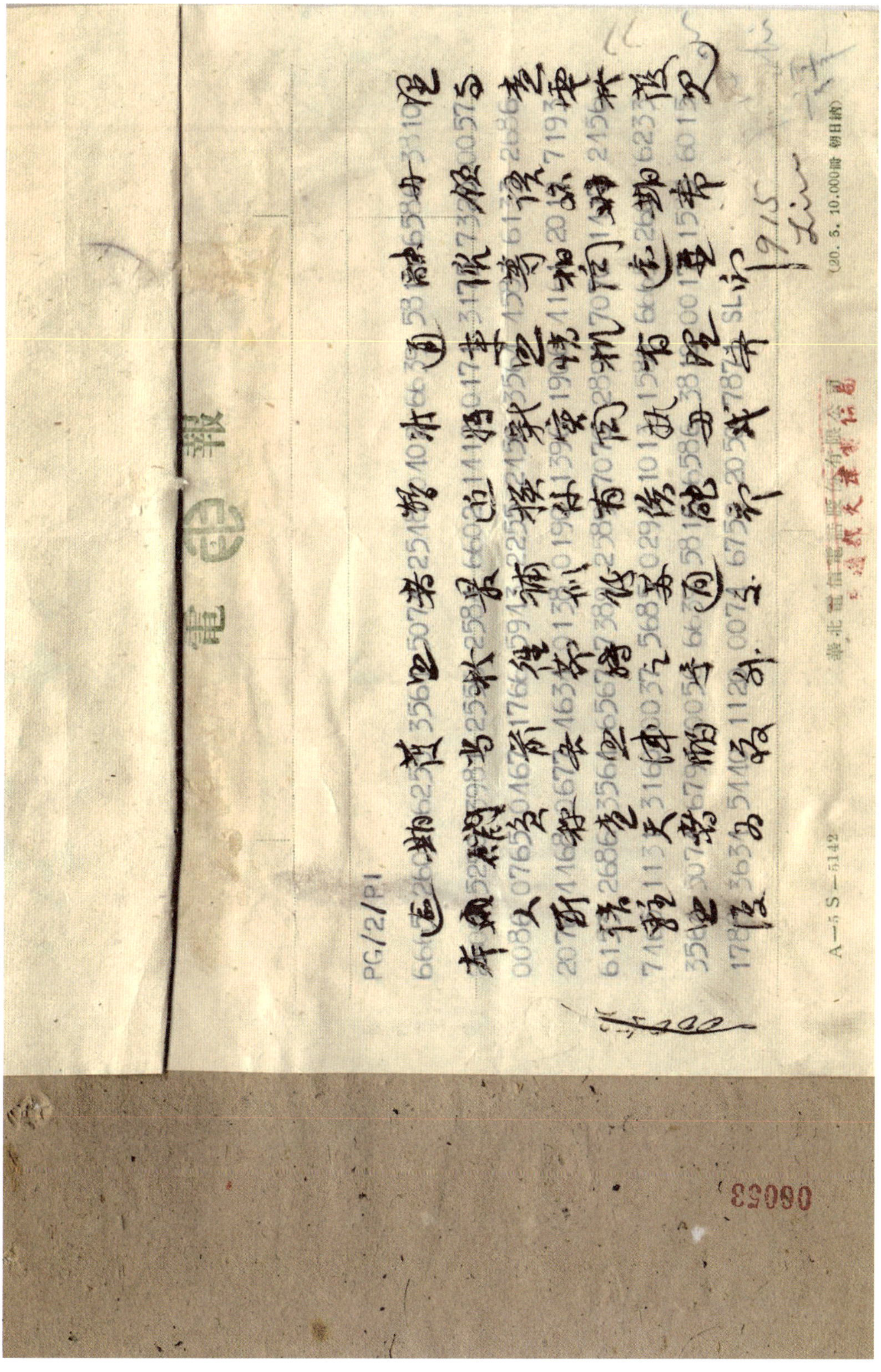
電報
PG/2/P1
A—5S—5142
(20. 5. 10,000冊 朝日號)
06053

一四二、天津市政府爲查明天津蘇聯公民協會已交糧款及未取糧食事訓令警察局（一九四五年十月二十七日）

J2-3-2528

172

天津市政府稿

市長	副市長	秘書長

主任秘書	秘書	科長	主任科員	科員

來文字第號	
文別	訓令
送達機關	警察局
類別	
附件	
事由	為據天津蘇聯公民協會副會長雷文聲稱最末一次配給麵款已交偽合作公社並未取麵請飭查等情仰查明呈復由

中華民國三十四年

擬稿	判行	繕寫	蓋印	發文	歸檔
十月 日	月 日	月 日	十月 日	十月 日	月 日

去文字第一〇二號

檔案字第 號

中華民國卅四年十月廿八日 收

273

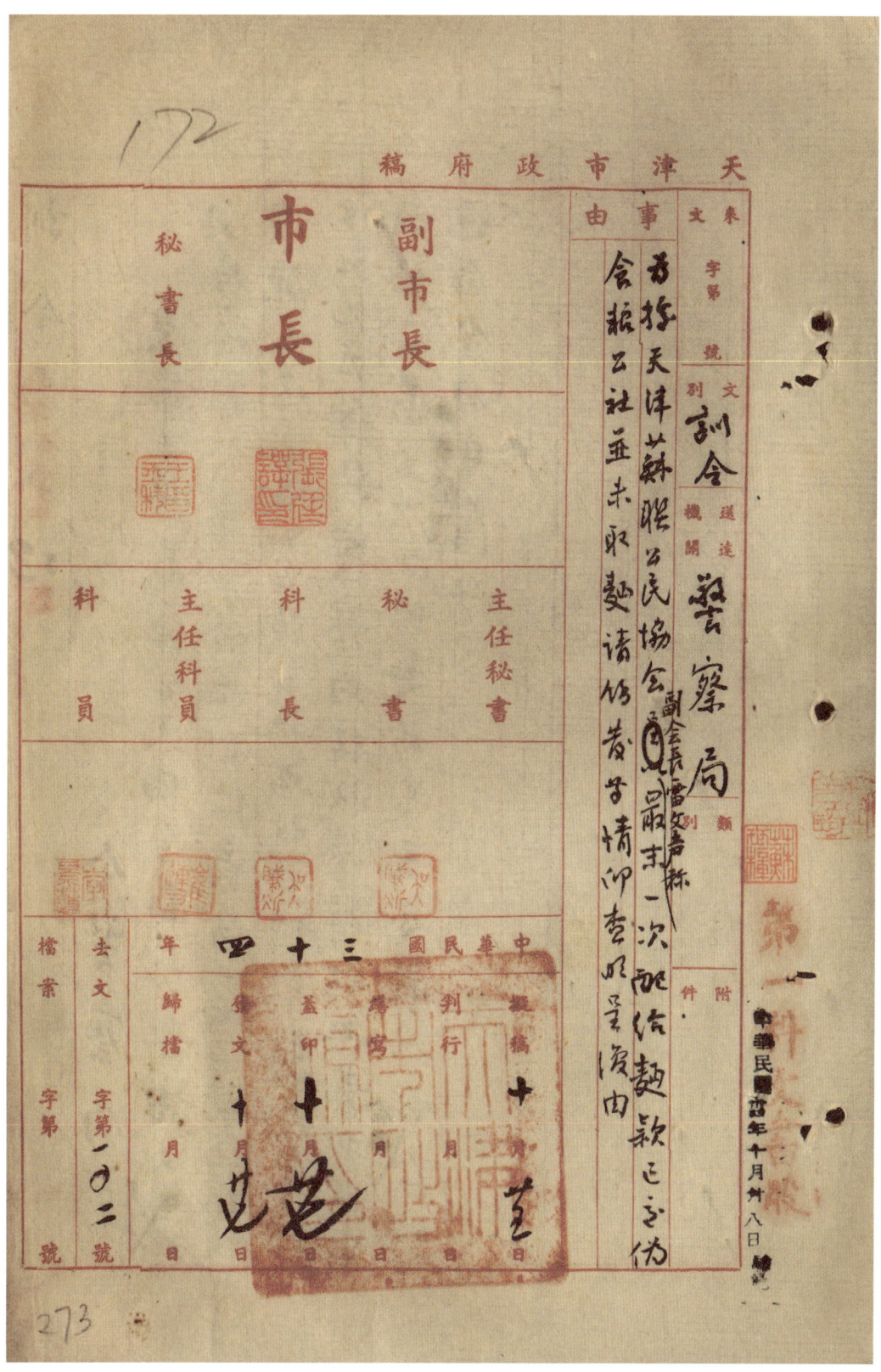

訓令 民字第102號

令警察局

案據天津蘇聯公民協会副会長雷文表稱関於敵國人民之合粮配給最後一次之配給麵粉價款已送繳偽食糧公社並收正式取麵而食糧公社已為警察局接收請轉飭照發等情查該協会最末次配給麵粉是否交款未發合亟令仰該局查明具覆此令

274

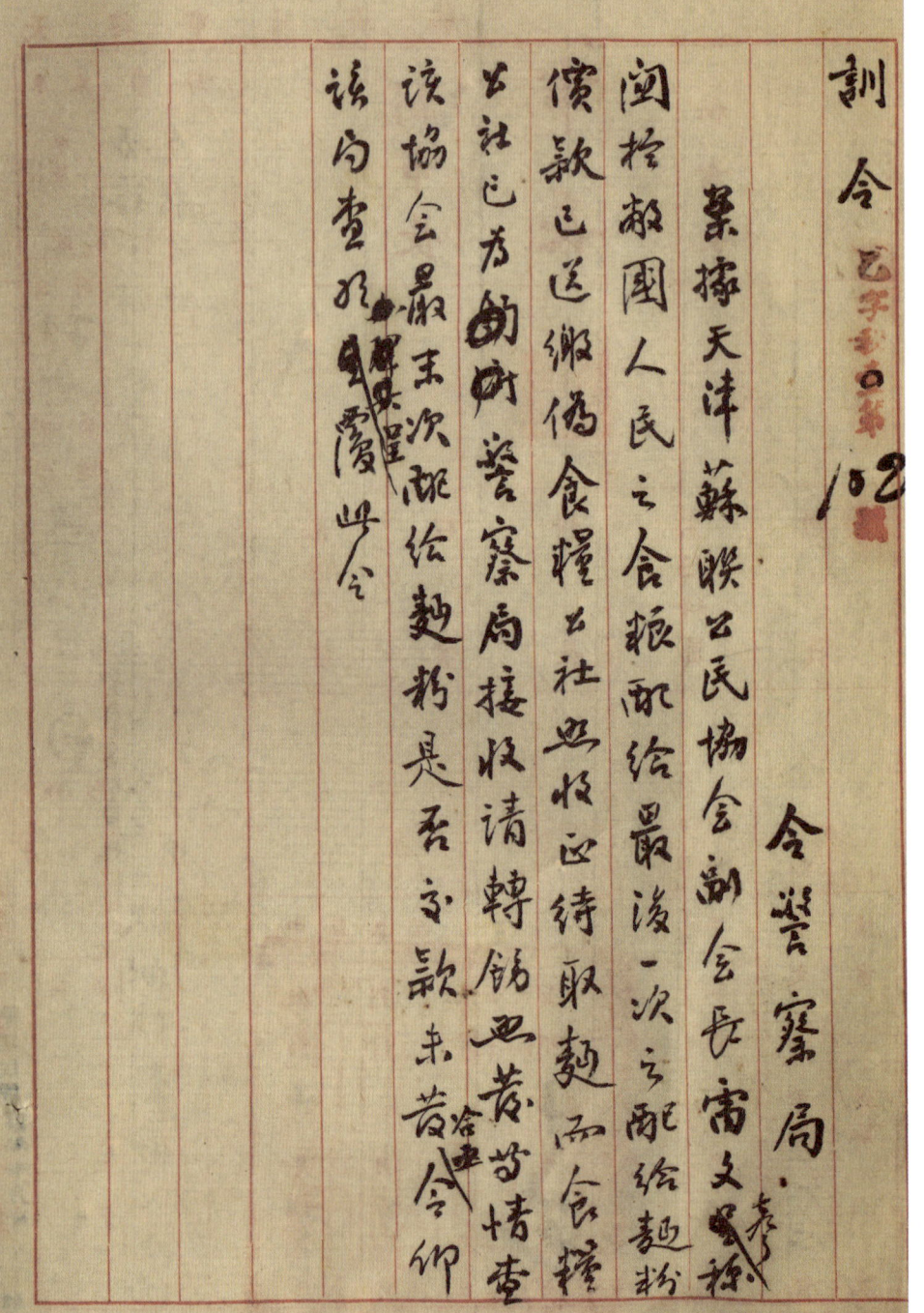

一四三、天津市政府秘書處爲調查蘇聯僑民請領食糧公社應配食糧事致警察局毛副局長函（一九四五年十月三十日）

J2-3-2528

173

天津市政府稿

來文	字第 號	事由
發文	處函	蘇聯僑民請領食糧小社應配食糧，請查照允發，以憑办理由。
送達機關	警察局毛副局長	
類別		
附件		

市長	副市長	秘書長

主任秘書	秘書	科長	主任科員	科員

中華民國三十四年

擬稿	判行	繕寫	蓋印	發文	歸檔
十月三十日	月日	月日	月日	月日	月日

去文 字第 號

檔案 字第 號

即發

275

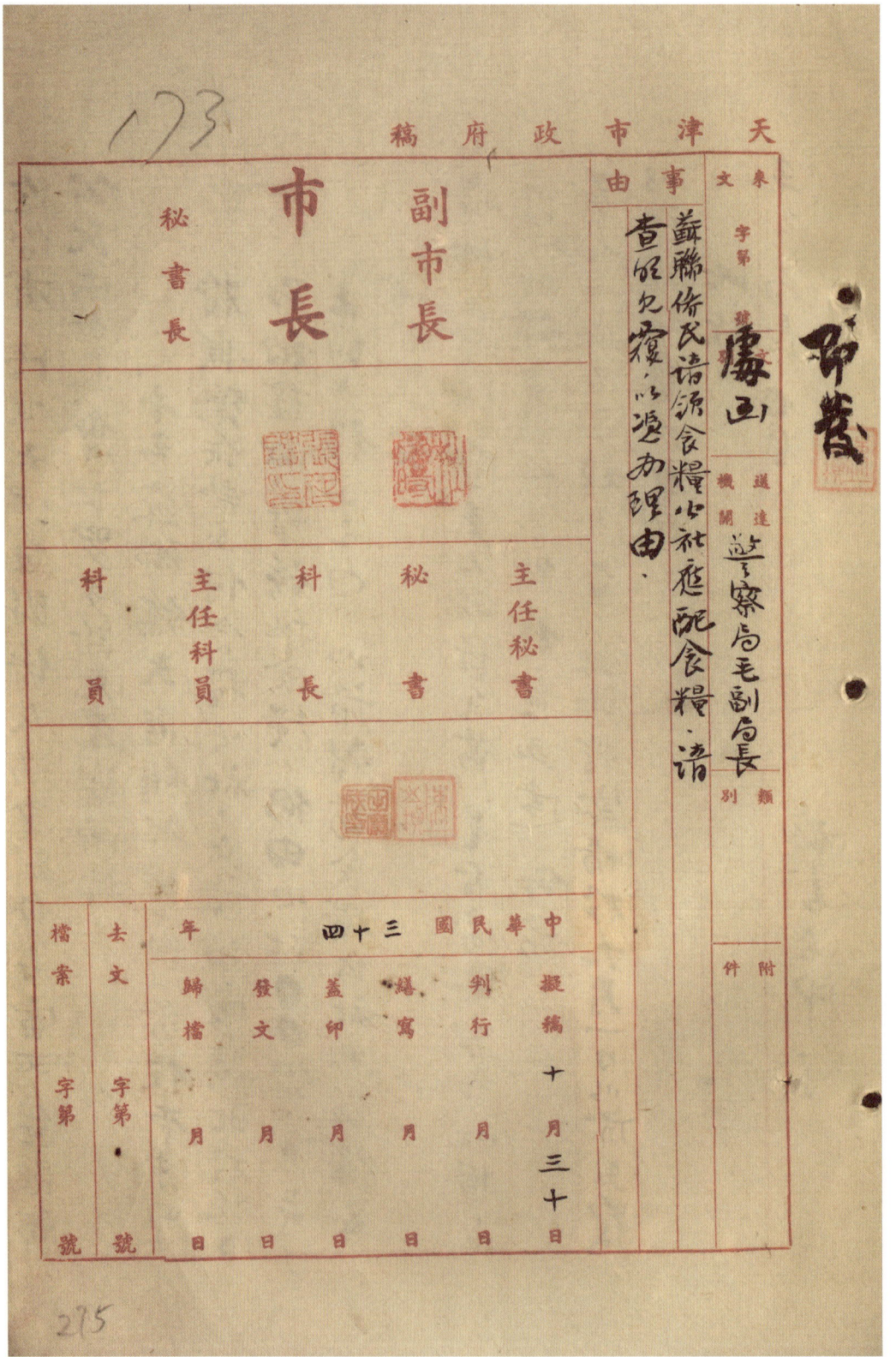

逕啓者：頃據天津蘇聯僑民協會副會長雷文、暨蘇聯
公民協會副會長罗多斯克來處面称：
「本市蘇聯僑民應領配給一批，前於本月四日
將應繳價款交付食糧公社，已請領向，該社於次日
即被接收，惟該批食糧，仍由公社[illegible]保管，并
未列入移交之內，擬請轉飭食糧公社照數撥交，
以利民食」
等語；據此，查來人所称各節，是否屬實，亟應明瞭；除
已諭知保查所核办外，相應函達，即請
貴局長派員前往調查，並祈將实在情形迅速見覆，以
以憑辦理，是為至荷！
此致
毛副局長 勛鑒

秘書处印 十二月卅日

一四四、前帝俄籍民及喪失蘇籍者恢復蘇聯國籍勒令（一九四五年十一月十日）

J10-1-454

（一）

㈠蘇聯最高蘇維埃主席團關於居住滿洲境內前帝俄籍民及喪失蘇聯國籍之人，恢復蘇聯國籍之勅令。

一、規定：所有居住滿洲境內，在一九一七年十一月七日以前為俄羅斯帝國籍民之人，及曾為蘇聯籍民而失却蘇聯國籍之人，與其子女可恢復其蘇聯國籍。

二、本令第一條所載之人，願恢復蘇聯國籍者，若於一九四六年二月一日前，向蘇聯駐滿洲境內之領事館，作相當申請並附呈足以證明其身份及過去隸屬帝俄國籍或蘇聯之證件，可恢復其蘇聯國籍。

三、恢復蘇聯國籍之申請，由蘇聯駐滿洲領事館審核之。

四、領事館於認申請人所遞證件適應本令所要求之時，發給蘇聯居留證與申請人。

五、不在本令所定期內，提出恢復國籍之申請者，可依普通辦法，取得蘇籍。

蘇聯最高蘇維埃主席團主席喀利寧

秘書郭爾欽

一九四五．十一．十．

莫斯科克里米宮.

外交部情報司第三科

36年10月3日

第　號

35

（二）

㈠蘇聯最高蘇維埃主席團並行一九四五年十一月十日蘇聯最高蘇維埃主席團關於居住滿洲境內前帝俄籍人民及喪失蘇聯國籍之人民恢復蘇聯國籍之勅令，於居住新疆、上海、天津之前帝俄籍民及喪失蘇籍之人之勅令。

一、一九四五年十一月十日蘇聯最高蘇維埃主席團關於居住滿洲境內前帝俄籍人民及喪失蘇籍之人民恢復蘇籍之勅令並行於居住新疆、上海、天津於一九一七年十月以前為俄羅斯帝國籍人民及曾為蘇聯籍民而喪失蘇籍者與其子女。

二、規定：本令第一條所載之人民，可於一九四六年四月一日前，向相當蘇聯領事館，呈遞關於恢復蘇籍之申請書。

蘇聯最高蘇維埃主席團
主席喀利寧
秘書郭爾欽

一九四六．一．廿．
莫斯科克里米宮

參考資料

外交部情報司第三科

年　月　日　第　號

36

33

（三）

㈢蘇聯最高蘇維埃主席團延長接受居住滿洲境內前帝俄籍民及喪失蘇籍者之恢復蘇籍申請書三期限之勅令。

一九四五年十一月十日蘇聯最高蘇維埃主席團勅令所定接受居住滿洲境內前帝俄籍人民及喪失蘇聯國籍者之恢復蘇籍申請書之期限，延長至一九四六年四月一日止。

蘇聯最高蘇維埃主席團 主席喀利寧

秘書郭爾欽

一九四六・一・廿二。

莫斯科克里米宮

參考資料

外交部情報司第三科　年　月　日　第　號

37

34

(四)

（四）蘇聯最高蘇維埃主席團延長接受居住新疆前帝俄籍民及喪失蘇聯國籍者之恢復一籍申請書之期限之勅令。

一九四六年一月廿日蘇聯最高蘇維埃主席團勅令所定接受居住新疆前帝俄籍民及喪失蘇聯國籍者之恢復蘇籍申請書之期限，延長至一九四六年七月一日止。

蘇聯最高蘇維埃主席團
主席喀利事
秘書郭爾欽

一九四六·二·十六·

莫斯科克里米宮

參考資料

外交部情報司第三科

年　月　日　第　號

38

一四五、天津市政府爲蘇聯僑民持有逾期護照暫准辦理事致重慶外交部電及訓令警察局（一九四五年十一月十六日）

J2-3-7228

天津市政府稿

抄一份通知外事處

白先生注意：發電此稿勿蓋印，先（由撥）送儀

中華民國卅四年十二月一日收到

來文	字第　號
文別	電　訓令
送達機關	重慶外交部　警察局
類別	
附件	

事由：准外交部戌齊電蘇聯僑民執有逾期護照者暫准通融辦理，已飭僑民（照辦）特（令仰查照辦理）由

00054

市長

副市長

秘書長　處長　主任秘書　秘書　科長　股長　擬稿員

中華民國卅四年

擬稿十一月廿五日　時

判行　月　日　時

繕寫　月　日　時

校對　月　日　時

發文十二月十六日　時

歸檔　月　日　時

去文字第三九一號

檔案字第　號

十二　十六

32

73

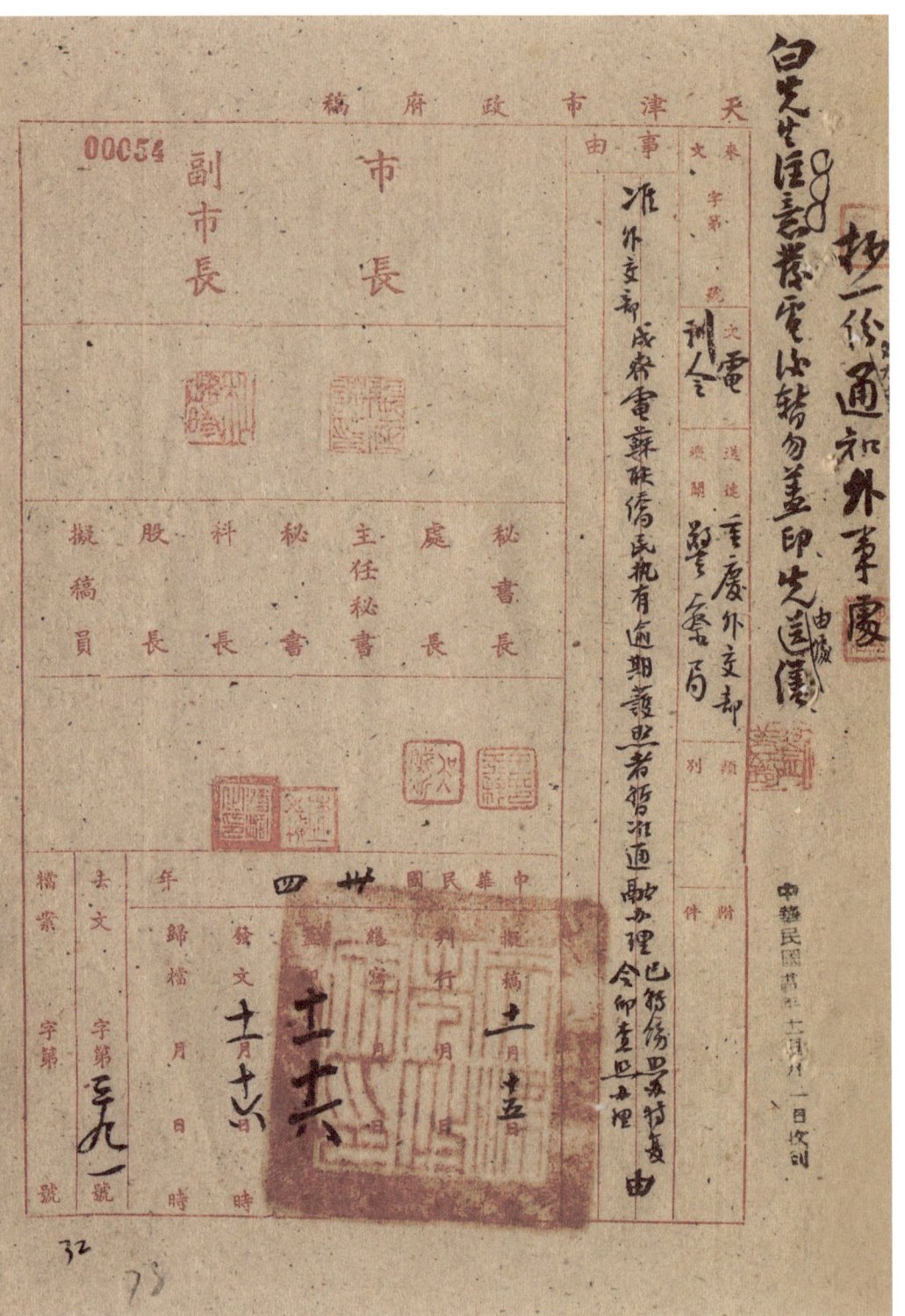

95
1/15

電

重慶外交部勳鑒戍齊電敬悉蘇聯僑民逾期護照已轉飭查照酌予通融辦理矣特電复天津市長張○○副市長杜○○叩戍卅印

訓令乙字第391號

中華民國三十四年十一月廿五日封發

令警察局

案准外交部戍齊電開頃據蘇聯大使館稱蘇聯僑民約二千五百人云云相應電請查照轉飭有關機關對於駐天津之蘇僑執有逾期護照者酌予通融辦理並希見復等因准此除電复外合亟令仰該局查照辦理為要此令

99

一四六、河北省政府爲抄發外交部有關蘇聯商務代表請在津滬等地設立分處事致天津市政府代電（一九四五年十二月十五日）

J2-3-214

最要
秘書處
田

天津市政府 文電摘由紙

來文機關	事由	擬辦	批示
河北省政府代電	為蘇聯商務代表請在津滬等地設立分處函抄原電請查照	令政府各局抄令外事處	

附件：抄原電

天津市政府收文 酉字 34 12.18 2911

年 月 日 時收到

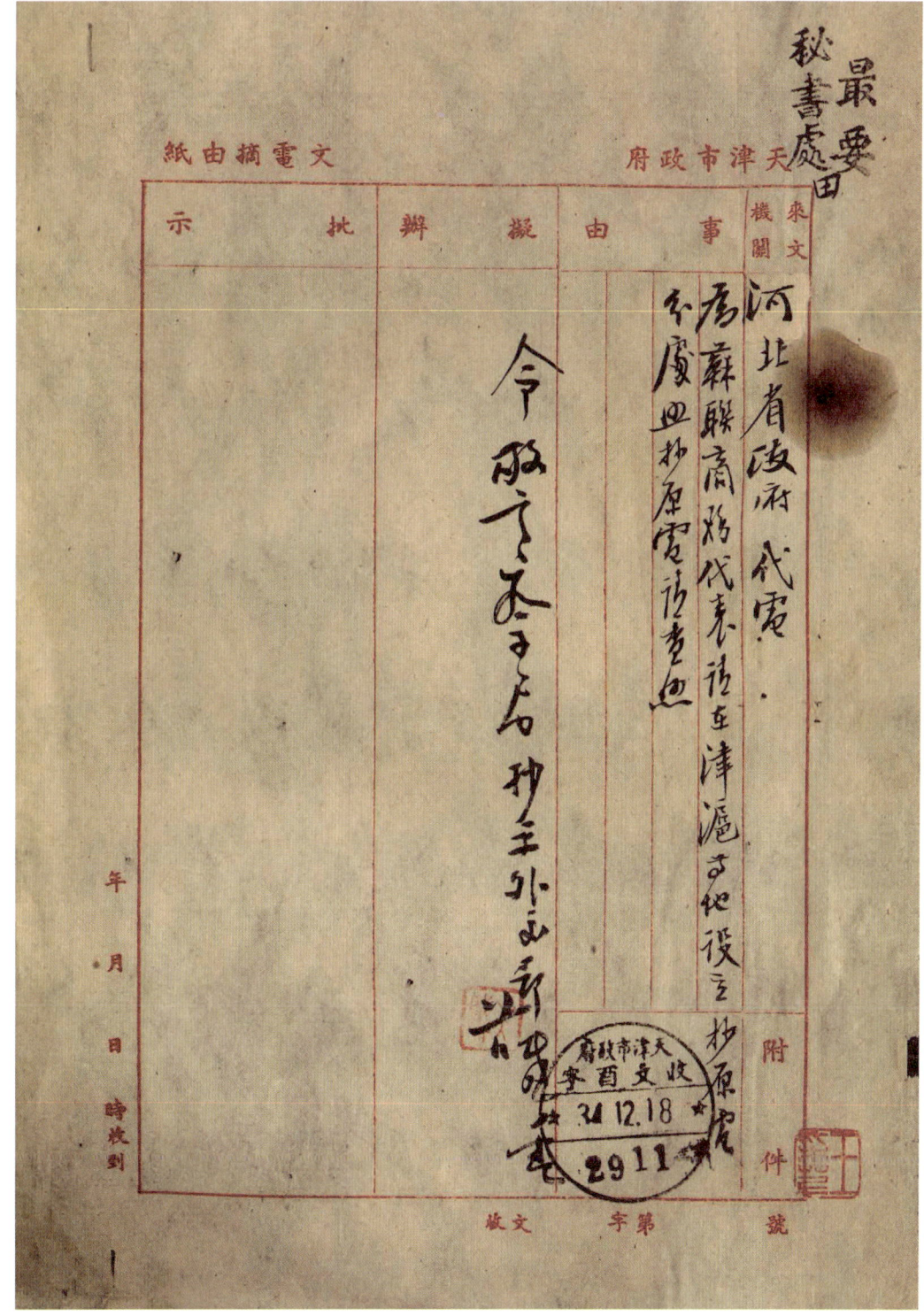

收文 字第 號

河北省政府

快郵代電　總民字第580號　第　頁

天津市政府公鑒：准外交部感電為蘇聯商務代表請在津滬等地設立分處特電知照一案，並囑轉達貴市府等由，相應照抄原電，即請查照為荷。河北省政府亥删民四平印。附抄原電一份

中華民國三十四年十二月十五日　時　分自　發

監印從瑞卿
校對閻斌陽

3

抄原電

河北省政府並轉天津市政府公密查蘇聯駐華商務代
表處請在津滬漢及廣州設立分處業經呈奉委座核
准惟先在滬及漢口兩地設立天津及廣州則俟秩序恢復
再設立除覆蘇方並有關機關外特電知照依法予以便利
為荷外交部感印

3

一四七、天津市政府外事處爲拒絶辦理蘇聯僑民逾期護照事致天津市警察局公函（一九四五年）

J9-1-375

3.

天津市政府外事處稿

室別	第二科
文別	公函
送達機關	天津市警察局
類別	
附件	抄件一份

事由：為蘇聯僑民護照逾期本處無案可稽移請查照由

處長 [signature]

秘書 [signature]

科長

擬稿員 慎修 乃森

中華民國　年　月　日時交辦　月　日時擬稿　月　日時核簽　月　日時判行　月　日時繕寫　月　日時核對　月　日時蓋印　月　日時封發

去文　字第十五號

檔案　字第　號

6

天津市政府外事處公函　字第　號

逕啟者頃准市政府秘書處抄送外交部代電一件略以據蘇聯大使館稱有該國僑民二千五百人護照逾期請通融辦理應准如所請等因查本處成立伊始無案可稽關於本市僑民護照向由貴局辦理相應連同抄件函請查照為荷此致

天津市警察局

一四八、國民政府外交部爲白俄恢復蘇聯國籍規定事致外交部駐平津特派員公署特派員季澤晋代電（一九四六年三月二十八日）

J10-1-454

國民政府外交部

快郵代電第 西35 04452 號第 頁共 字

天津季特派員

鹽 於白俄恢復蘇聯國籍事經洽商蘇聯大使館復稱（一）恢復蘇聯國籍者是否返回蘇聯完全由其本人決定（二）對於曾取得中國國籍又申請恢復蘇籍者蘇方必令其先行辦理脫離中國國籍之正式手續方准其入籍並發給蘇聯護照（三）業經恢復蘇籍者由其本人向中國地方主管機關請領居留證（四）蘇聯各領館對於申請入籍者所發之證明書在補發護照之前與護照有同等效力等語希查照並轉知各有關機關洽照外交部卯（儉）

中華民國卅五年三月廿八日發出

中華民國 年 月 日 午 點 分發

一四九、外交部駐平津特派員公署爲白俄恢復蘇聯國籍辦法事致天津市政府公函（一九四六年四月四日）

J2-3-7506

00058

外交部駐平津特派員公署用箋

公函　　秘公字第〇〇貳叁號

中華民國三十五年四月四日

案奉

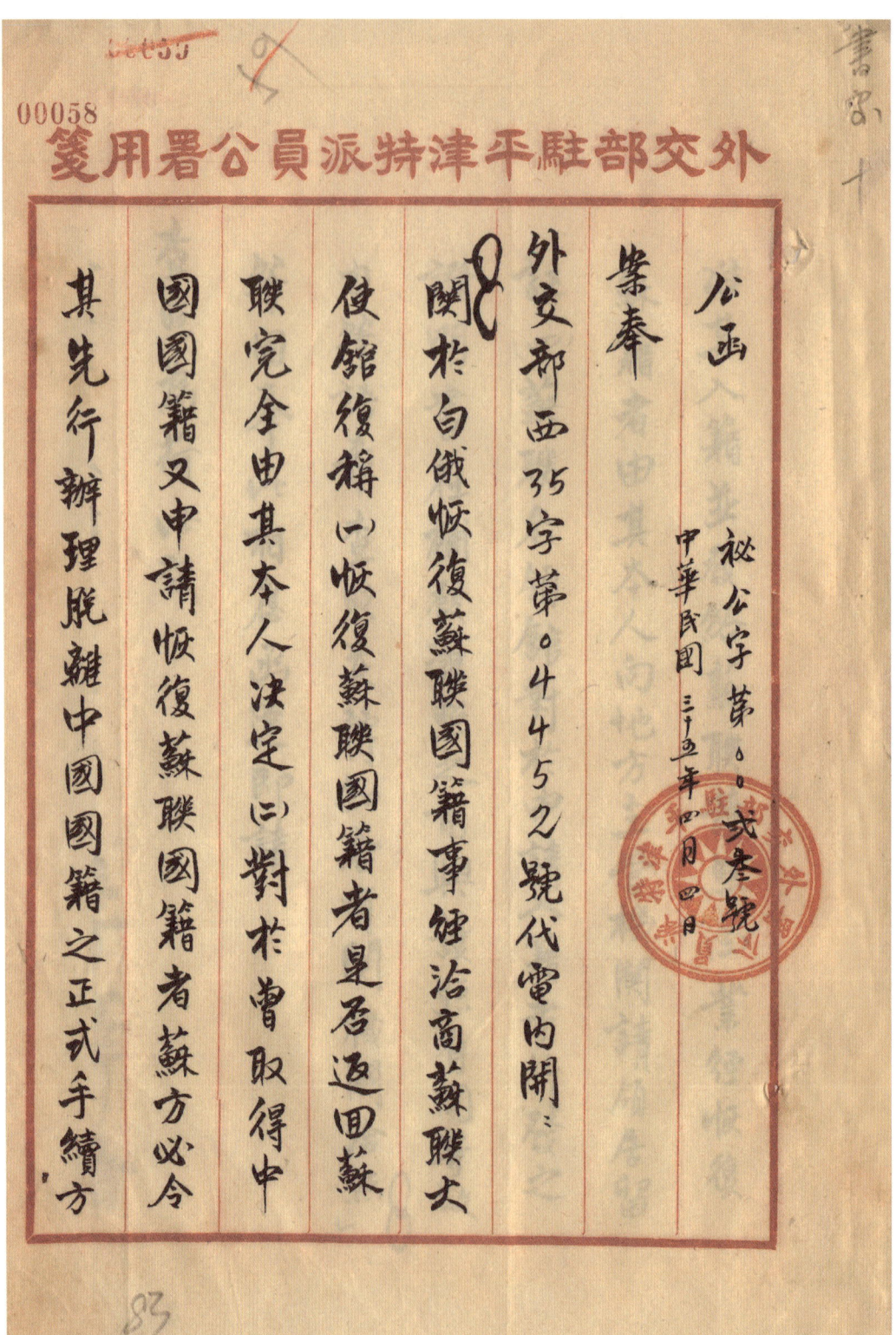

外交部西35字第〇4452號代電内開：關於白俄恢復蘇聯國籍事經洽商蘇聯大使館復稱(一)恢復蘇聯國籍者是否返回蘇聯完全由其本人決定(二)對於曾取得中國國籍又申請恢復蘇聯國籍者蘇方必令其先行辦理脱離中國國籍之正式手續方

外交部駐平津特派員公署用箋

准其入籍並發給蘇聯護照（三）業經恢復蘇籍者由其本人向地方主管機關請領居留証（四）蘇聯各領館對於申請入籍者所發之證明書在補發護照之前與護照有同等效力等語希查照並轉知各有關機關洽照等因奉此相應函達即請查照為荷此致

天津市政府

特派員季澤晉

8

84

一五〇、内政部爲抄發白俄恢復蘇聯國籍規定辦法事致天津市政府公函（一九四六年五月二日）

J2-3-7506

~~00682~~

00061

最要

秘書處

内政部 公函

事由：為准外交部電以苏联大使館对於白俄恢復苏联國籍案函復規定办法四項請查照轉知一案函請查照飭知由

令警察局外事處抄函

五十

准外交部本年三月二十七日西（35）字第零四四一一號代電以准苏联駐華大使館函復白俄恢復苏联國籍一案規定辦法四項請查照轉知各有關

擬辦

批示

發文 字第 號

附

中華民國 年 月 日

中華民國卅五年五月二日

中華民國 年 月 日收

35.5.10

8738

收文 字第 號

87

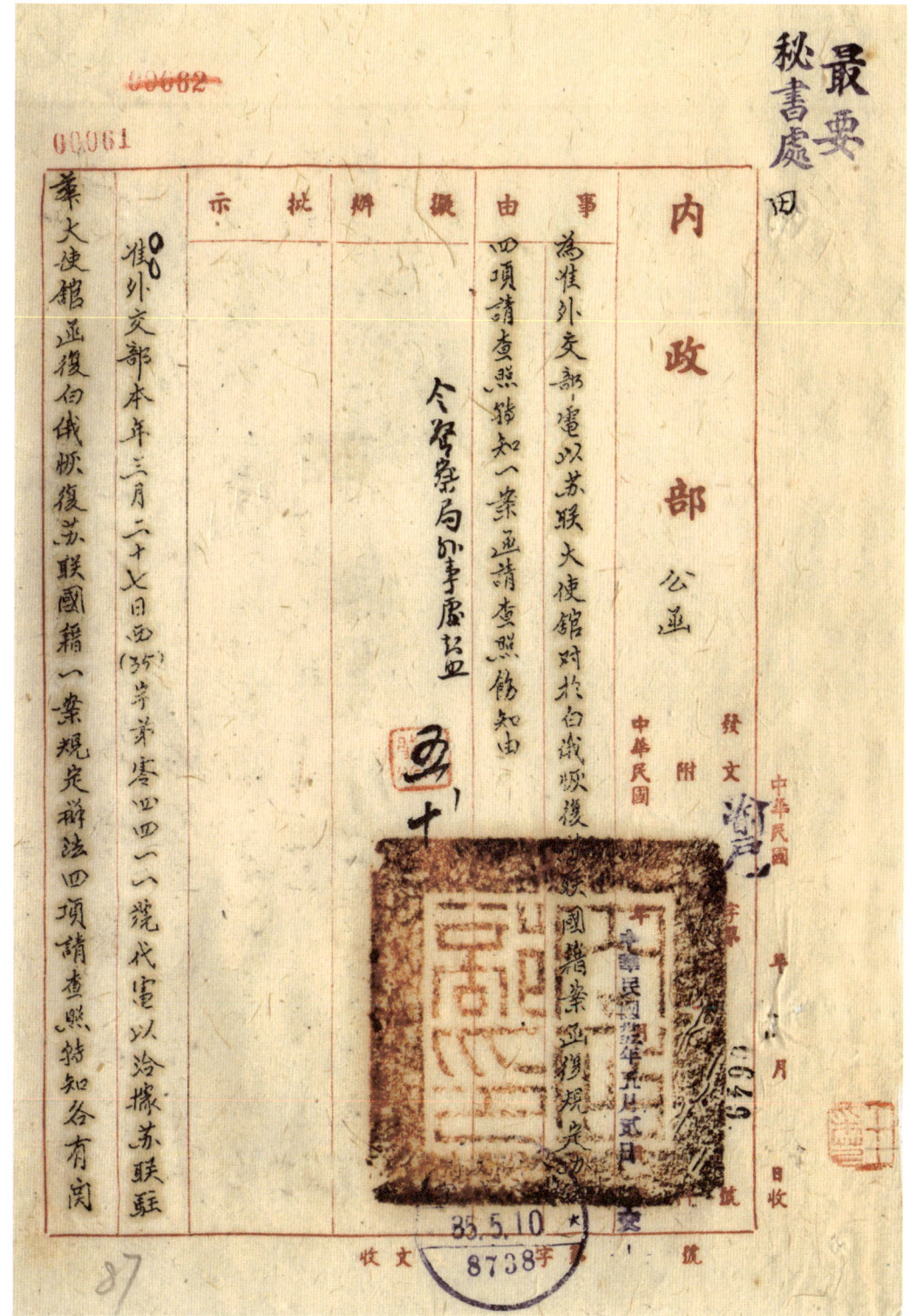

機關等由到部除分行外相應抄同該項辦法函請
查照轉飭知照爲荷此致
天津市政府
附抄件一份
部長張厲生
已製卡
監印 夏潤之
校對 戈瑾[illegible]
監印

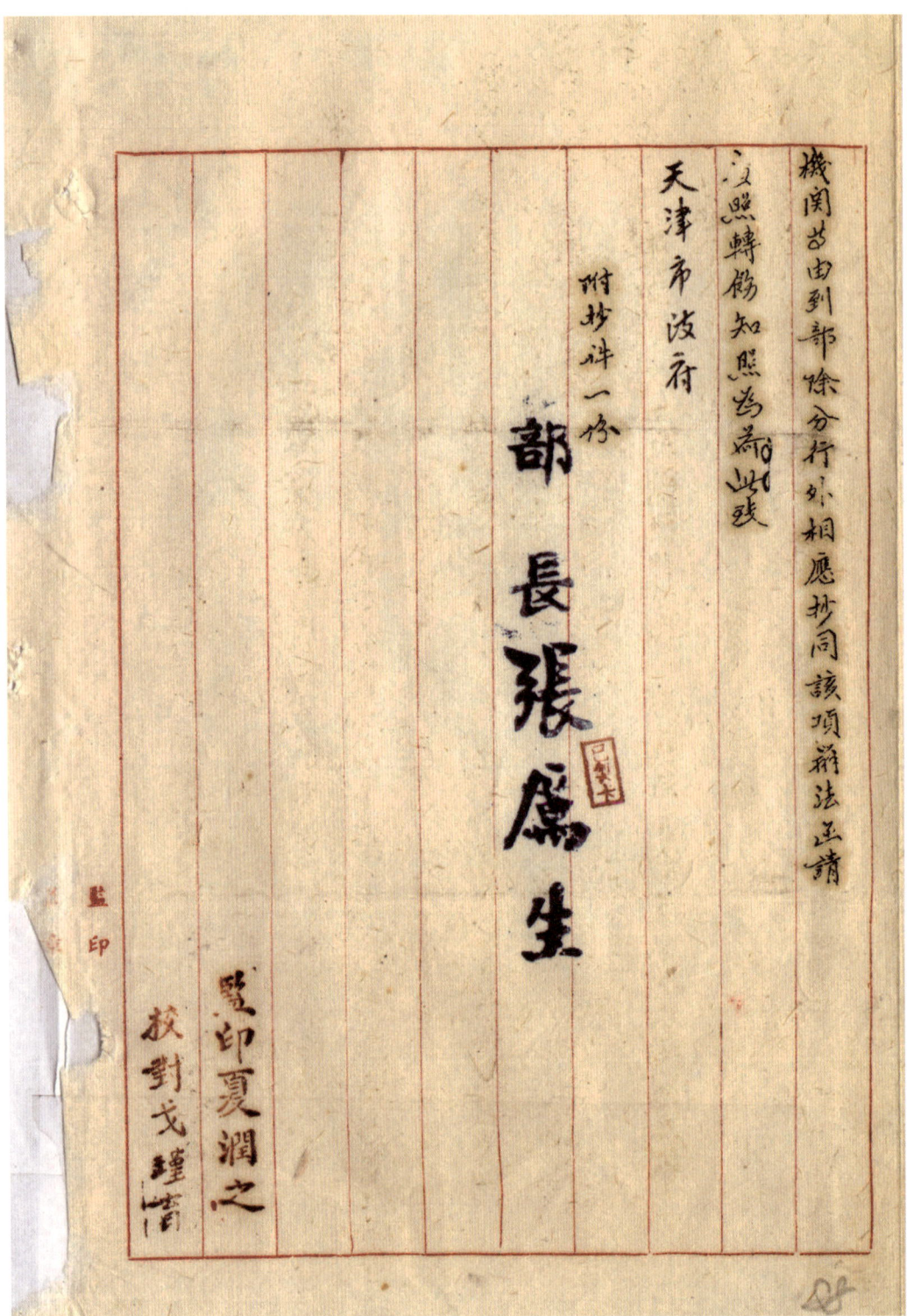

蘇联駐華大使館對於白俄恢復蘇联國籍業復外交部原函辦法四項 外交部三十五年三月二十七日歐四三五字第〇四四一一號代電抄送内政部

一、恢復蘇联國籍者是否返回蘇联完全由其本人決定。

二、對於曾取得中國國籍又申請恢復蘇籍者蘇方必令其先行辦理脱離中國國籍之正式手續方能准其入籍並發給蘇联護照。

三、業經恢復蘇联國籍者由其本人向中國地方主管機關請領居留証。

四、蘇联各領館对於申請入籍者所發之証明書在補發護照之前與護照有同等效力。

蓋章

89

一五一、天津市政府公用局局長王錫鈞爲恢復建國花園河岸擺渡事呈天津市政府張市長、杜副市長文（一九四六年五月九日）

J2-3-2934

最要列
第二科
外事處
第四股

天津市政府公用局呈天津市政府

事由	擬辦	批示	備考
為准馮專員步洲函轉鈞諭飭在建國花園河岸設置擺渡一案該地原有擺渡設置近因盟軍不時卸存貨物禁止擺送行人經過該地可否先請盟軍運清存物再行恢復請核示由	存 擬令外事科知 蘇錦録 五、十一		

附件

呈總四字第一〇六九號

年 月 日 時到

中華民國卅五年五月 日

天津市政府收文 成字 35.5.10

收文 字第 8756 號

93

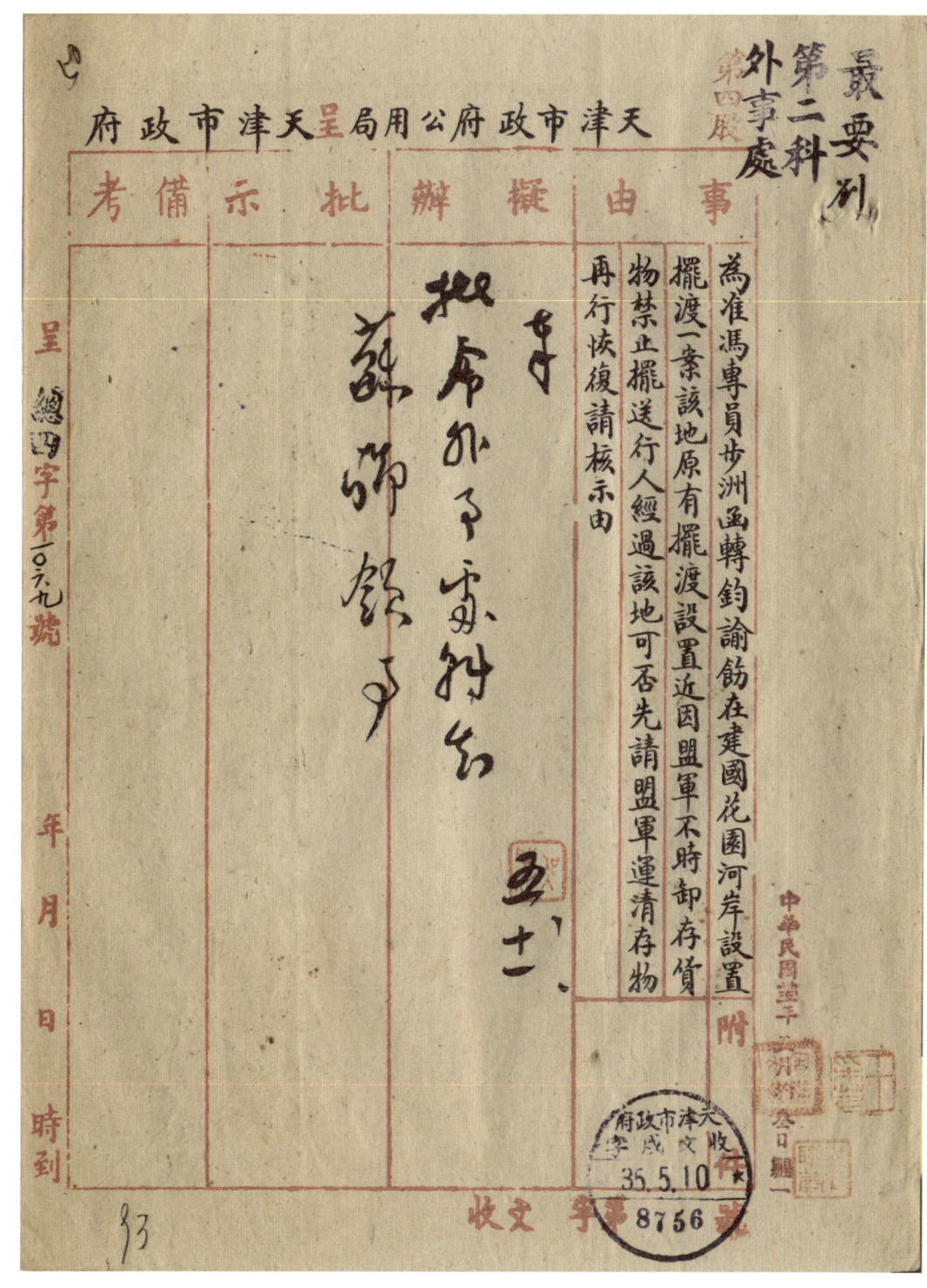

前准馮專員步洲来函以奉
鈞座諭由職局在建國花園河岸與相對台兒莊路河岸設置擺渡
以便行人一案轉達查照等由當經轉飭職局第四科科長張秀亭
核辦去後茲據簽稱遵經召集本市擺渡船主聯合會會長張大
裕来局詢商並經親赴該地查勘查得該地原有擺渡渡船三隻船
主名吳恒海現住渡口旁領事路木房自去年盟軍到津該建國
花園河岸時有船舶起卸貨物存放沿岸各處盟軍因恐来往行
人份子不齊發生意外故除盟軍来往兩岸准由該船擺送外禁止搭
載其他乘客以致該地附近行人渡河不得不繞道其他渡口現因生活
關係船主吳恒海亦願早日恢復營業俾資維持此事似應先由本市

94

57

商請盟軍運清存物或將存物集中一處讓出走路設崗守護再着
吳恒海恢復擺渡以免妨碍而資互利等語前来查所稱各節尚無
不合可否先由
鈞府外事處商請盟軍同意照辦再行恢復之處理合具文呈請
鈞府鑒核示遵
謹呈
天津市政府市長張
副市長杜
天津市政府公用局局長王錫鈞

95

中華民國三十五年五月九日

監印王蓀琪

校對周鎰

96

一五二、天津市政府警察局局長李漢元等爲報蘇聯公會召開歐戰勝利周年大會經過情形事呈天津市政府文（一九四六年五月十四日）

J2-2-120

次要
第二科
第三股

182

事由	為據第十分局呈以蘇聯公會於五月九日開啟戰勝利週年大會及演奏各種遊藝經過情形報請鑒核由
擬辦	五、十五、
附件	
決定辦法	

中華民國卅五年五月拾六日時到

天津市警察局呈

行一字第2665號

中華民國三十五年五月十四日

案據第十分局報稱查管界泰安道蘇聯公會於五月九日上午十時開啟戰勝利週年大會並於是日下午六時三十分假猶太公會開遊藝大會當派巡官梅德馨王海程分別前往監視旋據報稱查蘇聯公會於十時開會有該會人員演講並檢閱俄國學校學生於十二時閉會

天津市政府收文 35.5.15 9168

收文　字第　號

178

183

復於同日下午六時三十分在猶太公會開會演奏各種遊藝節日及紀念歌曲等至十一時散會並無其他情形發生等情據此理合報請鑒核等情前來理合備文報請

鑒核謹呈

市長張

副市長杜

天津市政府警察局局長李漢元

天津市政府警察局副局長毛文佐

177

一五三、國民政府外交部爲無國籍舊俄人辦理來華簽證辦法事致天津市政府代電（一九四六年五月十七日）

J9-1-120

2

最要
外事處

天津市政府 文電摘由紙

來文機關	事由	擬辦	批示
外交部 代電	為舊俄人夫婦擬由渝來華請求簽證應否依照簽證辦法第廿五條辦理請查核見復渝四萬人 辦理	派員調查簽証規定兩點擬用府稿電復 五.廿二、 吾與之	閱 吳 五月廿二

卅五年五月廿二日時收到

附件

天津市政府收文 字成 35.5.22 9690

收文 字第1131號

4

3

外事處 十

國民政府外交部

快郵代電第 禮35 08696 號第 頁共 字

天津市政府公鑒：頃據駐法大使館電稱：「藍俄人Ostrovsky夫婦持法政府所發南斯拉夫無國籍護照請求赴華據稱其兄現居天津領事路七十三號是否可予簽證」等情前來查藍俄人為無國籍人其來華簽証依照簽証辦法第廿五條應提供在華可靠親友之担保保証下列兩點（一）請求人無政治行動及犯法行為（二）請求人在中國有固定職業足以自給倘失業或不能自給保証人願担負其生活費用相應電請查核電復以憑辦理為荷外交部

中華民國卅五年五月十七日 午 點 分發

京中山北路八六四號

5

一五四、天津市政府爲蘇聯公會召開歐戰勝利周年大會經過情形已悉事指令警察局（一九四六年五月二十四日）

J2-2-120

184

天津市政府稿

來文	戌字第9168號
文別	指令
送達機關	警察局
類別	
附件	

事由：據呈報蘇聯公會於五月九日開歐戰勝利週年大會情形已悉由

市長：五、廿一

副市長：五、廿一

秘書長　處長　主任秘書　秘書　科長　股長　擬稿員

五、廿一　五、廿　五、廿一　五、廿　五、廿　五、廿一

中華民國三十五年五月廿一日

擬稿：五、十八

檔案：字第　號

去文：字第三八六九號

秘書處第二科第三股

170

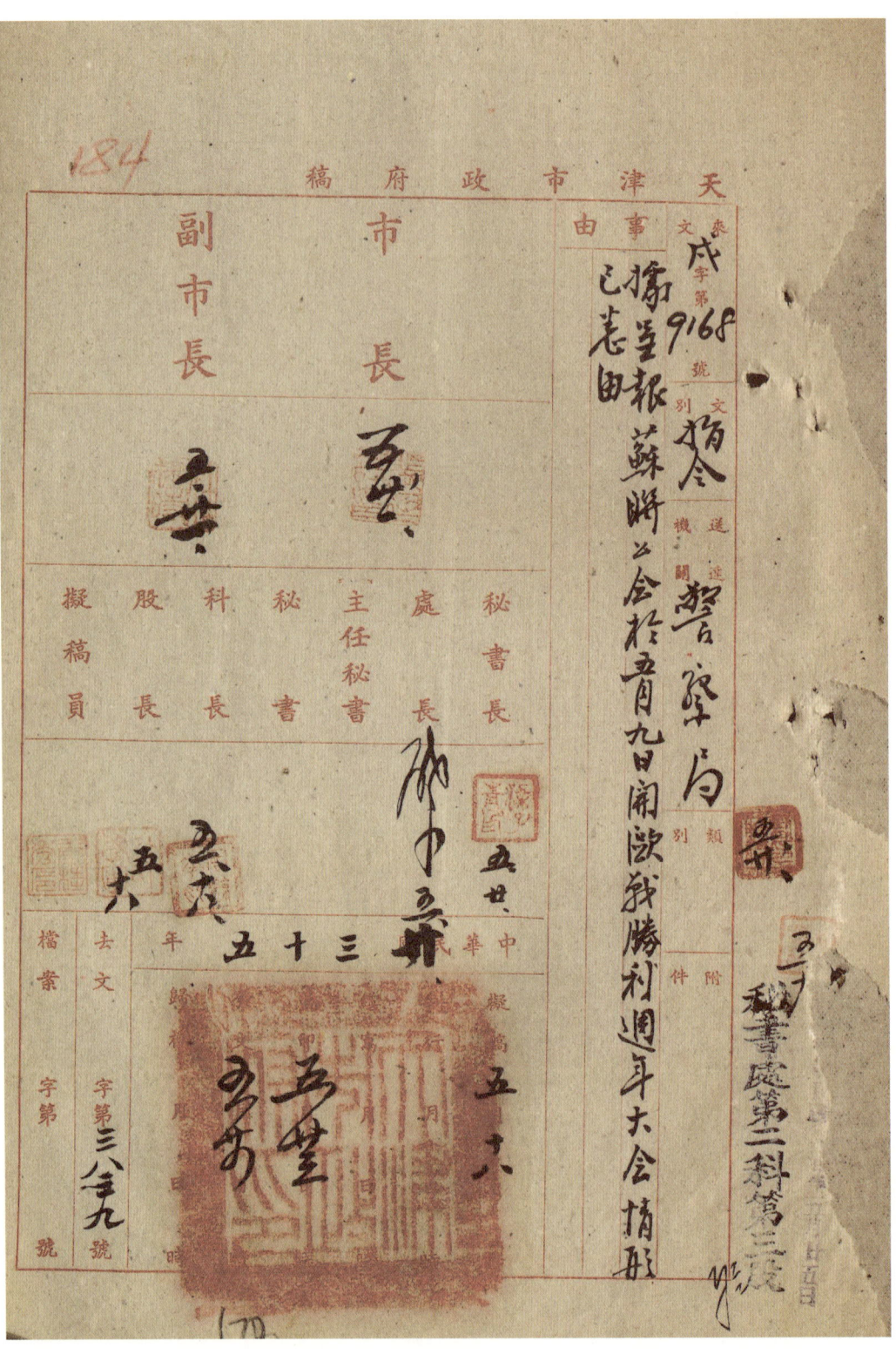

185

指令 丙秘贰(3)字第 3839 号

令警察局

呈件为据第十分局呈以苏联公会于五月九日开设战胜
利週年大会及演奏各种游艺经过情形报请
鉴核由

呈悉。此令

179

一五五五、財政部天津直接稅局爲轉知在津僑商速申報每月營業稅事致蘇維埃駐津領事館公函（一九四六年五月二十九日）

J56-1-2076

1086　26

財政部天津直接稅局稿

文別	公函
送達機關	蘇維埃駐津領事館
附件	
事由	為函請查照前各函並轉知在津僑商迅將每月營業稅申報來局以憑核辦由
發文	字第　號
歸檔	字第　號

局長　親辦

靜　五.廿六　劉

秘書	課長	股長	課員	稅務員	擬稿員

袁　堉　九　五.廿七

封發	蓋印	校對	繕寫	判行	擬稿	交辦
35年5月29日	年月日	年五月廿九日	年月日	年月日	年月日	年月日

公函　津直(三)字第二七二號

查外商應行課稅,本局前於本年四月廿三日暨五月三日分別函請轉知……辦理在案,……送達本局人員查征簽收……

54　440　135

貴國僑民尚未依照稅章規定手續逕自申報營業各稅等

續，且有於調查員執行任務時拒絕調查，影響稅收推進，

實屬遺憾非淺鮮，茲為完成是項業務並希達成目的，相應函

達，即希

貴領使館本 貴我兩國友好精神，

查照前次合作並轉飭所屬各僑民依法納稅，速予協助

轉飭在津各僑民迅將每月營業稅額及應報其他各稅照章申報來局，

以憑核辦，至紉友誼。

此致

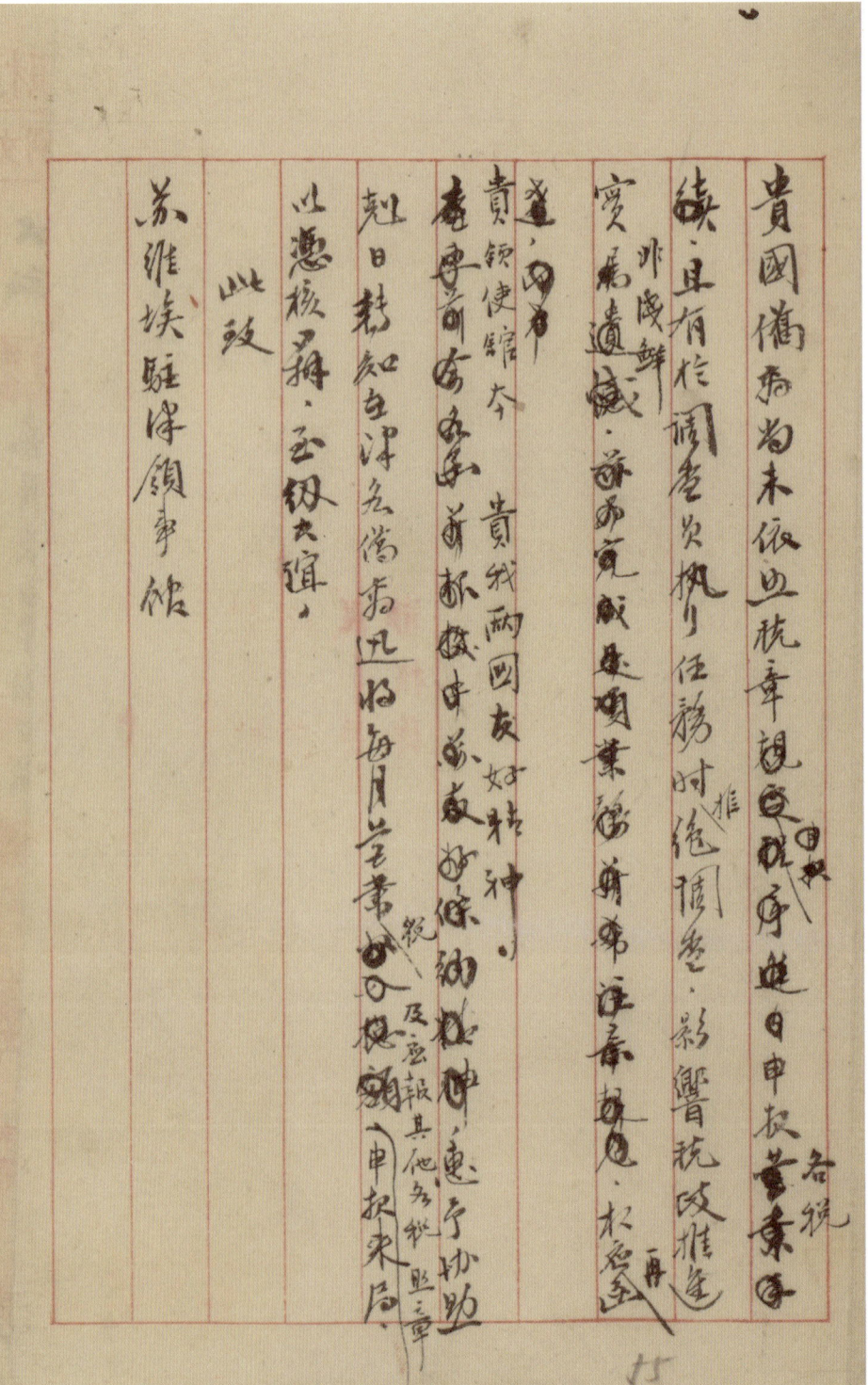

蘇維埃駐津領事館

一五六、國民政府外交部爲蘇聯政府擬恢復駐天津總領事館并派副領事代理館務事致天津市政府代電（一九四六年七月六日）

J9-1-21

最要

外事處

天津市政府 文電摘由紙

來文機關	事由	擬辦	批示
外交部 代電	為准蘇聯大使館節略擬恢復駐天津總領事館派多洛菲也夫為副領事代理館務由除略復可予承認外請查照由	擬交外事處查照 敬呈 秘書長	外事處通知 敬呈 市長 通知發言人

三十五年七月十二日 時收到

附件

35.7.10 13102

字第1461號

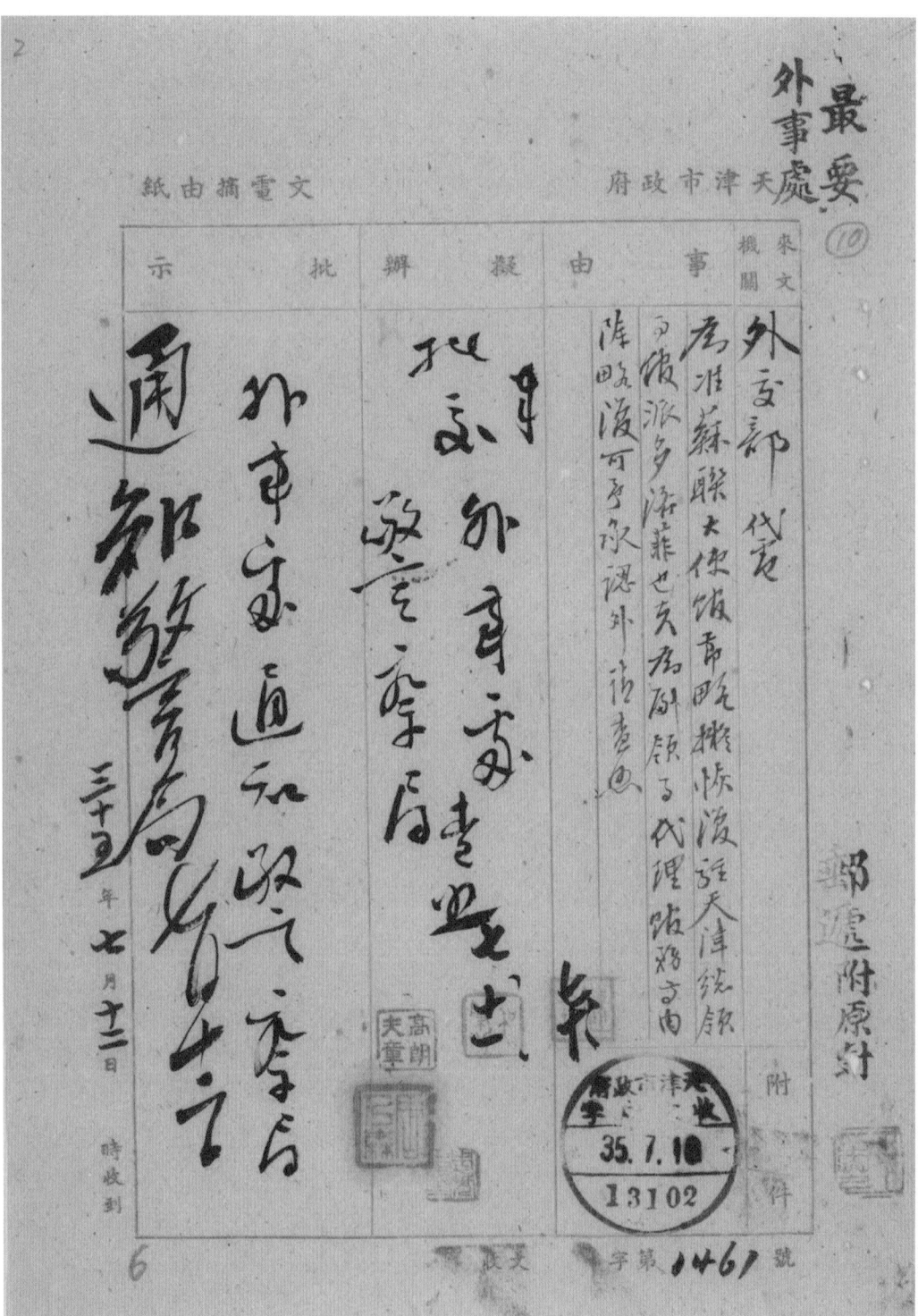

簡還附原件

國民政府外交部

快郵代電 第 03422 號 第 頁 共 字

天津市政府公鑒准菲聯大使館四月十二日節略略以該國政府擬派傑駐天津總領事館並派A.M.多洛菲也夫為駐天津副領事代理館務等由除照復可予承認外相應電請查照為荷外交部午魚

中華民國三十五年七月六日 午 點 分發

附原封

一五七、外交部駐平津特派員公署特派員爲蘇聯政府擬恢復駐天津及北平兩地總領事館事致天津市政府代電及封套　（一九四六年七月十日）

J9-1-21

4

最要
外事處

天津市政府文電摘由紙

來文機關	事由	擬辦	批示
外交部駐平津特派員公署 代電	為奉部電准蘇大使館來略，擬恢復平津兩地總領館，已派到達夫斯基為駐平總領事，多洛菲也夫為駐津副領事，希查照已飭知照並轉飭查照由	存 十二 七、十二	閱 七月十二

三十五年七月十二日

到收時

附件

郵遞 附原封

天津市政府收文 35.7.11 13186

收文 字第1460號

8

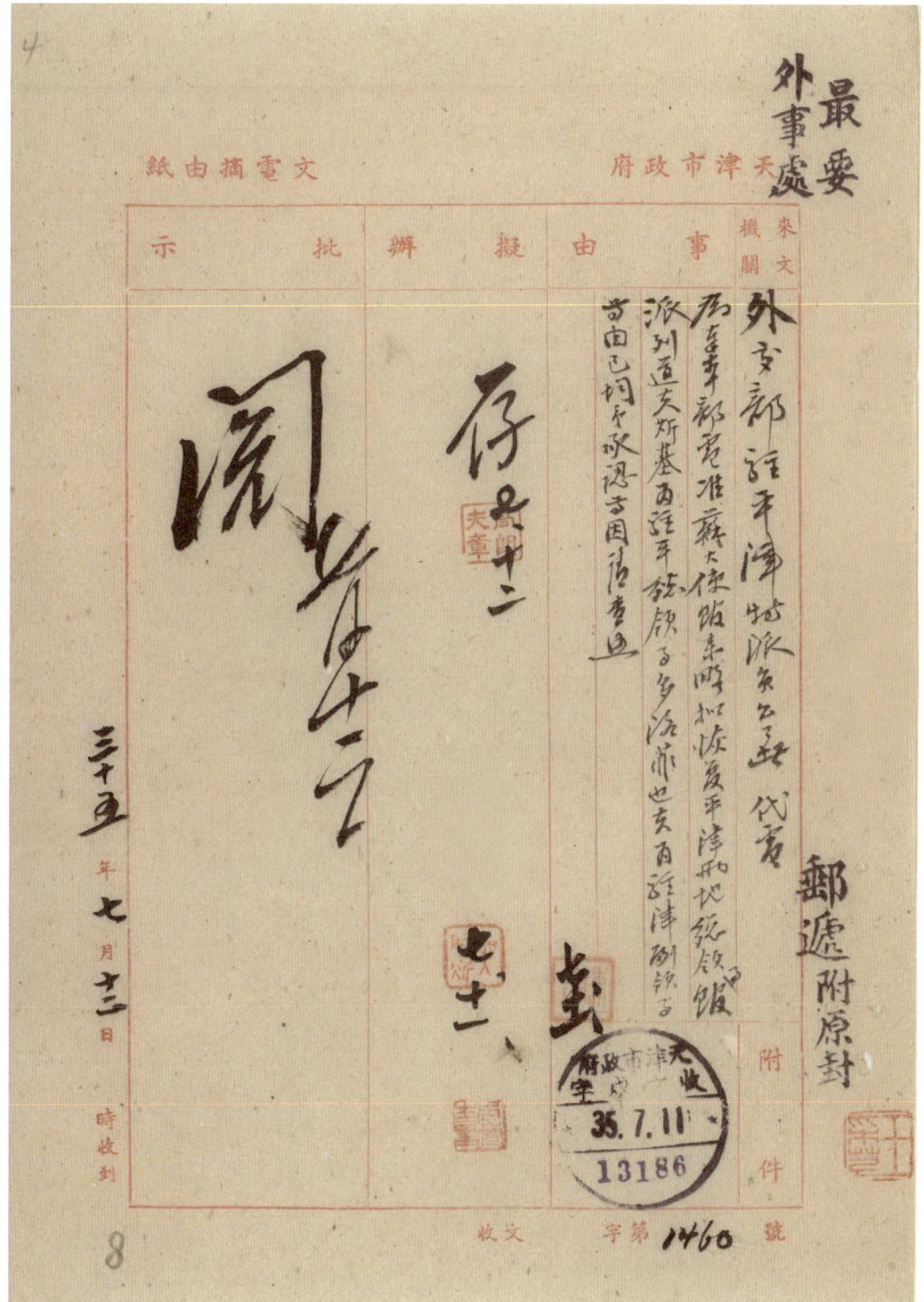

外交部駐平津特派員公署

快郵代電 礼苏字第0406號 第 頁 共 字

天津市政府：太鑒案奉本部本月六日禮字第三四二二號代電開「准蘇聯大使館四月十二日來略略以蘇聯政府擬恢復駐天津及北平兩地總領事館並派A.M.列謝夫斯基為駐平總領事A.M.多洛菲也夫為駐天津副領事代理館務等由本部業已略復准予恢復駐天津總領事館並臨時設立駐北平總領事館於A.M.多洛菲也夫充任駐天津副領事代理館務及A.M.列謝夫斯基充任駐北平總領事亦均予以承認電仰知照」等因奉此相應函達即希查照外交部駐平津特派員季澤晉印午灰

中華民國 年 月 日 午 點 分發出

中華民國卅五年七月拾號

監印 校對 盧容

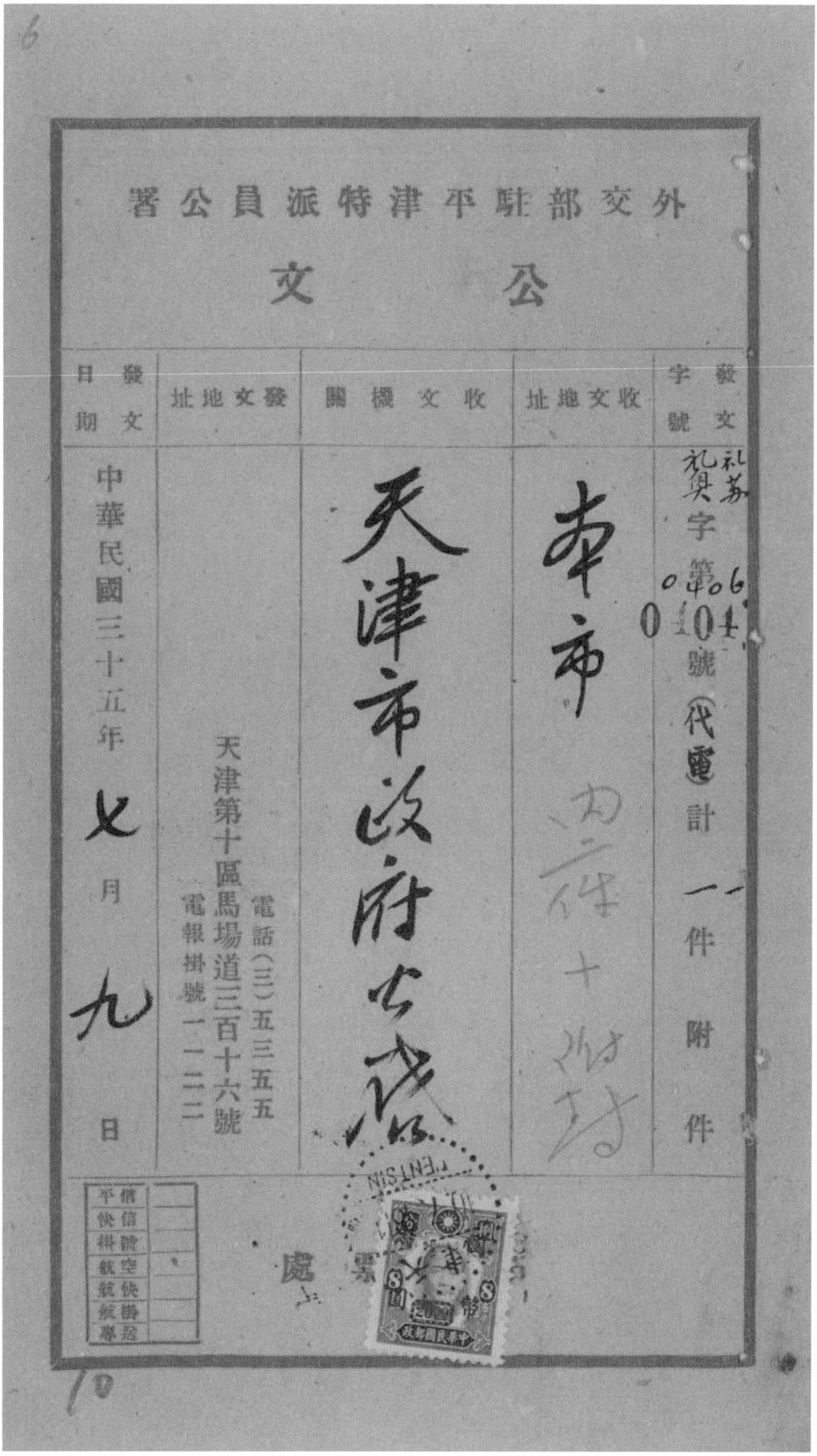

外交部駐平津特派員公署

公文

發文字號	收文地址	收文機關	發文地址	發文日期
礼奠字第0406號（代電）0104 計一件 附 件	本市	天津市政府公啓	天津第十區馬場道三百十六號 電話（三）五三五五 電報掛號一一二二	中華民國三十五年七月九日

内二件十附封

平信 快信 掛號 航空 航快 航掛 專差

處 票

TIENTSIN

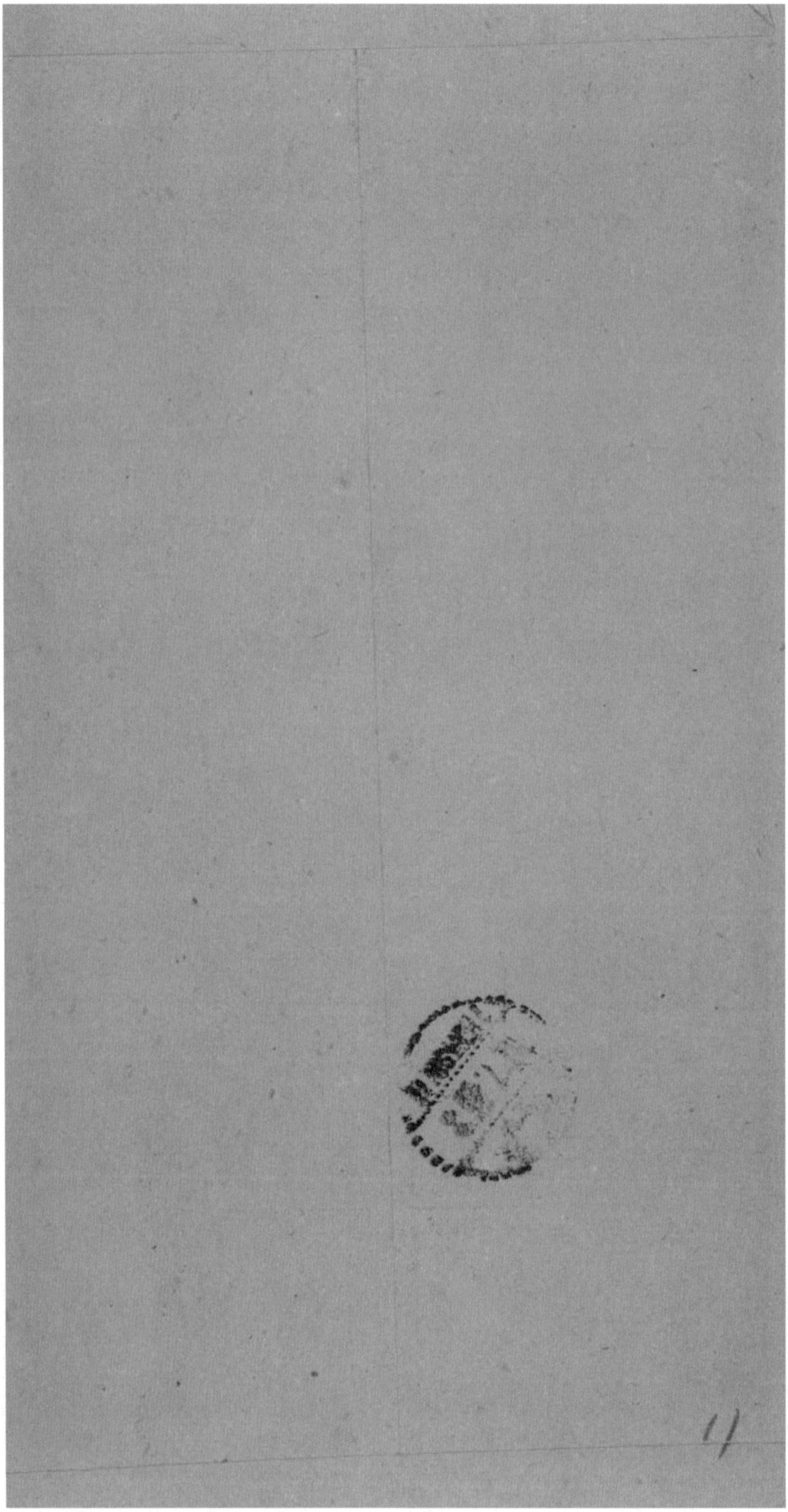

一五八、天津蘇聯僑民商會爲擬以蘇聯領事館證明書代替鋪保事致天津市政府社會局局長函（一九四六年七月十九日）

J25-3-2237

天津蘇聯僑民商會
第六區南樓路（廿號路）一二五號

ТОРГОВАЯ ПАЛАТА при ОБЩЕСТВЕ ГРАЖДАН С.С.С.Р.
в Тяньцзине

THE CHAMBER OF COMMERCE OF U.S.S.R. CITIZEN'S SOCIETY
in Tientsin

Тяньцзин, July 19th, 1946.
20th Street No. 125, 6th Ward (Ex-Meadows Road)

Mr. Hu Men Hua, Director,
Social Affairs Bureau,
Tientsin.

Dear Sir:-

In accordance with the regulations set by your esteemed Bureau, our Chamber of Commerce is now in the process of arranging the registration of its member firms with the view to obtaining the necessary trade licenses.

This Chamber is rather interested in the speedy registration of all U.S.S.R. firms so as to comply with the time limit set by your goodself. However, the procedure is greatly hampered by your requirement that two guarantees be submitted by each member firm who are to put their seals on the application. Many of our firms find it next to impossible to find such guarantees which, you will realize, makes the procedure rather slow.

Being desirous of cooperating with you in the matter of registration, may we suggest that instead of the two guarantees, a Certificate from the U.S.S.R. Consulate be submitted together with each application verifying the following facts:

a) that the applicant is of U.S.S.R. nationality and is registered as such with our Consulate.

b) that the firm is a bona fide concern engaged in legitimate activities.

c) that the applicant is willing to abide by all regulations fixed by your esteemed Bureau.

& d) that the contents of the application signed by the applicant conform to actual facts.

In the interests of all concerned we hope that you will give our suggestion your due consideration

- 2 -

and that a favourable decision will be granted.

Yours respectfully,

[signature]
President

[signature]
Hon. Secretary

遵照　貴局公佈之辦法敝商會刻正進行辦理會員商号之登記以便領取登記執照為附合貴局所規定之期限敝商會对所屬蘇联商号申請登記之加速進行極為关切惟以　貴局規定商号申請登記須有兩家鋪保蓋章一項頗費周折大多數蘇联商号幾乎不能覔得是項鋪保想　閣下对此事之進行緩慢能以諒解並热望　貴局充分協力以利登記之加速進行敝商會現擬以蘇联領事館包括下列各項之証明書附於每一申請書中以代替兩家鋪保計：一、該申請人為蘇联國籍並於領事館登記　二、該商為誠実商号经營合法營業、三、該申請人願服從貴局所公佈之一切法令　四、按申請人所簽署之申請書內容與事実完全相附　以上乃関乎各有関方面利益尚希　閣下予以考慮　倘蒙獲准実屬翹盼　所擬是否可行　尚希見示為荷

此致

天津市政府社會局局長

天津蘇联僑民商會　啟

一五九、天津市政府社會局局長胡夢華爲未准許俄國僑民團體登記備案事致外事處公函（一九四六年七月二十六日）

J9-1-378

3

事由：准函詢國有無俄國僑民協会登記備案等由函復查照由

擬辦：存又、莊

決定辦法：函覆俄領署 [illegible]

附件

35年7月27日到時

字第1536號

天津市政府社會局公函

發文會組字第987號

中華民國卅五年七月二十六日

案准

貴處另外字第五二八號函以有無俄國僑民協会曾在本局登記備案囑查照見復等由經查本局自上年復員以來向未准許任何俄國僑民团体登記備案相應函復即希

6

查照轉知爲荷此致

外事處

局長胡夢華

校對劉應隆
監印張學梅

7

一六〇、歐世基爲准由蘇聯領事證明免除保結手續事呈天津市社會局文（一九四六年七月三十日）

J25-3-2237

歐世基 呈 天津市社會局

事由	擬辦	批示	備考
呈為懇請准予援照英美商民請營業執照慣例准由蘇聯領事證明免除保結手續由	查蘇聯僑民商會已呈請本局以領事館代替鋪保該商既係蘇聯人宜予以併案辦理	如擬 八.二 八.一 七.廿	

附件 六

呈 字第 號 年 月 日 時到

工商管理科

抄 1183 七.卅

民國卅五年七月

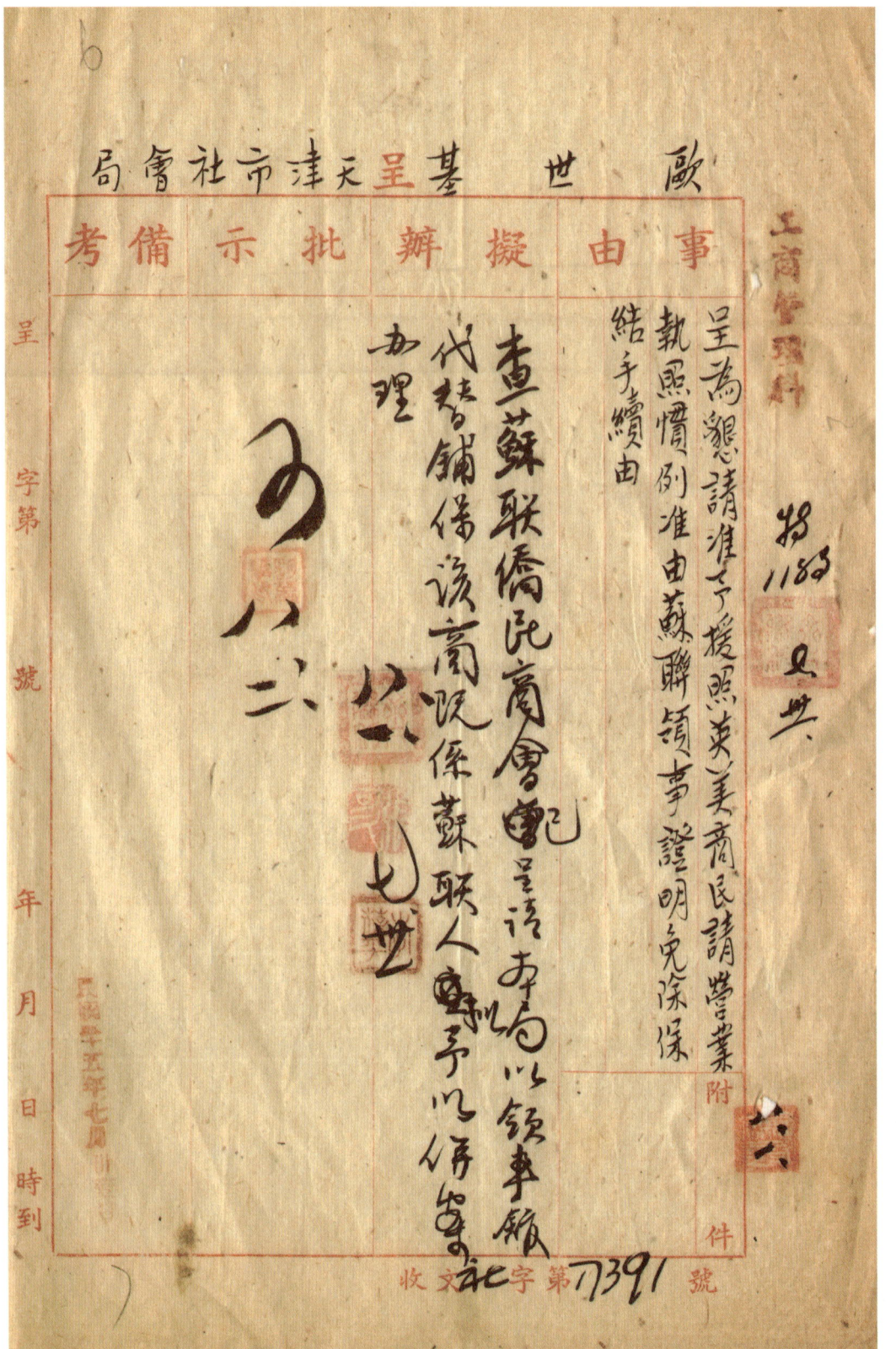

收文社字第7391號

呈為懇請准予援照英美商民請營業照慣例准由蘇聯領事證明免除保結手續事竊具呈人于本市第十一區大同道三十六號開設好士洋行曾遵章書具登記申請書呈請准予發給執照以便營業但按章程須覓具舖保兩家方准發給執照奈具呈人係屬僑商在津覓保困難可否援照英美商民請照慣例由蘇聯領事及蘇商會證明免除保結手續之發給執照藉便營業實感德便謹呈

天津市社會局 公鑒

具呈人 歐世基

[印：歐世基]

住第十區大同道三十二號

籍貫蘇聯

9

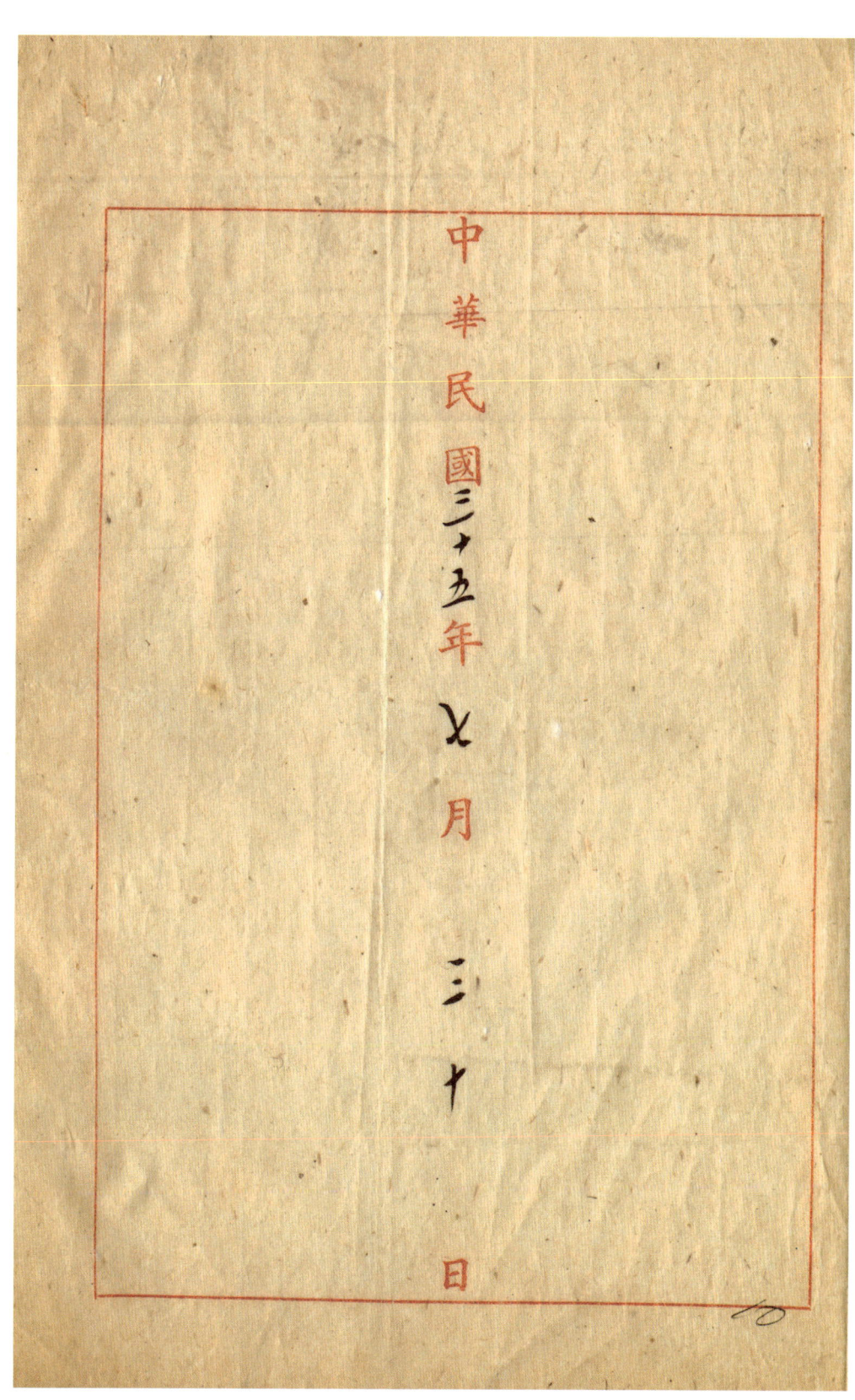

中華民國三十五年七月三十日

10

一六一、天津市政府社會局爲擬以蘇聯領事館證明書代替鋪保事致天津蘇聯僑民商會便函（一九四六年八月一日）

J25-3-2237

天津市政府社會局稿

來文字第號	
文別	便函
事由	據函擬代俄商辦理工商登記並以領事館證明書代替舖保由 所擬尚屬可行希查照由
送達機關	蘇聯僑民商會
類別	
附件	

局長

可

秘書長　秘書　主任　主任　擬稿員

查蘇聯僑民商會前來依法登記未便對其外文無法律依據未遂所請擬函令知該負責人轉告辦理

八六

[illegible]

中華民國　年　月　日　時交辦　時擬稿　時判行　時核簽　時繕寫　時校對　時蓋印　時封發

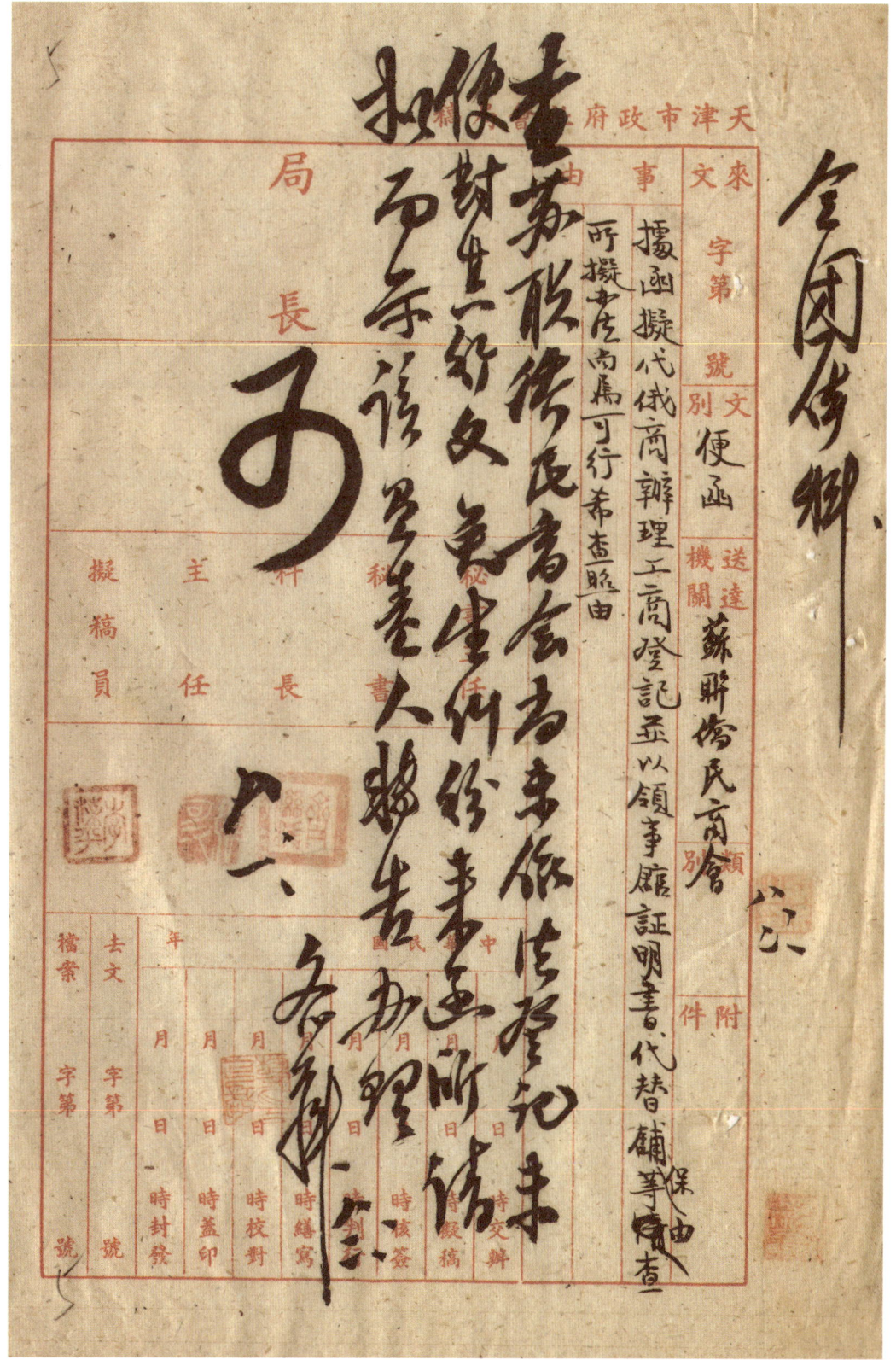

去文字第號　檔案字第號

便函

逕啓者，茲接七月廿六日

來函擬代俄商辦理工商登記，並以領事館証明書代替舖保等情。查所擬辦法尚屬可行，姑准通融辦理，相應函覆，即希

查照為荷。此致

蘇聯僑民商會

局長胡〇〇

一六二一、萬隆行代表人杜用文、米禄齋爲對蘇貿易是否合法事呈外交部駐平津特派員季澤晋文（一九四六年八月七日）

J10-1-464

收文俄字55[illegible]號

呈

事由	擬辦	批示	備考
為呈請關於對蘇貿易是否合法懇祈示遵由 專員室	奉交辦之此案中蘇兩國邦交一如其他與國依法通商自屬可行 八、	八十日 已辦 八、	請何專員查照存 八、

附件

收文字第號

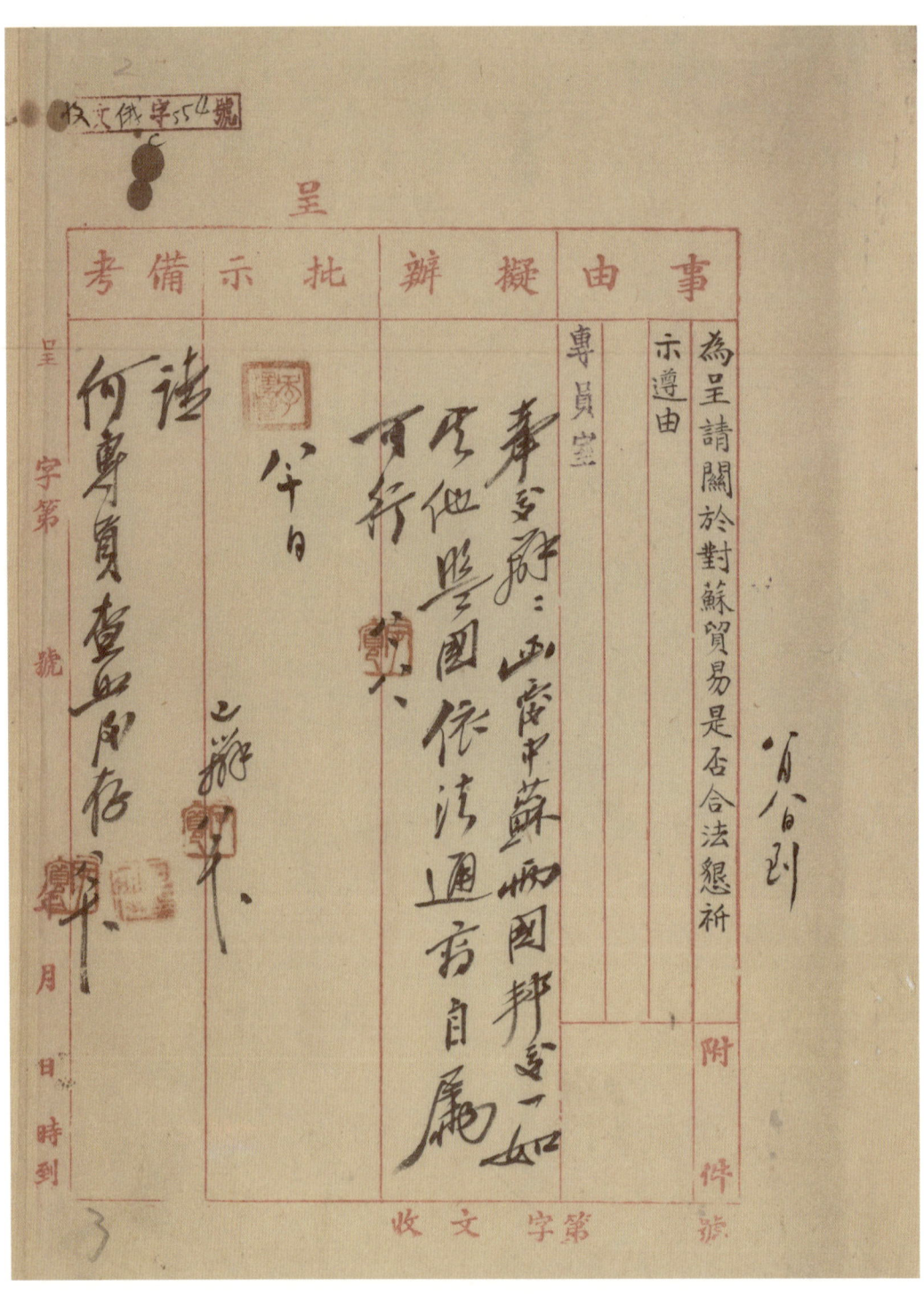

呈 字第 號 月 日 時到

為呈請事竊敝行經友人介紹得識蘇聯政府商務專
員擬對該國進行貿易惟中蘇兩國雖已簽訂友好
條約未悉已否樹立貿易關係就目前情勢如對該國
進行貿易是否合法事關國際貿易敝行未敢冒昧
進行理合備文呈請懇祈
鑒核示遵謹呈
外交部駐津特派員季

萬隆行
代表人 杜用文
米祿齋

4

中華民國三十五年八月七日

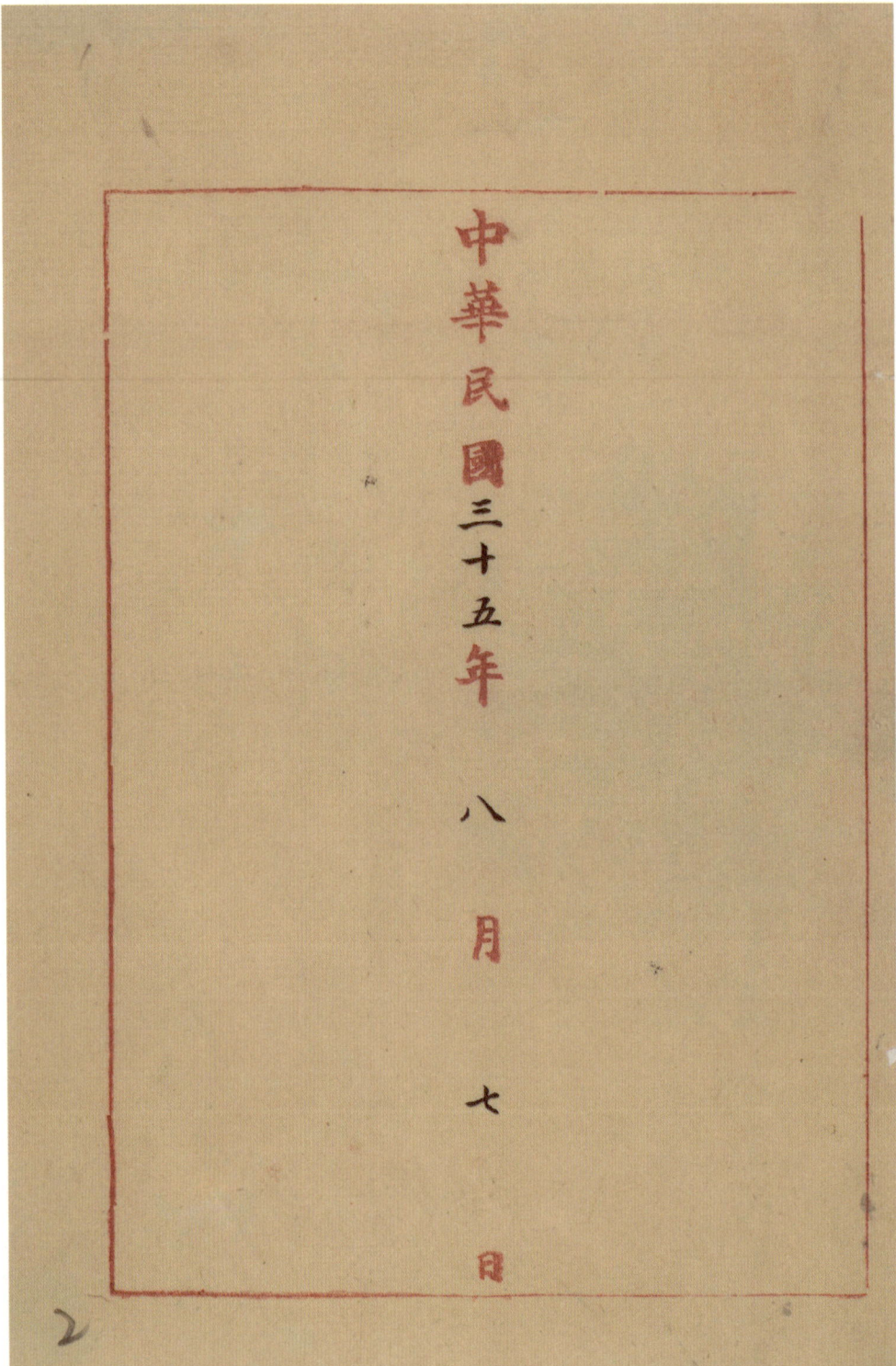

2

一六三、天津市政府爲暫免拆除僑民電熱表事致大蘇維埃聯邦駐中國天津代理總領事、資源委員會冀北電力公司天津分公司公函（一九四六年八月十日）

J2-3-2890

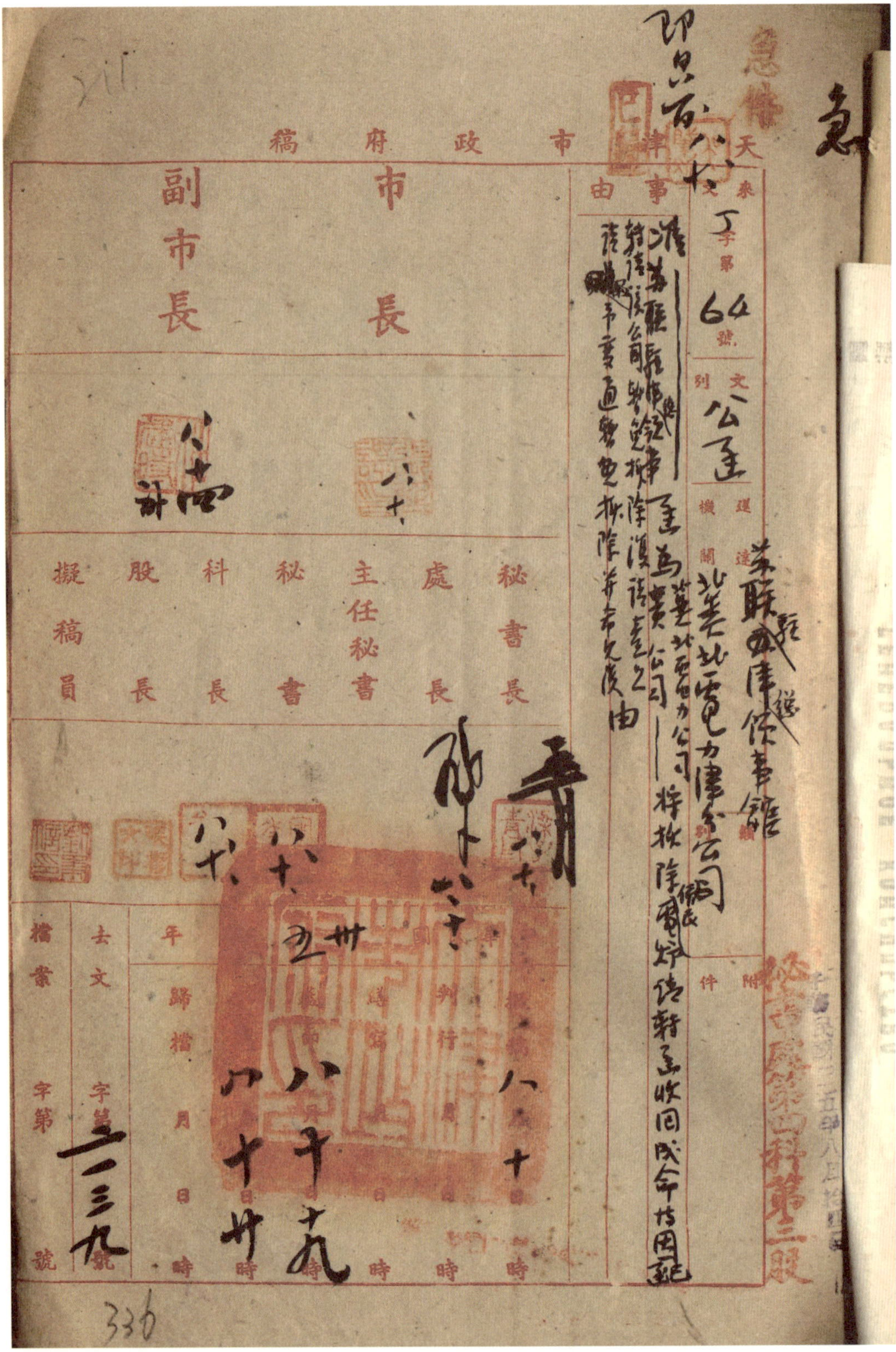

天津市政府稿

急

來文	丁字第64號
文別	公函
送達機關	蘇聯駐津總領事館、冀北電力公司
事由	准蘇聯駐津總領事館函為冀北電力公司拆除電線請轉飭停止收回成命由
附件	

市長　副市長

秘書長　處長　主任秘書　秘書　科長　股長　擬稿員

擬稿　月　日　時
判行　月　日　時
繕寫　月　日　時
校對　月　日　時
蓋印　月　日　時
封發　月　日　時

年　歸檔　月　日　時

去文　字第　號

檔案　字第　號

公函　　內務(3)字第2139號

案准

貴總領事大函譯開略以冀北電力公司擬拆除電熱表等，轉飭該公司收回成命，於國人自應照辦，已轉函

請冀北電力公司天津分公司查照，對該管區內所

用電熱表暫免拆除，相應復請

查照爲荷

此致

大蘇維埃聯邦駐中國天津代理總領事

公署　　內務(3)字第2139號

案准蘇聯駐津代理總領事陶樂菲夫（卅·三

D0101七四四七）函譯開：

「謹啓者：迩來本領事署迭據敝國僑民來書報告云云，煩瀆之處，謹先致謝。」

等因；查此案前准美僑代表勞哲（Я.Г.Рогов）等先後呈請市府，飭即經轉至

貴公司查照見復在案。茲准前因，查所稱各節，尚確係實情，且外僑使用電桿，相沿已久，一旦盡行拆除，勢必引起僑民反感，相應呈請

查照，希量酌予変通，暫免拆除，以敦邦交。並

希見復為荷。

此致

資源委員會冀北電力公司天津分公司

陳局長核

一六四、外交部駐平津特派員公署爲中蘇兩國依法通商自屬可行事致萬隆行代表人杜用文、米禄齋函（一九四六年八月十日）

J10-1-464

判行
檔號 C新
簽發
核稿
擬稿
繕寫
附件
公函 呈 代電
字第 0569 號
中華民國卅五年八月拾日發出

八、九日 速

逕啓者：呈悉。該行爲呈請關於封蘊貿易是否合法，懇祈示遵事。查
中蘇兩國外交關係一如其他盟邦國家，且曾簽訂友好條約，兩國依約通商自屬可行。
~~其貿易關係自已樹立，該行如係依法經營，[illegible]中蘇兩國~~
陸貿易自屬合法。準[illegible]即希
知照！
此致
萬隆行代表人杜用文、米[illegible]
特派員

八、十日

5

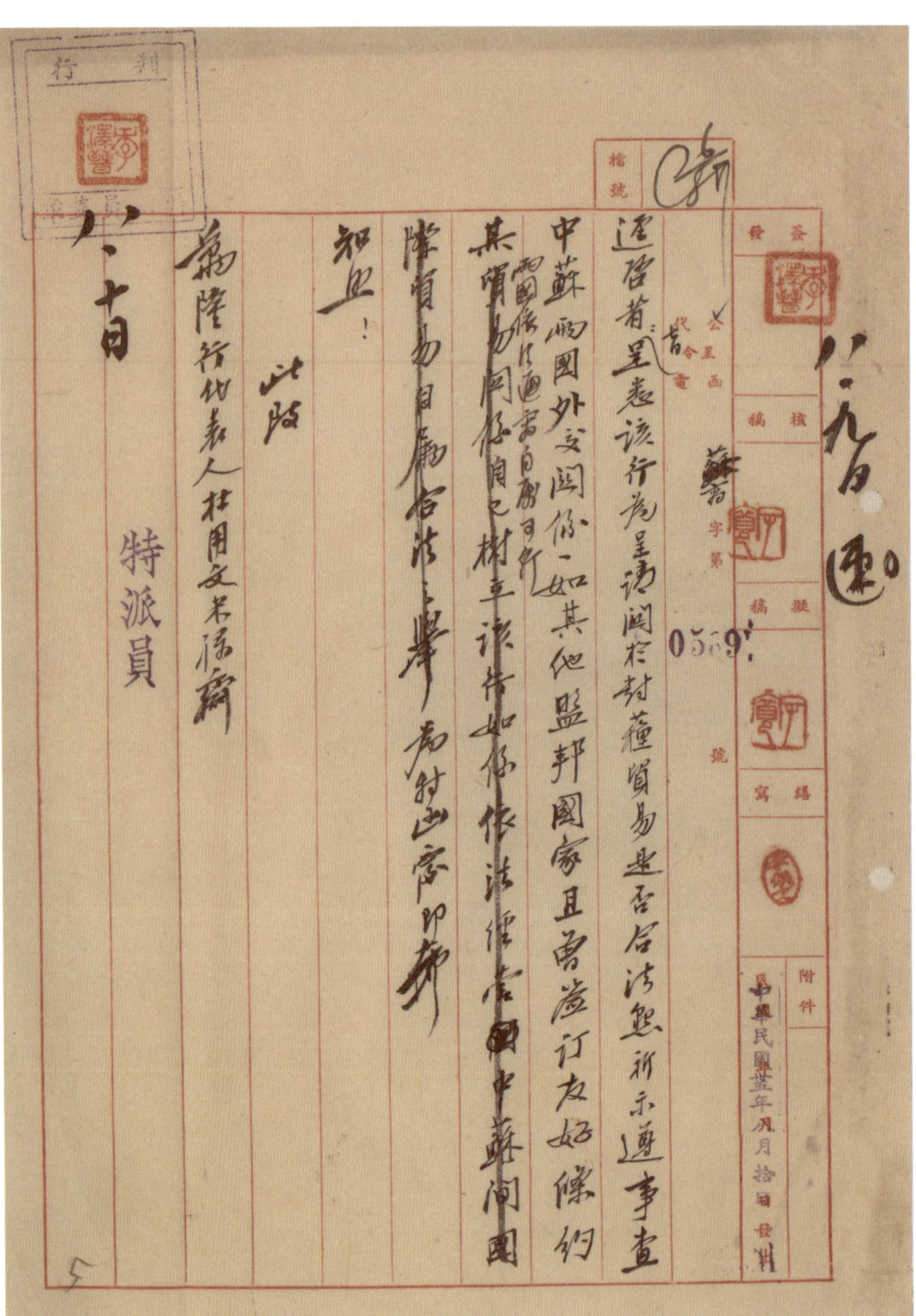

一六五、天津市政府警察局局長李漢元爲報外交部駐平津特派員公署告關於俄僑協會案情形事呈張市長、杜副市長文（一九四六年八月二十三日）

J2-3-7506

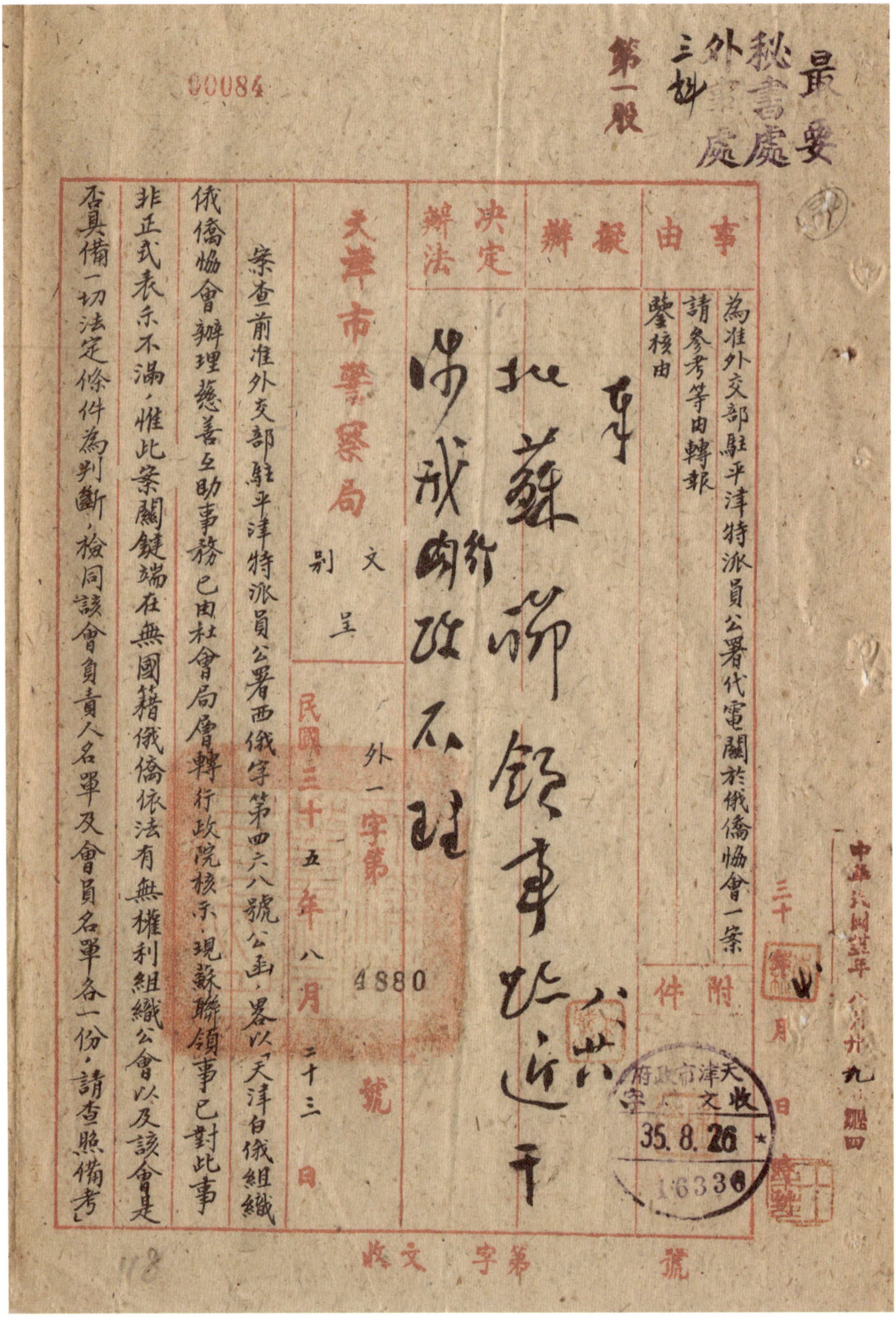

最要
秘書處
外事處
三科
第一股

00084

事由	為准外交部駐平津特派員公署代電關於俄僑協會一案請參考等由轉報鑒核由
擬辦	存 批蘇聯領事此近干 八廿六
決定辦法	此係內政不理
附件	

天津市警察局 文別 呈

民國三十五年八月二十三日 外一字第4880號

案查前准外交部駐平津特派員公署西俄字第四六八號公函，略以「天津白俄組織俄僑協會辦理慈善互助事務，已由社會局層轉行政院核示，現蘇聯領事已對此事非正式表示不滿，惟此案關鍵端在無國籍俄僑依法有無權利組織公會以及該會是否具備一切法定條件為判斷，檢同該會負責人名單及會員名單各一份，請查照備考」

天津市政府 收文 字 35.8.26 16336

中華民國卅五年八月廿九日

收文 字第 號

；正審核間，又准外交部駐平津特派員公署，酉俄字第六零五號代電內開：

「關於天津白俄聯合組織俄僑協會一事，查無國籍人在我國境內一切行動應遵守我國法律集會結社自由為我國法律所許可自不能對白俄有所歧視，惟此事係社會部主管除經本部函請社會部核辦，飭知天津市社會局遵照外，特先電覆知照」。等因，相應電達參考。

各等因，准此，查關於此案前於本年六月二十八日准天津俄僑協會函送印鑑一紙到局，當經函覆請檢送該會職員名單，及組織情形，嗣准

鈞府外事處丙外字第五二七號函詢天津有無俄僑登記備案等由，復經派員查明并通知該會依章早日完成登記手續，不得假借名義，招搖生事，一面將該會職員名單、組織情形，及其聲請登記經過，函覆外事處查照各在案，茲准前由，除通飭各屬知照外，理合將此案經過情形，備文呈報

鑒核！

119

00085

謹呈

市長張

副市長杜

天津市政府警察局局長李漢元

170

一六六、天津市政府爲冀北電力公司天津分公司已向總公司請示保留電熱表事致大蘇維埃聯邦駐中國天津代理總領事公函（一九四六年八月二十六日）

J2-3-2890

天津市政府稿

事由	為准蘇聯電力分公司函以保留電熱表一項已請示本總公司俟奉指示再為函陳等因函請查照由
來文 字第	15940號
文別	公函
送達機關	蘇聯總領事
類別	
附件	

市長

副市長

秘書長　處長　主任秘書　秘書　科長　股長　擬稿員

檔案	去文	年	歸檔	發文	監印	繕寫	擬稿
字第　號	字第　號		月　日　時	八月　日　時	八月　日　時	月　日　時	八月廿三日　時

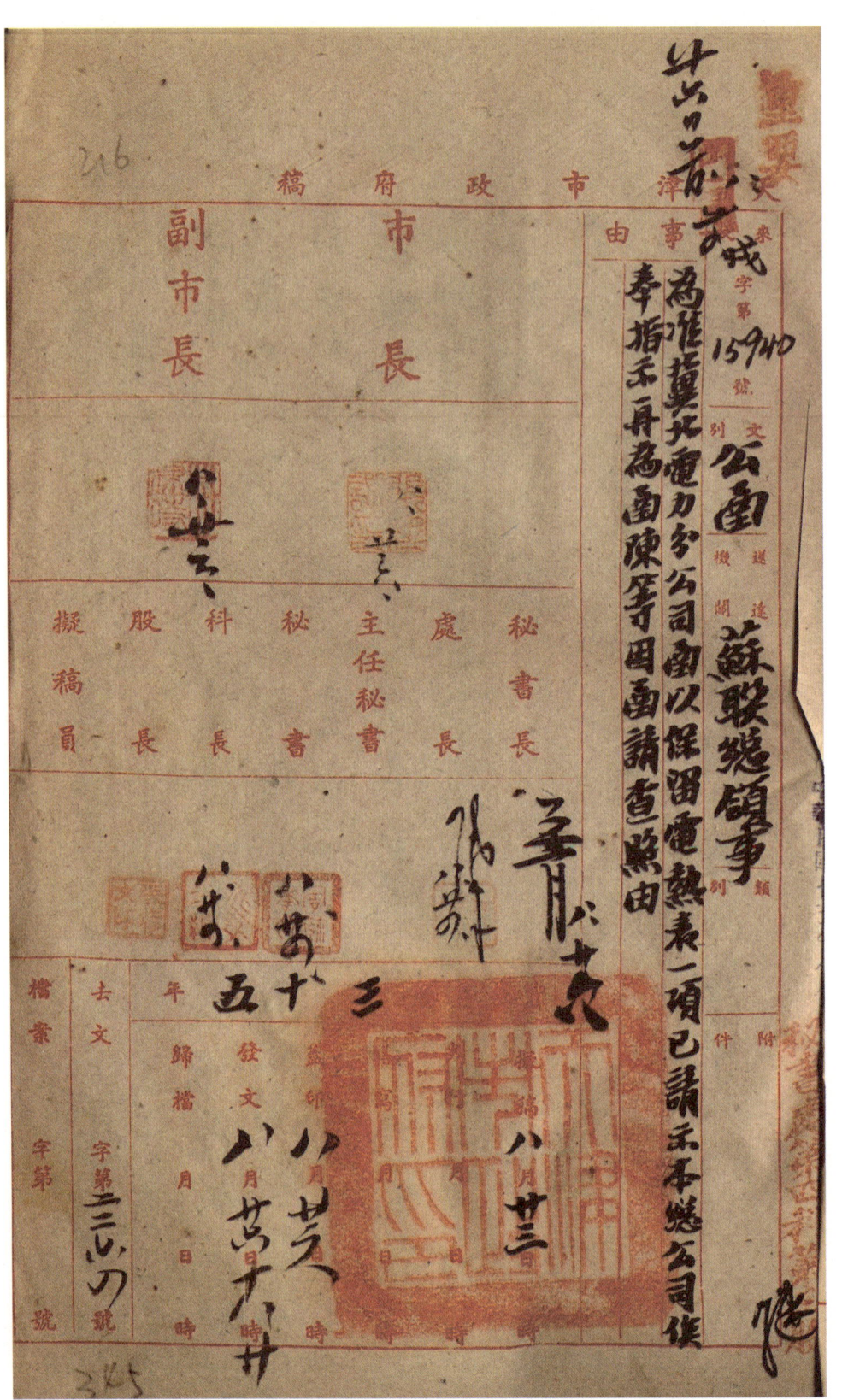

公函　2264號

案查前准
貴總領事函，以冀北電力公司將拆除僑民電熱表，囑轉函收回成命，等因；當經函請該公司查酌融通辦理在案。茲准函復：「查關於保留電熱表一項，已請示本總公司，俟奉有指示如何之處，當再函陳，復請查照。」等因；准此，相應函請
查照，為荷。

此致

大蘇維埃聯邦駐中國天津代理總領事

一六七、蘇聯駐津代理總領事圖洛費夫爲請天津市政府及招商局准予重建渡口碼頭事致外事處楊處長函（一九四六年九月二日）

J9-1-378

11

天津市政府外事處

來文機關	事由	擬辦	批示	備考
蘇聯總領事館	為前領事道業（口）西岸登陸浮船于上次大水被沖毀現需呈該處（函）牒出請市府及招商局准予重建登陸浮船由	簽呈市府 九、三	簽呈市府 楷 九月三日	

字第 號 35年9月3日 時到

附件

20

收文 字第 1696 號

蘇聯國駐津總領事館

12

ГЕНЕРАЛЬНОЕ КОНСУЛЬСТВО
Союза Советских Социалистических Республик в Тяньцзине

U.S.S.R. CONSULATE GENERAL IN TIENTSIN, CHINA

September 2d,1946

Mr.Yang Pao Ling,
Director of Bureau of Foreign Affairs of
Tientsin Municipal Government,
Tientsin,China.

Dear Mr.Yang,

Before the great flood in August 1939 there was a landing with stairs on the West side of the Haiho river and on the East side of the former Consul Road.This landing together with its pontoon and stairs had been washed away by the flood and the traffic across the river had to go over the K.M.A's bund.

Now coal is again being discharged on the K.M.A's bund and this necessitates the return of the landing to the previous place.If the Municipal Government cannot see its way to reconstruct the landing on its former site we are prepared to do what we can about it but of course we must first request permition of the Municipal Government and their note to the China Merchants Steam Navigation Co.which is owner of the place that you allow us to erect a landing on the place described.

We shall feel much obliged if you give this matter your attention and support as soon as possible.

Very truly yours,

A.M.DOROFEEV,
Acting USSR Consul-General
in Tientsin.

蘇聯代理總領事來函

謹啟者、在一九三九年大水未來之前、海河左右
兩岸、舊領事道口處原設有上下跳板並浮
碼頭、以便渡河之用、此項設備、旋經大水沖去、
往返擺渡即移至開灤碼頭、茲因該處開
灤必須在該處起卸運煤、故過河擺渡勢必遷回
原處、如貴政府不能設法重建此項設備、則敝
處願為代辦、但須先請貴政府同意、並轉
飭該地主招商局一律聲明 貴府已准許敝處
在該地重建渡口碼頭、事關公眾便利、即希從

速辦理爲荷。
外事處處長楊
蘇聯駐津代理總領事圖洛費夫　謹啟
九月二十日
23

一六八、天津市政府暂代外事處處長楊豹靈爲拒絕蘇聯代理總領事擬在舊領事道口重建跳板碼頭事呈張市長、杜副市長文（一九四六年九月四日）

J2-3-2934

最要 第四科 第三股

天津市政府外事處呈市政府

事由	擬辦	批示	備考
為准蘇聯代理總領事函擬在舊領事道口重建上下跳板並浮碼頭以便渡河請鑒核示遵由	准 九六	批因美軍在該處物資存儲甚多，似可暫緩	

民國卅五年九月六日下午五時到

天津市政府收文戌字 35.9.5 第16934號

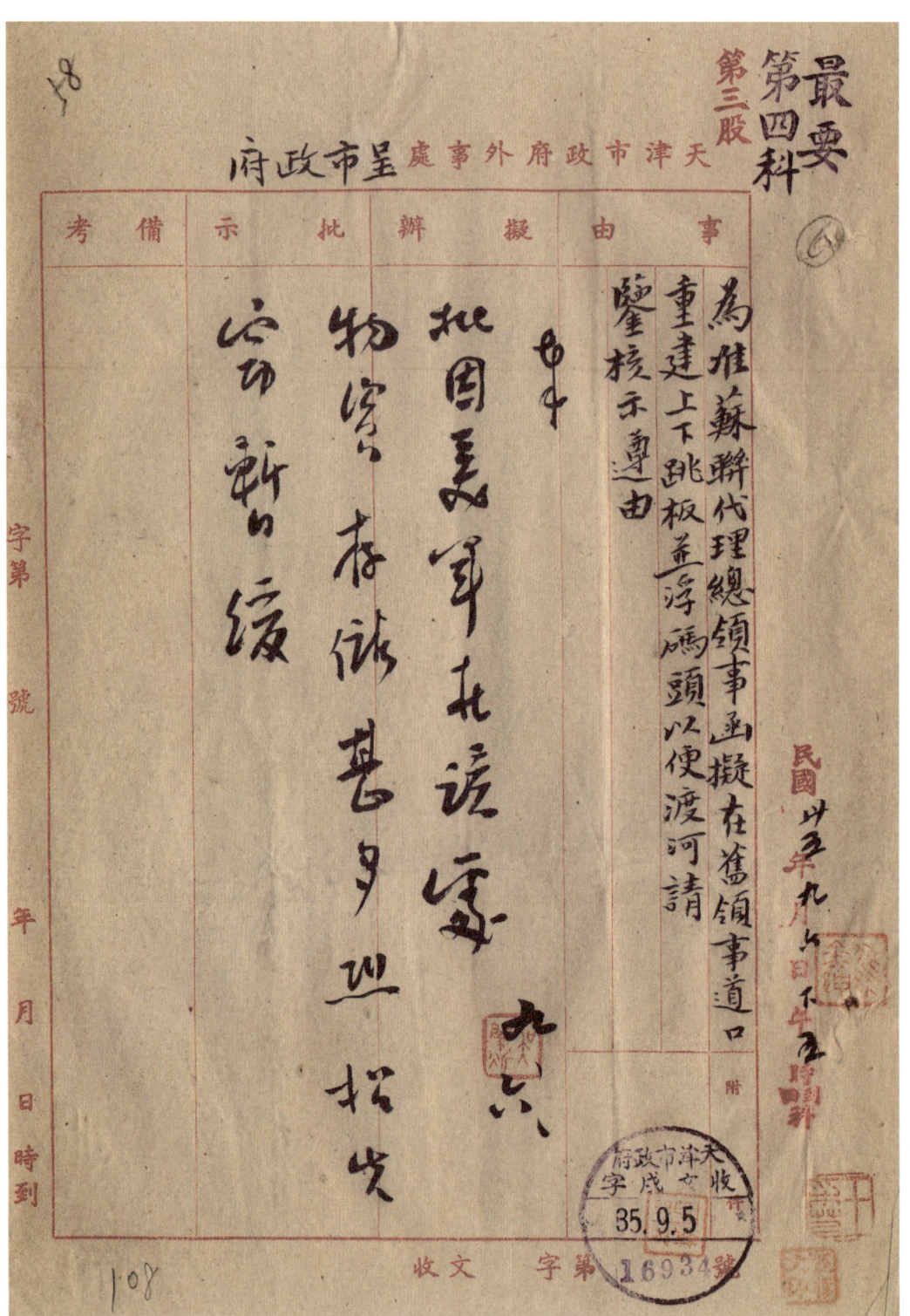

收文 字第 號

函外字第589號

天津市政府外事處 呈

案准蘇聯代理總領事函開：

「查一九三九年大水以前海河左右兩岸在舊領事道口處原設有上下跳板並浮碼頭以便渡河之用此項設備旋經大水冲去往返擺渡即移至開灤碼頭茲因開灤在該處必須趕卸運煤故過河擺渡深感不便勢必遷回原處如貴府不能設法重建此項設備則敝處願為代辦但擬先請貴府同意並轉知該地主招商局聲明貴府已准許敝處在該地重建

109

渡口碼頭事關公眾便利，即希從速辦理為

荷。

等由。准此。查該領事所稱，頗為代辦一節，事關主權，決不可行，擬將此案飭令工務局核辦，是否有當，理合呈請

鑒核示遵！

謹呈

市長張

副市長杜

督代外事處處長楊豹靈（印）

九月四日

一六九、天津市政府爲俄僑協會案情形已悉及不予置理事指令警察局（一九四六年九月六日）

J2-3-7506

00086

天津市政府稿

次要

收文成字第16336號

文別：指令

機關：警察局

事由：據呈報國於俄僑協會一案已悉，查我國行政範圍應即依法办理，並隨时具报仰遵照由

市長 九、六

副市長 九、三

秘書長　處長　主任秘書　秘書　科長　股長　擬稿員

九、三　八、卅　八、卅

年　月　日　時　繕
五　卅

去文：字第七三二八號

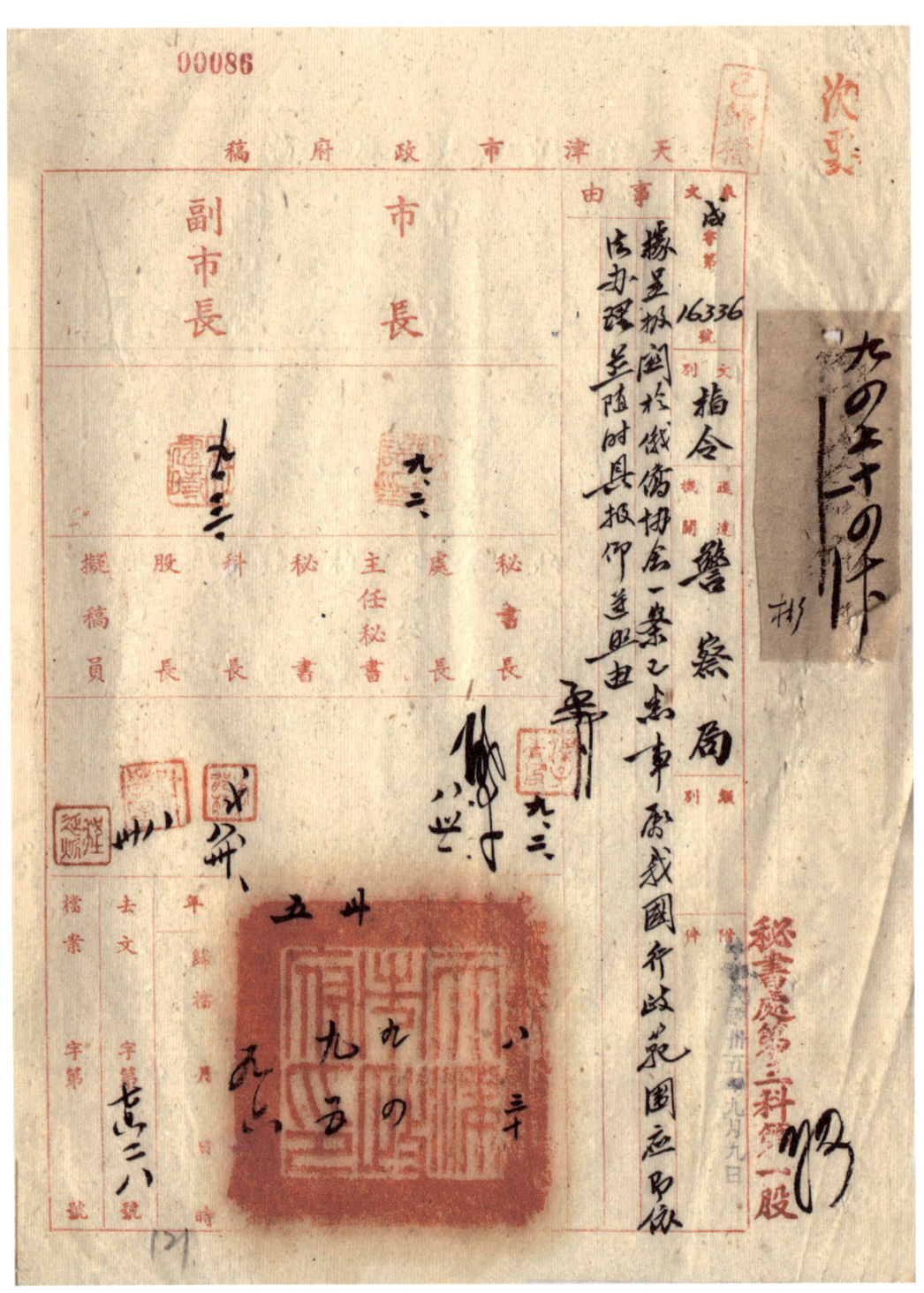

秘書處第三科第一股

指令 丙秘叁(1)字第7628號

令警察局

呈一件為准外交部駐平津特派員公署代電函抄俄僑協會一案情形特報鑒核由 〔蘇聯領事近迄干涉我行政，應不置理〕

呈悉。事屬我國行政範圍，應即依照法令辦理。並隨時具報。仰即遵照。

此令。

一七〇、天津市政府爲蘇聯代理總領事擬在舊領事道口重建跳板碼頭事指令外事處（一九四六年九月十七日）

J9-1-378

15

天津市政府指令

中華民國35年9月17日發文丙秘肆字第拾柒號 8095 收

事由：據該處呈為蘇聯領事擬在舊建跳板碼頭請核示等情令仰知照由

擬辦：

轉蘇聯領事 九.十七

批示：閱 杜建時

令外事處

呈乙件：為准蘇聯代理領事函擬在舊

收文字第1776號

26

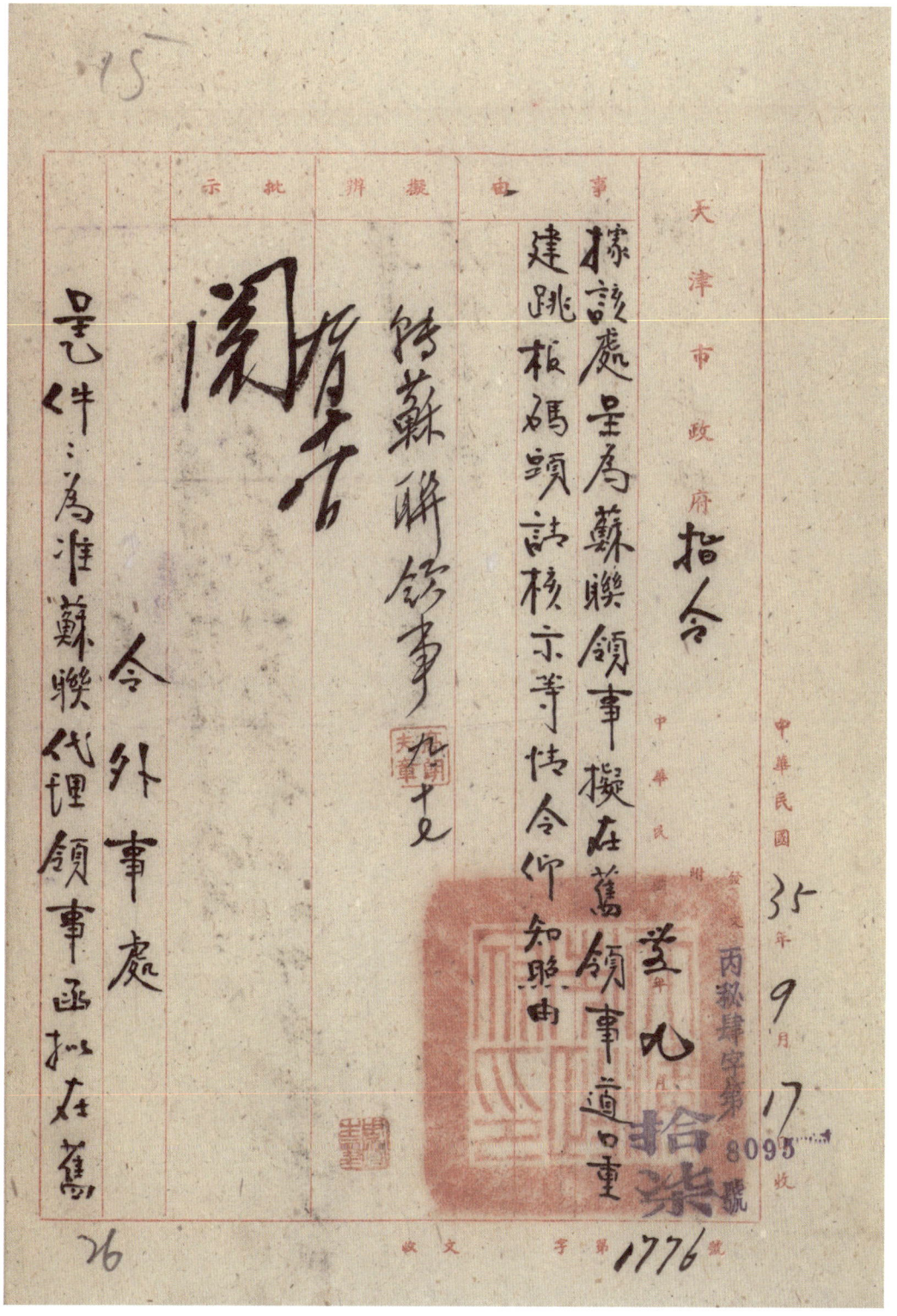

領事道口重建上下跳板並浮碼頭
以便渡河請准核示遵由
呈悉。仰候令行工務局核議具復再行飭知。
此令。

市長 張廷諤

副市長 杜建時

校對杜家華
監印白孟瑛

27

一七一、天津市政府外事處爲蘇聯代理總領事擬在舊領事道口重建跳板碼頭事致蘇聯代理總領事函（一九四六年九月十九日）

J9-1-378

16

天津市政府外事處稿

室別	
事由	為英僑擬在舊領事道口重建跳板碼頭一案經呈奉市府指令候令行工務局核議具復等因請查照由
文別	函
送達機關	蘇聯代理總領事
類別	
附件	

附卷

處長 [signature]

秘書

科長

辦事員 李鴻賓

高朗夫章

中華民國卅五年

交辦	擬稿	核簽	判行	繕寫	核對	蓋印	封發
月 日 時	九月九日 時	月 日 時	月 日 時	月 日 時	月 日 時	月 日 時	九月十九日 時

去文 字第 604 號

檔案 字第 號

28

函

案准

貴總領事九月二日大函:「以拟在舊領事館口重建跳板碼頭」等由;業經呈奉本府酉總特字第八〇九五號指令内開:

「呈悉。仰候令行工務局核議具復再行飭知。此令。」

等因;奉此,相應復請查照為荷!

此致

蘇聯代理總領事

一七二、國民政府外交部爲承認蘇聯政府派 G.F.Kowdukoff 充任駐天津總領事事致天津市政府代電及封套（一九四六年九月二十日）

J9-1-21

最要
外事處

天津市政府　文電摘由紙

來文機關	事由	擬辦	批示
外交部 代電	為准蘇聯大使館節略以該國政府委派庫米久可夫充任駐天津總領事由已照會予承認	府稿通令各局處知照 九	存查

天津市政府收文之戌 35.9.23 18246

九廿八 件

鄰遞附原封

35年9月24日時收到

收文　字第1807號

10
16

11

外津處 十

國民政府外交部

快郵代電 壹第 95 號第 頁共 字

天津市政府公 07802 鑒准蘇聯大使館九月十四日節略略以該國政府委派 J.F. Kuradukov 庫尔久可夫充任駐天津總領事等由除略復可予承認外相應電請查照為荷外交部

中華民國 卅五 年 九 月 日

中華民國卅五年九月貳拾日 點

分發

11

外交部公文封

發文號數	收文者地址	收文者	發文地址	發文日期
禮35字第07802號附　件		天津市政府	南京中山北路86號	中華民國卅五年九月貳拾日發出

外交部十附封

2578

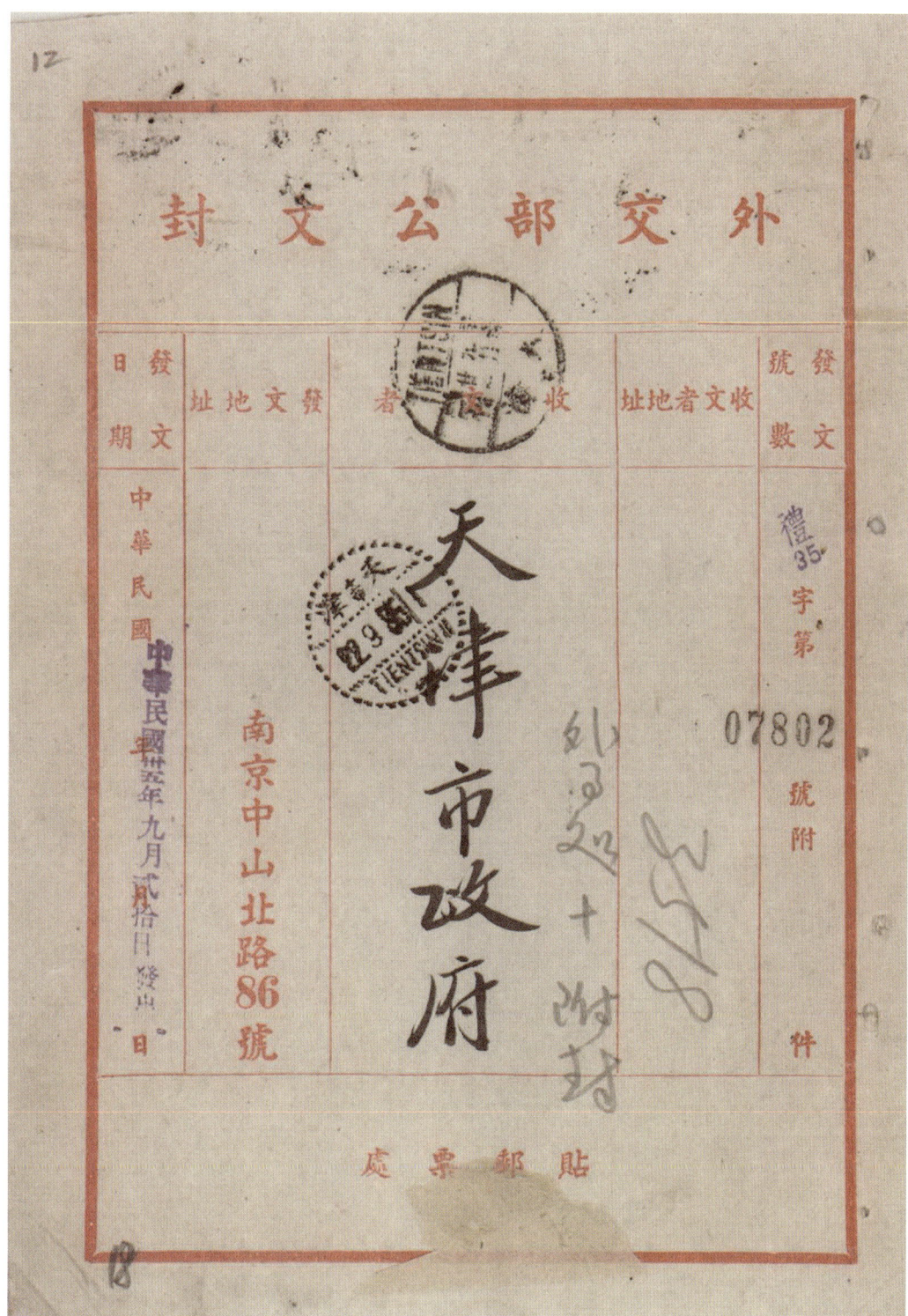

貼郵票處

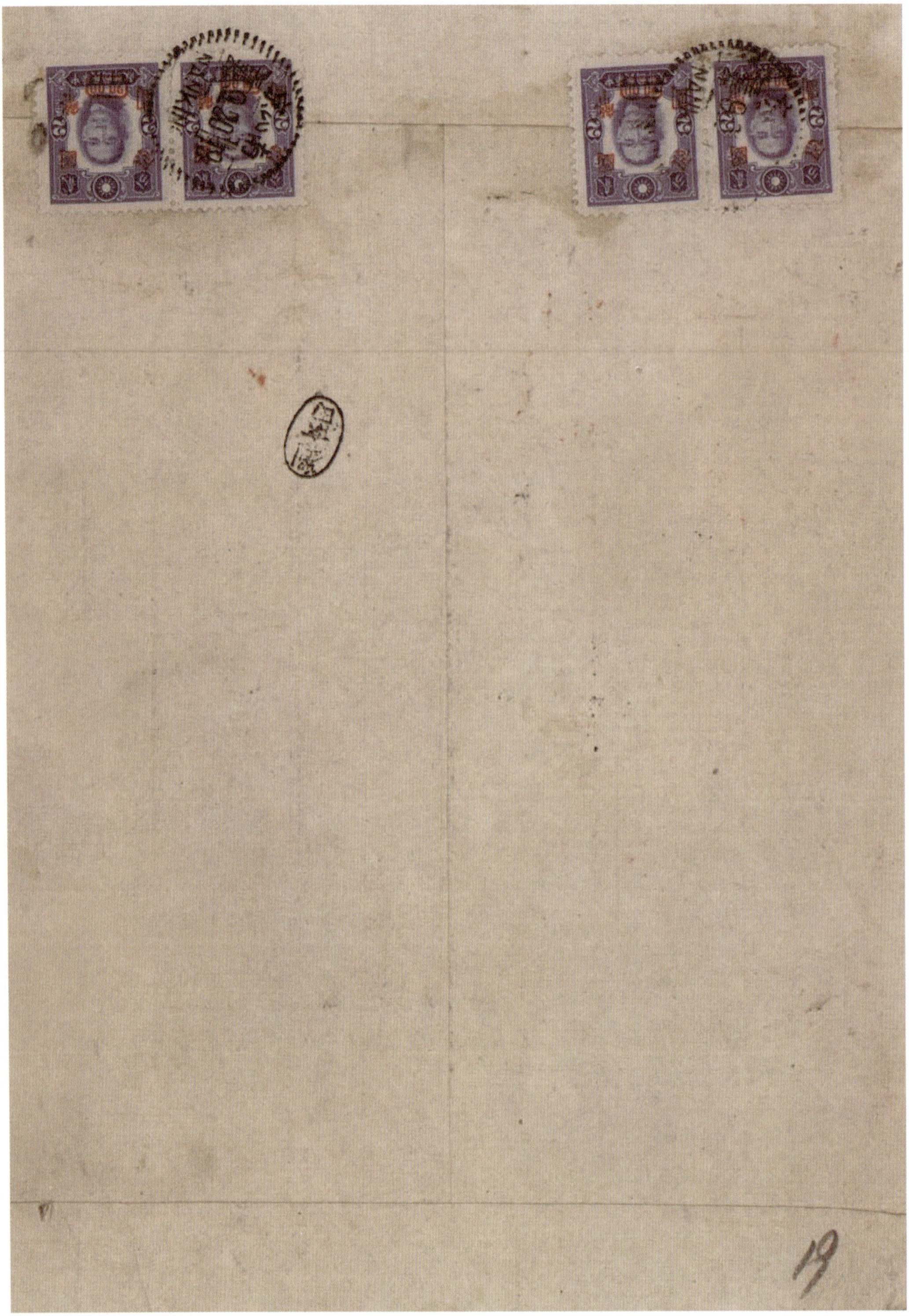

一七三、外交部駐平津特派員公署特派員季澤晋爲蘇聯新任駐津總領事 G.F.Kowcdukoff 外交部已予承認事致天津市政府公函及封套（一九四六年九月二十日）

J9-1-21

7

最要
外事處

天津市政府　文電摘由紙

來文機關	事由	擬辦	批示
外交部駐平津特派員公署 公函	為奉部電以蘇聯新任駐津總領事領證書本部已予承認等因請查照 九、廿三、	存 九、廿五	閱 杜建時

郵遞管理 附原封

天津市政府收文 字 35.9.21 18139

附件

35年9月24日 時收到

收文 字第1806號

12

外事處 十

外交部駐平津特派員公署（公函）

發文禮使字第 號

附件 件

中華民國廿二年九月二拾日

0842

事由

案奉本部電略以蘇聯新任駐津總領事顧德夫 F. Kourdukoff 本部已於承認等因奉此相應函達

查照為荷

此致

天津市政府

特派員 季澤晉

監印 校對 盧容厂

13

外交部駐平津特派員公署

公文

發文字號	收文地址	收文機關	發文地址	發文日期
禮樓字第0842號（公函）計一件附件	本市	天津市政府公啓	署址：天津第十區馬場道三一六號 電話三、五三五五 電報掛號一二二三 北平辦事處：東交民巷大街十號 電話五、三七五九五、〇二五五	中華民國三十五年九月二十日

外事處 附材

貼郵票處

平信 快信 掛號 航空 航快 航掛 專送

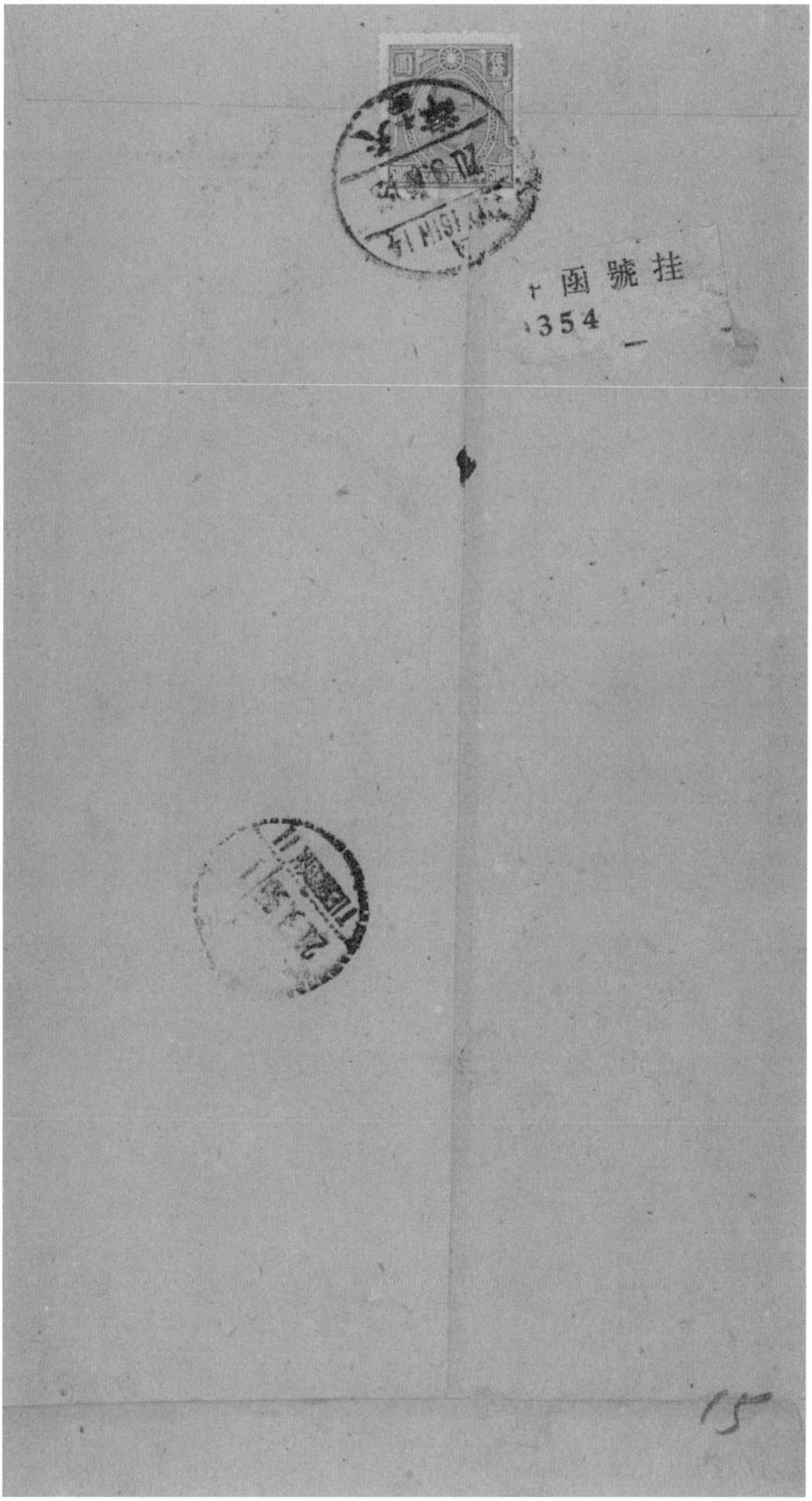
挂號函
354

一七四、天津市政府爲俄僑協會召開會議情形及組織經過已悉事指令警察局（一九四六年九月二十四日）

J2-3-7506

00090

行

天津市政府稿

事由：據呈報天津俄僑協會召開會議情形連同組織經過詳備案等情已悉由

來文：戌字第17888號

文別：指令

送達機關：警察局

類別

附件

市長　九、廿六

副市長　九、廿

秘書長　處長　主任秘書　秘書　科長　股長　擬稿員

九、廿　九、廿　九、廿五　九、廿五

中華民國三十五年

歸檔　九月廿八日

去文字第八三二七號

檔案字第　號

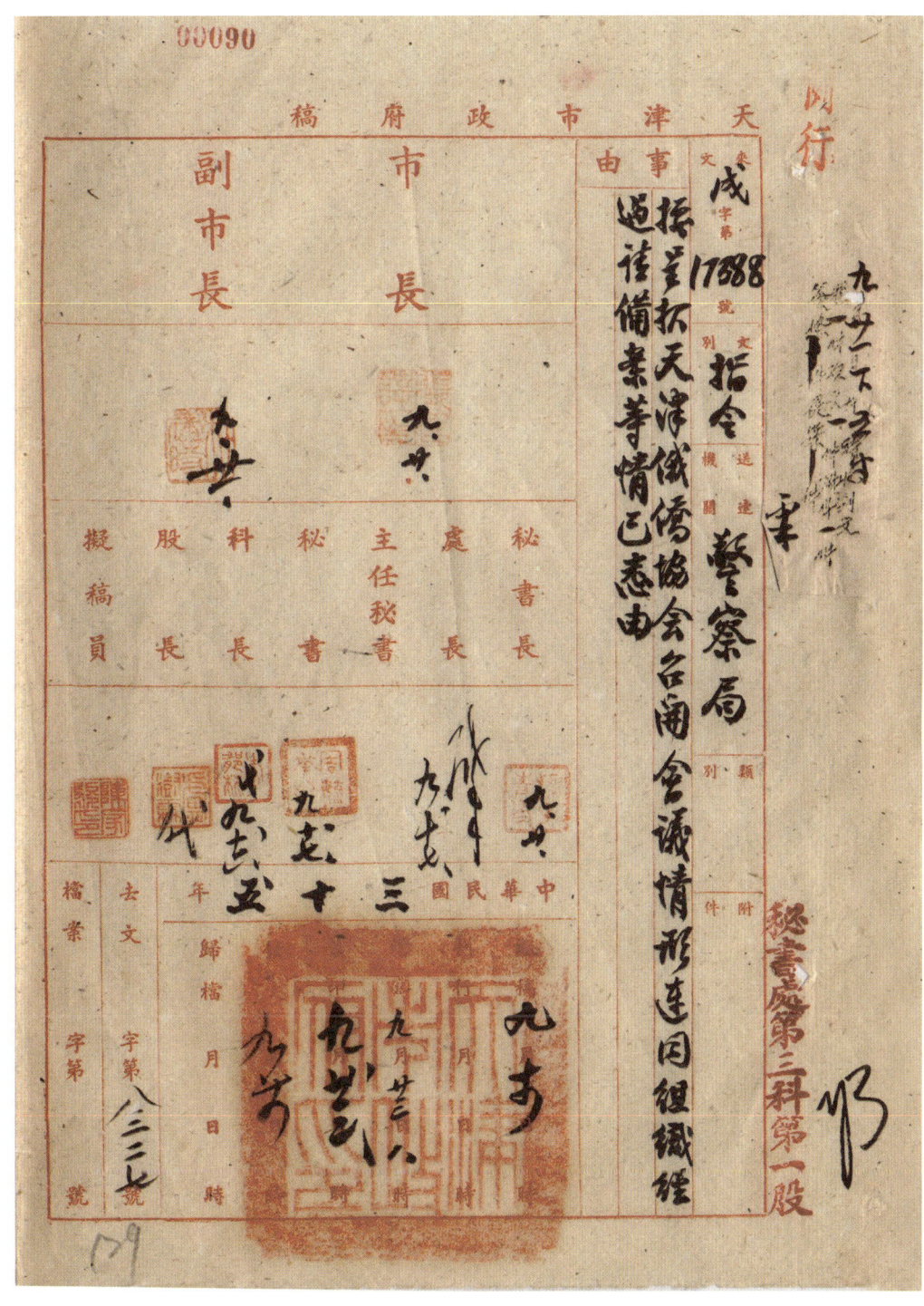

秘書處第三科第一股

指令　丙秘叁(1)字第8327號

令警察局

外二字第5202號呈文一件　為呈報天津俄僑協會召開會議情形連同組織經過等項請鑒核備案由

呈暨附件均悉。件存。此令。

130

一七五、天津市政府工務局局長閻子亨、副局長梁錦萱爲報調查蘇聯領事擬重建擺渡口設備情形等事呈張市長、杜副市長文（一九四六年九月二十七日）

J2-3-2934

67

最要
第四科
第二股

事由	為將奉令調查蘇聯領事擬重建擺渡口設備詳細情形備文呈請鑒核由
擬辦	
決定辦法	
附件	如文

民國卅五年九月廿八日第一時到四科

天津市政府 35.9.27 18620

收文　字第　號

天津市政府工務局呈

中華民國三十五年九月　日　工二字第1842號

案奉

鈞府本年九月十七日丙秘肆字第五五四零號訓令略開：

「據外事處呈為蘇聯領事擬在舊領事道口重建跳板碼頭請核示等情，令仰查明具覆以憑酌奪。」

116

等因，奉此，遵經派員調查，據報：

「查舊領事道（即大同道）口外原設有公共渡口對岸（海河左岸）為開灤礦務局及頤中烟公司碼頭，並非美軍存放物資處所，現有木船往來擺渡，兩岸均有跳板等設備，該領事所請各節，如地點與此相同，似可無庸再行另設，惟復據外事處第二科周科長面稱，頃轉據蘇聯領事館前又面述所請求之件，係舊董事道口（即曲阜道）開灤礦務局碼頭渡口，因岸上堆煤甚多，為防止遺失，在臨馬路一面鐵欄杆內橫貼二尺餘高之木板，欄擋外溢，惟該木板適正阻碍擺渡口，行人往來上船，勢須越過該木板始可達台階，殊感不便，在晚間通行時，尤覺危險，故懇轉請開灤方面，飭將木板稍向外移，讓

64

出路口」，以利行人云云。經查亦確。惟該領事館所請各
節，前後情形不符。」
等情。據此。理合繪具略圖，並將派員調查詳情，備文呈請
鑒核。
謹呈
市長張
副市長杜
附呈圖二紙
天津市政府工務局局長閻子亨
天津市政府工務局副局長梁錦萱

118

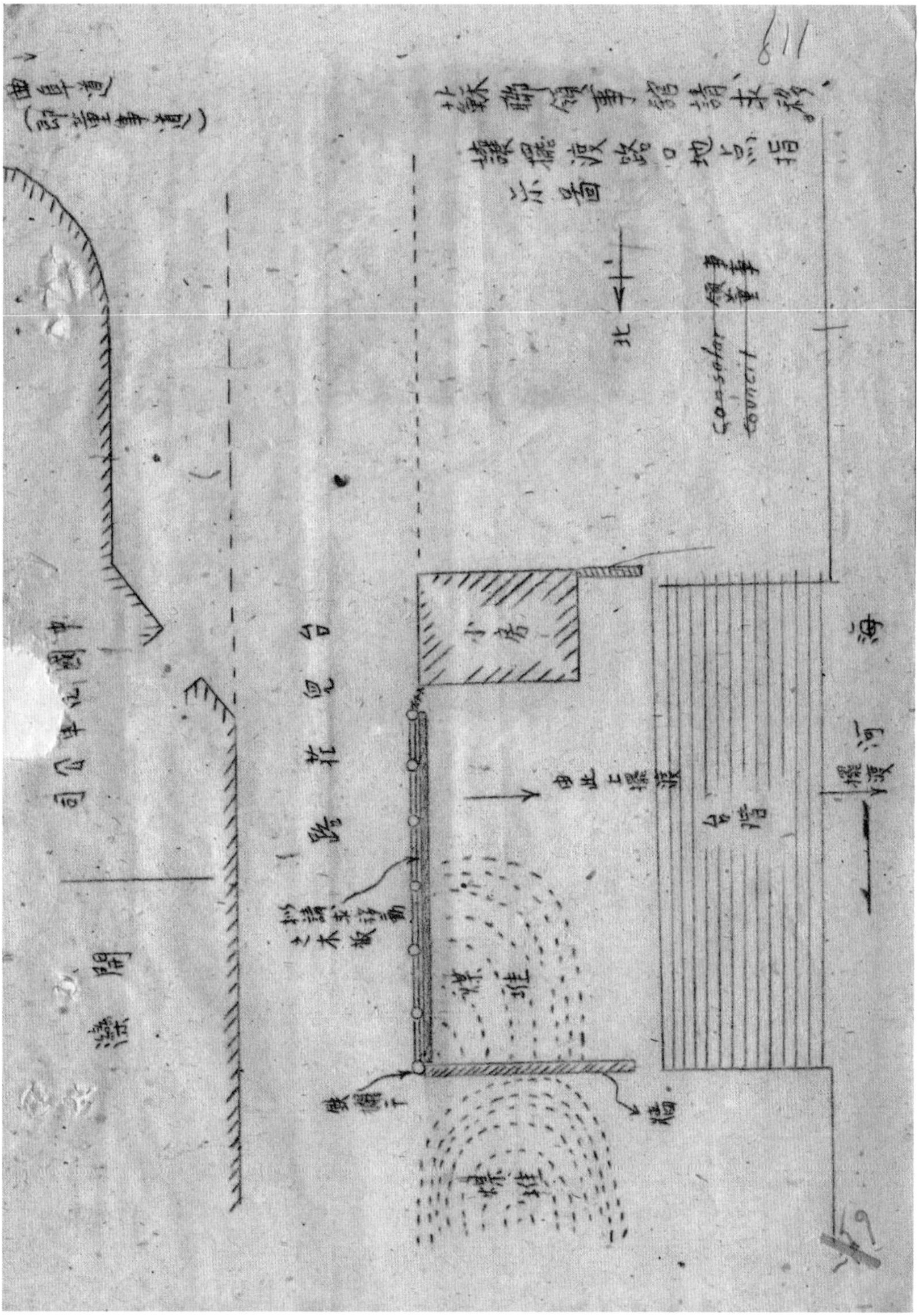
Consular
Council

一七六、國民政府外交部情報司爲送白皮書《中蘇友好同盟條約》及其他有關文件事致天津市政府函（一九四六年九月）

J2-2-501

235

最要
傑一科
王

天津市政府文電摘由紙

來文機關：外交部情報司 玉

事由：為檢送白皮書一册請查收見復

擬辦

批示

附：十六

十一月卅

十一月二

天津市政府收文
35.11.2
59

年 月 日 時收到

收文 字第 號

郵遞
附
封
中華民

419

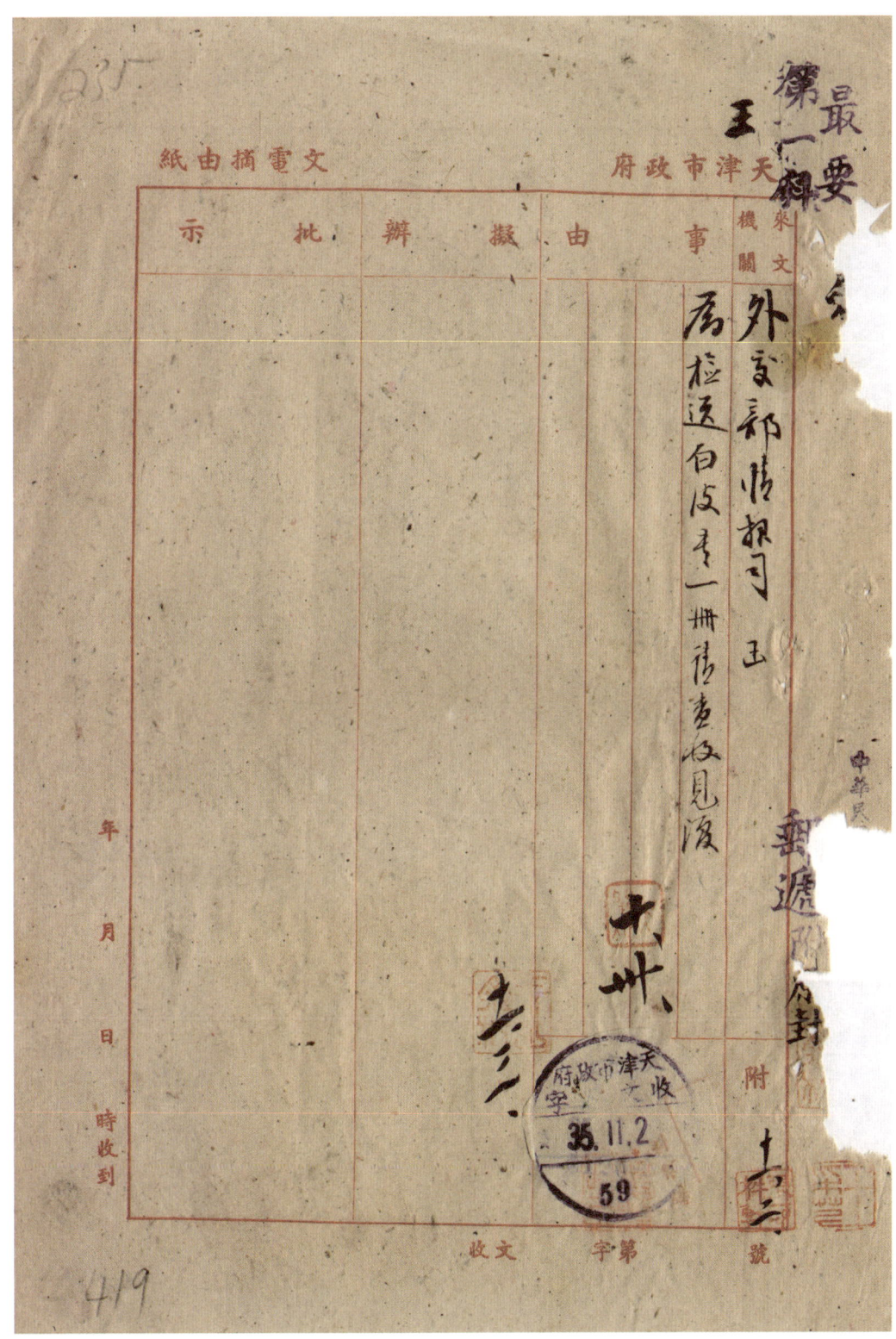

236

外交部用箋

逕啓者：本部編印之第六十七號白皮書「中蘇友好同盟條約及其他有關文件」業經印就，茲隨函檢送白皮書一冊，即請查收見復，爲荷！此致

天津市政府

附件

外交部情報司啓

三十五年九月　日

1811

430

一七七、天津市政府爲會同公用局查明蘇聯代理總領事擬重建跳板碼頭事訓令外事處（一九四六年十月五日）

J9-1-378

33

天津市政府訓令

中華民國三十五年十月　日

中華民國 35 年 10 月 7 日收

事由：據工務局呈為奉令調查蘇聯領事擬建跳板碼頭並[illegible][illegible]不符情形請查核等情令仰查照擬議具報由

擬辦

批示：該處渡口已由擺渡人自行修繕

令外事處

前據該處呈稱，蘇聯領事，擬在舊領事道渡口，

收文　字第 1880 號

54

並建上下跳板，並浮碼頭，事關主權，決不可行，請將此案飭令
工務局核辦，等情。查該處渡口附近，前曾據報美軍存有多
數物資，若修建碼頭，均多外人，是否相宜，令飭工務局查
明核議去後，茲據復稱：

「遵經派員調查，據報：查英領事道（即大同道）口
外原設有公共渡口，對岸（海河左岸）為開灤礦務局及顧
中烟公司碼头，並非美軍存放物資處所，現有木船往來
擺渡，兩岸均有跳板等設備，該領事所請各節，與地點
與之相同，似可無庸再行另設，惟後據外事處第二科
周科長面稱，據稱美聯領事館前又面述所請求之件，
係指英營事道（即曲阜道）開灤礦務局碼头渡口，因岸
上堆積甚多，為防止意外，並臨時攔一道鐵欄杆以橫貼

二尺餘高之木板，欄杆、外邊，惟該木板適足阻礙擺渡口，行人往來上船，勢須越過該木板始可達台階，殊感不便，在晚間通行時，尤覺危險，故懇轉請開灤方面，俾將木板稍向外移，讓出路口，以利行人云云。經查屬確。惟該領事館所請各節前向情形不符。理合繪具略圖，呈請鑒核。

等情；據此。該蘇聯領事前請修建碼頭案係如何情形，該處渡口的岸，是否應予改善，以及該處渡口，是否有妨於美軍存放物資，均有詳查之必要。除指令並分令公用局外，合行令仰該處會同公用局迅速查明擬議具報。

此令。

市長 張廷諤

副市長 杜建時

87

一七八、天津市政府爲所送白皮書《中蘇友好同盟條約》及其他有關文件已照收事復外交部情報司函（一九四六年十一月六日）

J2-2-501

237

天津市政府稿

來文：思字第59號

文別：公函

送達機關：外交部情報司

類別：

附件：

事由：為准函送第五七號白皮書業經照收函復查照由

市長

副市長

薛 十二、十五、

十二、十五

秘書長　處長　主任秘書　秘書　科長　股長　擬稿員

十二、十五

蔡 十二、十五

十二、十五、

十二、十四、

羅崇光 十二、十一、

中華民國卅五年

擬稿 十二月四日　時

判行　月　日　時

繕寫 十二月十六日

監印　月　日　時

歸檔 十二月十六日 卅

去文 字第 四 號

檔案 字第　號

421

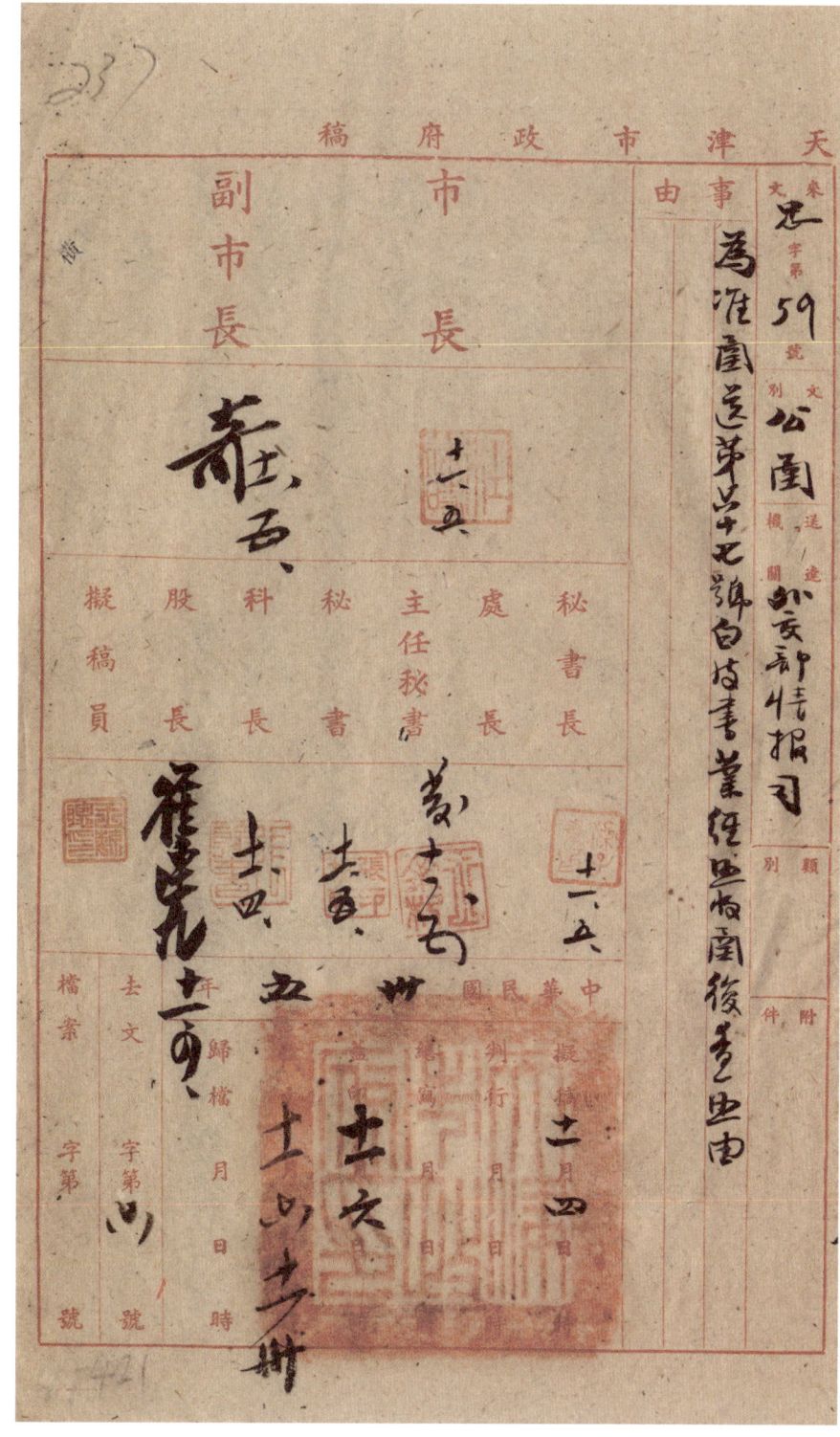

航掛

公函　易叙一字第6号

案准

貴司三十五年九月函開本部編印之第五十七號白皮書「中蘇友好同盟條約及其他有關文件」業經印就茲隨函檢送白皮書一冊即請查收見復為荷等由業經照收相應函復即希

查照為荷

此致

外交部情報司

822

一七九、教育部爲蘇聯擬在我國設立學校事致天津市教育局代電（一九四六年十一月十三日）

J110-1-1850

秘書室

教育部代電

中華民國卅五年十一月十三日收

發文 總字第29462號

中華民國卅五年十一月十四日發出

事由：咨

擬辦：擬呈復自應遵照辦理 十一、十三

批示：如擬 十一、十五

天津市教育局據報蘇聯現擬在我國境內設立學校如蘇方向該局直接接洽時希暫勿作任何具體表示教育部

50

65

195

336

一八〇、天津市教育局爲蘇聯擬在我國設立學校事致教育部復電（一九四六年十一月十八日）

J110-1-1850

天津市政府教育局稿

來文字第 號

文別：代電

送達機關：教育部

事由：密不錄由

類別

附件

局長

十二、十六

秘書主任 秘書 科長 主任 擬稿員

代電 教秘字第 號

南京教育部部長朱鈞鑒：總字第二九四六二號密代電奉悉。蘇聯擬在我國境內設立學校，倘有蘇方直接向本局接洽時，自應遵飭不作任何具體表示。謹電。

中華民國 年 月 日 擬稿
十二月十六日 繕寫
十二月十六日 校對
十二月十六日 蓋印
廿五 年 月 日 發行

檔案字第 號

十八日下午
稿件 一件
分文 目錄 一件 到

63

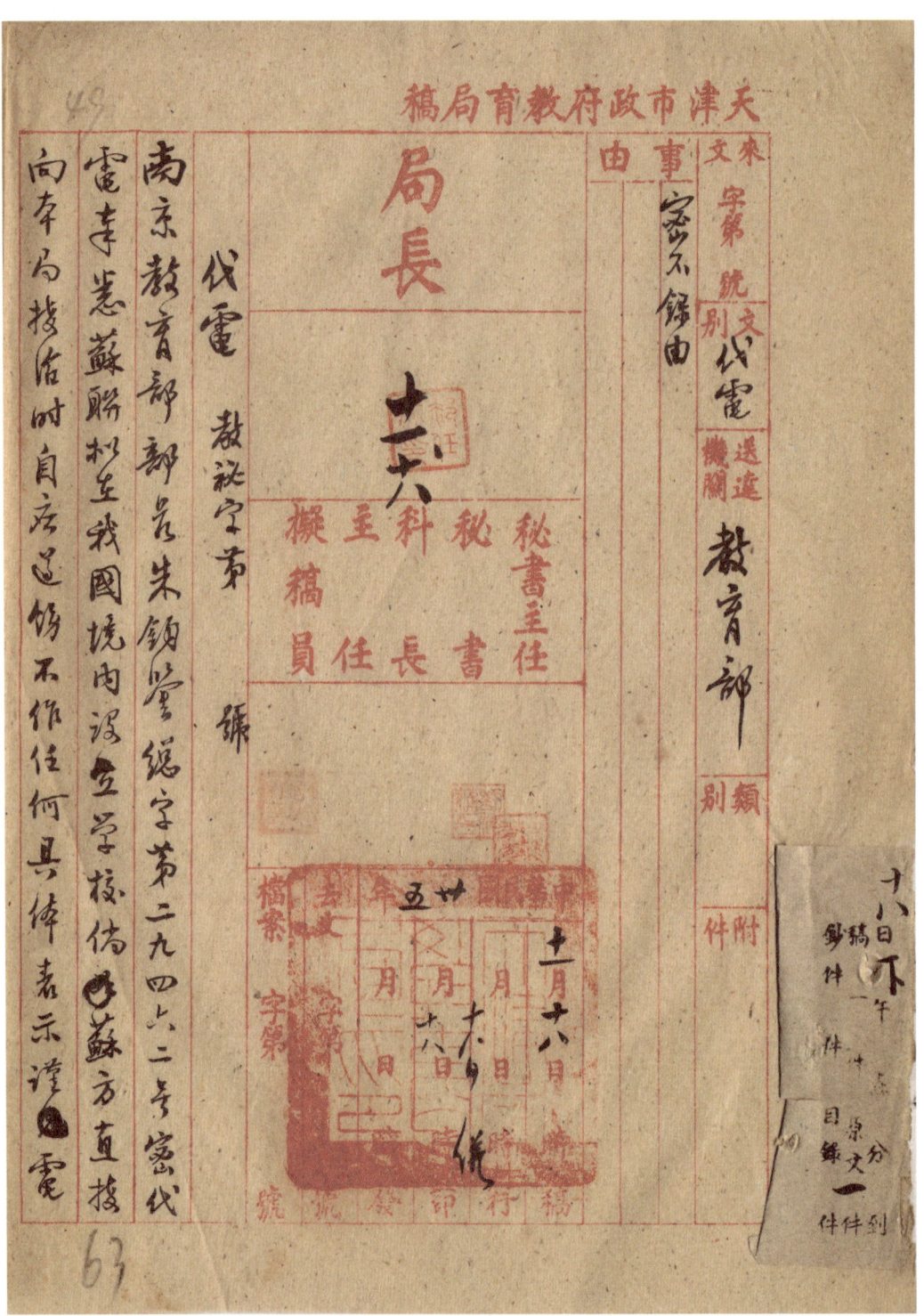

陈

渡天津市教育局局长郝〇〇叩戌巧

一八一、天津市政府秘書處爲請與蘇聯領事館商洽招待中長路蘇聯幹部事致外事處梁處長函（一九四六年十一月三十日）

J9-1-385

逕啓者查撤退之中長路蘇聯幹部現尚在瀋即將來津轉輪返國彼等抵津時關於招待事宜經會報決定「由市政府外事處梁處長預先與蘇聯領事館商洽」一相應錄案通知即希

查照辦理爲荷此致

外事處梁處長

天津市政府秘書處

啓 十一月三十日

已由梁處長將洽辦情形面陳

秘書長 此件存 十二八

天津市政府公用箋

一八二、財政部天津貨物税局崔局長爲將海關代徵税款繳納證送局核辦事批示天津蘇聯人民商會文（一九四六年十二月二十七日）

J63-1-794

25

財政部天津貨物稅局稿

文別：批示

事由：為批閱花海關代征之貨物稅款繳個改印甫清灣將繳個證隨時送局稽查(?)豈無稽延仰知照由

送達機關：天津市蘇縣人民商會

附件：

局長

秘書

課長

股長

稅務員

課員

擬稿員

批津貨二字第3117號

具函人天津市蘇縣人民商會會長

函一件為據本會會員商號聲稱海關代征之貨物稅其賬

發文：字第三一一七號

歸檔：字第 號

交辦	擬稿	判行	繕寫	校對	蓋印	封發
卅五年十二月廿六日	卅五年十二月廿六日	年月日	年月日	年月日	年十二月廿七日	年十二月二七日

3325

35

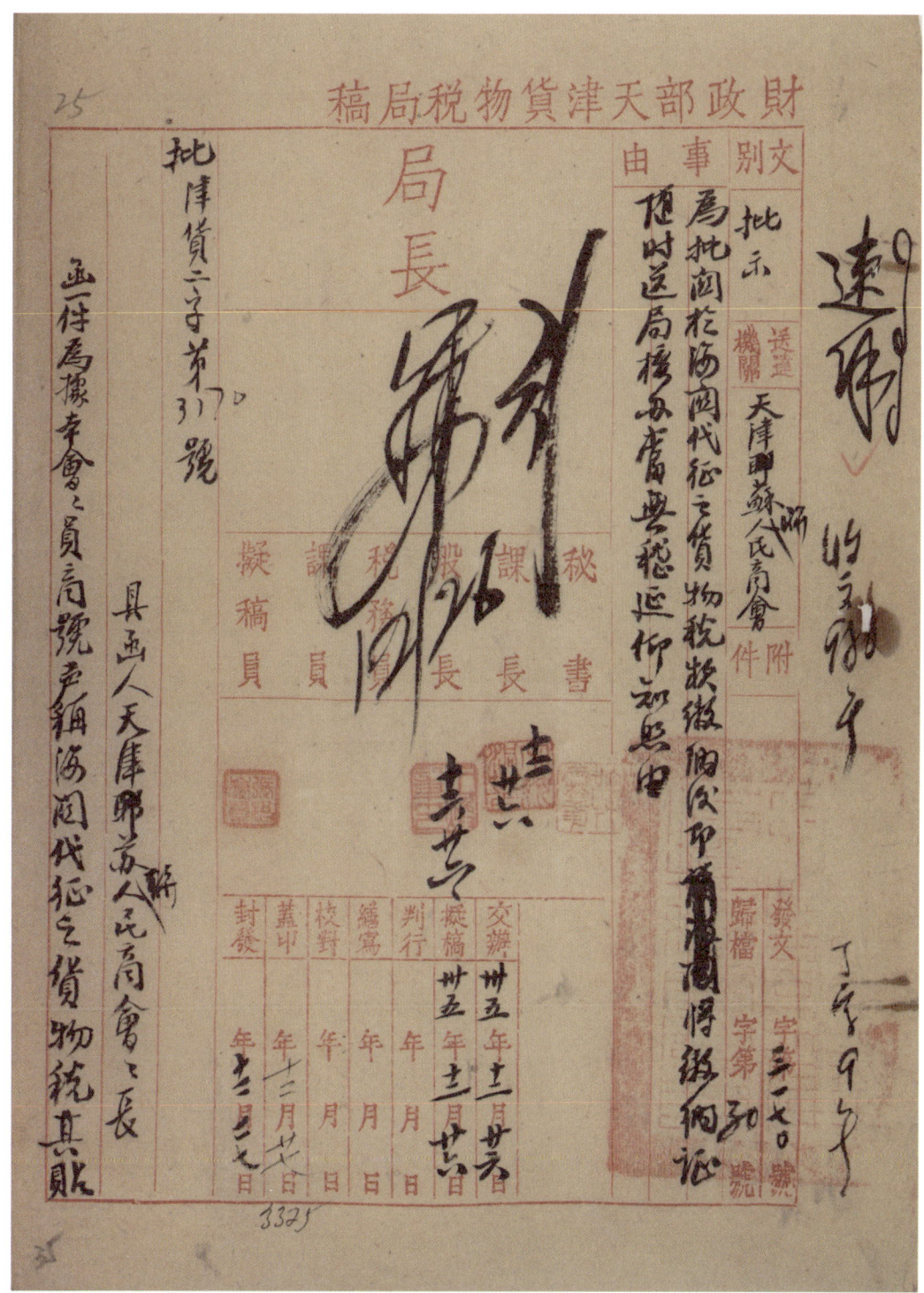

票及蓋印等手續時間過長於營業上影響甚鉅請

賜予改善爲由

呈

鈞憲查海關代征之貨物稅款換取印照稅照手續本局向印隨

到隨辦該會所請再予加速對於換領花照手續尚無不可辦理仰

飭各該會員每於海關代征稅款繳完後即請轉關請領

繳納設隨時送局核辦當無稽延仰即知照此批

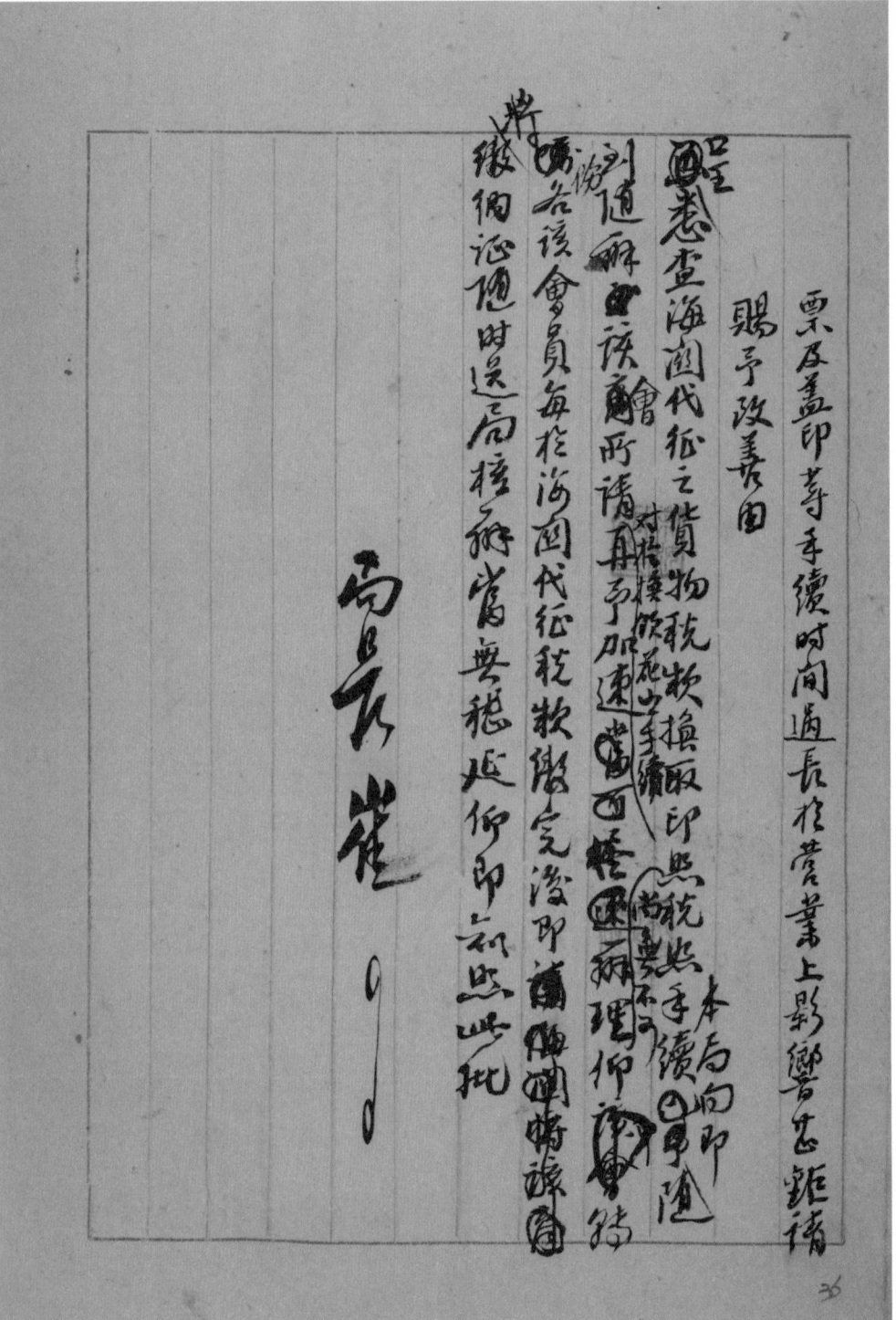

局長 崔

一八三、天津市政府市長杜建時、副市長張子奇爲抄發蘇聯出入國境條例事訓令天津外事處（一九四六年十二月三十日）

J9-1-119

外事處

天津市政府訓令

中華民國三十五年十二月　日 發文府秘叁字第1250號

附件 九文

中華民國卅五年十二月叁拾日

事由：准外交部函送蘇聯對於外國人出入境移動僑往等條例譯文等因仰知照由

擬辦：

批示：存 李

令外事處

案准外交部国35字第一三三〇四號公函内開：

收文外字第192號

「案據駐蘇聯大使館代電呈送有關蘇聯對於外國人出入境移動居住及列寧格勒市居留登記辦法等條例六種及因於各該項條例修正法令四種到部當經本部譯成中文並將各該項律文隨函檢送一份即希查收參考為荷！」

等因；准此。除分令外，合行抄發原條例，令仰該處知照。此令。

附抄發蘇聯出入國境條例（摘要）一份

市長 杜建時

副市長 張子奇

校對 杜郁華
監印 李范清

5

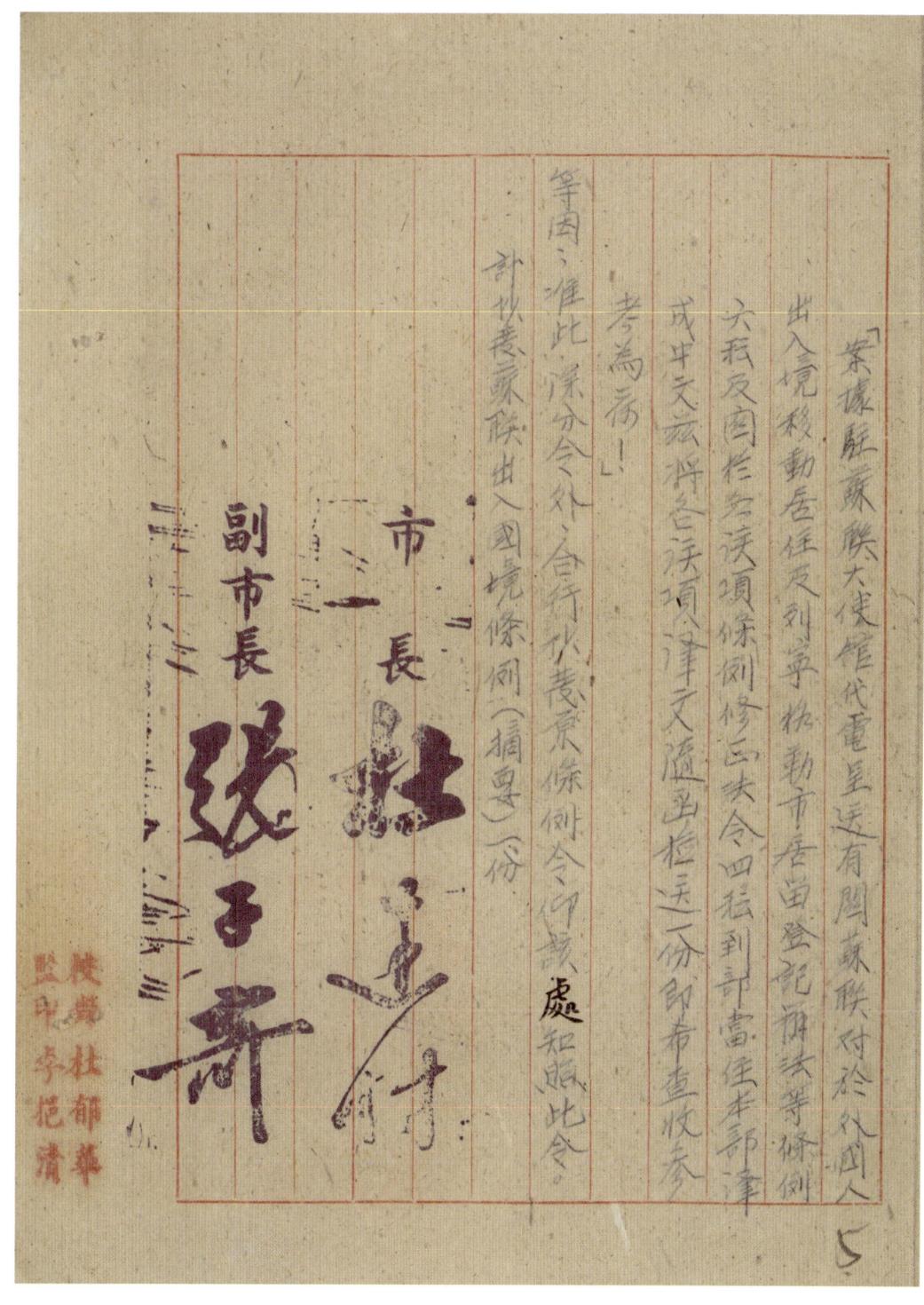

一八四、蘇聯商務代表天津辦事處在津成立情形情報（抄件）（一九四六年）

J24-2-41

抄情報

據報蘇聯商務代表天津辦事處已於六月廿九日假本市第十區大理道一零九號成立經理劉別傑夫秘書長蘇沃爾臣司夫刻正向我各大商行介紹各種貨物以本市言蘇聯願向津輸入各種紙張（如新聞紙包裝用紙說明書紙記簿用紙等）、各種藥材（如鹿茸人參等）各種海產（如海參海帶等）以及化學工業物品將來並擬輸入木材至其需要由津輸出者爲生絲山東絲花生之類白胡椒黑胡椒、桂皮等均以美金交易並將有蘇聯輪船往來海參威及天津間從事運輸云